나의 생명의 주
예수 그리스도

나의 생명의 주 예수 그리스도

2009년 8월 10일 초판 1쇄 인쇄
2009년 8월 15일 초판 1쇄 발행

지은이 | 정성구
펴낸이 | 이재승
펴낸곳 | 하늘기획

주소 | 서울특별시 동대문구 청량리1동 45-8호
등록번호 | 제 6-0634호

총판 | 하늘물류센타
전화 | 031-947-7777
팩스 | 031-947-9753

ISBN : 978-89-923-2078-8   03230

Copyright ⓒ 2009, 정성구

이 책은 저작권법에 따라 보호를 받는 저작물이므로 무단전재와 복제를 금지합니다.
이 책 내용의 일부 또는 전부를 사용하려면 반드시 저작권자와 하늘기획의 서면 동의를
받아야 합니다.

＊정가는 뒷표지에 있습니다.
＊잘못되거나 파손된 책은 구입하신 서점에서 교환하여 드립니다.

나의 생명의 주
예수그리스도

정성구 지음

서문

　필자는 하나님의 은혜로 부족하지만 평생토록 목회자를 양성하는 신학대학교에서 교수로 지냈다. 그리고 그동안 약 50여권의 신학서적을 집필하기도 했다. 특히 칼빈과 칼빈주의, 개혁주의 신학 그리고 개혁주의적 설교이론에 대해서 많은 글을 써왔다. 그러나 뒤돌아 보면 부끄럽게도 정작 성경 그 자체 또는 예수 그리스도 자신에 대한 글을 쓰지는 못했다. 물론 신학적으로 여러 주제들에 대해 이런 저런 책들을 썼지만 교파나 계층의 틀을 넘어 신앙적인 책은 제대로 쓰지를 못했다.

　그런데 최근에 필자는 성경을 읽는 중 히브리서 3:1에 "예수를 깊이 생각하라"는 말씀을 계속 묵상하면서, 내 마음 가운데 번개같이 스쳐가는 영감이 하나 떠올랐다. 나는 명색이 목사요 신학대학교의 교수로서 일생동안 가르치고 설교를 해왔지만, 불신자도 이해할 수 있을 뿐 아니라 목회자나 젊은이들에게도 감동을 줄 수 있는 새로운 "예수전"을 꼭 한번 써 봤으면 하는 충동을 강하게 느꼈다. 가령 어떤 분에게 "당신은 예수를 알고 있습니까?"라고 물었을 때 "예, 나는 예수를 알고 있습니다."라고 대답할 수 있을 것이다. 그러나 생각해보면 실제로 예수를 옳게 아는 사람이 그렇게 많지 않은 것도 사실이다. 설령 우리가 예수를 안다고 해도 사도신경의 한 구절 정도나 약간의 성경지식으로 알 수 있을지 몰라도 예수와 인격적인 만남과 교제가 없다면 예수에 대한 이해는 그저 초보적인 것에 불과할 것이다. 그리고 우리가 예수를 제대로 알려면 하나님의 말씀인 성경을 옳게 깨달아야 할 것이다. 왜냐하면 성경은 곧 예수 그리스도를 증거하기 위해 쓰여졌기 때문이다.

우리가 구원의 주이신 예수를 알기위해 성경을 읽는다 해도 좋은 안내서가 있으면 더욱 진리를 깨닫는데 도움이 될 수 있을 것이다. 그래서 필자는 미련하게나마 이 책을 집필하기로 했다. 우리는 가끔 당신의 종교가 무엇이냐 라는 물음에 나의 종교는 '기독교' 라고 대답한다. 그러나 엄밀히 말하면 기독교는 일반적 의미의 종교가 아니고 오히려 생명의 복음을 의미한다. 그 생명의 복음은 곧 예수 그리스도다. 우리는 기독교를 믿는다기 보다는 생명의 주 예수 그리스도를 믿는 것이다. 또한 우리는 교회와 기독교 교리를 믿는 것이라기보다 성경에 계시된 인격적인 예수 그리스도를 믿는 것이다. 그리고 예수를 나의 생명의 구주로 영접할 때 비로소 우리는 그리스도인이라고 할 수 있을 것이다.

필자는 이 책을 쓰기 위해서 여러 참고서를 찾아 보았다. 그 결과 1951년에 김정준 목사가 쓴 조그마한 포켓용 「예수전」에서 시작해서 최근까지 몇 권의 책들이 있었다. 그러나 이러한 책들은 대부분 신학적 저술이었고 누구나 읽을 수 있는 평신도를 위한 것은 별로 없었다.

그래서 평신도들이 쉽게 이해하고 은혜 받을 수 있는 예수님의 삶과 교훈 그리고 적용을 다루는 책을 쓰기로 했다. 책을 쓰는 동안 나는 성경을 읽어가는 중 우선 예수 그리스도와 그의 생애와 교훈을 깊이 있게 묵상하면서 말로 다할 수 없는 새로운 은혜를 받았다. 그래서 내가 깨달은 그 은혜와 감동을 모든 이들과 나누고 싶었다. 무엇보다 필자는 이 책에서 예수에 대한 신학적인 해석이나 학문적 접근보다 예수의 인격과 교훈을 성경에서 성경으로 정리했다. 또한 필자는 「나의 생명의 주 예수 그리스도」를 쓰기는 했지만 연대기적으로, 또 지리적으로, 역사기록의 방법보다 주제별로 다루었다. 또 이 책은 신학적 논쟁을 쓰기 보다는 엣세이 형식으로 기술했기 때문에 누구든지 편안하게 읽을 수 있을 것이다. 그것은 두 가지 이유 때문인데 첫째는 독자들의 관심과 흥미를 불러일으키어 예수님의 삶과 교훈에 몰입되게 하기 위함이고, 또 52개의 주제로 나눈 것은 1년 52주 동안 예수에 관해서 매주일 한 가지 주제를 가지고 묵상하는 것도 좋을 듯했기 때문이다. 또한 평신도 특히 각급 주일학교 교사나 구역장들 또는 목회자들의 설교 자료로 이용 되었으면 했다.

이 책의 원고를 컴퓨터에 입력하기 위해 수고한 나의 조교인 고영미선생의 수고를 기억하고 감사를 드린다.

필자의 소원은 이 책을 읽는 독자가 목회자이건 평신도이건, 예수를 처음 믿는 사람이건 예수를 알기를 원하는 사람이건 상관없이 예수를 개인적으로 만나기를 소원한다. 그리고 이 책을 읽는 모든 이에게 참 하나님이시며 참 사람이신 우리의 중보자인 예수 그리스도의 은혜가 넘치시기를 기원하는 바이다.

2009년 봄에
필자 정성구

목차

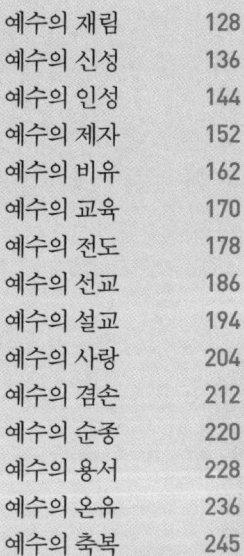

서문   4
서설: 성경을 보는 눈   10

예수의 이름	18
예수의 탄생	26
예수의 계보	34
예수의 유년	44
예수의 세례	52
예수의 시험	62
예수의 기적	70
예수의 기도(1)	78
예수의 기도(2)	90
예수의 고난	100
예수의 십자가	110
예수의 부활	118

예수의 재림	128
예수의 신성	136
예수의 인성	144
예수의 제자	152
예수의 비유	162
예수의 교육	170
예수의 전도	178
예수의 선교	186
예수의 설교	194
예수의 사랑	204
예수의 겸손	212
예수의 순종	220
예수의 용서	228
예수의 온유	236
예수의 축복	245

예수의 친구	252
예수의 권세	262
예수의 직분	270
예수의 섬김	278
예수의 개혁	286
예수의 영광	294
예수의 복음	302
예수의 마음	312
예수의 은혜	320
예수의 거룩	328
예수의 말씀	336
예수의 사명	344
예수의 자기표현	352
예수의 왕국	362
예수와 교회	370

예수와 성경	378
예수의 구원	386
예수와 예배	394
예수와 세상	402
예수와 영생	410
예수와 상담	418
예수와 복지	426
예수의 성육신	434
예수와 이방인	442
예수는 그리스도	450
예수는 목자	458

책을 닫으며	466

서설: 성경을 보는 눈

introduction

필자는 이 책을 평신도 특히 각급 주일학교 교사들, 구역장들, 신학생들에게 참된 기독교 이해의 기본틀을 제시하려고 썼다. 또한 목회자들의 설교 자료로 썼으면 해서 이 책을 집필하였다.

그래서 이 책을 씀에 있어서 가급적으로 신학적 논쟁이나, 종교다원주의적인 발상이나 과학적 비평주의나 본문 비평적인 방법을 쓰지 아니했다. 그 대신에 성경적이며 복음적이며 칼빈주의적인 입장에서 누구나 쉽게 이해할 수 있도록 했다. 특히 필자는 성경을 이해함에 있어서 구속사적(Redemptive Historical)으로 접근하였다.

이 책의 대전제는 다음과 같다. 즉 성경은 살아계신 하나님의 말씀이며, 또한 하나님의 특별계시라는 사실이다. 창조주 하나님께서 자기 영광을 위해서 하늘과 땅과 그 가운데 만물을 만드시고, 만드신 만물을 통해서 영광을 받으시기를 원하셨다. 그러나 인간은 하나님을 반역하고 범죄하였으므로 전적으로 타락했고, 하나님과 인간 사이에 교제가 끊어졌다. 그런데 하나님께서는 인간이 자기 힘으로 구속받을 수 없음을 아시고 구원의 한 방법을 계획하셨다.

그것은 하나님과 인간 사이에 중보자를 세우시고 속죄의 제물이 되게 하시므로 하나님의 사랑과 인간의 죄를 깨닫게 하셔서 그 사실을 믿음으로 구원에 이르도록 하셨다. 따라서 그 중보자는 죄 없으신 분이나 할 수 있는 일이었다. 그런데 인간 중에는 죄 없는 자가 있을 수 없고 모두가 아담의 혈통으로서 죄의 인자를 갖고 있기에 스스로 구원은 도저히 불가능했다. 그래서 하나님은 자기 아들을 중보자로 주시기로 했다. 즉 하나님의 아들을 하나님과 인간들 사이에 중보자요, 속죄자로 주시기로 한 것이다.

그런데 문제는 그의 아들은 하나님이시지만 인간의 몸을 입으셔야 한다. 곧 그 아들이 성육신(成肉身, Incarnation)해야 중보자가 될 수 있다. 따라서 성육신하신 아들은 참 하나님이시면서 참사람(Vere Deus, Vere home)이 되셔야 한다. 그래서 예수는 동정녀의 몸에서 초자연적 방법으로 탄생하셨다. 이것이 바로 하나님의 위대한 구속의 계획이었다.

하나님의 구속의 계획은, 하나님의 계시의 수용자인 이스라엘 민족 즉 이 지구상에서 가장 가난한 유목민인 그들을 하나님의 계시의 수용자로 선택하였다. 하나님은 이스라엘 민족 중에 장차 메시야가 나실 것을 이스라엘 족장들과 선지자들을 통해서 끊임없이 예언하시고 또 제사제도와 선지자들을 통해서 메시야가 올 것을 계시하였다. 그분이 바로 예수 그리스도였다.

주님 자신이 증명하시기를 "또 이르시되 내가 너희와 함께 있을 때에 너희에게 말한바 곧 모세의 율법과 선지자의 글과 시편에 나를 가리켜 기록된 모든 것이 이루어져야 하리라 한 말이 이것이라"(눅 24:44)고 했다. 비유컨대 건축을 할 때 지적도, 평면도, 측면도, 설계도, 모형도, 시방서 등 여러 가지가 있다. 그런데 전문가들은 설계도만 봐도 그 건물의 구조와 내용을 훤히 알 수가 있다. 마찬가지로 구약의 역사적 사건과 예언 속에 이미 우리의 유일한 중보자, 구속주이신 예수 그리스도에 대한 밑그림이 정확히 그려져 있다. 그래서 우리가 신약성경을 읽는 것은 설계도나 평면도를 보다가 실제로 건물을 보는 것과 같다.

전문가는 설계도만 봐도 실제 건물을 보는 것과 같은 느낌과 감동을 받는 것 같이 우리가 신약뿐만 아니라 구약에서도 중보자 그리스도가 장차 어떻게 일하실지 훤히 볼 수 있는 것이다. 그러므로 구약의 약속과 신약의 성취를 통해 하나님의 위대하고 웅장한 구속사의 대드라마를 보며 가슴이 뛰지 아니할 수 없다. 구약은 장차 오실 메시야 예수를 바라고, 신약은 이미 오신 예수를 보며 감격하는 것이다. 그래서 역사의 중심은 바로 예수 그리스도라는 것이다.

물론 예수 그리스도의 삶과 교훈은 주로 사복음서에 완벽하고 조화롭게 기록되어 있다. 그러나 실상은 구약은 말할 것도 없고 신약 사도행전, 바울서신, 공동서신, 계시록까지도 예수 그리스도에 대해서 더욱 깊게 더욱 넓게 묘사하고 있다.

그러므로 예수를 모르면 기독교를 모르고 예수를 모르면 신앙을 이해할 수 없다. 예수에 대한 지식은 성경을 하나님의 말씀이요, 완전히 영감된 하나님의 계시로 믿을 때 온전히 알 수 있다. 성경을 믿는다는 것은 곧 예수를 믿는다는 말이며, 예수를 믿는다는 말은 곧 성경을 믿는다는 것과 동의어가 될 수 있다. 왜냐하면 예수께서 친히 말씀하신 것처럼 율법과 선지서들과 시편의 핵심적 주제가 바로 예수 그리스도 자신이기 때문이다. 그러므로 성경을 이해할 때, 성경에서 단순히 윤리적 도덕적 교훈만을 얻고자 하거나 또는 종교현상학적으로 접근하거나 종교다원주의적인 발상으로 성경을 접근한다면, 우리의 중보자요, 속죄의 주이신 예수 그리스도를 만날 수 없을 것이다.

흔히들 많은 설교자들과 교사들은 성경에 나오는 수많은 인물들을 연구하면서 그들의 잘 잘못을 분석하고 장점과 단점을 골라내어서 잘한 것은 본받아야 할 모델로, 잘못한 것은 경고와 경계의 모델로 사용하면서 설교한다. 그러나 이런 식의 예증적 설교(examplary preaching)의 방식은 성경을 읽고서도 명심보감이나 사서삼경을 강의하듯 하는 도덕적 설교(moralistic preaching)가 되어버린다. 그런데 이 도덕적 설교는 결국 율법적 설교(legalistic preaching)가 되고 만다는 사실이다. 그러므로 예수가 빠지고 예수 없는 도덕 교훈으로 채워지기 쉽다.

한 예를 들어 우리나라 대통령이 국빈 자격으로 미국을 방문했다고 해보자. 대통령 전용기에는 많은 수행원들이 함께 갈 것이다. 영부인을 비롯해서, 비서실장, 경호실장, 합참의장, 각부장관, 기업인, 기자단, 카메라맨 등등 공식수행원, 비공식 수행원, 기술자, 보조원 등등

아마 수백 명도 될 수 있을 것이다. 가령 비행기가 미국 워싱톤 비행장에 도착하고 일행들이 내리는데 미국의 어느 신문기자가 비공식 수행원 중에 어느 기술자 한 사람을 붙들고 취재를 했다하자. 이는 불가능한 것은 아니지만 매우 잘못 짚은 것이다. 그 비행기에 수백 명의 수행원들이 타고 왔지만, 오직 한 분 대통령만이 주인공이며 그의 일거수일투족이 중요한 것이다. 다른 사람들은 모두가 대통령의 정상외교를 돕는 참모와 도우미에 불과하다.

그와 마찬가지로 성경의 많은 사건, 많은 인물이 있지만 이들은 모두가 장차 오실 메시야에 대한 배경이며, 구속사(救贖史)의 배경이며 도우미 역할이지 주인공은 아니다. 구약의 주인공도 오직 중보자인 메시야에 대한 것이 핵심이다. 결국 신약도 같은 맥락에서 이해되어야 한다. 성경에는 여러 사건, 여러 인물이 있지만 결국은 성경 기자들의 관심은 예수의 고난과 죽음과 부활에 초점을 맞추고 있다.

성경을 이렇게 보는 것을 우리는 구속사(Redemptive History)라고 부른다. 성경은 하나님의 말씀이며 계시이다. 즉 성경은 하나님의 위대한 구속의 프로젝트를 하나하나 계획대로 진행하신 것의 기록이다. 그러므로 우리가 이 성경에서 예수 그리스도에 대해서 설명할 때, 예수는 어찌어찌 하다가 본의 아니게 십자가를 지고 처형됐다든지, 예수는 당시 정치적 상황에서 이렇게 될 수밖에 없었다던지, 고대 문헌에 비추어 이러이러한 차이가 있다던지, 이방 종교 역사에 비추어서 이러이러하다던지, 당시 문헌을 살펴보니 유사점이 있다던지 하는 편집사학파나 종교 다원주의적 자유주의 신학자들의 시각으로 보면, 성경에서 구주이신 예수를 바로 만날 수가 없다.

성경은 성경으로 봐야 예수를 볼 수 있다. 우리는 예수를 단순히 학문적 연구의 대상으로 보아서는 안 되고 경배와 찬양과 신앙의 대상으로 살펴야 한다. 예수 그리스도는 신학의 주제일 뿐 아니라 우리의 구체적 삶 속에 함께 하시는 분이다. 그는 임마누엘로서 "하나님이 우리와 함께 하신" 분이다. 또한 예수는 지금도 우리와 함께 하신다. 예수는 우리의 소망이시며 생명이시며 길이시며 진리이시다. 예수의 존재와 삶 곧 예수 케리그마가 없이는 신학도 교회도 성도도 있을 수 없다. 그러므로 우리는 예수를 깊이 생각해야 한다. 그것이 이 책의 핵심이다.

예수를 옳게 아는 것은 성경을 옳게 아는 것이며, 성경을 바르게 이해하는 것이 기독교의 진리를 바르게 이해하는 첫걸음이다. 예수 없는 신학은 바른 신학이 아니고 예수 없는 설교는 설교가 아니다. 그러므로 우리는 예수를 알되 깊이 알아야 하겠고, 예수를 알되 그의 말씀과 그의 삶을 포괄적으로 깨달아야 한다. 예수에 대한 모든 정보와 진리의 내용은 성경뿐이다. 그러므로 성경의 영감과 권위, 성경의 충족성을 믿지 않는 사람들은 예수를 만날 수 없고, 혹시 만난다고 해도 전혀 다른 도덕적 선생으로서 예수를 만날 뿐이다.

서점에는 수많은 책들이 기독교에 관해서 또는 신학적 논쟁들을 일으키는 책, 교회성장과 설교 잘하는 방법, 상담 잘하는 법의 책들이 홍수를 이루고 있다. 그러나 성경의 중심이요, 기독교의 중심인 예수 그리스도에 대한 체계적인 해설은 별로 없다. 바라기는 독자들이 이 책을 산책하는 듯이 읽고 우리의 생명의 구주 예수 그리스도와 함께 교제하는 복된 삶을 누리기를 소원한다.

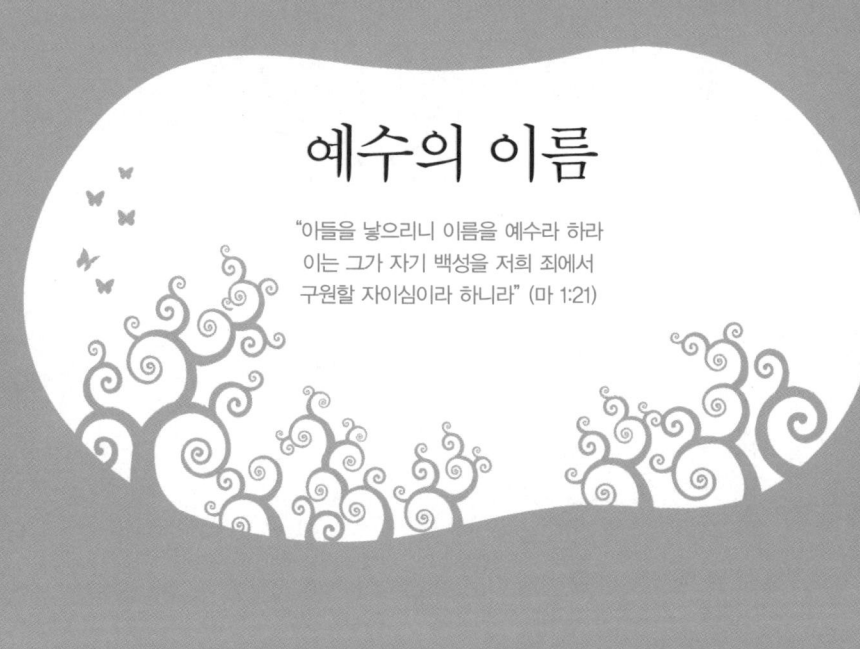

예수의 이름

"아들을 낳으리니 이름을 예수라 하라 이는 그가 자기 백성을 저희 죄에서 구원할 자이심이라 하니라" (마 1:21)

이름을 예수라 하라(마 1:21)

　성경에는 사람의 이름을 참으로 중요하게 다루고 있다. 사람의 변화는 이름의 변화를 가지고 왔다. 즉 야곱이 이스라엘로 또는 사울이 바울로 변화된 것이 그 좋은 실례가 된다. 이름에는 그 사람의 성격과 사상과 삶이 나타나 있다. 그 뿐 아니라 이름에는 그 사람의 인격과 그 사람의 존재자체를 잘 들어내 주고 있다. 그래서 구약성경에는 여호와의 이름을 망령되이 일컫지 말라했고 또 어떤 곳은 주의 이름이 찬송을 받을 지어다라고 했다.
　특히 히브리인들은 성경을 읽다가 야훼 곧 여호와 하나님을 읽을 때는 그 부분에 와서 침묵을 한다. 그 이유는 하나님의 이름을 감히 죄인이요, 피조물 된 인간이 부를 수 없다는 것이다. 그러므로 유대인 성경이나 영어성경에는 여호와 대신에 아도나이 곧 주(主)란 말로 대신 사용했다.

　한국 사람도 벼슬을 한 사람이나 선비들은 모두가 이름보다 아호를 지어 불렀다. 그것은 이름을 함부로 부르지 못하도록 하려는데 있다. 그만큼 이름은 중요하다는 말이다. 가령 정성구란 이름은 전화번호부에 여러 사람을 찾을 수 있겠지만 대신대학교 총장 정성구 목사란 수식어가 붙는다면 그것은 정성구란 사람은 유일하고 특별한 한 사람을 의미한다. 또 누가 정성구란 사람을 안다고 할 때, 어떤 사람은 책을 읽어서 안다고 하는 사람도 있고, 혹자는 사진이나 TV를 보아서 안다고 할 사람도 있을 것이다. 또 어떤 사람은 어느 부흥회에서 설교를 한 번 들었으니 잘 안다고 할 수 있을 것이다. 그러나 참으로 제대로 아는 사람이라면 매주일, 또는 매일 만나 서로 악수하고 서로 같이 음식을 나누며 힘들고 어려운 일이나 기쁘고 즐거운 일을 함께 나누며 의논할 수 있는 분이어야 참으로 잘 안다고 할 수 있을 것이다. 우리가 예수를 안다고 하면 적어도 이 정도가 되어야 예수를 안다고 할 수 있을 것이다.

예수란 이름은 하나님께서 지어준 이름이다. 즉 "아들을 낳으리니 이름을 예수라 하라 이는 그가 자기 백성을 저희 죄에서 구원할 자이심이라" (마 1:21)고 했다.

예수를 아는 것은 성경을 통해서이다(요 1:45)

그러면 2천년 전에 예수는 33년 동안 살면서 겨우 3년 동안 복음전도를 위해 일하고 마지막에 십자가를 지신 분인데 어떻게 우리가 그분을 알 수 있을까? 우리가 지금 예수를 아는 것은 오직 성경을 통해서

다. 왜냐하면 성경은 예수를 향해서 또는 예수의 구속운동을 위해서 기록된 것이기 때문이다. 그래서 성경은 그리스도가 산에 있다느니 들에 있다느니 골방에 있다는 말을 경계하고 있다. 자기 방식대로 자기 경험대로 마음대로 예수에게 색칠을 하거나 이해해서는 곤란하다는 것이다. 이렇게 예수에게 덧칠을 하면 이단으로 빠질 수밖에 없다.

다시 말하지만 우리가 예수를 알 수 있는 방법은 하나님의 말씀인 성경뿐이다. 왜냐하면 빌립이 나다나엘을 찾아 이르되 "모세가 율법에 기록하였고 여러 선지자가 기록한 그이를 우리가 만났으니 요셉의 아들 나사렛 예수니라"(요 1:45)고 하였다. 구약의 모든 기록과 역사의 흐름은 결국 예수 그리스도를 향해 움직여 왔다는 것이다.

예수를 아는 것은 성령을 통해서 더 깊이 알 수 있다

그런데 성경이 다 기록되고나서 또 다시 2000년이 흐른 지금 우리가 성경을 통해서 예수를 안다고 한들 온전히 다 알 수 있을까라는 질문이 있을 수 있다. 하지만 예수님은 2000년 전에 팔레스틴에 살다가 십자가에서 죽고 사라진 분이 아니라, 그는 사망을 이기고 부활하셨고 또 승천하셨으며 지금도 하나님의 우편에 계시는 분이다. 즉 그는 영적으로 실존하셔서 우리의 기도를 들으시고 우리의 찬양을 받으시는 분이다. 뿐만 아니라 그는 태초부터 계셨던 분이요, 하나님의 말씀으로서 하나님과 함께 계셨고 예수는 곧 하나님이시다.

그러므로 오늘날 우리가 예수를 알 수 있는 것은 오직 하나님의 말씀과 성령의 조명을 통해서만 영적으로 그를 깊이 알 수 있다. 즉 예수를 지식적으로 알아야 하지만 또한 영적으로 실제적으로 예수그리스도와의 사귐이 있어야 한다. 그리할 때 예수는 내 마음에 계시고 나에게 왕으로, 주인으로 역사하시고 내 삶을 변화시키신다.

하나님이 예수의 이름을 직접 지으신 것은 예수가 우리의 유일한 중보자란 뜻이다(마 9:6)

무엇보다 우리가 예수를 알고 사귀려면 예수가 누구인지를 알아야 한다. 성경에는 예수님이 어떤 분인가에 대해서 여러 모양 여러 비유 등으로 약 100여 가지로 묘사하고 있다. 우선은 예수의 이름만 깊이 생각해 보자. 최근에 한국에도 사람의 이름을 표기할 때 원어민 발음으로 하는 것이 원칙이다. 예컨대 종교개혁자 칼빈은 깔뱅으로 불어식 발음을 쓰려고 하고 있다. 하기는 우리말의 "예수"는 히브리식 발음과는 다소 차이가 있다. 영어로는 "Jesus"라고 하지만 실상 히브리인들은 "예슈아"라고 한다. 그러나 예수는 이미 120여 년 동안 입에 익어 버린 명칭이므로 그대로 사용하는 데는 아무 문제가 없다.

특기할 것은 "예수"란 이름은 육신의 부모인 요셉이나 마리아가 지은 이름이 아니고 하나님께서 지어 주신 이름이다. 대개 사람의 이름은 부모나 조부모가 짓거나 또는 특별히 관련된 어른이 짓는 것이 관례이다. 그러나 예수의 경우는 하나님께서 그 이름을 지으신 것이다. 이유는 그가 곧 하나님의 아들이기 때문이다. 이 말의 뜻은 예수님은 하나님께서 특별한 소명과 사명을 맡겨 세상에 보내신 우리의 중보자이심을 가리킨다.

하나님이 예수의 이름을 직접 지은 것은 하나님과 인간 사이에 유일한 중보자는 하나님이 준비하신 유월절의 어린양 되시는 예수밖에 없다는 뜻이 된다. 그러므로 하나님께서 천사의 입을 통해 예수의 이름을 지어준 그 자체가 인간의 구원운동은 하나님으로 말미암았다는 뜻이다. 이는 요나의 기도 중에 "구원은 여호와께로서 말미암나이다"(욘 2:9) 하신 말씀이 뒷받침하고 있다.

예수님은 구원의 주란 말이다(요 1:29)

그런데 하나님께서 직접 지어주신 "예수"란 이름은 구약시대의 모세의 후계자였던 "여호수아"와 같은 이름이다. 그 뜻은 "자기 백성을 저희 죄에서 구원할 자"(마 1:21)라고 밝혔다.

예수는 처음부터 인간의 죄 문제를 해결하기 위해서 세상에 오신 분이란 뜻이다. 그래서 세례요한이 예수께서 자기에게 나아오심을 보고 "보라 세상 죄를 지고 가는 하나님의 어린양이로다"(요 1:29)라고 외쳤다. 요한은 성령의 감동을 받아 예수는 곧 세상 죄를 대신 지고 가는 유월절의 어린양이라는 사실을 정확하게 지적했다. 여기서 우리가 주목해야 될 것은 '구주 예수'는 하나님의 구원계획과 하나님의 방법으로 세상에 오셨다는 사실이다.

즉 "말씀이 육신이 되어 우리 가운데 거하시매 우리가 그 영광을 보니 아버지의 독생자의 영광이요 은혜와 진리가 충만하더라"(요 1:14)고 했다. 인간을 구원하기 위한 구체적인 방법은 하나님이 성육신(Incarnation) 하는 길 밖에 없었다는 것이다. 그러므로 육신으로 오신 예수를 보는 것은 하나님의 영광을 보는 것이다. 그래서 예수님은 "본래 하나님을 본 사람이 없으되 아버지의 품속에 있는 독생하신 하나님이 나타내셨느니라"(요 1:18)고 했다.

예수님의 이름은 곧 권세이다

예수님은 이름 그대로 그는 우리의 구원의 주이시다. 우리가 매일 기도의 끝부분에 '예수 이름으로 기도합니다 아멘' 한다. 왜 그렇게 하는가? 우리의 중보자요 우리의 구주이신 예수 그리스도의 존재와 인격과 삶 때문에 감히 믿음으로 하나님께 나아갈 수 있기 때문이다.

우리가 여기서 한 가지 더 확실하게 생각해야 하는 것은 예수 이름의 권세이다. 예수 이름은 권세가 있다. 왜냐하면 주의 이름으로 무엇이든지 구하면 이루어 주시기 때문이다. 그 이유는 예수 이름은 하늘과 땅의 권세를 가졌기 때문이다. 예컨대 길거리의 교통경찰이 과속으로 질주하는 큰 트럭을 향해서 손가락으로 정지 신호를 한다. 차는 엄청난 속력을 멈추고 오른쪽으로 서서히 정시시킨다. 왜냐하면 그 경찰은 국가로부터 권세를 받았기 때문이다. 예수님은 창조주이고 구속주이고 심판주이시다. 예수 이름으로 귀신을 쫓아내고 앉은뱅이를 고친 것은 예수 이름의 권세 때문이다. 우리는 예수 이름의 권세 앞에 엎드려야 한다.

요즘 우리는 예수의 이름을 너무나 가볍게 부르거나, 종교적이고 습관적으로 뜻없이 부르는 경우가 많다. 또한 우리는 예수의 이름을 아무 감격 없이 부르고, 아무 기쁨이 없이 부르는 경우가 허다하다. 그 이유는 우리 자신이 종교화 되고 바리새화 된 증거가 아닐까? 사랑하는 사람은 이름만 불러도 가슴이 뛰고, 사랑하는 사람은 그 분의 음성만 들어도 환희가 넘친다. 그렇다면 오늘 우리가 진정으로 예수를 사랑하고 나의 구주인 것을 확실히 안다면 예수 이름 때문에 가슴이 뛰는 믿음의 사람이 되어야 하지 않을까?

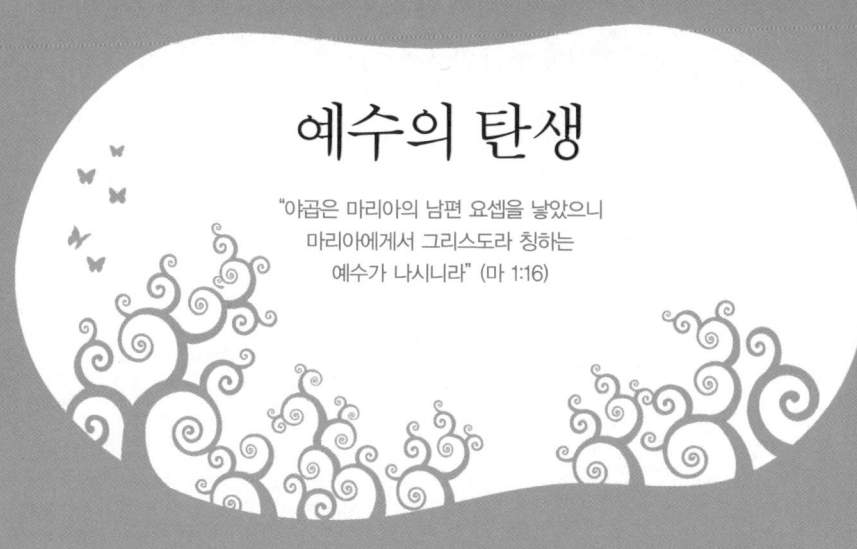

예수의 탄생

"야곱은 마리아의 남편 요셉을 낳았으니 마리아에게서 그리스도라 칭하는 예수가 나시니라" (마 1:16)

　　예수 그리스도께서 이천 년 전에 말구유에 탄생하신 사건은 역사의 전환점이며, 인류 구원의 요람이며, 하나님의 약속 성취의 절정이다. 예수의 성탄은 하나님이 인간이 되신 너무나도 놀랍고 위대한 사건이었으나 사람들은 그 사건을 의식과 축제의 뒤에 숨겨버렸다. 크리스마스, 이 말은 본래 그리스도(Christ)와 축제(Festival)의 뜻을 가진 마스(Mass)의 복합어이다. 그런데 오늘날은 그리스도는 없고 축제만 남아 있다.

　또 오늘날은 예수보다는 산타클로스가 더 위대해 보이는 상업주의 시대가 되었다. 성 니콜라스의 생일은 본래 12월 5일이었다. 아마 스페인의 주교였던 그는 그의 생일에 어린이에게 선물을 주었던 모양이었는데 그런 풍속이 나중에는 성탄과 산타클로스가 묘하게 겹쳐져서 백화점 바겐세일 기간이 되었다. 또 크리스마스 트리는 게르만 민족의 토속 종교에서 나온 것으로 실제로 예수님의 성탄과는 무관하다.

　그렇다면 성탄의 참된 뜻은 무엇일까? 성경을 통해서 그 본래의 의미를 살펴보기로 하자.

예수님의 탄생은 하나님의 구원 계획에 따른 것이다(눅 24:26-27)

예수의 탄생은 하나님의 구속계획의 클라이막스에서 되어진 사건이다. 예수님께서는 엠마오로 가는 제자들에게 나타나서 저들의 무지를 깨우치면서 "가라사대 미련하고 선지자들의 말한 모든 것을 마음에 더디 믿는 자들이여 그리스도가 이런 고난을 받고 자기 영광에 들어가야 할 것이 아니냐 하시고 이에 모세와 및 모든 선지자의 글을 시작하여 모든 성경에 쓴바 자기에 관한 것을 자세히 설명하시니라"(눅 24:25-27)고 했다. 즉 예수의 탄생, 예수의 고난, 예수의 죽음, 예수의 부활은 모두가 하나님의 위대한 구원의 계획이며 그것은 이미 모세오경과 선지서에서 기록된 대로 이루어졌다는 것이다.

따라서 예수의 탄생은 그냥 베들레헴에서 한 아기의 출생이 아니라 하나님의 섭리와 계획으로 되어진 것이다. 신명기 18장 18절의 "너와 같은 선지자 하나를 그들을 위하여 일으키고"라고 하심은 예수 곧 메시야의 탄생을 두고 예언하심이다. 예수의 탄생이 특별한 것은 그분이 수천 년 동안 기다리고 기다리던 메시야라는 점이다.

예수님의 탄생 이전의 전주곡(눅 1:8-38)

피아노곡에는 본 곡이 있기 전에 전주곡이 있다. 일종의 예고적이고 상징적이듯이 예수님의 탄생도 전주곡이 있었다. 마리아가 성령의 능력으로 잉태할 수 있다는 확증을 보여주기 위해서 먼저 제사장 사가랴에게 가브리엘 천사를 보내어 그 아내 엘리사벳이 아들을 낳을 것이라고 예고한다. 엘리사벳은 늙어서 아이를 생산할 수 없는 불임여자였으나 하나님은 엘리사벳에게 성령의 능력으로 임신이 되도록 기적을 베푼다. 엘리사벳에게 난 아들이 바로 요한이었다. 사가랴가 비록 제사장이기는 해도 둘 다 늙은 까닭에 임신이 불가능한 것을 알아서 천사의 말을 믿지 못했다. 그러자 임신이 되기까지 벙어리가 되었다. 그리고 엘리사벳이 기적적으로 임신한지 6개월 만에, 다시 하나님이 천사 가브리엘을 나사렛 동네에 사는 요셉이라는 사람과 약혼자 마리아에게 보낸다.

가브리엘은 마리아에게 임신의 축하와 축복을 보낸다. 즉 "은혜를 받은 자여 평안할찌어다 주께서 너와 함께 하시도다" 라고 축복했다. 그러나 처녀 마리아는 놀라면서 세상에 이런 인사가 어디 있느냐고 반문했다. 그러자 가브리엘 천사는 더 분명하고 확실하게 틀림없이 임신할 것이라고 일러주었다. 즉 "마리아여 무서워 말라 네가 하나님의 은혜를 입었느니라 보라 네가 수태하여 아들을 낳으리니 그 이름을 예수라 하라 저가 큰 자가 되고 지극히 높으신 이의 아들이라 일컬을 것이요 주 하나님께서 그 조상 다윗의 위를 저에게 주시리니 영원히 야곱의 집에 왕 노릇 하실 것이며 그 나라가 무궁하리라" (눅 1:30-32)고 했다.

흔히 임산부가 태몽이란 꿈을 꾼다지만, 예수님의 경우는 하나님께서 보내신 사자가 마리아에게 찾아와 그녀가 반드시 임신할 것이고, 그것은 초자연적으로 될 것이며, 아들이며, 그 이름은 예수이고, 하나님의 아들이며, 다윗 왕통을 이을 것이며, 그는 하나님의 나라를 세우시고 왕 노릇 할 것임을 아주 정확하고 자세하게 마리아에게 알려주었다. 참으로 놀랍고 특별한 탄생이 아닐 수 없다.

이 천사의 말을 들은 마리아는 솔직히 고백하기를 "나는 사내를 알지 못하니 어찌 이 일이 있으리까" 하면서 겁을 집어 먹었다. 즉 동정녀의 몸에서 어떻게 임신이 되며 어떻게 그렇게 놀라운 메시야가 탄생할 수 있는가를 믿지 못했다. 천사는 다시 마리아에게 말했다. "성령이 네게 임하시고 지극히 높으신 이의 능력이 너를 덮으시리니 이러므로 나실 바 거룩한 자는 하나님의 아들이라 일컬으리라"(눅 1:36)고 했다. 천사 가브리엘은 더욱 확실하게 말하기를 임신은 인간의 방법이 아닌 하나님의 능력, 성령의 능력으로 초자연적 방법으로 되는 것이고, 그러기에 그 아기는 바로 하나님의 아들이라고 했다. 그러면서 친척 중에 엘리사벳도 늙었기에 임신이 안 되는 사람이었으나 아들을 배어 여섯 달이 됐다고 알려주었다. 하나님은 동정녀인 마리아에게도 임신이 가능하다는 사실을 엘리사벳의 예를 알려주면서 확신을 주고자 했다. 이에 마리아는 하나님의 뜻에 순종하기로 하고 엘리사벳의 집을 방문했고, 마리아의 방문을 받자 태중의 아이가 뛰놀았다. 엘리사벳은 마리아를 축복하고 믿음의 여자라고 칭찬하고 말씀대로 이루어지기를 기원했다. 거기서 마리아는 너무 기뻐서 하나님께 찬양을 드렸다. 메시야 탄생의 전주곡! 그것은 너무나 아름답고 그리고 확실한 하나님의 구속의 역사였다.

예수님은 여인의 후손으로 오셨다(마 1:16, 창 3:15)

마태복음 1장에서 마태는 예수님의 족보를 써내려가면서 다소 의아한 말을 하고 있다. 아브라함부터 시작해서 요셉까지 모두가 남자가 그 아들을 낳았다고 계속 언급하더니 16절에 와서는 우리의 눈을 의심하게 한다. 즉 "야곱은 마리아의 남편 요셉을 낳았으니 마리아에게서 그리스도라 칭하는 예수가 나니라"(마 1:16) 이 말의 뜻은 요셉이 예수를 낳았다고 해야 마땅할 것을 마리아에게서 그리스도 예수가 낳다고 썼다. 그것은 예수님의 탄생은 동정녀에서 탄생했음을 힘 있게 증거하는 동시에 창세기 3:15을 염두에 두고 기록한 것이다. 즉 "내가 너로 여자와 원수가 되게 하고 너의 후손도 '여자의 후손'과 원수가 되게 하리니 '여자의 후손'은 네 머리를 상하게 할 것이요 너는 그의 발꿈치를 상하게 할 것이니라"(창 3:15)라고 예언한 그 데로이다.

예수님은 특별한 출생방법 즉 동정녀의 몸에서 나셨기에 여인의 후손이라고 할 수 있다. 그런데 사탄의 세력과 우리의 구주이신 예수와의 마지막 한판 승부에서 '여자의 후손'인 예수는 사탄의 머리를 상하게 하여 결정타를 날리지만 '여자의 후손'으로서 예수는 발꿈치를 상하는 정도의 상처를 입을 것이다. 그러므로 궁극적인 승리는 '여자의 후손'이며 그 분은 바로 예수 그리스도라는 것이다.

예수님은 동정녀의 몸에서 초자연적으로 탄생했음으로 죄가 없으시다(눅 1:34-37)

마태복음과 누가복음 첫 장에 있는 동정녀 탄생기사는 교회 안팎으로 많은 논쟁의 대상이었다. 동정녀 탄생을 믿는가의 여부에 따라서 복음적 신앙인지 아닌지를 구별하는 판단 기준이었다. 동정녀 탄생을 믿는다면 성경의 다른 곳에 있는 모든 이적을 믿는다. 그러나 동정녀 탄생을 못 믿는다면 성경의 모든 이적도 믿지 못하는 것이다. 그러므로 예수님의 동정녀 탄생은 예수님의 부활과 꼭 같이 중요하다. 동정녀 탄생을 믿는 사람은 성경에 있는 모든 진리를 그대로 받아들이는 자이다.

혼히 많은 사람들은 예수님의 동정녀 탄생이 우리의 구원과 무슨 관계가 있는지를 묻고, 그저 예수님의 십자가의 죽음만 믿으면 된다고 한다. 그러나 만약 예수 그리스도께서 동정녀의 몸에서 하나님의 권능 곧 이적으로 나시지 않았다면 그는 우리의 구주가 될 수 없다.

구주의 자격은 자신이 범한 죄도 없어야 하지만 동시에 조상으로부터 오는 원죄도 없어야 한다. 예수님의 동정녀 탄생의 필요성은 신약의 구속의 교리와 일치한다. 기독교의 핵심은 인간을 죄에서부터 구원하는 일이다. 그렇다면 구주이신 예수는 죄와는 상관없는 참하나님이요, 참사람으로서 동정녀에서 하나님의 이적으로 태어나신 것은 가장 자연스런 것이다. 기독교는 모든 것이 초자연에 기초하고 있다. 그런데 이를 반대하는 사람들의 논리는 예수님의 동정녀 탄생이 비과학적이라고 한다. 사실 이런 반론은 동정녀 탄생 사건 때부터 있어 왔다 (눅 1:34-37). 하지만 인간의 구속이란 통상적인 사건이 아니고 가장 특수한 사건이다. 실제로 구원은 생사의 갈림길이기 때문에 이보다 더 특수한 사건은 없다.

예수님은 임마누엘로 오셨다(마 1:23)(사 7:14)

마태는 예수님의 탄생기사를 자세하게 쓰면서 예수님의 동정녀 탄생은 구약의 이사야 선지자가 예언한 그대로임을 강조했다. 즉 "보라 처녀가 잉태하여 아들을 낳을 것이요 그 이름을 임마누엘이라 하리라"(마 1:23) (사 7:14)고 했다.

예수는 자기 백성을 저희 죄에서 구원할 자이시므로 동정녀에서 탄생하시는 것은 극히 자연스런 일이다. 무엇보다 성경에서 이미 동정녀의 몸에서 메시야가 탄생할 것이라고 예언한대로 이루어진다는 것이다. 그런데 장차 태어날 예수님은 곧 임마누엘이며 그 뜻은 "하나님이 우리와 함께 계시다"는 뜻이라고 친절히 해설하고 있다. 예수님은 비록 육신으로 오시지만 그는 우리와 함께 하시는 하나님이시므로 우리의 중보자가 되신다는 것이다. 참으로 놀랍고 기막힌 사건이 아닐 수 없다. 예수님이 하나님의 아들이시지만 말씀이 육신이 되어 우리 가운데 계시는 성육신(Incarnation)의 사건만큼 오묘한 사건은 없을 것이다.

예수님은 임마누엘로 오셨을 뿐 아니라, 그는 왕으로 오셨고, 우리의 구주로 오셨다. 세상에 오시되 특별한 방법으로 오셨다. 즉 동정녀의 몸에서 나시므로 구약의 예언을 이루고 속죄의 주님으로 사명을 감당하신 것이다. 그러므로 예수님의 동정녀 탄생사건은 우리의 신앙의 가장 중요한 근거이며 또한 은혜이며 감격이며 축복이 아닐 수 없다.

예수의 계보

"아브라함과 다윗의 자손
예수 그리스도의 세계라" (마 1:1)

　　성경에는 수많은 사람들의 이름이 나온다. 하지만 그 모든 사람들의 이름 중 무의미하게 열거된 사람은 아무도 없다. 그들은 하나같이 모두가 역할이 있고 사명이 있다. 성경기자들이 족보 곧 계보를 설명할 때 오늘의 독자가 읽기에는 지루하고 번거롭고 뜻없는 듯이 보이겠지만, 사실 성경기자의 머리 속에는 하나님의 위대한 구속의 역사를 체계적으로 정리하려는 의도를 가지고 있었다.

　　하나님은 자신의 영광을 위해서 천지와 그 가운데 만물을 창조하시고 인간을 하나님의 형상대로 지어서 영광을 받기를 원했다. 그러나 인간은 죄로 어두워지고 타락했으며 자신의 힘으로는 구속 받을 수 없게 되었다. 그래서 하나님은 위대한 구원의 계획을 세우신다. 그 구원의 방법은 중보자를 인간의 역사 속에 보내는 것이었다. 그 중보자는 참하나님이시면서 참사람으로서 죄가 없는 분이어야 한다. 그러기 위해서 하나님은 독생자를 보내어야 했다. 그래서 하나님께서는 그토록 위대한 구속의 계획을 수행하기 위해서 즉 메시야가 오기까지 역사를 구체적으로 간섭하시며 섭리하셨다. 여러 사람들 중에서 메시야의 조상들, 메시야의 계보가 될 사람을 구별하고 특별관리하시고 마지막에 구주이신 예수 그리스도가 오도록 하셨다. 그러므로 역사의 배후에 하나님의 전능하신 숨은 손길이 움직이고 계시다는 것을 알아야 한다. 그 역사의 한 가운데 주 예수 그리스도가 주인으로 오신 것이다. 그것이 곧 하나님의 구속의 역사이며 또한 하나님의 언약의 역사이다.

그러므로 우리는 성경기자들이 가지고 있던 역사관과 같은 입장을 가져야 성경이 보이기 시작한다. 성경기자의 역사관은 바로 구속사(救贖史)이다. 성경의 역사, 이스라엘의 역사는 한 목적 곧 죄인을 구원하기 위한 하나님의 전능하신 섭리로 되어진 구속사이다. 그래서 마태복음 1:1에서 마태는 "아브라함과 다윗의 자손 예수 그리스도의 세계(世系; Generation)"라고 함으로써, 아브라함에서 시작하여 다윗 왕통으로 이어지고 드디어 예수 그리스도에 이르는 계보를 역사적으로 정리하겠다는 의지를 밝혔다.

동시에 그 말의 뜻은 아브라함에서 다윗 왕통을 거쳐 예수에게 이르기까지 모든 계보는 하나님이 직접 관리하시며 전능하신 하나님의 능력으로 그 시대 시대마다 인물들을 특별히 보호하여서 메시야인 예수 그리스도가 오시기까지 정밀하게 살펴서 기록했다는 것이다. 한 마디로 이스라엘의 모든 역사는 하나님의 구속사(Redemptive History of God)임을 대전제로 한 것이다.

예수님은 셈의 혈통에서 그리스도로 오셨다(창 9:27, 눅 3:36)

누가는 마태와는 달리 예수님의 족보 곧 예수님의 세계(世系)를 역순으로 계산하고 있다. 특히 셈의 계통에서부터 메시야가 올 것을 암시하고 있다. 즉 "그 이상은 가나안이요 그 이상은 아박삿이요 그 이상은 셈이요 그 이상은 노아요 그 이상은 라멕이라"고 했다(눅 3:36). 그런데 이 말은 창세기 9:26에서 "셈의 하나님 여호와를 송축하리로다"고 한 약속의 성취를 보여준다.

셈은 노아의 장남으로 노아와 함께 방주에 들어가 홍수 심판에서 구원을 받았다. 홍수 후에 노아가 포도주를 먹고 크게 취해서 벌거벗은 아버지의 하체를 보고 함은 자기 아버지를 비웃고 셈과 야벳은 그 부끄러움을 덮어주었다. 이 일로 말미암아 셈은 노아에게 축복을 받는다. 그 때 노아는 하나님을 '셈의 하나님'이라고 지칭하면서 셈의 계통을 통해서 영적인 축복을 해주었다. 셈은 예수의 조상으로 경건한 가문을 세우고 영적인 삶의 가치를 육신의 삶의 가치보다 더 귀히 여겼다. 그러므로 구속사의 흐름은 함이나 야벳의 계보가 아니고 셈의 계보로 이어질 것을 예고했다.

요즈음은 자동차에 네비게이션을 달아서 달리는 차는 위성을 통해서 위치를 알 수가 있다. 또 컴퓨터를 통해서 어떤 지역을 위성에서 카메라로 잡은 대로 볼 수 있다. 즉 크게 크게, 작게 작게를 조절하면 원하는 지점을 선명하게 알 수 있다. 그와 같이 구속사적 안목으로 보면 멀리 셈의 혈통에서 그리스도가 보인다. 이것이야말로 하나님의 위대한 구속사의 승리라고 할 수 있다.

예수님은 아브라함의 자손으로 오셨다(창 12:3, 마 1:1)

아브라함은 본명은 아브람이었다. 그런데 창세기 17:5에 아브라함으로 이름을 바꾸었다. 아브라함은 이스라엘 역사의 핵심적 인물이며 믿음의 조상이다(창 17:4). 하나님의 구속의 계획은 너무도 치밀하고 정확해서 아브라함의 가계를 통해서 메시야가 오도록 철저히 준비하신 것이다.

아브라함은 처음부터 하나님의 은혜와 축복을 받을 만한 무슨 의와 공로가 있어서 선택된 것이 아니었다. 본래 이방지역에서 우상 만드는 집에서 자라고 생활하던 사람이다. 더욱이 75세에 부름을 받았으니 소명의 시기가 너무나 늦었고, 아내 사라는 자식을 낳을 수 없는 불임 여성이었다. 하지만 하나님은 아브라함을 통해서 그 자손이 하늘의 별과 바다의 모래처럼 많겠다는 약속을 해 주셨다.

왜 하나님은 불가능한 것을 약속했을까? 더구나 세월이 사반세기가 지난 후에 99세에 아들을 주시겠다는 약속까지 했으니, 이런 약속이 어떻게 가능할 것인가? 두 부부는 나이가 늙었고 더구나 생산이 불가능했다. 그런데 1년 후에 이삭을 낳았다. 이것은 이적 중에 이적이었다. 이것을 통해 하나님은 메시야를 오게 하는 첫 단추부터 하나님의 권능으로, 하나님의 이적으로, 하나님의 은혜로 구속의 역사를 이끌어 가시겠다는 확고한 의지를 보여주셨다. 하나님의 계획은 아브라함의 후손을 통해서 메시야가 나서 세상을 구원하도록 하신 것이다.

아브라함이 이스라엘의 역사에 너무나도 중요하기에 이스라엘 사람들은, 아브라함의 자손된 것을 늘 자랑했고, 아브라함이 믿음의 조상이 되었으므로 그들은 자동으로 구원 얻는 줄 알았다. 그래서 참된 믿음보다 종교적 의식주의와 형식주의가 판을 쳤다. 그래서 예수님은 말씀하시기를 "하나님은 능히 이 돌들로도 아브라함의 자손이 되게 하시리라"고 책망했다(눅 3:8).

아브라함의 계보에서 예수님이 탄생하셨다. 그런데 예수님은 구속사적으로 깊이 생각하시면서 아브라함은 예수님을 바라보았고 이미 그에게 예수를 보여주었다는 것이다. 즉 "너희 조상 아브라함은 나의 때 볼 것을 즐거워하다가 보고 기뻐하였느니라"(요 8:56)고 했다. 예수님의 이 말씀은 유대인들에게 혼란스럽고 충격적이어서 논란이 일어났다. 즉 "네가 아직 오십도 못되었는데 아브라함을 보았느냐"라고 비난을 했다. 그러나 "아브라함이 나기 전부터 내가 있었느니라"(요 8:56)라고 대답함으로써 예수님은 하나님의 아들로서 하나님의 위대한 구속의 프로그램에 핵심이라는 것과 아브라함의 자손에서 메시야인 예수가 나는 것은 지극히 당연하다고 했다.

예수님은 이삭의 자손으로 오셨다(창 17:9)(눅 3:34)

아브라함이 99세에 아들 이삭을 주시겠다는 하나님의 말씀이 있자 아브라함도 마음으로 웃었다. 일년 후면 아브라함은 100세가 되고 아내 사라는 90세인데 어떻게 가능하겠느냐는 반응이었다. 그러나 하나님은 단호하고 확실하게 "네 아내 사라가 정녕 네게 아들을 낳으리니 너는 그 이름을 이삭이라 하라 내가 그와 내 언약을 세우리니 그의 후손에게 영원한 언약이 되리라" (창 17:19)고 했다.

아브라함은 노년에 이스마엘을 통해서 위로 받고 싶었으나 하나님은 이삭의 후손을 통해서 위대한 역사를 일으킬 것을 계시했다.

예수님은 야곱의 자손으로 오셨다(민 24:17)(마 1:2)

야곱은 이삭의 아들 가운데 참으로 영악스럽고 문제투성이의 사람이다. 형 에서는 사나이다운 기질과 멋이 있었으나 야곱은 간교하고 철저한 이기주의자인데다, 아버지와 형을 속이고 외삼촌을 속인 비 인격적인 인물이다. 더구나 재테크에 밝고 하는 일마다 인간적 꾀가 번득이는 사람이었다. 그런데 어째서 이런 인격의 소유자를 창세기 50장 중에 꼭 절반인 25장에서 50장까지, 모태에서 무덤까지 자세하게 취급하는 것일까? 그것은 성경이 인간의 위대하고 영웅적인 이야기를 쓰려는 목적이 아니고 하나님의 은혜와 축복은 받을만한 아무런 의도 공로도 없는 자에게 은혜로 주어진다는 것을 보여주기 위함이다.

참으로 야곱을 통해서 하나님의 사랑이 얼마나 크고 놀라운 것인지 확실히 보여주신다. 그래서 야곱의 일대기를 살펴보면, 가장 힘들고 어려운 순간마다 하나님이 찾아오시고 야곱에게 하나님을 계시하여 주셨다. 야곱은 비록 부족하고 죄악의 사람이었으나 이 가문을 통해서 메시야이신 구주가 오셔야 했기에 하나님이 특별히 관리하시고 은혜를 주셨다. 이것이 바로 하나님의 구속사이다.

그래서 발람의 예언 중에 말하기를 "한 별이 야곱에게서 나오며 한 홀이 이스라엘에게서 일어나며 모압을 이편에서 저편까지 쳐서 파하고…"(민 24:17)라 하였다. 이는 곧 메시야는 야곱의 후손에서 나올 것을 예언한다.

예수님은 유다지파에서 오셨다(시 78:67,68, 창 49:10, 히 7:14)

유다는 야곱의 장자가 아니라 넷째 아들이었다. 그런데 그는 다윗의 조상이 되었을 뿐 아니라 예수 그리스도의 조상이 되었다. 유다도 깨끗하고 순결한 사람은 아니지만 그는 요셉을 죽이려는 형들의 제안을 바꾸어 상인들에게 설득한 일이 있고, 애굽에 곡식을 사러 갈 때도 아버지 이스라엘을 설득해서 베냐민과 함께 애굽에 갈 수 있었고, 또 베냐민의 자루에서 은잔이 발견된 후에도 형들을 대변하는 대변자 역할을 했다.

예수 그리스도가 유다지파에서 올 것이라는 예언을 야곱으로부터 들었는데 그것은 마침내 성취되었다. 즉 "오직 유다 지파와 그 사랑하는 시온 산을 택하시고"(시 78:68) "홀이 유다를 떠나지 아니하며 치리자의 지팡이가 그 발 사이에서 떠나지 아니하시기를 실로가 오시기까지 이르리니 그에게 모든 백성이 복종하리라"(창 49:10)는 말씀은 모두가 유다의 자손에서 메시야가 날 것이라는 약속이며 예언이다.

예수님은 이새의 자손으로 오셨다(사 11:1)(눅 3:23, 4:18)

이사야 선지자는 말하기를 "이새의 줄기에서 한 싹이 나며 그 뿌리에서 한 가지가 나서 결실할 것이요"(사 11:1) 이 말씀은 모두 예수 그리스도의 탄생 예언이다. 또 "그 날에 이새의 뿌리에서 한 싹이 나서 만민의 기호로 설 것이요 영광이 그에게로 돌아오리니 그 거한 곳이 영화로우리라"(사 11:10).

이새는 다윗 왕의 아버지다. 보아스의 손자가 되고 오벳의 아들로 예수님의 족보에 기록되었다.

예수님은 다윗의 자손으로 오셨다(삼하 7:16)(시 132:11)(사 9:7)(미 5:2, 4)(마 1:1)(눅 1:32, 33, 2:11)(요 7:42)

이미 언급한대로 마태는 예수님의 족보 곧 예수의 계보를 써내려가면서 큰 밑그림을 그렸다. 그것은 곧 "아브라함과 다윗의 자손 예수 그리스도의 세계"라고 썼다. 예수님은 다윗의 혈통과 다윗의 왕통으로 오셨다. 천사 가브리엘이 예수님의 수태를 마리아에게 알리면서 "보라 네가 수태하여 아들을 낳으리라 그 이름을 예수라 하라 저가 큰 자가 되고 지극히 높으신 이의 아들이라 일컬을 것이요 주 하나님께서 그 조상 다윗의 위를 저에게 주리니 영원히 야곱의 집에 왕 노릇 할 것이며 그 나라가 무궁하리라"(눅 1:31-33)고 정확히 말했다.

또 "오늘날 다윗의 동네에 구주가 나셨으니 곧 그리스도시니라"(눅 2:11)했고 또한 예수님 자신과 논쟁하던 무리들이 예수의 출생계보를 설명하면서 다음과 같이 말했다. 즉 "성경에 이르기를 그리스도는 다윗의 씨로서 또 다윗의 살던 촌 베들레헴에서 나오리라 하지 아니하였느냐"(요 7:42)하면서 격론을 벌렸다.

우리는 예수의 족보 곧 예수의 계보를 알아봄으로써 역사의 배후에 움직이시는 하나님의 손길을 본다. 집을 지을 때 투시도, 측면도, 설계도가 있어서 그 설계대로 건축하듯이 하나님의 크고 놀라운 구속의 계획이 한 뼘의 모자람도 없이 역사에 진행된 구속의 대 드라마를 보면서 하나님께 우리는 감격과 감사와 찬송을 드리지 아니할 수 없다.

예수의 유년

"헤롯 왕 때에 예수께서 유대 베들레헴에서 나시매 동방으로부터 박사들이 예루살렘에 이르러 말하되" (마 2:1)

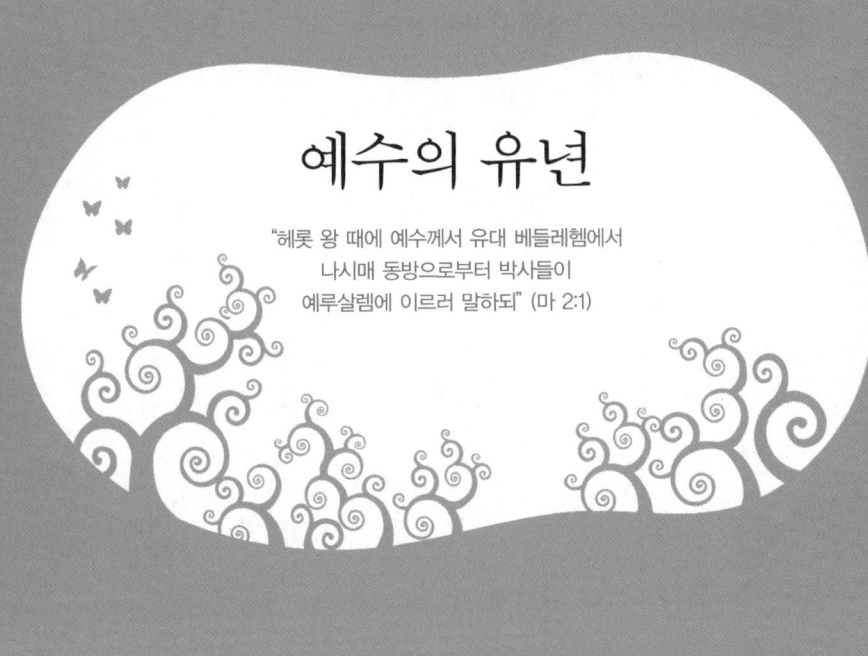

　　　　　　　필자는 아들의 첫 돌 예배 때에 그 예배
실황을 녹음으로 해 두었다. 그 당시는 녹음 카셋트도 없었고 커다란 릴
녹음기만 있었다. 첫 돌 예배 직전에 생각해 보니 이것은 역사적으로 귀
한 순간이니 찬송과 기도와 설교와 축도 내용을 남겨주고 싶어서 녹음
을 했다. 그런데 세월이 많이 흘러 필자가 해외유학과 15번의 이사로 여
러 번 짐을 옮기는 중에도 그 릴 테이프가 굴러 다녔다. 그것을 오늘날
의 카셋트 테이프로 옮기려고 해도 방법이 없었는데 우여곡절 끝에 카
셋트 테이프로 다시 만들었고 최근에는 CD로 옮기게 됐다. 아들이 35
세에 결혼할 때 아비가 아들을 축복한 첫 돌 예배 녹음을 선물했더니 큰
감동을 받았다. 어린 시절의 기록은 대게 첫 돌 사진이 고작이고, 어떤
이는 유아일기나 경우에 따라서는 유치원 시절의 그림이나 초등학교
일기 따위가 있다. 하지만 그것을 오래 동안 보관하는 예는 별로 없다.
　이와 같이 예수님의 유년기에 대한 기록도 그의 공생애에 대한 기록
에 비하면 매우 적다. 하지만 마태복음과 누가복음에 기록된 것만으
로도 예수님의 어린 시절에 대한 것을 어느 정도 정리해 볼 수 있다.
무엇보다 예수님의 어린 시절의 행적도 그의 공생애 못지 않는 깊은

의미가 담겨져 있다고 할 수 있다.

예수님은 베들레헴에서 출생했다(마 2:1)

마태는 예수님이 베들레헴에서 출생했다고 썼다. 마태는 복음서를 기록하면서 그냥 전기적으로 쓰려고 했다기보다는 유대인의 왕으로 구주로 오신 예수님을 확실히 증명하려고 했다. 베들레헴은 오랜 역사를 간직하고 있다. 일찍이 야곱은 사랑하는 아내 라헬의 시신을 베들레헴에서 장사 지내어 죽음과 슬픔의 장소로 여겼지만(창 35:16-20) 예수 그리스도의 탄생은 베들레헴을 생명과 소망의 장소로 만들었다. 또 베들레헴은 모압 여인 룻이 보아스와 결혼하여 살았던 곳인데 이 가정에서 장차 다윗이 나오게 되었다.

그러므로 베들레헴은 벌써 이방인이 살았던 곳이면서, 믿음으로 말미암아 모든 사람에게 구원을 주실 메시야이신 예수 그리스도가 탄생하신 것이다. 베들레헴은 떡 집이란 뜻을 갖고 있는데, 이것은 생명의 떡 되신 예수 그리스도가 태어나기에 적절한 의미를 가진 장소였을 것이다.

그런데 마태는 예수님이 베들레헴에 출생했다는 것을 강조하면서 일찍이 미가 선지자가 예언한대로 "베들레헴 에브라다야 너는 유다 족속 중에서 작을지라도 이스라엘을 다스릴 자가 네게서 내게로 나올 것이라 그의 근본은 상고에, 영원에 있느니라"(미 5:2) 한 예언이 예수님에게 이루어졌음을 강조했다. 마태는 미가서의 다스릴 자를 목자로 해석하면서 예수님은 다스릴 자이면서 우리의 선한 목자가 될 것을 말했다. 이렇듯 성경 저자의 마음 깊은 곳에서는 하나님의 구원의 계획이 있었는데 그 메시야가 베들레헴에서 출생하리라고 하더니 그대로 이루어졌다는 내용을 전한다. 이것이 성경을 보는 눈이다. 역사는 뜻 없이 굴러가는 것도 아니고 우연에서 우연으로 가는 것이 아니고 역사의 배후에는 하나님의 숨은 손길이 움직이고 있다. 그리고 그의 경륜과 섭리를 따라서 구주이신 예수님이 탄생했다.

사실은 예수님이 베들레헴에 탄생하게 된 것 자체가 우리에게는 감동과 감격과 은혜가 된다. 왜냐하면 마리아가 해산달에 아구스도가 천하에 호적하라는 명령을 내렸고, 호적하러 가다가 베들레헴에서 갑자기 산통이 심했고 여관 하나 빌리지 못하고 말구유에서 아기 예수를 낳게 됐다. 사실 예수님은 메시야이고 우리의 구주이시기에 그의 탄생 장소는 바로 하나님께서 예정하신 베들레헴에서 나셔야 했다.

예수님의 탄생 시기는 가이사 아구스도 때였다(눅 2:1-7)(창 49:10)(말 3:1)

예수님은 가이사 아구스도가 천하에 호적령을 내렸을 때 탄생했다. 이것은 예수님의 탄생이 역사적 사건이었음을 말해준다. 황제 아구스도는 그 유명한 카이샤르의 양자로서 그의 후광을 업고 로마제국의 통치권을 장악한 옥타비누스(Octavinus)를 말한다. 물론 당시에 천하란 말은 이른바 로마의 통치권이 미치는 지역을 의미한다. 예수님은 이런 상황에서 탄생했다. 예수님이 베들레헴에서 탄생해야 했기에 아구스도의 호적령을 통해서 마리아와 요셉을 베들레헴까지 오도록 했다.

만약에 아구스도의 호적령이 없었던들 만삭의 마리아가 남편 요셉과 더불어 교통이 불편했던 그 때에 어떻게 올 수 있었을까? 결국은 그것은 하나님의 섭리였고 하나님의 주권으로 되어졌다. 아구스도는 위대한 예수의 구속사역과 예언 성취를 위해서 도구로 사용되어진 것이다. 예수가 탄생하기에 적절한 시기인 이유는 이 때가 다니엘 2:40의 내용처럼 세상이 한 통치자에 의해 다스려지고 우상숭배가 만연하고 하나님을 아는 지식이 없는 어두운 시대에 빛 되신 주님을 세상에 보내신 것이다. 하나님의 섭리는 시간도 장소도 섭리하시며 때를 주관하시는 것이다.

예수님은 동방박사들로부터 축하와 경배를 받았다(마 2:1-12)

사실 예수님이 탄생했을 때 축하객들이 여럿 있었다. 예수님은 하나님의 본체요, 하나님의 아들이지만 인간의 몸을 입으시고 이 땅에 오셨다. 예수님이 세상에 오셨을 때에 구속주이신 예수를 알아보고 그를 영접하고 찬양한 사람은 그리 많지 않았다. 우선 목자들로부터 축하와 예배를 받으셨다. 예수님은 만왕의 왕으로 세상에 왔지만 그를 알아보고 경배한 사람은 궁전에 있는 고관들이 아니고, 종교지도자들인 대제사장들이나 서기관도 아니었다. 참으로 예수님을 구주로 알아본 사람들은 바로 들에서 밤을 지새우던 목자들이었다. 목자는 신분이 비천했을 뿐 아니라 그 당시 사회에 지극히 소외된 계층이었다. 하나님께서는 가장 하층 계급인 목자들에게 천사를 보내어 메시야의 탄생을 알리고 천사들의 찬양을 듣게 했고, 목자들이 직접 아기 예수를 방문하고 경배하도록 했다. 이것은 사실 주님의 탄생 의미와도 기가 막히게 맞는 일이었다.

또 다른 분들은 시므온과 안나였다. 이들은 한결같이 하나님의 구속을 평소에 간절히 기대하던 사람들이었다. 예수님의 부모들은 모세의 율법에 따라 예수께서 난지 팔일 만에 할례의식을 행하기 위하여 성전으로 올라갔다. 성경에는 예수의 부모들이 율법을 따라 행했다는 말이 무려 다섯 번이나 언급된다. 그러나 제사장이나 유대지도자들은 예수를 메시야로 인식하고 경배했다는 기록이 없다. 다만 시므온과 안나만이 예수를 메시야로 알아보고 찬양했다. 시므온은 이스라엘을 위로하며 온 인류를 구원할 그리스도를 보기 전에는 죽지 않을 것이란 성령의 지시를 들었던 자이다. 한편 안나는 과부된 지 84년이나 되었으나 성전을 떠나지 않고 하나님의 구속함을 기다리던 여선지자였다. 예수 그리스도는 오늘도 화석화된 종교의식과 위선에 사로잡힌 자에게 가까이 하시지 않고 진실하고 겸손한 마음의 소유자에게 예수가 누구인지 알려진다.

예수의 탄생을 축하하고 경배한 사람들 중에는 동방박사들이 있었는데 이들의 축하방문이 가장 큰 톱뉴스였다. 이방의 나라에 사는 지성인들이 예수의 탄생을 축하하기 위해 예루살렘을 방문한 것은 국제적 뉴스였다. 이제 복음은 더 이상 민족주의적인 유대인만의 차지가 아니고 이방인도 포함된다는 것을 보여준다. 동방박사의 도착 성명은 "왕으로 나신 이가 어디 계시뇨"라고 했다. 동방의 박사들은 예수의 탄생의미를 제대로 짚은 것이다. 예수님은 그저 한 아기의 탄생이 아니라 이것은 만왕의 왕의 탄생이요, 예배와 찬송을 받으실 분이라고 선언했다. 그래서 동방의 박사들은 황금과 유황과 몰약을 드리고 예수께 경배했다. 사실은 동방박사를 베들레헴까지 오게 하신 분은 바로 하나님이시다. 하나님은 크고 이상한 별을 사용하셔서 동방에서 예루살렘까지, 예루살렘에서 베들레헴까지 오늘 우리 시대의 네비게이션처럼 박사들을 인도하셨다.

예수님은 어린 시절에 애굽으로 피난갔다(마 2:14)(호 11:1)

하나님의 나라의 왕이신 예수가 태어나자 사단은 위기감과 적대감을 드러냈다. 헤롯은 예수의 탄생을 그의 왕권의 도전으로 보았다. 어두움의 왕국과 그리스도의 왕국 사이에 투쟁이 구체적으로 시작되었다. 헤롯은 "여자의 아이"(계 12:4)가 태어나자마자 죽이려고 한 악한 자의 도구였다. 하지만 하나님의 손길이 예수를 돌보심으로 악한 헤롯의 올무에서 벗어나게 했다. 헤롯은 권모술수의 왕이었다. 왕권 사수를 위해 베들레헴과 그 근방에 있는 두 살 이하의 사내아이들을 모조리 죽이는 처참한 일을 했다. 헤롯은 그리스도의 왕권의 맞수는 아니었으나 악의 화신으로 역사에 없는 악행을 자행했다. 하지만 하나님은 무모하게 꿈으로 현몽하여 애굽으로 피난 가도록 했다.

예수님은 수천 년 동안 선지자들이 그토록 예언했던 분이다. 또한 하나님은 인간이 타락한 이후에 중보자로서 외아들을 보내서 구주로 세우기 위해 오래 동안 준비하셨다. 그러므로 하나님은 헤롯의 영아 살해 계획에 주저앉을 수 없었고 안전하게 예수님을 보호하셨다. 결국 하나님께서는 우리 죄인들을 구속하시기 위해서 계획하시며 섭리하시며 간섭하심을 알 수 있다. 예수가 애굽으로 피난가고 남자아이들의 학살한 사건은 구약의 출애굽 사건처럼 새로운 구원 시대의 시작을 알리는 상징적 사건이라고 본다.

예수님은 12세 때 성전에서 율법사들과 성경 토론을 벌였다

예수님은 어린 시절 외에는 12세 때의 사건이 한 번 기록되어 있다. 열두 살 때 성전에서 내노라 하는 쟁쟁한 율법학자들과 논쟁을 벌였다. 열두 살이면 율법 곧 토라를 초등과정과 고등과정 6년을 마쳤을 때였다. 예수님은 하나님의 아들이시므로 영성이 충만하기도 했지만 지적이면서 지혜도 가득 차 있었다. 성경기록대로 보면 "그가 선생들 중에 앉으사 그들에게 듣기도 하시며 묻기도 하시니 듣는 자가 다 그 지혜와 대답을 놀랍게 여기더라"(눅 2:46-47)라고 했다.

그런데 예수님의 부모들은 도리어 걱정하고 나무랬다. 하지만 예수님의 대답을 부모가 도저히 이해할 수 없었다. 즉 "예수께서 이르시되 어찌하여 나를 찾으셨나이까 내가 내 아버지의 집에 있어야 될 줄을 알지 못하셨나이까"(눅 2:49)라고 했다. 이미 예수님의 어린 가슴에는 자신이 하나님의 아들이며 메시야라는 것을 분명하게 인식하고 있었다. 예수님은 인류의 구주로서 하나님의 아들로서 인식을 했으나 부모가 그 내용을 이해할 리가 없었다.

그래서 누가복음을 기록한 누가는 열두 살 때의 예수를 언급하면서 "예수는 지혜와 키가 자라가며 하나님과 사람에게 더욱 사랑스러워 가시더라"(눅 2:52)고 했다. 누가의 관찰은 예민하고 정확했다.

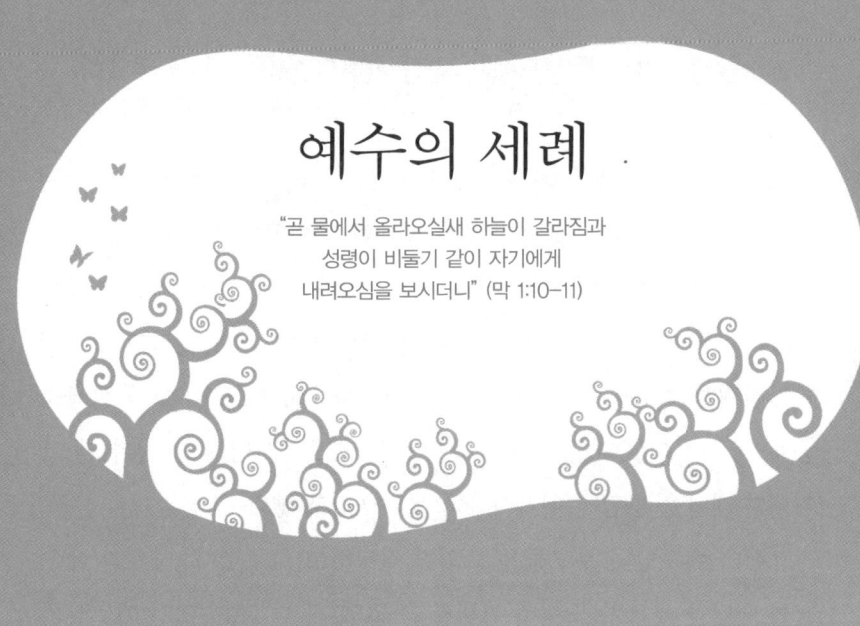

예수의 세례

"곧 물에서 올라오실새 하늘이 갈라짐과
성령이 비둘기 같이 자기에게
내려오심을 보시더니" (막 1:10-11)

<u>1970년</u>으로 기억한다. 필자가 종군목사로 있을 때 한참 전군 신자화 운동이 일어났다. 그때 필자는 전군 신자화 운동의 선봉장으로 우리 부대에 1200명의 장병들에게 합동세례식을 베푼 적이 있었다. 그때 필자는 여러 달 동안 성경 통신과를 운영하고 '야전 찬송가'를 개발하여 적어도 우리 부대 장병들은 40곡 이상의 찬송을 외어 부를 수 있도록 했다. 물론 작업복 왼쪽 상단에는 반드시 신약 성경을 착용하도록 했다. 그런데 세월이 지남에 따라 다소 형식으로 흐른 것은 없지 않았으나 진중 세례식은 청년들 전도에 엄청난 효과를 얻은 것은 사실이다.

세례란 물을 뿌리는 의식인데 예수 그리스도를 주(主)로 고백하는 사람들이 그리스도와 함께 죄에 대하여 죽고, 예수 그리스도의 새 생명으로 다시 태어나서 그리스도와 연합하는 의식을 말한다. 그러므로 세례를 통해서 옛사람은 예수와 함께 죽고, 부활, 연합하는 것을 상징하는 예식이다. 세례 받음으로 지금부터는 사나 죽으나 주의 것이 되었다는 표식을 하는 셈이다.

사실 기독교회에서 세례예식은 교리적으로 매우 중요할 뿐 아니라, 실제적으로 성도의 양육과 신앙의 확신을 시키는 일에 유익하다. 그러면 예수님께서 받으신 세례와 예수님께서 가르치신 세례의 의미가 무엇인지 살펴보기로 하자.

예수님이 세례를 받은 것은 하나님의 의(義)를 이루기 위함이다 (막 1:10-11)(마 3:15)

예수님이 공생애를 시작하기 직전 요단강에서는 요한이란 선지자가 세례를 베풀고 있었다. 그래서 그를 세례요한이라고 한다. 그런데 세례 요한은 광야의 외치는 자의 소리라고 하리만큼 이스라엘 민족의 종교적 죄, 양심의 죄를 과감 없이 밝혀내고 회개를 부르짖었다. 천국에 이르는 첫 단계는 회개밖에 없음을 소리높이 외쳤다. 세례요한은 선지자로서 위대한 설교자였다. 그보다 그는 예수 그리스도를 소개하는 선견자, 메시야이신 예수 그리스도의 사역에 길을 닦는 역할을 했다.

그때 예수님은 세례요한에게 세례를 받기 위해서 나왔다. 그런데 선지자인 세례요한은 세례 받으러 나오는 예수를 알아보고 당황한다. 요한이 말한 내용은 이렇다. "내가 당신에게 세례를 받아야 할 터인데 당신이 내게로 오시나이까" 라고 안절부절 했다.

세례요한은 빛되신 주님, 의로우신 예수님, 우리의 속죄주로서의 그리스도께서 오시는 모습을 보고 어떻게 자기 같이 부족한 사람에게 하나님의 아들이 세례 받고자 오시는지 무척 당황했다. 요한은 이미 예수님을 소개하면서 "세상 죄를 지고 가는 하나님의 어린 양"(요 1:29)이라고 고백했거니와 자기 자신은 회개하기 위해서 물로 세례를 주는 것뿐이지만 자기는 예수님의 신들메 풀기도 감당치 못할 뿐 아니라 예수님은 성령과 불로 세례를 줄 것이라고 고백했다(마 3:11).

그러나 예수님은 말씀하기를 "허락하라 우리가 이와 같이 하여 모든 의를 이루는 것이 합당하니라"고 했다(마 3:15). 실은 예수님은 세례 받을 필요도 없거니와 죄가 없으신 분으로 회개할 것이 없었다. 그럼에도 불구하고 예수님은 구약과 선지자의 연속성을 인정하고, 예수님은 유대공동체 일원으로서 겸손히 세례 받으심으로써 우리의 구주로서 사명을 감당하신 것이다.

예수님은 성령의 세례 곧 불세례를 주신다(막 1:8)(마 3:11)

세례요한은 자신이 주는 세례와 예수께서 주실 세례 사이에 엄청난 차이점을 말했다. 요한이 주는 세례는 겨우 물을 뿌리거나 담그는 정도, 죄를 씻는다는 의미의 세례이지만 장차 예수님께서 주실 세례는 단순히 의식적, 예식적인 세례를 뛰어넘어서 성령의 충만을 받는 세례이며, 주님의 은혜로 가슴이 뜨거운 그러한 세례라는 것이다. 세례요한의 세례와 예수의 세례는 연속성이 있기는 해도 그것은 엄청난 변화의 뜻을 가진, 은혜로 구원 얻는 자들의 기쁨과 감격과 축복을 동반한 그러한 세례일 것이다.

요한의 증거를 살펴보면, "나는 너희에게 물로 세례를 주었거니와 그는 성령으로 너희에게 세례를 주시리라"(막 1:8)고 했다. 그런데 마태복음은 조금 더 자세하게 세례요한의 세례와 예수님이 주실 세례를 극명하게 비교하고 있다. 즉 "나는 너희로 회개하기 위하여 물로 세례를 주거니와 내 뒤에 오시는 이는 나보다 능력이 많으시니 나는 그의 신을 들기도 감당치 못하겠노라 그는 성령과 불로 너희에게 세례를 주실 것이요"(마 3:11)라고 했다. 요한은 세례라고 같은 세례가 아니라 예수님이 주실 세례가 바로 세례의 본래의 의미라고 말했다.

요한의 세례가 물이라면 예수님의 세례는 불이라는 것이다. 그럼에도 불구하고 의를 이루기 위해서 요한에게 물세례를 받으셨으니, 예수께서 새롭게 하신 세례는 의식적인 물세례에 덧붙여서 예수와 함께 죽고 예수와 함께 살아나서 그리스도의 연합하는데 까지 나아가는 것이다. 이는 바울이 말한 대로 "누구든지 그리스도와 합하여 세례를 받은 자는 그리스도로 옷 입느니라"(갈 3:26)하신 말씀과 연결시켜 볼 수 있을 것이다.

예수님의 세례는 하나님이 보증하셨다(마 3:16-17)

예수님이 막 공생애를 시작했을 때, 예수님은 누구인가에 대한 소개가 필요했다. 사실은 예수님이 세례를 받으신 것은 그의 공생애의 출발의식이다. 즉 어떤 일을 시작할 때 공식적인 절차인 세리모니(Ceremony)를 갖는 것이 중요할 것이다. 그 첫 번 일이 먼저 유대교의 전통에 따른 세례를 받는 것이 순서였다. 그런데 예수님이 세례를 받고 올라왔을 때 위에서부터 초자연적인 하나님의 음성이 들려왔고 그것은 곧 예수님은 누구신가에 대한 것과 하나님의 보증이 들려왔다. "하늘에서 소리가 있어 말씀하시되 이는 내 사랑하는 아들이요 내 기뻐하는 자라"(마 3:17)고 했다. 이는 하나님이 직접 예수는 나의 아들 곧 하나님의 아들임을 만천하에 공포하였다. 예수님이 공식적으로 세례를 받은 이후에 공식적인 하나님의 선포가 있었다는 것도 뜻이 있다.

즉 하나님의 보증과 확인이 예수께 대한 불필요한 잡음을 잠재웠다. 예수님 당시에도 '나사렛에서 무슨 선한 것이 나겠느뇨' '목수의 아들이 아니냐' '선지자인 것 같다' 등등 사람들의 평가는 다양했다. 그러나 하나님은 예수님께 대하여 세례를 받으시고 공생애를 시작하는 그 찰나에 "이는 내 사랑하는 아들"이라고 하심으로써 예수님이 누구인지 확실히 계시해 주셨다.

예수님의 세례 시에 비상한 사건들이 있었다(막 1:10-11)(마 3:16)

하나님의 아들이요, 우리의 중보자이신 예수님께 우리를 위한 구속의 사역을 위해 일하시는 첫 순간에 밋밋할 수는 없었을 것이다. 대통령 취임식 때를 생각해 보자. 거대하고 웅장한 예식을 알리는 나팔소리 북소리가 있고 대합창단이 동원되고 대통령의 선서가 있고 마침내 공군기의 축하 비행이 있듯이, 만왕의 왕이시며 우주의 창조주가 되시는 메시야이며 하나님의 아들이 육신의 옷을 입고 첫 번 사역을 시작하는 마당에 좀 더 특별하게 웅장한 사건과 팡파르가 울려야 마땅할 것이다.

우선 예수님께서 세례 받으시고 땅으로 올라오실 때 하늘이 갈라지는 역사가 나타났다. 하늘이 갈라졌다는 것은 무슨 의미인지는 잘 모르겠으나 예수께서 구속사역을 시작하는 첫 순간에 하나님의 초자연적인 방법으로서 축하였을 것이다. 즉 그것은 사랑하는 아들 예수를 중보자로 보내신 사건 그 자체가 우주적인 사건이므로 하나님께서는 아들이 구속사역을 시작하는 첫 단계부터 그를 보증하고 그에게 힘을 실어주기 위한 시위였을 수 있을 것이다.

사실 예수님께서 유대 땅 베들레헴에 탄생했을 때도 동방에서 크고 이상한 별이 출현하여 동방의 박사들을 베들레헴까지 인도하고 하늘의 천군들이 찬양하면서 "지극히 높은 곳에서는 하나님께 영광이요 땅에서는 기뻐하심을 입은 사람들 중에 평화로다"라고 했다(눅 2:14). 그와 같이 예수께서 세례 받으시고 올라오실 때 놀랍고 초자연적 사건이 일어난 것은 메시야의 출현에 걸맞는 장면이라고 할 수 있을 것이다.

또한 성령이 비둘기처럼 예수님에게 내려왔다고 했다. 이 표현은 예수님 위에 비둘기가 내려앉았다는 뜻이 아니고 성령의 역사하심이 그토록 평화롭게 아름답게 예수에게 임하셨다는 표현이다. 그리고는 하늘로서 소리가 있었는데 "너는 내 사랑하는 아들이라"고 하나님의 음성이 들렸다.

결국 예수님이 세례 받으신 것은 이제 메시야의 공적 사역에 들어갔다는 것인데, 이 장면에서 성부, 성자, 성령 삼위 하나님께서 함께 일하시는 모습을 볼 수 있다.

예수님의 세례는 메시야의 사명과 십자가의 죽으심과 부활을 내포하는 구속사의 핵심중의 하나이다

예수님께서 세례요한으로부터 세례를 받으셨다. 물론 예수님은 죄가 없으신 분이므로 회개할 필요가 없고 또 세례를 받으실 필요가 없지만 세례를 받으셨다. 그 이유는 예수님이 세례를 받으심으로서 예수님의 고난과 십자가와 죽음 그리고 부활을 포함하는 일체의 것을 포괄하는 뜻이 있다. 그래서 오늘날 우리가 세례를 받는 것은 그리스도와 함께 죽고 그리스도와 함께 사는 것을 의미한다.

그러므로 예수님께서는 "너희 구하는 것을 너희가 알지 못하는도다 너희가 나의 마시는 잔을 마시며 나의 받는 세례를 받을 수 있느냐"(막 10:38)에서 고난과 죽음을 세례와 연결시키고 있다. 그러므로 예수와 함께 세례 받는 것은 그의 죽으심과 합해서 세례 받는 것이며(롬 6:3) 예수와 함께 세례 받는다는 것은 예수 그리스도로 옷 입는다는 말과 같다(갈 3:27).

예수님은 세례를 통해서 주님의 교회가 성장하며 선교하도록 했다(마 28:19)

예수님은 승천하시기 전에 제자들에게 선교의 대사명을 주셨다. 그런데 그 선교를 하러 나가는 과정에 복음을 잘 가르쳐서 결국은 성부, 성자, 성령의 이름으로 세례를 주라고 명령했다. 사실 예수님은 참된 세례를 세우셨다. 성부, 성자, 성령의 이름으로 세례를 받는 것은 하나님의 은혜이며 축복이다.

전도나 선교가 개인의 영혼구원에 있음은 두말할 필요도 없거니와 결국 사람들은 조직 교회를 통해서 세우신 주의 종의 집례로 삼위 하나님의 이름으로 세례를 받고 신앙고백을 하는 것이 정상이다.

요한의 세례는 회개의 증표로서 의식적 물세례였다면 예수님께서 개혁한 세례는 자기 몸을 십자가에 내어 주시고 죽었다가 살아나 구속을 완성한 것을 믿는 자들에게 세례를 주어 하나님의 자녀가 됐음을 인(印)치는 것을 의미한다. 예수의 세례는 구속의 세례요, 성령의 세례요, 곧 불세례라고 할 수 있다.

구스타브 도레 作 〈세례 받으시는 예수 그리스도〉

예수의 시험

"어떤 율법사가 일어나 예수를 시험하여 가로되
선생님 내가 무엇을 하여야
영생을 얻으리이까" (눅 10:25)

어떤 이들은 한국을 입시지옥이라고 한다. 그래서 학생들의 입시지옥을 덜어주기 위해서 시험을 없애버린다고 했다. 그러나 시험을 없애니 문제는 모든 학생들이 하향 평준화가 되어 세계에서 경쟁력이 없는 나라가 되어 가고 있다. 시험은 모든 사람이 환영하는 것은 아니지만, 시험에 잘 통과하면 상급이 있을 뿐 아니라, 한 계단 더 올라가는 결과를 가져온다.

신앙생활도 이와 비슷하다고 할 것이다. 신앙생활에는 크던 작던, 믿음의 연수가 오래이던 초보이던 간에 시험은 항상 있는 것이고, 그 시험을 말씀과 성령으로 또한 믿음으로 잘 극복하면 신앙이 성장되고 세상을 이기는 능력을 얻게 된다.

우리말의 시험이란 말은 '테스트'(test)의 뜻도 있고, 사탄이 사용하는 경우는 '유혹'(temptation)이란 뜻도 있다. 그러므로 시험이란 말은 긍정적 의미도 있고, 부정적인 의미도 있다. 그래서 시험의 종류를 굳이 구별한다면 첫째는 성도들을 죄와 유혹에 빠지게 하는 사탄 또는 마귀의 시험이 있다(마 4:1-11). 이것은 시험이라고 번역하기 보다는 유혹이란 말이 더 정확한 의미가 된다. 둘째는 죄악의 성품을 가진 인간이 스스로의 욕심 때문에 생기는 시험도 있다. 셋째는 하나님께서 자기 백성의 믿음과 인격을 단련하기 위한 시험도 있다. 이럴 경우는 오히려 시련이라고 번역해야 더 좋을 듯 하나 성경은 일관되게 시험이란 말을 사용하고 있다.

그러면 예수님은 시험을 어떻게 이해하고 있는지를 생각해 보자.

예수님은 우리의 중보자로서 마귀에게 시험을 받았으나 말씀으로 승리하였다(마 4:1-11)

예수님께서 공생애 첫 번째 관문은 사탄으로부터 시험을 치르는 것이었다. 그 시험은 악랄하고 교활한 사탄이 유혹하는 방법으로 치러졌다. 사탄은 메시야가 이 세상에 구주이며 중보자로 오신 것을 잘 알고 있었기에, 예수님의 메시야직의 정통성과 예수님의 초자연적 능력과 순결성에 대한 도전으로 예수님을 공격한 셈이다. 예수님은 40일 동안 광야에서 금식기도와 명상을 마치셨다. 예수님이 육체적으로 가장 감내하기 어려운 위기의 순간에, 사탄은 예수님의 영육을 파괴시킬 공작을 한 것이다. 사탄은 세 가지 결정적인 유혹의 시험을 던졌다. 그러나 예수님은 모든 시험을 말씀으로 승리하셨다.

첫째는 돌들을 떡덩이가 되게 하라는 유혹이었다. 40일을 금식한 예수님에게 "하나님의 아들이어든"이라고 제시하면서 현재의 신분 상태를 의심하면서 예수님을 간교하게 시험하려고 했다. 예수님은 분명히 하나님의 아들인데도 조건문을 제시하면서 돌을 가지고 떡을 만들라고 했다. 물론 그것은 예수님에게는 가능한 일이었다. 왜냐하면 돌들로도 아브라함의 자손이 되게 할 수도 있고, 나중에 보리떡 다섯 덩어리와 물고기 두 마리를 가지고 오천 명을 먹이고도 열두 광주리나 남게 하였기 때문이다. 하지만 사탄은 예수를 유혹해서 메시야의 사역보다 굶주린 육신의 배나 먼저 채우도록 유도했다.

그러나 예수님은 "사람이 떡으로만 살 것이 아니요 하나님의 입으로 나오는 모든 말씀으로 살 것이라"고 반박하며 그의 말을 일축했다. 예수님의 말씀은 떡이 필요 없다고 가르치신 것이 아니라 떡보다 더 중요한 것은 하나님의 말씀이라는 것이다. 예수님에게 중요한 우선순위는 메시야로서 자기의 희생을 통해서 구속을 이루는 것이었다.

둘째 시험은 기적이나 마술을 보여서 추종자들에게 인기를 얻고, 추앙을 받도록 자신의 능력을 시험해 보이라는 것이다. 물론 예수님의 대답은 "주 너의 하나님을 시험치 말라"는 성경말씀으로 사탄의 유혹을 꺾었다. 사탄은 예수님이 메시야의 길을 가기보다는 세상적 영웅으로서의 영광을 누리라고 부추긴 것이다.

세 번째 시험은 이제 메시야의 자세, 메시야의 권위에 대한 도전에 한 걸음 더 나아가 메시야의 순결성에 치명타를 입히려고 했다. 사탄은 메시야에게 최고의 쾌락을 보장함으로서 자신과 야합할 것을 권유했다. 이 시험은 가장 본질적인 것이며 영적인 것이었다. 그러나 예수님은 "사탄아 물러가라"고 추방명령을 내렸다. 그리고 다만 "그만 섬기라"고 단호히 말씀했다. 하나님만이 창조주이시고 구속주이시고 심판주이기 때문이다. 예수님은 첫 번 맞은 사탄으로부터의 시험과 유혹을 말씀으로 이기면서 메시야와 중보자로서 첫 사명의 발걸음을 잘 내디뎠다.

예수님은 서기관과 바리새인들로부터 시험을 받았다(눅 10:25) (마 19:3)(마 16:1)(막 10:2)

서기관과 바리새인 등 장로들과 랍비들은 예수님의 등장에 몹시 긴장하고 전전긍긍하고 있었다. 예수님의 말씀과 행동은 대중들에게 매우 신선하고 충격적이었다. 그렇다고 해서 예수님의 말씀과 행동에 비율법적이거나 비윤리적인 것이 없었다. 예수님의 말씀은 항상 진리이며 의로웠다.

사실 그것이 서기관과 바리새인들의 입장에서 보면 더 두려운 것이었고 도전이었다. 그 뿐 아니라 많은 사람들 특히 사회에서 바닥에 있는 민초들이 예수님의 말씀에 큰 은혜를 받고 그를 따르고 있었다. 분명코 예수님의 등장은 유대사회의 지도자들로서는 크나큰 위기였다. 그래서 그들의 초조함이 더해갔다. 그 이유는 예수님의 말씀과 전도가 기득권 사회에 도전일 뿐 아니라 사람들의 시선이 예수께 몰려갔기 때문이다.

무엇보다 서기관과 바리새인들은 그들이야말로 자칭 유대사회에 표준적 인간이며 영적 지도자로 생각했는데, 예수님의 등장으로 갑자기 그들의 영적 권위마저 흔들리기 시작하자 위기감이 고조되었다. 그러나 그들이 할 수 있는 일이라곤 예수님을 시험해서 곤혹스럽게 하고, 말문을 막아서 허점을 찾아내고 결점을 찾아내어 여론을 돌리려는 생각뿐이었다. 그래서 그들은 예수님의 말씀과 행동 하나하나에 시비를 걸고 문제제기를 할 뿐 아니라 시험의 올무를 놓아서 넘어지게 하고 결국은 당국에 고소건을 만들어 죽이려는 심사였다.

 서기관과 바리새인들이 예수님에 대한 시험은 대강 다음과 같다. 즉 "사람이 아내를 내어버리는 것이 옳으니까"(막 10:2)라고 하면서 이혼문제에 대한 예민한 문제를 건드렸다. 사실 모세는 이혼증서를 써주어 내어버리기를 허락했었다. 서기관과 바리새인들은 예수님을 궁지에 몰아넣기 위한 술책으로 질문하고 있다. 그 때 예수님은 "그러므로 하나님이 짝지어 주신 것을 사람이 나누지 못할찌니라"고 원칙론으로 대답했다(마 19:5).
 또 서기관과 바리새인들은 예수님 자신이 정말 메시야가 맞다면 하늘로서 왔다는 표적을 보이라고 요구했다. 그런데 예수님은 답하기를 "악하고 음란한 세대가 표적을 구하나 요나의 표적 밖에는 보여줄 표적이 없느니라"(마 16:4)고 역공을 가했다. 사실 이적 중에 최고의 이적은 예수님이 죽었다가 다시 부활하신 사건이다. 그러므로 예수 그리스도는 창조주이며 구속주이시다.

 그리고 또 다른 경우는 어떤 율법사가 예수님을 시험하면서 "선생님 내가 무엇을 하여야 영생을 얻으리까"라고 질문했다. 그런데 예수님께서는 서기관과 바리새인들을 시험을 하려고 질문하는 경우에 반드시 다시 질문함으로 역공을 펼쳤다.
 서기관과 바리새인 등 당시의 식자층들은 도무지 예수님의 지혜와 진리와 논리를 따라 잡을 수가 없었다. 그들이 율법에 "네 마음을 다하며 목숨을 다하며 뜻을 다하여 주 너의 하나님을 사랑하고 또한 네 이웃을 네 몸과 같이 사랑하라"고 했다고 대답하니 예수님은 "네 대답이 옳도다 이를 행하라 그러면 살리라"(눅 10:27)고 명백히 정리했다.

예수님은 우리가 시험에 들지 않게 깨어 기도하라고 하였다(마 6:13)(마 26:41)(눅 22:46)

예수님은 시험을 받으셨다. 그러므로 우리도 늘 시험을 받을 수 있다. 그런데 그 시험들은 우리를 망하게 하기 보다는 더욱 강하고 더욱 힘 있는 그리스도인이 되게한다. 그렇다고 해서 시험에 완전히 노출되는 것은 금물이다. 가능한 한 시험에 들지 않도록 늘 경성하고 주의하는 것이 필요하다. 이것이 바로 시험에 대한 예수님의 가르침이다.

그러면 예수님이 우리에게 가르쳐 주신 시험의 대비법을 살펴보자. 우선 예수님의 주기도문을 가르치면서 마지막에 "우리를 시험에 들게 하지 마옵시고 다만 악에서 구하옵소서"(마 6:13)라고 말씀하시면서 기도하라고 하셨다. 이 때 시험이란 곧 유혹을 의미한다. 유혹이란 시험은 밖에서도 오고 우리 안에서의 욕심과 허영심에도 나온다. 사탄에게 빌미를 주지 않고 자기 자신을 경건하게 지킬 줄 아는 것은 시험에 들지 않는 방법이다. 예수님의 가르침의 핵심은 우리가 아무리 하나님의 사랑을 받는 자녀라고 할지라도 시험 곧 유혹에 빠지면 한 순간에 무너질 수 있기에 늘 깨어서 자신을 지켜가야 한다는 것이다.

예수님의 교훈 중에는 기도에 힘쓰지 않으면 시험에 빠진다는 것을 분명히 가르쳐 준다. 예수님께서 겟세마네 동산에서 땀이 피 방울이 되도록 생사를 건 기도를 하고 있을 때 제자들은 태평스럽게 곤하게 잠에 빠져 있었다. 그 때 예수님께서는 "어찌하여 자느냐 시험에 들지 않게 깨어 기도하라"(눅 22:46)고 했다. 시험에 들지 않는 방법은 기도뿐이다. 왜냐하면 기도는 곧 하나님과의 끈을 놓지 않고 하나님의 능력을 의지하기 때문에 능히 시험을 이길 수가 있다. 또 시험에 들었다고 할지라도 기도로서 시험을 이길 수 있다는 뜻이다.

　예수님은 우리에게 시험을 이기는 방법과 모범을 가르쳐 주셨다. 그는 모든 시험을 하나님의 말씀으로 이겼듯이 우리도 하나님의 말씀으로 시험을 이길 수 있다. 또 예수님이 기도로 모든 시험을 물리칠 수 있다고 가르쳐 주신대로 우리도 기도로 죄와 세상을 이기고 승리할 수 있다.

예수의 기적

"소경이 보며 앉은뱅이가 걸으며 문둥이가
깨끗함을 받으며 귀머거리가 들으며
죽은 자가 살아나며
가난한 자에게 복음이
전파된다 하라" (마 11:5)

　　기독교는 기적의 종교이다. 성경에서 초자연적인 기적을 제외한다면 기독교는 존재할 수 없을 것이다. 사실 성경에는 이적으로 가득 차 있다. 우선 구약 성경에도 이적으로 가득 차 있다. 그 이유는 이스라엘 백성에게 하나님은 전능하신 하나님이시며 창조주 하나님이시며 구원의 하나님이심을 계시해야 하기 때문이었다. 예컨대 모세와 아론을 통한 기적은 20여 가지가 되고 여호수아, 기드온 그리고 엘리야, 엘리사 등을 통한 계시는 그 수를 다 헤아릴 수가 없다. 이 모든 기적들은 하나님이 이스라엘의 주권자이며 왕이시며 구주이심을 만천하에 증명하고 공개하는 표적이 된다. 그런데 문제는 이스라엘 민족들이 그들의 전 역사를 통해서 너무 많은 이적을 보아왔고 체험하여 왔기 때문에 도무지 이적이 아니면 믿지 못하는 병에 걸렸다. 이스라엘 백성들은 하나님의 은혜와 축복을 기득권으로 생각하고 교만했으며 민족적 우월감을 갖고 도리어 이방인을 미워했다.

　예수님께서 이 세상에 오셔서 많은 이적을 행했다. 그것은 이스라엘 백성에게 무엇인가 보여 주려는 것이 아니었고, 예수님 자신이 누구인지 만천하에 알리기 위함이었다. 즉 예수님의 이적은 구약에 예언했던 바로 그 메시야라는 증표이다. 그래서 이적을 다른 말로 표적이고 쓸 수 있다.

예수님의 기적은 하나님의 영광을 위함이었다(요 11:40-42)(요 2:11)

하루는 서기관과 바리새인들이 예수님께 찾아와서 이적을 보여 달라고 했다. 그 때 예수님은 대답하기를 "악하고 음란한 세대가 표적을 구하나 선지자 요나의 표적 밖에는 보일 표적이 없느니라"(마 12:39)고 하면서 "인자도 밤낮 사흘을 땅 속에 있으리라"(마 12:40)고 했다. 여기서 이적 중독증에 걸린 이스라엘 사람들의 생각을 볼 수 있지만, 실상 그들의 도는 다른 곳에 있었다. 예수님을 중상모략해서 법정에 세울 심산으로 이적을 행해 보이라고 요구했다. 그러나 예수님은 이적 중에 최고의 이적은 요나가 물고기 뱃속에서 살아났듯이 자기도 죽음에서 삼일 만에 부활할 것인데 이것이야말로 바로 최고의 이적이라고 맞받아쳤다.

사실 예수님은 자신의 죽음과 부활 이전에 이미 죽은 나사로를 살리신 이적을 행했다. 하지만 사람들은 이적을 잘 믿지 못한다. 그리고 어떻게 사람에게 그런 일이 일어나겠느냐고 말한다. 그런데 중요한 것은 그런 이적을 행한 분이 누구냐가 문제이다. 이적을 행한 분이 천지와 그 가운데 만물을 창조하신 하나님이라면 그것은 지극히 당연한 것이다. 하나님에게 당연한 일이 우리에게는 이적으로 보이는 것이다. 실제로 예수님이 이적을 베푸신 이유는 하나님의 영광을 나타내고 예수 그리스도의 영광을 나타내기 위함이었다.

예컨대 나사로가 병들어 죽어가고 있을 때 그의 여동생 마리아가 고쳐 주기를 원했다. 그런데 예수님은 뜻밖의 대답을 했다. 즉 "이 병은 죽을 병이 아니라 하나님의 영광을 위함이요 하나님의 아들로 이를 인하여 영광을 얻게 하려 함이라"(요 11:4)고 대답했다. 그리고 예수님은 즉각 달려간 것이 아니고 이틀을 더 묵으면서 지체했다. 그동안 나사로는 이미 죽었다. 그때 마르다와 마리아는 매우 슬픔에 잠겼다. 그들은 지체하여 늦게 온 예수님이 섭섭했을 것이다. 그러나 예수님은 이미 이 일을 통해서 하나님의 영광 그리고 하나님의 아들인 자기에게 영광을 돌리는 기회로 삼으셨다. 그러면서 자매들에게 예수님 자신이 부활이요 생명인 것을 가르쳤다. 그 증거로 나사로의 무덤에 돌을 옮기게 하고 죽은 지 사흘이 되어 냄새나는 나사로를 살리셨다. 그러면서 예수님이 이적을 정리하면서 "내 말이 네가 믿으면 하나님의 영광을 보리라"(요 11:40)고 하지 않았느냐고 하셨다. 그리고 나사로를 살리기 전에 큰 소리로 다음과 같이 기도했다. 즉 "아버지여 내 말을 들으신 것을 감사하나이다. 항상 내 말을 들으시는 줄을 내가 믿나이다 그러나 이 말씀을 하옵는 것은 둘러선 무리를 위함이니 곧 아버지께서 나를 보내신 것을 저희로 믿게 하려 함이니이다"(요 11:42)라고 기도했다.

그러므로 예수님이 이 큰 이적을 베푸신 것은 하나님의 영광, 아들의 영광 또한 하나님이 아들을 세상의 구주로 보내신 것을 모든 사람이 믿도록 하기 위해서 이적을 베푸신 것이다.

예수님이 이적을 베푸신 이유는 그가 구약에서 예언하던 바로 그 선지자라는 사실을 증명하기 위함이다(마 11:5)

세례요한도 인간인지라 한 때 예수 그리스도가 메시야임을 확신하지 못한 때도 있었다. 그래서 간접적으로 요한은 제자들을 예수님께 보내어 "오실 그 이가 당신이오니까 우리가 다른 이를 기다리오리까"(마 11:3)라고 물었다. 그 때 예수님께서는 "소경이 보며 앉은뱅이가 걸으며 문둥이가 깨끗함을 받으며 귀머거리가 들으며 죽은 자가 살아나며 가난한 자에게 복음이 전파된다 하라"(마 11:5)고 대답했다. 예수님의 대답은 예수님의 활동상황 곧 이적의 활동을 그대로 전하라는 뜻이다. 그런데 이 말씀의 핵심은 구약의 선지자들이 예언한대로 예수 그리스도가 그대로 이적을 베푼다는 것이다. 이렇게 이적을 베푼 이유는 예수님이 구약에서 예언하고 약속하신 메시야라는 것이다.

특히 이사야 35장에는 장차 메시야 곧 그리스도가 오시면 무슨 일이 일어나며 어떤 변화가 일어날 것인지, 마치 카메라 줌을 당기어서 700년 후에 일어날 일을 바로 눈앞에서 보는 듯 실감 있게 예언하고 있다. 즉 "보라 너희 하나님이 오사 보수하시며 보복하여 주실 것이라 그가 오사 너희를 구하시리라"(사 35:4)고 했다. 장차 메시야 곧 그리스도가 와서 구원하신다는 예언이다. 그러면서 메시야가 오시면 이러한 구체적인 이적을 베푸실 것을 예언했다. "그 때에 소경의 눈이 밝을 것이며 귀머거리의 귀가 열릴 것이며, 그 때에 저는 자는 사슴 같이 뛸 것이며 벙어리의 혀는 노래하리니 이는 광야에서 물이 솟겠고 사막에서 시내가 흐를 것임이라"(사 35:5-6)고 했다. 그 때에란 말은 메시야 시대 곧 예수님께서 이 땅에 오신 때를 말한다. 그런데 예수님이 오셔서 그러한 기적을 베풀 것이라는 것이다.

이사야의 예언대로 예수님께서는 소경을 보게 하고 앉은뱅이가 걷게 하고 문둥이를 깨끗하게 하고 귀머거리를 듣게 하고 죽은 자를 살리셨다. 그러므로 예수님의 이적행사는 그가 바로 구약에서 예언한 그 선지자란 증명이다. 예수님은 이적을 보이시면서 이스라엘 사람들로 하여금 자신이 구약에 예언된 메시야임을 알고 믿도록 했다. 그러나 실제로 사람들은 악해서 이적을 보고도 믿지 않는 경우가 훨씬 많았다.

예수님의 이적은 사람들로 하여금 그리스도를 믿도록 하기 위함이다(요 20:30-31)

예수님께서 이적을 베푸신 목적은 사람들이 예수님께서 하나님의 보내신 아들이요 구주이심을 믿도록 하기 위함이다. 비록 이스라엘의 역사는 이적에서 이적으로 이어지는 역사이기에 이적 중독증에 빠지기는 했지만 그래도 예수님이 메시야임을 증명하는 데는 이적만한 것이 없었다. 왜냐하면 이적이 그들의 삶이었고 능력의 증거이기 때문이다. 그들의 주장은 만일 예수님이 하나님의 아들이요, 그리스도라면 그럴만한 증거를 보여 달라고 했다. 그러나 유대인들은 정작 이적을 보고도 그리스도를 영접하지 않는 불신앙의 죄를 지었다. 예수님이 이적을 베푸신 것은 모든 사람들이 예수 그리스도를 믿고 영접하도록 하기 위함이었다.

물론 성경에 보면 이방의 술객들도 가끔 이적을 행한 일이 있었다. 하지만 이들의 이적은 비도덕적인데다 사람을 미혹케 하기 위한 술수에 지나지 않았다. 그러나 예수 그리스도의 이적은 하나님께서 그에게 권능으로 임해서 그가 하나님의 아들이심과 구주이심을 믿게 하려는 목적뿐이었다. 예수님께서 풍랑을 잠잠케 하신 이적이나 물로 포도주를 만든 이적, 보리떡 다섯 덩이와 물고기 두 마리로 오천 명을 먹이신 사건은 모두 예수님은 곧 하나님이라는 증거이다.

바람을 잠잠케 하고 파도를 잠잠케 하신 것은 바로 그분이 창조주 하나님이심을 보여주신 것이다. 사도 요한은 요한복음의 거의 끝마무리에 가서 말하기를 "예수께서 제자들 앞에서 이 책에 기록되지 아니한 다른 표적도 많이 행하셨으나 오직 이것을 기록함은 너희로 예수께서 하나님의 아들 그리스도이심을 믿게 하려 함이요 또 너희로 믿고 그 이름을 힘입어 생명을 얻게 하려 함이라"(요 20:30,31)고 잘 요약했다.

물론 예수님은 이적을 위해서 세상에 오신 것도 아니고 기독교는 이적을 추구하는 종교도 아니다. 그러나 예수님은 자신이 하나님의 아들이요, 메시야임을 증명하기 위해서 그리고 구약의 예언을 이루기 위해서 이적을 행했다. 그 결과 예수님의 이적을 통해서 우리는 예수가 참된 메시야요, 구주이심을 믿는다. 예수님의 말씀이 참되기 때문에 그의 이적도 참되다.

엘 크레코 作 〈소경의 눈을 고치시는 예수 그리스도〉

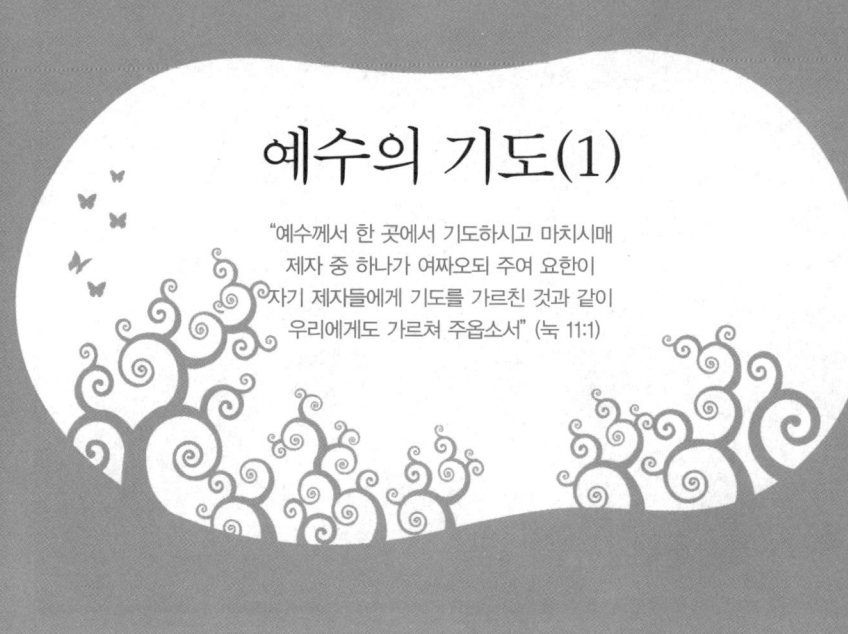

예수의 기도(1)

"예수께서 한 곳에서 기도하시고 마치시매 제자 중 하나가 여짜오되 주여 요한이 자기 제자들에게 기도를 가르친 것과 같이 우리에게도 가르쳐 주옵소서" (눅 11:1)

　이 세상의 모든 종교들은 하나같이 기도를 중요하게 생각한다. 특히 불교나 모슬렘교나 한국 제례 종교에서도 기도는 종교행위의 핵심 중에 하나이다. 두말할 필요 없이 기독교도 기도생활을 가장 많이 강조한다. 그러나 기독교에서 가르치는 기도는 다른 종교의 기도와 본질적으로 다른 것이다. 세속 종교의 기도는 하나의 독백이요, 자기 수양이지만, 기독교는 인격적인 창조주요, 구속주 하나님께 중보자 예수 그리스도의 이름으로 기도하는 것이다.

　또 교회사의 위대하고 놀라운 부흥운동은 예외 없이 모두가 기도운동에서 출발했음은 역사가 증명하는 바이다. 성경은 창세기에서 요한계시록까지 기도의 중요성, 기도의 능력, 기도의 응답, 기도의 사역 등을 자세히 기록했다. 그래서 기도는 하나님의 은혜를 받는 축복의 통로이며, 성도의 인격적 성화를 촉진한다. 또 기도를 통해서 하나님의 능력을 받을 수 있고 이로 말미암아 교회가 기적적으로 부흥된다. 물론 기도의 목적은 하나님의 영광을 들어내는 것이지만, 기도는 다른 사람의 영혼을 구원에 이르게 하고 기도는 말씀의 사역자에게 능력과 축복을 가져온다. 간절한 기도는 반드시 응답을 받으며 기적을 체험하고 은혜를 받는다. 그러므로 기도는 하나님과 성도와의 영적 교제이며 호흡이다.

예수님은 하나님과 우리 사이에 유일한 중보자가 되신다. 그래서 우리가 하나님께 기도할 때 예수 이름으로 기도한다. 이제 우리는 예수님 자신의 기도가 어떠했으며 그가 가르친 구체적 기도의 교훈은 무엇인지를 살피고자 한다. 이것은 우리에게 매우 중요하다. 실제로 예수님은 하나님의 아들이요, 하나님이시기 때문에 기도하실 필요가 없으셨다. 그러나 예수님은 하나님과 죄인인 인간들 사이에 유일한 중보자로 오셨기 때문에 그 자신이 바쁠 때나 틈날 때, 결정적 순간마다 하나님께 기도하셨다. 그것은 예수님이 참 하나님이시면서 참 사람으로서 하나님과 늘 직통(hot line)교제를 열어놓고 있었기 때문이다. 만약 예수의 속죄 사역이 완성되지 않았다면 우리는 하나님 앞에 나아갈 수도 없고 기도할 수도 없다.

그러기에 예수의 기도생활, 예수의 기도의 가르침을 자세히 깨닫고 그 말씀을 따라서 오늘 우리도 참된 기도의 삶을 살아야 하겠다.

예수님의 기도는 하나님 아버지의 이름이 거룩히 여김을 받도록 하는 것이 최우선이다

누가복음 11:2에는 "아버지여 이름이 거룩히 여김을 받으시오며"라고 했고 마태복음 6:9에는 "하늘에 계신 우리 아버지여 이름이 거룩히 여김을 받으시오며"라고 했다. 물론 누가복음의 기록은 이른바 평지수훈이라 하고, 마태복음의 기록은 산상수훈이라고 한다. 주기도의 그 내용과 뜻은 같으면서도 마태복음이 더 자세히 기록되었다.

왜 예수님께서는 제자들에게 기도의 모델과 원리를 가르치시면서 하나님 아버지의 이름을 높이고 그에게 영광을 돌리는 기도를 첫 번째로 했을까? 그것은 우선 기도의 대상이 누구인지를 정확히 알 뿐 아니라 그에게만 영광과 존귀와 감사를 돌리는 것이 구속함을 받은 성도의 일차적 사명이기 때문이다. 하나님을 우리의 아버지로 받아드리고 그가 우리의 창조주 되심과 구속주이심을 고백하는 것은 누구나 할 수 있는 일이 아니다. 그것은 예수 그리스도를 통해서 하나님의 은총의 보좌 앞에 나아온 사람이나 할 수 있는 일이다.

우리의 기도 대상은 맹목적 신이 아니고, 살아계시고 인격적인 하나님이시다. 그 하나님은 나의 아버지로 영접하고 믿는 사람만이 하나님께 나아가 기도할 수 있다. 즉 "영접하는 자 곧 그 이름을 믿는 자들에게는 하나님의 자녀가 되는 권세를 주셨으니"(요 1:12). 우리는 예수의 공로로 하나님의 자녀가 되었다. 그 결과 우리는 하나님을 아버지로 부르면서 그 앞에 기도할 수 있게 되었다. 이것은 우리에게 너무나 큰 은총이자 특권이다.

그러므로 우리가 하나님 아버지에게 기도할 때 그 하나님의 이름, 그의 창조, 그의 구원, 그의 사랑과 긍휼, 그의 은혜와 축복이 얼마나 크고 위대하고 감사한지를 먼저 말씀드리는 것이 당연한 것이다. 소요리 문답 1에 "사람이 제일 되는 목적은 하나님을 영화롭게 하고 그를 영원토록 즐거워하는 것"이라고 했듯이, 인간은 하나님의 영광을 위하여 창조된 피조물이므로 당연히 그의 영광과 주권을 높이고 그를 기쁘시게 해야 한다.

로마서 11:36에는 "이는 만물이 주에게서 나오고 주로 말미암고 주에게로 돌아감이라 영광이 그에게 세세에 있으리라 아멘" 했다. 즉 하나님은 만유와 만사의 근원이시며 처음과 나중이며 복의 근원이므로 그에게만 당연히 영광을 돌려야 한다는 것이다. 우리 인생은 하나님께 영광을 돌리는 삶을 살아야 한다. 하나님이 가장 싫어하고 역겨워하는 것은 하나님의 영광을 인간이 도적질하는 것이다. 그러므로 하나님께 영광을 돌리지 못하는 것은 죄다.

예수님의 기도의 모델은 실제로 우리의 기도의 출발점이며 종착점이 되어야 한다. 그러기에 우리의 기도가 자기의 소원성취나 출세나 물질적 욕심이나 이 땅에서 잘 먹고 잘 사는 것이 되어서는 안된다. 하나님의 이름을 높이고 그의 창조와 그의 구속을 찬양하는 것이어야 한다. 이렇게 빈 마음으로 하나님께 나아가며 하나님께서 기도를 드릴 때 응답을 받는다. 하나님을 아버지라고 고백하고 기도할 때도 무례하게 자기의 주장이나 늘어놓고 자기 요구나 관철하려는 태도가 아니라, 먼저 하나님 아버지께서 당연히 받으셔야 할 영광과 존귀, 그리고 그의 이름 여호와에게 걸 맞는 경배와 찬양을 드리고 난 후에야 기도다운 기도를 드려야 할 것이다.

기도는 하나님의 나라가 이 땅에 이루어지고 하나님의 뜻이 이 땅에 이루어지기를 기도해야 한다

마태복음 6:10에 "나라이 임하옵시며 뜻이 하늘에서 이룬 것 같이 이 땅에서도 이루어지이다."라고 했다. 이 본문의 말씀 대로 예수님이 가르친 기도는 소원성취만을 추구하는 우리들의 기도와는 다르다. 일찍이 화란의 신약신학자 헬만 리델보스(H. Ridderbos) 박사는 그의 책 「왕국의 오심」이란 책에서 하나님의 나라와 교회와의 관계는 같은 중심을 둔 동심원(同心圓)이라고 했다. 즉 교회는 중심에서 작은 원이라면 하나님 나라는 보다 큰 원이라고 할 수 있다는 것이다.

그런 까닭에 교회는 하나님의 나라 건설을 위한 선교적 교육적 사명을 갖고 있다. 그런데 오늘날 한국교회는 교회 중심이란 말을 너무 강조한 나머지 이 땅에 하나님의 나라가 이루어지는 것에 대해서는 무심한 것이 사실이다. 한국 교회 대부분의 그리스도인들은 '세상이야 죽이 되던 밥이 되던 나만 축복받고 내 교회만 부흥되면 그만' 이란 생각이 팽배하다. 이런 사고방식이 한국교회 성도들로 하여금 이원론적(二元論的: Dualistic) 세계관을 갖게 하였다. 그래서 기도도 많이 하고 교회봉사도 잘하지만 세상에 대한 책임과 소명을 버리고 철저히 이기적이고 자아중심적 성도가 되어서 세상의 빛과 소금의 역할을 올바로 하지 못하고 있다.

이원론적 세계관에 빠져있는 그리스도인들은 교회는 거룩하지만 세상은 썩어질 장망성 같으니 세상과 담을 쌓고 의도적으로 세상을 피해 살거나 허무주의에 빠지게 된다. 그래서 한때 한국교회는 부흥회 때 허사가를 애창했다. 즉 "세상 만서 살피니 참 헛되구나 부귀공명 장순들 무엇하리요…" 등등 허무주의가 기독교 신앙의 본질인 듯 오해되기도 했다. 그러기에 우리는 허무주의를 극복하고 죄에서의 구원과 구속받은 성도들이 이룩할 하나님의 나라 건설을 위한 당찬 각오를 해야 할 것이다.

예수님은 하나님의 이름을 영화롭게 한 후에 하나님의 나라 건설을 위해서 기도하라고 가르친다. 이 세상은 단순히 썩어질 장망성이 아니다. 무엇보다 이 세상은 포기할 장소가 아니라 복음으로 정복할 선교의 대상이다. 하나님의 나라는 하나님의 주권이 움직이는 곳이다. 하나님의 주권은 교회당 울타리 안에만 있는 것이 아니라 온 세상, 온 우주에도 하나님의 주권이 미친다. 그러므로 주님이 가르친 기도대로 이 땅에도 하나님의 통치가 임해서 하나님의 나라가 되도록 기도해야 한다. 그것이 하나님의 뜻이라고 한다면 우리가 발붙이고 사는 삶의 현장에도 하나님의 뜻이 이루어지도록 기도해야 할 것이다.

예수님의 마지막 기도에서도 내 뜻대로 마옵시고 아버지의 뜻대로 되기를 기도했다. 우리가 기도할 때 내 뜻만을 관철시키려 하지 말고 하나님의 뜻을 이해하고, 하나님의 뜻을 따르고, 하나님의 뜻을 순종할 수 있게 해달라고 기도해야 할 것이다. 우리 그리스도인의 기도는 이방 종교인의 기도처럼 단순히 내 소원을 성취하려는 열망보다, 하나님의 영광, 하나님의 주권, 하나님의 뜻을 찾도록 애쓰는 것이 기도의 본질이라고 예수님은 분명히 말씀하셨다.

우리는 최소한 생활하기에는 걱정 없도록 기도해야 한다

마태복음 6:11 "오늘날 우리에게 일용할 양식을 주옵시고"라고 했고 누가복음 11:3에는 "우리에게 날마다 일용할 양식을 주옵시고"라고 했다. 즉 매일 매일의 양식, 필요한 양식을 달라고 하나님께 기도하라고 하였다. 사실 이 지구상에는 굶어 죽는 사람의 수를 헤아릴 수 없다. 수많은 사람이 한 끼의 식사를 해결하지 못해서 고통당하면서 죽어가고 있다. 그래서 기아대책 선교회가 활동을 하고 있다. 한국은 예전에 보릿고개란 말이 있듯이 굶주림이 심했던 나라였으나 지금은 잘 살게 되었다.

그러나 아직도 일부 사람들은 하루의 끼니를 해결하지 못하는 사람들이 많고, 거리에는 노숙자들이 적지 않다. 특히 북한에는 식량난이 절대 부족해서 굶어죽는 사람들이 엄청나고, 미국이나 한국 등에서 곡물을 보내지 않으면 대책이 없는 실정이다. 사실 예수님 당시도 절대 빈곤층이 대부분이었음으로 매일 매일의 양식이 가장 중요했다. 그래서 예수께서 시험을 받으실 때 사탄이 돌들을 가지고 떡을 만들라고 유혹했다. 그러나 예수님은 먹는 문제보다 더 시급하고 중요한 것은 하나님의 말씀이라고 대답했다.

그런데 어째서 예수님은 가난한 이스라엘 사람, 아무 재정적 후원도 없었던 제자들에게 좀 더 풍성한 양식을 구하라 하지 않고 매일매일 일용할 양식을 구하라고 했을까? 그것은 물욕에 대한 인간의 탐심을 경계하는 말씀이기도 하지만 그때그때마다 하나님의 은혜를 감사하고 먹을 것을 구하는 것은 하나님 중심의 삶을 살도록 하기 위함이다.

광야에서 이스라엘 백성이 하늘에서 내린 만나를 거둘 때 하루분만 을 거두어야 하지 욕심과 탐심으로 이틀 분, 삼일 분으로 많이 거둔 것 은 썩어 버렸다. 누군가 말하기를 사람이 비만이 되는 것 중의 하나가 한 사람 양만큼을 먹어야지 두 사람, 세 사람 분의 양을 먹기 때문에 영양이 쌓여서 비만이 된다고 했다.

그래서 야고보서 4:3에 "구하여도 받지 못함은 정욕으로 쓰려고 잘 못 구함이라"고 했다. 우리말 성경에는 정욕은 "잘못된 동기"라 했고, 표준 새번역에는 "자기가 쾌락을 누리는데"라고 표현했다. 하나님께 구할 때 그것이 양식이 됐던 다른 것이 됐던 간에 순전히 자기의 목표 와 자기 쾌락을 위해서 기도해서는 안된다. 예수께서 말씀하신대로 가장 겸비한 자세로 일용할 양식을 구하는 기도의 자세야말로 하나님 의 은혜와 축복을 받는 비결일 것이다.

기도할 때 다른 사람의 죄를 용서해야 하나님으로부터 자기 죄를 용서받을 수 있다

누가복음 11:4에 "우리가 우리에게 죄 지은 모든 사람을 용서하오니 우리 죄를 사하여 주옵시고"라고 했고 마태복음 6:12 "우리가 우리에 게 죄 지은 자를 사하여 준 것 같이 우리를 사하여 주옵시고"라 했다. 여기 죄라는 말의 또 다른 뜻은 부채 또 빚이라는 개념이 있다. 자기는 많은 빚을 탕감 받고서도 지극히 작은 빚을 진 자에게 독촉을 하고 허 세를 부리는 것은 위선이다. 예수께서 말씀하시기를 "너희가 사람의 과실을 용서치 아니하면 너희 천부께서도 너희 과실을 용서치 아니하리라"(마 6:14)고 했다.

예수님이 가르친 기도에도, 내가 다른 사람의 허물과 죄를 용서하지 않은채로 하나님 앞에 자기의 허물과 죄를 용서 받으려는 것은 염치없고 부끄럽고 사리에도 맞지 않는 태도라고 지적한다. 실제로 우리는 끊임없이 다른 사람을 비판하고 용서치 않으면서 하나님 앞에 자기 죄를 용서 받기 원하는 모순에 빠져있다. 그래서 예수님은 기도의 모델을 제시하면서 하나님께 응답받는 기도란 다른 사람의 허물을 덮어주고 빚진 것을 탕감하듯 용서할 때 비로소 하나님으로부터 용서와 기쁨과 평화를 누릴 수 있다고 말씀하신다. 그러므로 우리는 자기 눈에 들보는 보지 못하고 형제의 눈 속에 티를 보고 비판하고 단죄하는 어리석은 행위를 하지 말아야 한다. 우리는 자기의 죄를 올바로 인식할 때 비로소 하나님께 바로 기도할 수 있다.

기도할 때 세상 유혹에 빠지지 않도록 기도해야 한다

마태복음 6:13에 "우리를 시험에 들게 마옵시고 악에서 구하옵소서"라 했고 누가복음에는 그냥 "우리를 시험에 들게 마옵소서"(11:4)라고 했다.
왜 우리는 세상 유혹에서, 또는 악에서 구원 받도록 기도해야 하는가? 그것은 우리가 사는 세상은 구조적으로 성도들이 신앙생활을 잘 할 수 있도록 돕는 안전지대가 되지 못하기 때문이다. 어디든지 유혹이 도사리고 있다. 무엇보다 우리 사회는 엄청난 경쟁사회다. 구조적으로 인본주의적 세계관, 유물주의적 세계관이 판치는 세상이다. 그렇다고 해서 세상을 등지고 기도원이나 산골짜기에서 살 수는 없다. 우리는 이 세상에 살기는 하지만 세상에 속한 자가 아니고 하나님께 속한 자로서 당당하게 죄와 세상을 이기고 승리해야 한다.

그러기 위해서 우리에게는 하나님의 도우심과 예수 그리스도의 은혜 그리고 성령의 함께하심이 있어야 한다. 우리는 세상에 대항할 힘이 부족하여 때로는 넘어지기도 하지만 기도를 통해 주의 능력을 의지하면 죄와 세상을 이길 수 있다. 그래서 예수님은 시험에 들지 않게 기도하라고 가르치셨다(마 26:41, 눅 22:46).

우리가 마귀와 싸우기 위해서는 하나님의 능력을 덧입는 수밖에 없다. 왜냐하면 하나님의 능력, 예수의 능력, 성령의 능력만이 악의 세력을 물리칠 수가 있기 때문이다. 그러므로 우리가 기도 없이 세상에 나가는 것은 백전백패 하지만, 기도로 무장하면 마귀와 싸워서 백전백승할 수 있다. 그래서 예수님은 주기도문에 이 조항을 넣어서 성도가 기도로 무장하여 승리의 삶을 살도록 하셨다.

기도하는 예수 그리스도

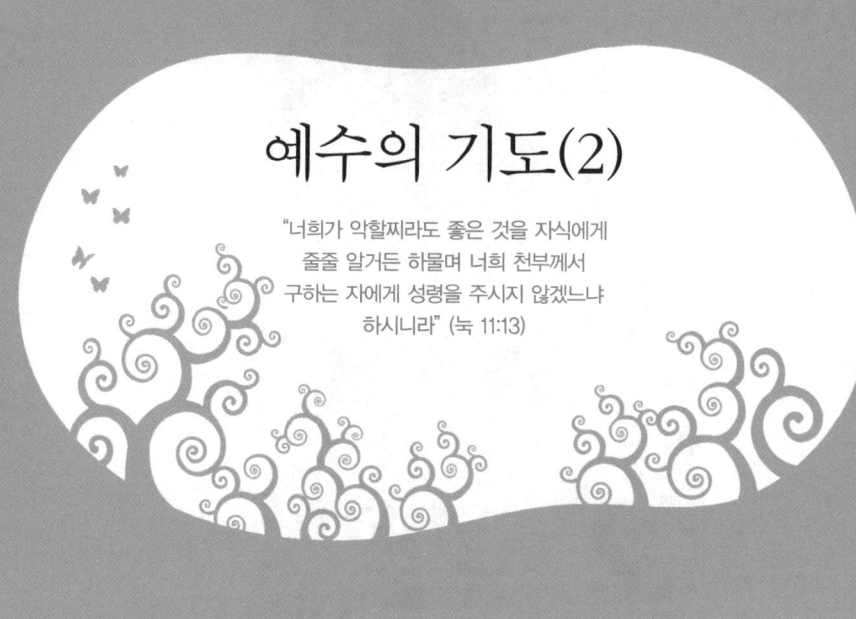

예수의 기도(2)

"너희가 악할찌라도 좋은 것을 자식에게
줄줄 알거든 하물며 너희 천부께서
구하는 자에게 성령을 주시지 않겠느냐
하시니라" (눅 11:13)

　　　교회사적으로 보면 기도에 대한 많은 정의가 있고 수많은 간증의 글이 있는 것도 사실이다. 예컨대 엔드류 머리(Andrew Murray)는 "하나님의 자녀들은 기도를 통해서 모든 일에 승리하며 정복할 수 있다. 사탄은 그리스도인들에게서 기도라는 무기를 빼앗기 위해서 최선을 다하며 온갖 방해공작을 시도하고 있다"고 하였다. 알 에이 토레이(R. A. Torrey)는 "기도는 모든 사역의 처음과 끝이다"라고 했다. 역사적으로 위대한 하나님의 종들은 모두가 기도의 사람이었다. 교회사적으로 대부흥 운동은 반드시 기도 운동에서 시작되었고 오늘날도 기도하는 교회가 부흥되고 있다. 그래서 예루살렘 초대교회의 사도들은 "우리는 기도하는 것과 말씀전하는 것을 전무하리라"(행 6:4)고 증거한대로 큰 부흥의 역사가 일어났다.

　우리는 예수께서 가르치신 기도 즉 주기도에서 예수님의 기도에 대한 입장을 깨닫게 된다. 그런데 신약성경에는 예수님 자신이 친히 모범을 보이신 것도 많거니와 예수님의 기도의 방법과 기도의 내용이 자세히 기록되어 있다. 이제 우리는 예수의 기도의 삶과 그의 기도의 방법을 복음서를 중심으로 알아보고자 한다.

예수님의 기도생활

사실 예수님은 기도를 받으시는 하나님이시므로 기도할 필요가 없었다. 그러나 예수님은 우리의 중보자로서 인간의 몸을 입으시고 성육신하였기 때문에 하나님께 중보자의 사명을 다하기 위해서 기도의 모범을 보이셨다. 특히 그는 우리를 위한 중보자로서의 기도를 드렸다.

기도에는 장소도 중요하다.

예수님은 어디든지 기도하셨지만 한적한 곳, 즉 영적 교통이 편리한 장소를 택한 것도 주의 깊게 봐야 한다. 누가복음 5:16에는 "예수는 물러가사 한적한 곳에서 기도하시니라"고 했다. 특히 시몬 베드로를 예수의 제자로 불러 사람 낚는 어부가 되리라는 말씀을 하시고 나병환자를 고치는 등 예수님은 하루 종일 바쁜 일과를 보내셨다. 실로 감당할 수 없는 바쁘고 힘든 상황이었으나 예수께서는 일시적으로 주변을 물리치고 조용한 곳으로 옮겨 기도하셨다. 중보자로서 또는 천국복음을 증거하는 설교자로서 늘 하나님과의 영적 교제를 가지는 것이 최선이었다. 물론 예수님은 아무데서나 기도하는 것이 가능하지만 영적인 분위기를 중요하게 생각하신 것은 분명하다.

또한 예수님은 산에서 자주 기도했음을 성경에 기록하고 있다. 누가복음 6:12에 "이 때 예수께서 기도하시러 산으로 가사 밤이 맞도록 하나님께 기도하시고"라고 기록했다. 예수님은 베드로와 요한, 야고보를 대동하고 산에 기도하는 중에 영광스런 모습으로 변화되었다. 이른바 변화산의 기도사건은 공관복음에 공통적으로 기록되어 있다(마

17:1-8, 막 9:2-8, 눅 9:28-36). 예수께서 기도하실 때 영광스런 모습으로 용모가 변화되고 그 옷이 희어져 광채가 났다고 했다. 여기서 신비로운 사건이 발생한다. 예수님과 모세와 엘리야가 함께 대화를 나누는 장면을 세 사람의 제자들이 한꺼번에 본 것이다. 변화산의 사건이 얼마나 놀랍고 감격적이고 신비로웠으면 베드로가 즉흥적으로 "주여 우리가 여기 있는 것이 좋사오니 우리가 초막 셋을 짓되 하나는 주를 위하여, 하나는 모세를 위하여, 하나는 엘리야를 위하여 하사이다"(눅 9:36)라고 제안했을까? 물론 예수님은 베드로의 제안을 수용하지 않았다. 오히려 하나님으로부터 "너희는 저의 말을 들으라"라는 동문서답의 반응이 나왔다.

예수님께서 기도하시는 중에 영광의 모습으로 변화된 사건은 그가 우리의 유일한 중보자요, 메시야이심을 하나님께서 보증하시고 기도를 통해서 하나님과의 늘 핫라인이 되어 있다는 증거를 보여 주셨다. 마치 모세가 하나님의 영광을 보고 얼굴의 광채가 나고 변했듯이 예수님의 기도의 신비와 참모습을 세 제자들이 한꺼번에 목격할 수 있었다.

또 예수님은 고난과 십자가를 앞두고 겟세마네동산에서 땀이 핏방울이 되도록 기도하셨다. 물론 제자들이 동반했고 주님의 기도의 음성을 들을 수 있는 위치에서 제자들과 조금 떨어진 곳에서 생사를 건 기도를 하셨다. 그 겟세마네 동산은 요한복음의 기록대로 "거기는 예수께서 제자들과 가끔 모이시는 곳"이었다. 또 누가복음 22:39에는 "예수께서 나가사 습관을 따라 감람산에 가시며"라고 했으니 예수님은 고요한 곳을 찾아 기도하는 것이 삶의 일부였다.

기도의 자세도 중요하다

예수님은 우리에게 기도하는 모습과 자세를 실제로 보여주셨다. 누가복음 22:41에 "저희를 떠나 돌 던질 만큼 가서 무릎을 꿇고 기도하여"라고 했다. 예수님은 십자가를 앞에 두고 감람산에서 기도하셨다. 심지어 땀이 핏방울처럼 떨어지도록 온 몸으로 사력을 다한 기도를 하였다. 무릎을 꿇으면 두 손이 모아지게 되어 있다. 예수님은 땅바닥에 무릎을 꿇고 겟세마네 동산에서 생명을 건 기도를 하였다. 물론 기도는 의자에 앉아서 할 수도 있고 정좌해서 할 수도 있다. 그 외에도 여러가지 자세가 가능하겠지만 예수님께서 친히 보여주신 기도의 모델은 무릎을 꿇고 두 손 모아 사력을 다해 하는 기도였다. 이것이 기도의 올바른 태도라고 본다.

예수님이 겟세마네 동산에서 하신 기도 장면에 관하여 마대는 기록하기를 "조금 나아가사 얼굴을 땅에 대시고 엎드려 기도하여 가라사대 내 아버지여 할만 하시거든 이 잔을 내게서 지나가게 하옵소서 그러나 나의 원대로 마옵시고 아버지의 원대로 하옵소서"(마 26:39)라고 했다.

얼굴을 땅에 대고 엎드려 기도한신 것을 보면 예수님의 기도는 하나님께 대한 순종과 낮아지심의 최고 형태였다. 십자가를 앞에 두고 예수님의 기도는 생명을 건 기도였을 뿐 아니라 오직 하나님의 뜻만을 따르려는 결사적인 기도라고 할 수 있다. 이 세상 어느 누구의 기도가 예수님의 이 기도와 견줄 수가 있을까? 예수님의 기도는 성육하신 구주로서, 우리의 중보자로서 십자가의 죽음을 앞둔 절대 절명의 기도를 땀이 핏방울처럼 떨어지도록 몸부림치며 기도하였다. 땀이 핏방울이 되도록 기도했다는 것은 보통의 기도가 아니라 이미 예수님은 십자가의 고통과 고난 그리고 죽음을 자기 속에 받아드리는 생명을 내건 결사적 기도요, 온 몸과 온 마음으로 유월절 어린 양으로서 기도하신 것이었다. 예수님이 이렇게 기도하심으로 십자가의 고난과 고통을 능히 이기고 우리의 중보자요, 구속주가 되신 것이다.

예수의 기도는 중보의 기도였다

예수님은 우리의 중보자이시므로 그의 기도는 곧 중보의 기도라고 할 수 있다. 그 대표적인 것이 요한복음 17장이다. 공관복음서에는 모두 겟세마네 동산에서 행하신 주님의 기도가 기록되었지만 요한복음에는 겟세마네 동산에서의 기도가 없다. 그 대신 마치 우리를 성전의 지성소로 인도하는 듯한 대제사장적인 중보의 기도가 웅장한 필치로 펼쳐지고 있다.

예수님의 중보기도는 그토록 장엄한 헨델의 메시야를 오케스트라로 듣는 기분이다. 아마 주님의 중보의 기도는 지금도 끝나지 않고 우리를 위해 계속할 것이다. 예수님의 중보의 기도는 점점 범위를 넓혀가고 있음을 주목할 필요가 있다.

즉 예수 그리스도의 기도는 성부 하나님과 성자인 자신의 영광을 위한 것으로 시작한다.(요 17:1-5) "아들을 영화롭게 하사"라는 말씀은 예수님의 이기심 때문에 나온 것이 아니라, 결국 아버지 하나님께 영광을 돌리기 위한 목적이었다. "아들로 아버지를 영화롭게 하소서"라는 말씀이 이를 증명한다. 예수님이 주기도문에서 가르친 대로 아버지 하나님께 영광과 존귀를 돌리는 것과 맥을 같이 한다. 그리고 난 후 예수님은 제자들의 헌신을 위한 간구를 하나님께 드린다. 이제 예수님은 십자가를 지시므로 세상에 더이상 있지 않기 때문에 제자들이 온전한 헌신을 다해서 선교의 사명을 감당하도록 보내려는 것이다(요 17:6-19).

이 본문에는 유독히 "세상"이란 말이 많이 나오는데 제자들이 세상에서 하나님의 나라와 복음을 위해서 선교적 사명을 다할찌라도 세상에 속하지 아니하고 주님께 속한 자가 되기를 간구했다. 그렇게 되려면 악에 빠지지 않고 진리로 거룩하며 서로 사랑하고 온전하며, 성령의 충만을 받아야 될 것이라고 하였다. 예수님의 중보의 기도는 이제 그 범위를 확대하면서, 장차 제자들에 의해서 전파된 복음을 후세에 많은 성도들이 믿을 터인데 그 성도들이 신령한 연합을 해서 예수 그리스도 안에서 하나가 되어 장차 주의 영광을 보게 될 것을 위해 기도했다. 예수님께서 그의 공생애 마지막에 제자들과 장차 올 성도들을 위하여 중보하신 기도는 우리의 가슴을 울린다.

그런데 최근에 한국교회는 성도들끼리 서로 중보의 기도를 한다고 요란하다. 목회자들도 중보기도란 말을 쓰고 평신도 특히 청년들 사이에 중보기도란 말을 많이 쓰고 있다. 그런데 모든 언어에는 사상이 담겨있기에 함부로 사람들끼리 사용하는 것은 적절치 않다. 하나님과 우리 사이에 중보자는 오직 예수 그리스도 뿐이다. 그 분만이 우리를 위하여 중보기도 할 수 있다. 우리가 다른 형제, 자매를 위해서 기도하는 것은 협력기도 또는 합심기도라고 할 수 있을지는 몰라도 중보의 기도라고 하는 말은 적절치 못하다.

예수의 기도지침

예수님은 공생애 3년 동안 제자들과 함께 살면서 많은 교훈을 하였다. 그런데 그 중에서 기도에 대한 가르침이 적지 않다. 예수님의 기도의 가르침은 곧 예수님의 기도의 방법론이자 기도의 원리라고 볼 수 있다.

기도할 때 외식으로 하지 말라(마 6:5)

기도는 하나님과 나 사이의 관계이며 대화이지, 사람에게 보이려고 한다면 그것은 외식에 불과한 것이고 그러한 외식의 기도는 하나님이 열납하시지 않는다. 금식이나 기도나 헌금이나 봉사나 하나님 중심이 아니고 인간 중심의 인기전술이나 자기 명성과 영광을 위한 것이라면 이는 하나님께 역겨운 일이 아닐 수 없다.

예수님은 산상보훈에서 "또 너희가 기도할 때에 외식하는 자와 같이 되지 말라 저희는 사람에게 보이려고 회당과 큰 거리 어귀에 서서 기도하기를 좋아하느니라"(마 6:5)고 했다. 예수님은 그 당시 종교적 상황을 다 아시고 참된 기도가 무엇인가를 가르치고 있다. 대부분 유대인들은 하루에 세 번씩 성전에 올라가 기도했다. 그런데 만약 외출 중에 기도해야 할 시간을 맞게 되면 길가에 서서라도 기도하는 열성을 보였다. 처음에 이들의 시도는 순수했으나, 시간이 점점 지남에 따라서 의식과 외식으로 흐르기 시작했다. 그래서 기도 시간에 일부러 외출하여 사람들 앞에 기도하기를 즐겨했다. 이에 대하여 예수님은 외식으로 길게 기도하고 중언부언하면서 자기의 경건과 종교성을 과시하는 것을 문제삼았다(마 6:7, 눅 20:47).

사람들이 하나님 앞에 순결하게 예배하고 기도하던 정신을 상실하고 종교화되고 형식화, 의식화 되어서 기도의 본래 정신을 잃어버렸기 때문이다. 예수님의 가르침은 오늘 현대인의 기도의 태도에 대해서도 결정적인 진리를 가르쳐 준다.

기도는 믿음으로 해야 한다

기도는 독백이 아니고 인격적인 구원의 하나님께 아뢰는 것이다. 그러므로 기도의 대상인 하나님 아버지의 영광과 그의 전능하심을 믿음으로 간구해야 한다. 그래서 예수님께서는 그의 기도에 대한 교훈에서 "너희가 기도할 때에 무엇이든지 믿고 구하는 것은 다 받으리라"(마 21:22) "그러므로 내가 너희에게 말하노니 무엇이든지 기도하고 구하는 것은 받은 줄로 믿으라 그리하면 너희에게 그대로 되리라"(눅 11:24)고 하였다. 예수님은 기도와 믿음과의 상관관계를 설명하고 있다. 올바른 기도는 믿음으로 해야 한다는 것이다.

믿음이 없이는 하나님을 기쁘시게 할 수 없고(히 11:6) 하나님께 나아가는 자는 반드시 그가 계신 것과 또한 그가 자기를 찾는 자들에게 상 주시는 이심을 믿어야 한다는 것이다. 믿음의 안목으로 보지 않으면 신령한 세계를 볼 수 없고 믿음의 눈이 아니고서는 진리를 깨달을 수 없다. 따라서 기도의 원리 중 가장 중요한 것은 믿음이다. 우리가 하나님 앞에 열심히 기도하고 많이 기도하는 것만 중요한 것이 아니고 믿음이 동반된 기도라야 응답을 받을 수 있다는 주님의 교훈은 매우 중요하다. 그보다 예수님은 기도한 것은 이미 받은 줄 믿으라고 하신 말씀은 기도에 대한 확신을 강조하고 있다.

기도는 유혹과 시험을 이기게 한다

예수님은 주기도문을 가르치실 때도 "시험에 들게 마옵시며"(마 6:13)라고 가르쳤다. 더욱이 예수님은 그의 공생애 마지막에 와서 십자가를 앞에 두고 겟세마네 동산에서 기도하실 때에도 제자들에게 "시험에 들지 않기를 기도"(눅 22:40)하라고 했다. 예수님은 피땀 흘려 기도했지만 제자들은 예수님의 속마음을 알리가 없었기에 마냥 지쳐 낙망하고 있었다. 예수님은 장차 다가올 십자가의 길과 검거의 태풍이 올 것을 내다보면서 제자들이 걱정이 되었다. 시험을 이길 방법은 기도밖에 없는 줄 아시는 예수님은 시험에 들지 않게 기도하라고 했다. 그러나 제자들은 기도하지 못했고 결국 주님을 지키는데 실패했다. 물론 예수님께서는 또다시 잠자는 제자들에게 시험에 들지 않게 기도하라 했지만 그들은 예수님의 말씀을 깨닫지 못했다.

마귀와 세상의 권세들은 그리스도인들을 넘어뜨리기 위해서 끊임없이 공작하고 끊임없이 도전해 온다. 그러나 기도로 중무장을 하고 기도로 하나님을 나의 방패와 손 방패로 삼을 때에 유혹과 시험을 물리칠 수 있다. 이 길외에는 우리는 사탄의 권세를 물리칠 수 없다.

예수의 고난

"그리스도가 이런 고난을 받고
자기의 영광에 들어가야
할 것이 아니냐 하시고" (눅 24:26)

여러해 전에 멜 깁슨(Mel Gibson)작 「그리스도의 고난」(The Passion of the Christ)이란 영화가 대히트를 쳤다. 한국에서도 개신교와 가톨릭을 막론하고 그 영화에 대한 감동이 화제가 되었다. 하지만 십자가에서 고난 받으시는 예수의 모습을 지나치게 섬세하게 묘사함으로써 도리어 전율을 느낄 정도였다. 예수님의 생애는 고난에서 시작해서 고난으로 끝맺음한 것으로 묘사했다.

사실 예수의 고난은 이미 선지자가 예언한 대로의 수순을 따라서 진행되었다. 그리고 예수님의 고난은 고난주간에만 있었던 것이 아니고 삶 전체가 고난의 삶이었다. 또 예수님은 고난을 받기 위해서 세상에 오신 것이다. 그러나 예수님의 고난은 일반적으로 인생의 고생과 고난과는 질적으로 다르다. 그 이유는 예수님은 영존하신 하나님으로서 육신의 몸을 입으시고 세상에 오신 그 자체가 고난 중의 고난이었다. 그는 영광을 받으실 하나님이시지만 거기에 상응하는 대접은 고사하고 도리어 멸시를 받았다.

그래서 요한은 설명하기를 "그가 세상에 계셨으며 세상은 그로 말미암아 지은 바 되었으되 세상이 그를 알지 못하였고 자기 땅에 오매 자기 백성이 영접지 아니하였으나…"(요 1:10-11)라고 하였다. 온 우주와 온 세상을 창조하신 분이 예수님이지만 인생은 모두가 어두워져서 그를 메시야로 대접하지 않았다. 이제 예수님의 고난을 구체적으로 생각해 보기로 하자.

예수님의 고난은 구약의 예언대로였다(사 53:1-12)

구약 이사야서에 나타난 메시야는 바로 고난의 종이었다. 이사야 40장에서 55장까지의 예언에는 메시야가 얼마나 견딜 수 없는 고난을 당하게 될 것인지 아주 자세히 기록되었다. 마치 망원경의 줌을 댕겨서 멀리 있는 산을 바로 손바닥처럼 보듯이 장차 오실 메시야의 고난이 어떻게 될지 구체적으로 예언했다.

선지자 이사야는 이사야 53장의 예언을 시작하면서 "우리의 전한 것을 누가 믿었느뇨"(53:1)라는 의미심장한 말을 했다. 이는 메시야의 고난을 말하면 사람들이 잘 믿지 못할 것이라고 했다. 사람들은 메시야가 백마를 타고 위엄을 갖추고 천하를 호령하는 장군의 모습으로 찾아와서 이스라엘에게 구원과 희망을 줄 것처럼 생각할 것이다. 그러나 메시야는 "연한 순 같고 마른 땅에서 나온 줄기 같아서 고운 모양도 없고 풍채도 없은즉 우리의 보기에 흠모할만한 것이 없도다"(사 53:2)라고 했다. 장차 오실 메시야는 대중들의 기대와는 달리 아무런 인기도 없는 나약한 자로 올 것이라고 했다. 메시야를 맞이할 수 있는 사람은 믿음의 눈이 아니고는 볼 수가 없다. 그래서 메시야는 멸시를 받고 간고를 많이 겪을 것을 내다보았다.

그런데 이사야 53:4을 살펴보자. "그는 실로 우리의 질고를 지고 우리의 슬픔을 당하였거늘 우리는 생각하기를 그는 징벌을 받아서 하나님에게 맞으며 고난을 당한다 하였노라" 이 예언은 예수님이 메시야로 오시기 전 650여 년 전에 쓰여진 것이다. 그런데 내용은 예수님의 고난과 십자가이다. 장차 올 650년 후에 메시야의 고난을 바라보면서 "우리의 질고" "우리의 슬픔"이라고 했다. 이사야 53:5에는 "그가 찔림은 '우리의 허물'을 인함이요 그가 상함은 '우리의 죄악'을 인함이라"고 했다. 선지자는 미래에 있을 메시야의 고난의 이유가 현재의 "우리의 죄" 때문이라고 말했다.

메시야가 고난을 당해야 하는 이유는 바로 우리 인간의 죄 때문이다. 그러기에 메시야는 죄가 없으신 분으로서 창조주요, 구속주임에도 불구하고 고난을 받으신 것은 우리가 받아야 할 죄의 고통과 고난을 대신 받으신 것이다.

예수님은 고난 받기 위해서 세상에 오셨다(마 16:21)

예수님이 고난 받기 위해서 오신 것은, 우리를 구원하기 위함이었다. 예수님의 생애는 고난 자체였다. 하지만 제자들의 생각은 예수님과 달랐다. 그들은 오늘의 우리처럼 세속적이고 이기주의적이면서 탐욕적이고 출세 지향적이었다. 그들은 우리처럼 가능한 한 이 땅에서 웰빙하고 행복을 누리고자 했다. 그러나 예수님이 세상에 오신 목적은 스스로 고난을 받고 우리를 생명으로 인도하기 위함이었다. 그래서 마태는 설명하기를 "그때로부터 예수 그리스도께서 자기가 예루살렘에 올라가 장로들과 대제사장들과 서기관들에게 많은 '고난'을 받고 죽임을 당하고 제 삼일에 살아나야 할 것을 제자들에게 비로소 가르치니…"(마 16:21)라고 했다. 예수님은 그의 공생애 말에 그가 어떤 고난과 죽음으로 죽게 될 것인지를 예언했다.

예수님은 마치 모세가 광야에서 구리뱀을 만들어 높이 달면, 불뱀에 물린 자들이 쳐다봄으로 나음을 얻은 것처럼 예수님이 십자가에 높이 달려 죽을 때 누구든지 그를 죄와 죽음에서 구원해 줄 메시야로 믿는 자들에게 구원의 은혜를 주실 것을 예언했다. 이 세상에 어느 누가 자기의 고난과 죽음에 대해서 이토록 명쾌하게 말한 분이 있을까? 그것은 예수님이 메시야이기 때문에 그렇게 말할 수 있고 우리의 구주이며 하나님의 아들이시기에 자신을 분명히 계시하신 것이다.

누가복음 18:31-33에는 이르기를 "예수께서 열두 제자를 데리시고 이르시되 보라 우리가 예루살렘으로 올라가노니 선지자들로 기록된 모든 것이 인자에게 응하리라. 인자가 이방인들에게 넘기워 희롱을 받고 능욕을 받고 침 뱉음을 받겠으며 저희는 채찍질하고 죽일 것이니 저는 삼일 만에 살아나리라"고 했다. 예수의 고난은 하나님의 구속사의 큰 틀 속에 움직이고 있다. 그래서 예수님도 자신의 고난의 과정을 손금 보듯 훤히 알고 계셨다. 그러므로 예수님의 고난의 과정을 통해서 우리는 그의 구주되심과 하나님의 아들 되심을 깨닫게 된다.

예수님의 고난의 특징(행 3:18)(행 17:2)

앞서 말한 대로 예수님의 고난은 예언대로 된 것이다. 예언대로라 함은 예수 그리스도의 구속의 대 드라마 가운데 고난은 필수였다는 말이다. 따라서 예수님의 고난은 그가 하나님과 인간 사이에 중보자로 오셨기 때문에 필히 거쳐야 할 과정이었다. 그래서 누가는 기록하기를 "그러나 하나님이 모든 선지자의 입을 의탁하사 자기의 그리스도의 해 받으실 일을 미리 알게 하신 것을 이와 같이 이루셨느니라"(행 3:8)고 썼다.

성경대로 그리스도께서는 고난을 받으시고 성경대로 죽으시고 성경대로 부활하셨다(행 17:2-3, 고전 15:3). 성경은 하나님께서 죄인들을 구속하신 구속의 역사를 보여준다. 그 역사의 한 가운데 주 예수 그리스도께서 메시야로, 중보자로 활동하신 것이다. 하나님은 인간이 자기 힘으로 구속함을 받을 수 없음을 아시고 무죄하신 독생자를 세상에 성육신 하도록 하시고, 그를 중보자로 그리고 유월절의 어린 양으로 속죄 제물이 되게 하셨다. 그 과정은 고난과 죽음과 부활이었다. 그래서 예수님은 엠마오로 내려가는 두 제자에게 나타나셔서 "가라사대 미련하고 선지자들의 말한 모든 것을 마음에 더디 믿는 자들이여 그리스도가 이런 '고난'을 받고 자기의 영광에 들어가야 할 것이 아니냐"(눅 24:25-26)고 물었다.

예수님의 고난의 현장

예수님의 고난의 현장은 우선 셋으로 나눌 수 있다.

첫째는 겟세마네 동산에서였다. 예수께서 잡히시기 전에 겟세마네 동산에서 생사를 건 기도를 하셨다. 예수님은 참 하나님이시며 참 사람으로서 무서운 십자가의 고통을 앞에 두고 할 수만 있으면 이 잔을 내게서 지나가게 해 달라고 기도했다. 이 본문은 완전한 한 인간으로서의 예수의 번뇌와 고통을 아주 적절히 그려내고 있다. 그러나 그의 마지막 기도는 "아버지의 원대로 되기를 원하나이다"(마 26:42)라고 결론지었다. 그의 고난은 육체적 영적 또는 인간적으로 복합적이었다. 가장 결정적인 순간에 그의 사랑하는 제자 중에 아무도 예수님의 속마음을 아는 자들이 없었다. 도리어 졸며 자며 또는 스승을 은 30에 팔아넘기고 배신의 키스로 암호를 짜서 죽이는데 까지 내어준다. 이 내용은 신약의 사복음이 모두 공통적으로 기록하고 있다.

둘째는 빌라도의 재판석 앞에서의 예수의 고난이다(막 15:15-20). 빌라도는 정권이란 영원한 줄 알았다. 예수가 무죄한 줄 알면서도 데모 군중들의 환심을 사려고 예수님을 정죄했다. 그는 민중의 소리(Vox populi)가 하나님의 소리(Vox Dei)를 이겨 버리도록 방치했다. 양심의 소리를 눌러 버리고 시위대의 민중들에게 인기를 얻으려고 했다. 이 장면은 사복음서에 모두 기록되고 있다. 마가의 기록을 보면, "저희가 소리 지르되 저를 십자가에 못 박게 하소서 빌라도가 가로되 어쩜이뇨 무슨 악한 일을 하였느냐 하니 더욱 소리 지르되 십자가 못 박게 하소서 하는지라 빌라도가 무리에게 만족을 주고자 하여 바라바를 놓아 주고 예수는 채찍질하고 십자가에 못 박히게 넘겨 주니라"(막 15:13-15)고 자세히 설명했다. 정권과 데모 군중이 척척 손발이 맞았다. 정치 논리 때문에 법 따위는 필요 없었다. 바로 이러한 틈바구니에서 예수님은 말로 다할 수 없는 고난을 당했다. 그러나 예수님의 고난은 한 인간의 억울한 고난이 아니라 메시야의 고난이었다. 빌라도는 자기 잘못이 아니고 민중들의 요구 때문이란 것을 증명하려고 손을 씻었지만 사도신경에 "본디오 빌라도에게 고난을 받으사"라고 지난 2000년 동안 매 주일 이 땅의 성도들을 통해서 규탄을 받아왔다.

셋째는 예수님의 십자가 위에서의 고난이다. 예수님은 십자가 위에서 벌거벗음의 수치를 당했다. 그전에 이미 군병들이 침을 뱉고 갈대를 빼앗아 예수의 머리를 쳤다. 옷은 군병들이 제비 뽑아 나누어 가졌으며, 그는 강도 틈 가운데 십자가를 지고 고통하고 있었다. 군중들의 욕설은 이러했다. "성전을 헐고 사흘에 짓는 자여 네가 만일 하나님의 아들이어든 자기를 구원하고 십자가에서 내려오라"(마 27:40)고 욕했다. 그러나 예수는 목말랐고 그 고통이 극에 달하자 큰 소리로 "엘리 엘리 라마 사박다니 이는 곧 나의 하나님 나의 하나님 어찌하여 나를 버리시나이까"(마 27:46)라고 울부짖었다. 그런데 그 십자가 밑에 그 어머니 마리아가 있었다. 사랑하는 아들이 십자가의 고난을 당하는데 어머니가 그 아래 있었다. 그것 또한 예수님의 고난의 극치가 아닐까? 그러나 예수님의 이 고난은 성경대로 고난 받고 성경대로 죽으시고 성경대로 부활하기 위한 하나님의 구속 운동의 틀 속에 있다.

물론 예수의 고난은 십자가만이 아니다. 그의 성육신 자체가 고난이며 동정녀의 몸에서 하나님의 능력으로 나셨지만 처녀가 애를 낳았다는 비난에 시달리고 왕권수호를 위해 광분한 헤롯은 영아학살 명령을 내리고 어린 예수는 애굽으로 피난길에 오른다. 빼앗긴 조국의 현실도 고난이었고, 유다의 배신도, 베드로가 예수님을 부인한 것도 모두가 고난이었다. 예수님의 고난은 자비하고 충성된 대제사장이 되기 위한 것이었다.

그래서 히브리서 기자는 말하기를 "죽음의 고난을 받으심을 인하여 영광과 존귀로 관 쓰신 예수를 보니 이를 행하심은 하나님의 은혜로 말미암아 모든 사람을 위하여 죽음을 맛보려 하심이라"(히 2:9)고 했다. 그래서 예수님은 우리를 위해서 고난당했다.

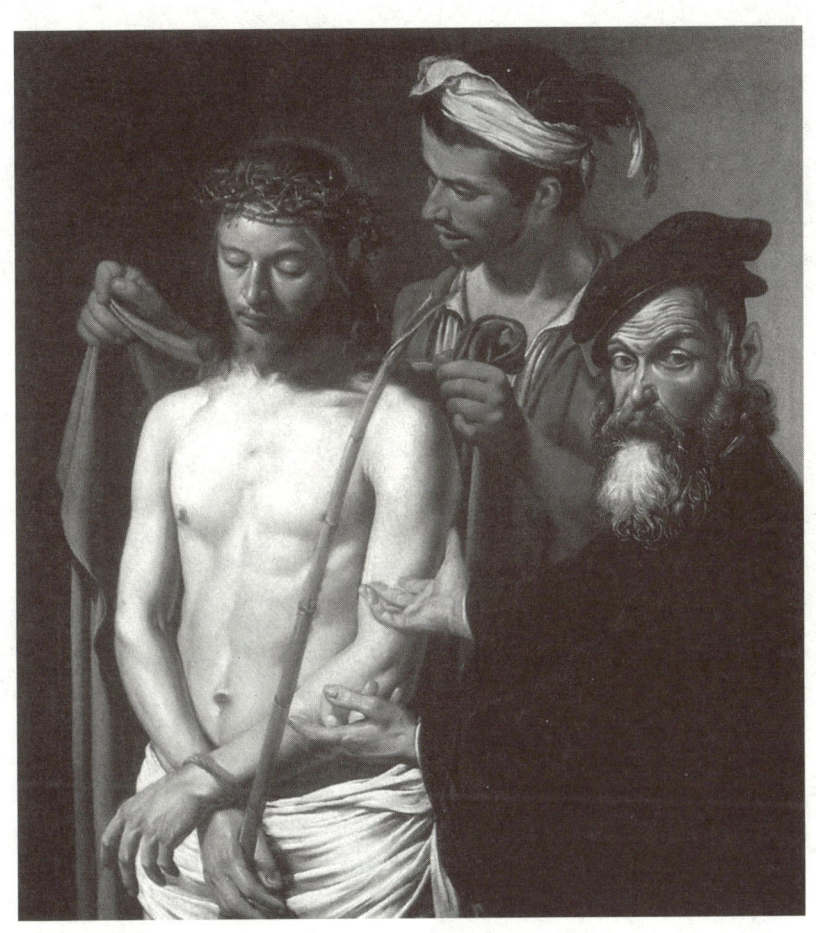
안토넬로 다 메시나 作 〈그리스도의 고난〉

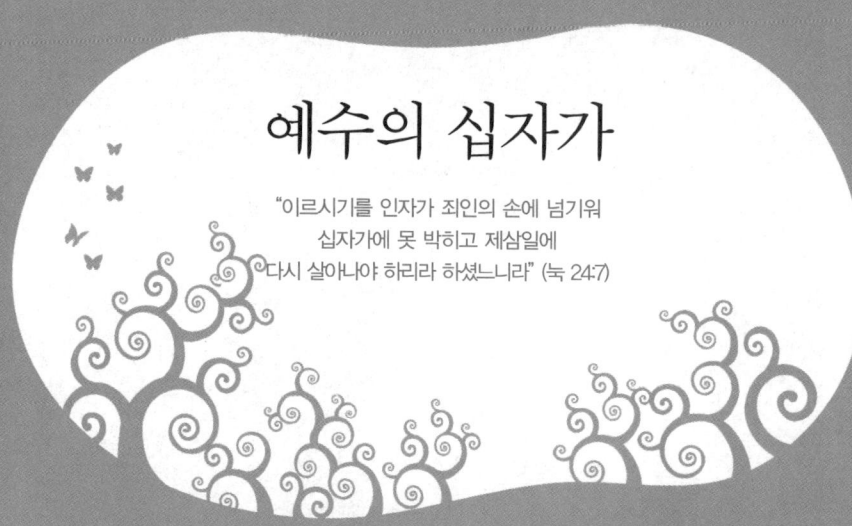

예수의 십자가

"이르시기를 인자가 죄인의 손에 넘기워
십자가에 못 박히고 제삼일에
다시 살아나야 하리라 하셨느니라" (눅 24:7)

　　　　서울 남산 위에서 야경을 바라보면 서울은 온통 붉은 십자가로 장관을 이룬다. 그만큼 십자가는 교회의 상징이자 기독교의 상징이 된다. 세계 어느 나라를 가 봐도 서울처럼 붉은 십자가를 많이 볼 수 없다. 그리고 모든 병원은 청 십자가를 달고 있다. 그런데 헝가리를 가 보면 로마 카톨릭은 교회당 위에 십자가를 달고 있지만 정작 개혁교회는 십자가를 달지 않고 별과 장닭을 교회당 첨탑 위에 달아 가톨릭과 구별한다. 이유를 알아봤더니 16세기에 헝가리는 95%가 개혁교회였으나 가톨릭이 익나시어스 로욜라(Ignatius Loyola)를 중심으로 제수잇이란 기구를 만들어 개혁교회를 핍박했다. 그 때 제일 많이 박해를 당한 곳이 불란서 남부지역의 휴그노파 교도들과 헝가리 개혁교회 성도였다. 특히 가톨릭이 헝가리 개혁교회 성도들에게 이른바 십자가 성호를 그리지 않는 사람들에게는 철 십자가로 머리를 쪼아 죽였다. 즉 십자가를 가지고 성도들을 무참히 박해했다. 그래서 헝가리 개혁교회는 자신들이 믿는 십자가는 성경에 계시된 구원의 십자가이지, 교권사수를 위한 박해의 십자가가 아니라는 것을 밝혔다.

우리가 예수의 십자가의 참된 의미를 깨닫는다면 기독교 신앙을 옳게 이해하는 것이 되고 십자가의 진리를 바로 이해한다면 실제로 기독교의 핵심을 이해한다고 볼 수 있다. 하지만 역사적으로 보면 예수의 십자가를 아전인수격으로 사용하는 사람도 있고 혹자는 예수의 십자가를 예수의 역사적 구속사건과는 무관하게 하나의 고난과 고통의 상징이거나 시문학의 주제로 다루는 경우가 많았다. 그러면 여기서는 예수의 십자가는 과연 무엇인지 성경대로 살펴보기로 하자.

예수의 십자가는 하나님의 구원계획이었다(눅 24:7, 고전 1:18)

십자가는 로마의 사형기구였다. 십자가는 사형수가 지고 가서 십자가에 못 박히고 죽어가는 가장 무서운 형벌이었다. 아마도 로마당국이 죄인을 끔찍하고 처참한 처형을 함으로서 왕권에 대한 도전세력을 막고, 혁명세력을 잠재우고 더 나아가서 사회의 치안을 도모하기 위함이었을 것이다. 그러므로 십자가는 죽음과 저주의 상징이었다.

그런데 죄 없으신 우리의 중보자이신 예수 그리스도가 십자가에 매달려 온갖 고초와 고통을 당하시면서 죽으신 사건은 십자가의 의미를 완전히 바꾸어 버렸다. 십자가는 이제 구원의 상징이며 사랑과 용서의 상징이 되었고 희망의 상징이 되었다. 그리고 그리스도인들은 이제 도리어 십자가를 사랑하고 흠모하게 되었다. 그리스도의 십자가는 구원의 길이므로 십자가 없는 기독교, 십자가를 설교하지 않는 교회는 모두가 죽은 기독교이며 죽은 교회라고 볼 수 있다.

사실 예수께서 십자가를 지시고 대속의 죽음을 죽으신 것은 하나님의 계획이었으며 하나님의 예정이었다. 이사야 53장은 골고다 언덕을 보면서 멀리서 망원경의 줌을 앞으로 당겨서 십자가의 고통장면을 그대로 찍은 듯 하다. 장차 우리의 구주이신 메시야가 십자가의 고난당하는 내용을 가느다란 붓으로 섬세하게 사실화를 그린 것과 꼭 같다. 즉 "그가 찔림은 우리의 허물을 인함이요 그가 상함은 우리의 죄악을 인함이라 그가 징계를 받음으로 우리가 평화를 누리고 그가 채찍에 맞음으로 우리가 나음을 입었도다"(사 53:5)라고 했다. 예수께서 십자가를 지신 것은 당시의 정치 상황 때문이 아니고 하나님의 구원 계획에 맞물려 있는 하나님의 계획과 경륜이었다. 그래서 예수님은 겟세마네 동산에서 십자가를 앞에 두고 최후의 결심기도를 할 때 결론은 "내 뜻대로 마옵시고 아버지의 뜻대로 되기를 원하나이다"(마 26:42)라고 했다. 바로 그 아버지의 뜻이 십자가를 지는 것이었고 예수님은 십자가의 길을 순종했다.

그래서 예수님은 죽음에서 부활하신 후에, 천사가 두려워하는 여인들에게 예수님의 말씀을 회상시켜 주셨다. "이르시기를 인자가 죄인의 손에 넘기워 십자가에 못 박히고 제 삼일에 다시 살아나야 하리라 하셨느니라 한데"(눅 24:7)라고 했다. 예수님은 이미 생전에 자기가 십자가에 못 박히고 삼일 후에 부활할 것을 여러번 자주 말했다. 그렇지만 예수님을 가까이 따르던 제자들이나 모든 사람들이 예수님의 말씀의 뜻을 잘 이해하지 못했고 비현실로 생각했다. 하지만 예수님이 십자가를 지시므로 구원은 완성되었다.

그러므로 십자가 없는 기독교는 기독교일 수도 없고 십자가 없는 기독교는 그냥 도덕적 종교에 불과할 것이다. 예수의 십자가는 성경대로 되어진 것이고 역사적 사건이다.

예수님의 십자가는 하나님과 죄인 된 인간을 화목시켰다(골 1:20, 엡 2:10)

예수님이 십자가를 지시고 운명했을 때 성전의 휘장이 위에서부터 아래로 찢어져 내렸다. 이는 하나님과 인간 사이에 막힌 담이 헐어지고 십자가를 통해서 화목 곧 화해가 이루어진 것을 상징적으로 표현한 것이라고 볼 수 있다. 예수의 십자가가 아니면 하나님과 우리 죄인들이 도저히 만날 수 없는 상황에 놓여 있었으나 십자가를 통해 깨어진 관계가 회복되었고 하나님의 사랑이 얼마나 위대한 것도 보여주고 인간의 죄악이 얼마나 부패하고 더러웠는가를 보여 주었다.

이제 우리는 예수 그리스도의 십자가의 피의 공로로 거룩하신 하나님께 아빠 아버지로 부르면서 담대히 나아갈 수 있게 되었다. 사도 바울은 에베소 교인들에게 이것을 잘 설명하면서 "이제는 전에 멀리 있던 너희가 그리스도 예수 안에서 그리스도의 피로 가까워졌느니라 그는 우리의 화평이신지라 둘로 하나를 만드사 중간에 막힌 담을 허시고… 또 십자가로 이 둘을 한 몸으로 하나님과 화목하게 하려 하심이라 원수된 것을 십자가로 소멸하시고"(엡 2:13, 14, 16)라고 했다. 더 이상의 설명이 오히려 번거로울 듯 하다.

예수의 십자가는 우리에게는 화평이며 화목이며 모든 문제의 해결이었다. 그리고 바울은 골로새 성도들에게 더욱 분명하게 십자가의 본 뜻을 설명하면서 "그의 십자가의 피로 화평을 이루사 만물 곧 땅에 있는 것들이나 하늘에 있는 것들을 그로 말미암아 자기와 화목 되기를 기뻐하심이라"(골 1:20)고 했다.

예수님의 십자가의 죽음은 겸손과 순종의 극치이다(빌 2:8)

예수님은 하나님의 본체이시지만 하나님과 동등 됨을 취할 것으로 여기지 아니하고 도리어 종의 모습으로 이 땅에 오셨다. 그리고 제자들의 발을 씻겨 주셨다. 그러나 예수의 겸손과 순종의 최고봉은 바로 예수님의 십자가이다. 물론 예수님이 이 세상에 오신 것 자체가 십자가의 연장선상에 있는 것이고 그의 육체를 입고 사신 것 자체가 창조주 하나님으로는 십자가의 연장선상에 있다고 봐야 할 것이다. 그러나 아무래도 예수님의 고난과 고통 그리고 겸손과 순종의 대미는 십자가의 고통과 죽음이었다.

신약성경의 사복음은 하나같이 예수님의 십자가의 고난과 죽음을 아주 자세하게 다루고 있다. 그것은 예수님의 십자가 사건은 공개적이며 역사적 사건이다. 그는 다른 사형수들 틈에 십자가의 고통을 받고 죽으셨다. 물론 로마 군병들이 조롱한대로 예수는 당장 내려올 수도 있고 원수들을 초토화할 수도 있었다. 왜냐하면 그는 창조주 하나님이요, 구속의 하나님이셨기 때문이다.

그럼에도 불구하고 예수님은 십자가의 고난을 끝까지 참고 "아버지여 저들의 죄를 용서해 주시옵소서"라고 했을 뿐 아니라 주님을 의지하는 한편 강도에게 "오늘 네가 나와 함께 낙원에 있을 것이라"는 말씀을 했다. 그는 비록 십자가의 고통 중에도 우리의 구주로서 당당한 풍모를 지녔다. 그래서 바울이 빌립보 교인들에게 편지를 쓰면서 "사람의 모양으로 나타나셨으매 자기를 낮추시고 죽기까지 복종하셨으니 곧 십자가의 죽으심이라"(빌 2:8)고 했다. 그가 우리를 위해서 낮아지신 만큼 우리를 높여 주셨다.

예수님의 십자가 설교는 구원을 주시는 하나님의 능력이다 (고전 1:17-18)

한글개역 성경에는 "십자가의 도"라고 되어 있는 이 구절을 최근에 번역된 성경들은 모두가 "십자가의 말씀"이라고 표현했다. 그러나 헬라 말과 영어는 모두 "십자가의 설교"로 쓰고 있다. 십자가 중심의 설교는 멸망하는 자들에게 미련하게 보일지 모르지만 구원을 얻는 우리에게는 하나님의 능력 곧 하나님의 힘이 된다는 내용이다(고전 1:18). 십자가를 옳게 증거하지 않는 설교는 사실상 아무 생명이 없다.

오늘날은 사람의 마음을 즐겁게 하는 엔터테인먼트 설교, 부담 없는 에세이식 설교, 흥미 있는 교양 프로그램 같은 설교를 듣고도 교회가 부흥되고 성도가 구름떼처럼 모여 든다고 하나, 진정으로 십자가 중심의 설교가 아니라면 사람의 마음을 즐겁게 하는 수준이다. 이런 인본주의적 설교는 성경과는 너무나 멀어져 있다. 이런 인본주의적 설교에는 십자가가 보이지 않는다. 그러므로 십자가를 다시 회복하는 설교를 해야 한국교회가 옳게 부흥되리라고 본다.

예수님의 십자가 곁에는 어머니 마리아가 있었다. 어떤 작가는 이 장면이 세상에서 가장 비극적인 장면이라고 했다. 아들의 십자가 밑에 어머니가 흐느끼는 장면은 참아 눈을 뜨고 볼 수 없는 모습일 것이다. 그러나 예수님의 십자가에 우리는 동정을 할 필요도 없고 문학적인 수사를 부칠 필요가 없다. 예수님의 십자가는 우리들의 죄를 속량하기 위한 구속이며, 하나님과 우리 사이에 화목의 제물이 되신 것이다. 그러므로 예수님의 십자가는 우리의 최고의 자랑이 되어야 한다.

예수의 부활

"이는 내 영혼을 음부에 버리지 아니하시며 주의 거룩한 자로 썩지 않게 하실 것임이니이다" (시 16:10)

　　　　　　　　예수님은 사망 권세를 깨뜨리시고 부활하셨다. 예수님의 부활 때문에 교회가 세워졌고, 예수의 부활 때문에 기독교가 생겨났다. 그러므로 예수의 부활을 믿는 것은 기독교 신앙의 핵심이다. 지난 이천년 동안 이 세상에는 예수 그리스도의 부활을 믿지 못하는 사람들과 예수 그리스도의 부활을 역사적 사실로 믿는 사람들로 나누어졌다. 예수의 부활을 못 믿는 사람들은 항상 모든 것을 합리적으로 과학적으로 판단한다. 사람이 죽었다가 어떻게 다시 살아날 수가 있겠는가라고 질문하고 그 대답으로 인간의 부활은 불가능하다고 결론 내린다. 그래서 기독교는 믿을 수 없다고 한다. 합리주의자의 사고방식으로 보면 부활은 불가능하다는 것이 맞다.

　그러나 우리도 논리적, 합리적으로 예수님의 부활을 말할 수 있다. 예수 그리스도의 부활은 확실한 역사적 사건이다. 왜냐하면 우리가 어떤 사건과 이론을 말하려면 분명하고 확실한 증거자료와 기록이 있어야 한다. 논문을 쓸 때도 분명한 증거자료가 있는가가 논문의 성패를 결정한다. 원 자료를 증거로 제시하지 않으면 그 논문의 가치가 없다. 재판할 때도 원고와 피고 모두 결정적 자료가 승패를 좌우한다. 자료가 없으면 그것은 허공에 뜬 것이 된다. 부활이 없다고 하는 것은 상식에 기초를 둔 것에 불과하다. 예수가 부활하지 못했다는 것은 선입관에 기초한 것이지 결코 정당한 자료에 의한 것이 아니다. 예수가 부활한 것이 사실이 아닐 것이라는 전제로 여러 가지 상상과 억지의 논리로 과학적인 증거를 대려고 노력했지만, 그 자체가 가장 비과학적이다. 그런데 예수님이 부활하신 사건은 수많은 기록과 증거가 있다. 상상의 논리는 증거의 논리를 이기지 못한다.

예수의 부활은 역사적 사실이다. 그 이유는 예수 그리스도는 천지와 그 가운데 있는 만물을 창조하신 하나님의 아들이요, 우리의 구주로 세상에 오셨고 예정된 대로 십자가에 죽으셨다가 3일 만에 부활하셨기 때문이다. 예수의 부활이 사실이 아니었으면 기독교는 시작되지 못했고 유지되지도 못했고 세계적이 되지 못했을 것이다. 예수의 부활을 증거하는 것은 성경이다. 성경은 하나님의 말씀이요, 불변의 진리이다. 성경은 저자의 신앙고백도 있지만 특히 4복음과 사도행전은 모두 역사적 사건기록이다. 이 사건 기록에 예수의 부활은 특종기사요, 상세기사요, 정밀한 기사이다.

예수님의 부활은 예정된 하나님의 구원 사건이다(시 16:10)

구약 성경에는 사람이 죽은 후에 부활이 있을 것이란 내용이 적지 않다. 물론 암시적이고 상징적인 것도 있지만 어떤 성경은 아주 확실한 언급도 있다. 그 중에 시편 16:10에는 "이는 내 영혼을 음부에 버리지 아니하시며 주의 거룩한 자로 썩지 않게 하실 것임이니이다"라고 했다. 이 본문에 대해서 베드로는 오순절 설교에서 아주 명쾌하게 예수님의 부활 예언이라고 밝혔다. 베드로는 오순절 설교 도중에 시편 16편 8-11절을 문자 그대로 인용한 후 다음과 같이 강해하였다. "형제들아 내가 조상 다윗에 대하여 담대히 말할 수 있노니 다윗이 죽어 장사되어 그 묘가 오늘까지 우리 중에 있도다 그는 선지자라 하나님이 맹세하사 그 자손 중에서 한 사람을 그 위에 앉게 하리라 하심을 알고 미리 보는 고로 그리스도의 부활하심을 말하되 저가 음부에 버림이 되지 않고 육신이 썩음을 당하지 아니하시리라 하더니 이 예수를 하나님이 살리신지라 우리가 다 이 일에 증인이로다"(행 2:29-32)라고 했다.

이 말에 의하면 다윗의 묘가 예루살렘에 있음을 환기 시키고 다윗이 벌써 예수의 부활을 구체적으로 예언했다는 것이다. 그 예언대로 하나님께서 예수를 살리셨다는 것이다. 사실 베드로의 오순절 설교는 부활절 설교였다. 그런데 시간적으로 보면 베드로가 설교한 때는 예수께서 십자가에 죽으셨다가 부활한 후 50여일 밖에 되지 않았다. 만에 하나 베드로의 이 설교를 들은 청중이 예수의 부활이 역사적 사건이 아니었다고 판단됐다면 그는 그 자리에서 돌에 맞아 죽었을 것이다. 당시에는 서기관과 바리새인들 그리고 학식 많은 랍비들이 우굴거렸다. 그런 까닭에 베드로가 제시한 예언이 메시야이신 예수 그리스도의 부활에 관한 것이 아니었더면 그 자리에서 끌려 갔을 것이다.

예수 그리스도의 부활 사건은 그 당시 수도 예루살렘의 톱기사 중의 톱기사였다. 그러기에 예수의 부활은 땅도 하늘도 놀란 대 사건이었다. 그리고 예수 그리스도의 빈 무덤은 그대로 현장이 보존되어 있었다. 베드로의 부활의 메시지를 듣고 청중들이 가슴을 치며 형제들아 우리가 어찌할꼬 하며 회개와 통회가 일어났고 3000명이 회개하고 예수님을 영접하게 되었다. 예수님의 죽으심과 부활은 하나님의 구속의 프로그램이었다. 예언대로, 예정된 대로 되어진 부활이었다.

예수님 자신이 부활할 것을 여러 번 말씀했다(마 16:21)

사람의 인격은 그 사람의 말에 있다. 말을 하고 약속을 지키지 않는 사람은 신용이 없고 믿을 수 없는 사람이다. 우리가 예수님을 믿는 것은 그가 하나님의 아들이요, 우리의 구원의 주이기도 하지만 그의 말씀은 항상 참되기 때문이다. 그의 약속은 항상 진실되고 이루어지지 않는 것이 없었다. 만에 하나 그가 말씀한 내용이 거짓으로 판명되고 신뢰성이 없거나 전혀 이루어지지 않았다면 우리는 예수님을 믿을 수 없을 것이다. 그러나 예수님의 모든 말씀은 참된 말씀이요, 진리였을 뿐 아니라 특히 그가 약속한 십자가의 죽으심과 부활에 대한 예언이 정확히 이루어진 것이다. 만약 그가 약속한 대로 3일 만에 부활하지 않았다면 예수님의 진실성을 의심할 수밖에 없을 것이다.

그런데 예수께서 평소에 말씀하신 대로 부활하셨다면 그는 우리의 구주이며 하나님의 아들이며 창조주이며 구속주가 되는 것이다. 기독교는 진실에 바탕을 두었을 뿐 아니라 사건과 사실에 바탕을 둔 것이다. 예수께서 평소에 말씀한 내용을 살펴보자. 예수님께서는 마르다가 마지막 날 부활을 고백한 것에 대답하면서 "나는 부활이요 생명이니 나를 믿는 자는 죽어도 살겠고 무릇 살아서 나를 믿는 자는 영원히 죽지 아니하리니 이것을 네가 믿느냐"(요 11:25-26)라고 했다. 예수님 자신이 부활이요, 생명이라고 해 놓고 자신이 부활하지 못했다면 곤란할 것이다. 예수님은 이미 자신의 죽음과 부활을 훤히 내다보고 이렇게 의미심장한 말을 했다. 베드로가 예수님께 "주는 그리스도시요 살아계신 하나님의 아들이시니이다"(마 16:16)라는 아름다운 고백이 있은 후에, 예수님은 십자가와 죽음과 부활을 제자들에게 말했다.

왜냐하면 주님의 뒤를 따르는 것은 앞길이 보장되어 있는 삶이 아니라 자기를 부인하고 자기 십자가를 지는 삶이었기 때문이다. 그래서 예수님은 "자기가 예루살렘에 올라가 장로들과 대제사장들과 서기관들에게 많은 고난을 받고 죽임을 당하고 제 3일에 살아나야 할 것"(마 16:21)이라고 했다. 예수님 자신의 미래에 대해서 이처럼 정확하게 예언한 곳은 없다. 또 베드로가 예수님을 부인할 것을 예언하면서 말하기를 "그러나 내가 살아난 후에 너희보다 먼저 갈릴리로 가리라"(마 26:32)고 했다. 만약 예수 그리스도가 창세전부터 계셨던 하나님이 아니었고, 그가 우리의 중보자가 아니었다면 이처럼 자신의 죽음과 부활 그리고 부활 후의 활동까지 정확히 예언할 수 없을 것이다.

사람들은 아직까지 사람의 부활이 없었으니 자꾸 예수의 부활을 못 믿겠다고 한다. 그러나 예수님은 우리와 같은 모양을 입고 사람이 되셨으나 그는 하나님이었다. 그러므로 초자연의 방법으로 부활하신 것이다. 무엇보다 예수께서 그의 부활을 예언하신 것은 그의 성역의 전반에 걸쳐서 말씀했고 특히 예수님이 성역을 시작하자마자 그의 부활부터 먼저 말씀했다. 즉 "예수께서 대답하여 가라사대 너희가 이 성전을 헐라 내가 사흘 동안 일으키리라"라고 했다(요 2:19). 요한은 이것을 해설하기를 "예수는 성전 된 자기 육체를 가리킨다"했고 "죽은 자 가운데서 살아나신 후에야 제자들이 이 말씀 하신 것을 기억하고 성경과 및 예수의 하신 말씀을 믿었더라"(요 2:21-22)고 했다. 예수님은 공생애 3년 동안 내내 자신의 부활을 예언했다. 그리고 그의 예언은 자신의 부활로 모든 것이 진실이요, 사실이요, 예언의 성취로 드러났다. 그러므로 예수의 부활은 꿈이 아니요, 현실이었고, 이상이 아니라 실제였다. 그래서 기독교는 예수님의 부활 사건 위에 세워졌다.

예수의 부활은 역사적 사건이다(고전 15:1-19)

4복음서는 예수님의 고난과 십자가의 죽음과 부활을 자세히 쓰고 있다. 왜냐하면 당시에 이 사건은 역사적 사건이며 톱뉴스였기 때문이다. 얼마 전에 한국의 국보 1호인 숭례문이 아깝게 불타버렸다. 너무나 가슴 아픈 일이 아닐 수 없다. 사람들의 가슴에 침통하고 슬퍼하며 자책감을 모두 갖게 하였다. 또한 당국을 원망하기도 하고, 방화범에 대해서 증오감과 허탈감을 갖기도 했다. 모든 일간지 신문과 방송은 일제히 그것을 톱뉴스로 보도했다. 그러나 신문사의 취재 방향과 기자의 눈에 따라서 강조점이 조금씩 다르다. 그러나 결국 모든 신문들의 보도는 사실과 사건에 근거했으며 약간의 차이가 도리어 그 사건을 보다 정확하게 그려내는 결과가 되었다. 4복음서 기자들이 예수의 부활사건을 취재한 것을 그렇게 볼 수도 있을 것이다.

마태의 기록에는 예수의 부활 때 큰 지진이 났고 천사가 나타나 여인들에게 무서워 말라고 했다. 그리고는 "그의 말씀하시던 대로 살아 나셨느니라"(마 28:6)고 썼다. 그런데 당시 이 광경을 목격했던 파수병들이 대제사장에 보고했더니 술렁거리기 시작했다. 대제사장과 장로들은 잔머리를 굴려 이 사건을 무마하기 위해서 군인들을 돈으로 매수했다. 그러면서 군인들에게 유언비어를 만들어 제자들이 밤에 와서 예수를 도적질해 갔다고 말을 퍼트리라고 했다. 그런데 결과는 군인들을 돈으로 매수한 이야기 때문에 예수의 부활이 더욱 역사적인 것이 되었다. 그리고 마가는 예수가 부활한 아침에 일어난 막달라 마리아의 경험, 베드로의 경험을 잘 기록했다. 누가는 부활하신 예수님이 엠마오로 가는 제자에게 나타나시고 열한 제자들에게 나타나신 것을 기록했다. 요한은 다른 복음서와 거의 동일한 보고를 하면서 도마가 예수의 부활을 믿지 못하고 "내가 그의 손의 못 자국을 보며 내 손가락을 그 못 자국에 넣으며 내 손을 그 옆구리에 넣어 보지 않고는 믿지 아니하겠노라"(요 26:25)하면서 아주 합리적으로 과학적 증명을 해야 믿겠다고 했다. 그럴 때 예수님이 나타나셔서 도마에게 손과 옆구리에 손을 넣어보라고 했다. 그러면서 "너는 나를 본고로 믿느냐 보지 못하고 믿는 자들은 복 되도다"(요 26:29)라고 했다. 도대체 이보다 더 확실한 부활의 증거가 어디 있는가. 예수의 부활사건은 너무나 구체적이고 역사적인 사건이었다.

그러므로 우리가 예수의 부활을 말할 때 정신적 부활이니, 도덕적 윤리적 의미니 하면서 사건의 내용을 희석시켜서는 안 된다. 마치 계란에서 병아리가 나오고 누에고치에서 나비가 나오는 것을 예수의 부활을 설명하는 비유로 드는 것은 천부당 만부당하다. 예수의 부활은 초자연적 사건이므로 자연적인 것을 비유로 드는 자체가 잘못된 것이다. 사도 바울이 고린도전서 15장에 예수 그리스도의 부활을 설명한 것은 아주 완벽하다. 바울이 그토록 예수 그리스도의 부활을 힘 있게 증거하는 이유가 있다. 바울은 예수님의 제자가 아니었지만 부활하신 예수님을 친히 만났다. 그는 반기독자였으나 예수님이 그를 은총의 포로로 만들어 버렸다. 그 결과 그는 예수 그리스도의 부활의 모습을 보고 그의 생애는 온전히 변했다.

그래서 그는 고린도교회 성도들에게 편지를 보내면서 예수 그리스도 부활 사건의 의미를 아주 구체적으로 정리했었다. 즉 "성경대로 그리스도께서 우리 죄를 위하여 죽으시고" "장사 지낸 바 되었다가 성경대로 사흘 만에 다시 살아 나사" "만일 죽은 자가 다시 사는 것이 없으면 그리스도도 다시 사신 것이 없었을 터이요" "그리스도께서 다시 사신 것이 없으면 너희의 믿음도 헛되고" 등등 참으로 명쾌하게 정의했다(고전 15:3-4, 16-17). 요즈음 개념으로 하면 신문에 박스 기사 또는 부활이란 주제의 논설이라고 할 수도 있다.

예수님은 부활하셨다. 그는 예언대로 부활하셨다. 그는 우리의 구속의 완성을 위하여 사망을 깨뜨리고 부활하셨다. 그의 부활은 초자연적인 것이다. 초자연은 하나님만이 할 수 있는 일이다. 예수의 부활은 모든 믿는 자들의 부활의 첫 열매 곧 모델이 되셨다. 그러므로 그의 부활이 참되기 때문에 예수님의 말씀이 참되고 성경은 참된 것이다.

피엘 그레코 作 〈그리스도의 부활〉

예수의 재림

"그때에 인자의 징조가 하늘에서 보이겠고 그 때에 땅의 모든 족속들이 통곡하며 그들이 인자가 구름을 타고 능력과 큰 영광으로 오는 것을 보리라" (마 24:30)

　　1995년 나는 중국 북경에 갔었다. 나는 여행 중에 참으로 놀랍고 감격스런 커다란 족자 하나를 발견했다. 그 족자에 있는 그림은 예수님께서 다시 오시는 내용이고, 흰 옷을 휘날리며 구름타고 오시는 예수님의 전신상이 먹으로 그려져 있었다. 그리고 그 옆에는 한자로 주필재래(主必再來)라고 기록되어 있었다. 즉 주님은 반드시 다시 오신다는 내용이었다. 그 그림을 그린 분은 중국의 유명한 화가 고백룡(高白龍)씨였다. 내가 그 그림을 보고 감격하고 감사했던 이유는 아직도 기독교 신앙의 자유가 없고 공산당 체계가 시퍼렇게 살아있는 세상에서 우리 주님 예수님께서 반드시 재림하실 것을 그림과 글씨로 썼으니, 이는 참으로 살아있는 신앙이라고 할 수 있다.

　한편 오늘의 한국교회의 신앙을 살펴보면 재림 신앙이 없어져 버렸다. 수십 년 전만 해도 우리는 주님의 재림을 고대하면서 정결한 신부로서 삶을 강조하고 주님의 재림이 우리의 소망이었으나 지금은 모두가 웰빙을 강조하고 이 땅 위에서 건강하고 잘 먹고 잘 사는 것만을 예찬하는 기독교로 변해 버렸다. 한국교회의 강단은 예수님의 재림에 대한 메시지가 없어졌다. 그런 면에서 보면 우리가 누리는 신앙의 자유나 교회의 숫자나 크기에 상관없이 한국교회 성도들은 중국교회의 성도들에게 부끄럽기 그지없다. 예수 그리스도의 재림은 예수님 자신이 말씀하신 것이며 성경의 핵심적 메시지임에도 불구하고 최근의 세속화 바람으로 마치 주님의 재림은 없는 듯이 또는 무시해도 좋은 듯이 살고 있는 것이 우리의 모습이다. 그러면 예수님은 그의 재림을 어떻게 말씀했는지를 생각해 보자.

예수님 자신이 재림에 대한 예언을 하셨다(마 26:64)

우리가 예수를 믿는다는 말은 예수의 약속을 믿는다는 것과 같은 뜻이다. 구약은 옛 약속이요, 신약은 새로운 약속이듯이 기독교는 약속의 종교 곧 언약의 종교이다. 약속은 약속한 사람의 권위와 위상이 어떠하냐에 따라서 약속의 성실성이 확고하게 된다. 가령 왕의 약속 또는 대통령의 약속은 보통시민의 약속과는 엄청난 차이가 있다. 물론 보통시민의 약속도 소중하다. 그 약속이 지켜질 때 그 사람의 성실성과 그의 됨됨이를 알 수 있다. 그런데 우리들에게 약속하신 분은 천지와 그 가운데 있는 만물을 만드신 하나님의 아들이며 창조주이며 구속주이신 예수님께서 하신 약속이다. 우리에게는 예수님의 어느 부분만 믿고 어느 부분은 믿을 수 없다는 논리가 성립될 수 없다.

예수님은 선지자들이 예언한 대로 세상에 오셨고 유월절의 어린 양으로서 우리의 속죄제물이 되셨다. 뿐만 아니라 그는 우리의 구원을 완성하시고 십자가에 죽으셨다가 다시 부활하시었다. 그리고 그 분이 재림주로 다시 오겠다고 약속했으니 우리는 그것을 우리의 신앙의 핵심적인 진리로 믿고 받아야 된다. 성경에 이르기를 "예수께서 가라사대 네가 말하였느니라 그러나 내가 너희에게 이르노니 이 후에 인자가 권능의 우편에 앉은 것과 하늘 구름을 타고 오는 것을 너희가 보리라"(마 26:64)고 했다. 또 예수님의 승천 직전에도 "가로되 갈릴리 사람들아 어찌하여 서서 하늘을 쳐다보느냐 너희 가운데서 하늘로 올리우신 이 예수는 하늘로 가심을 본 그대로 오시리라"(행 1:11)고 천사들이 예언했다.

  예수님이 초림하기 전에 "처녀가 잉태하여 아들을 낳을 것"이라든지, "유대 땅 베들레헴아 너는 유대 고을 중에 가장 작지 아니하리라" "한 아기가 우리에게 났고" "보라 너희 하나님이 오사 보수하시며 보복하실 것이라 그가 오사 너희를 구하시리라" "그가 찔림은 우리의 허물을 인함이요" 등등 이사야 선지자가 예언했던 메시야는 한 치의 착오도 없이 온전히 예수님께 이루어졌다.

  마찬가지로 우리는 예수님께서 예언하신 말씀도 그대로 이루어지실 것을 믿어야 한다. 이것이 참된 믿음이다. 우리가 예수 믿는다는 말은 성경을 믿는다는 말이요, 성경을 믿는다는 것은 성경의 약속을 그대로 믿는 것이다. 우리에게 재림을 약속하신 그리스도는 우리의 창조주요, 구속주이며, 심판주이시다. 그러므로 그가 다시 오셔서 세상을 심판하신 것은 극히 자연스런 일이다.

  우리에게 예수의 재림시기 또는 말세를 말할 때 여러 가지 학설도 많고 의견이 분분한 것도 사실이다. 쓸데없는 요설로 사람을 속이는 이단들도 적지 않다. 또 성도들 가운데는 자기식대로 판단해서 이상한 논리를 전개하는 이들도 있다. 한 가지 확실한 것은 우리의 구주이신 예수님께서 구속의 사역을 마치시고 마지막 우리에게 예언하신 것은 심판주로 다시 오신다는 사실이다. 세상 나라에도 법정이 있고 재판이 있다. 어찌 보면 사람에 따라 재판이 달갑지 않게 보일 수도 있으나 사실은 선악을 구별하여 마지막 판단을 해주는 기관과 재판장이 있음으로 우리는 도리어 평안을 누린다. 예수님은 알파가 되시고 또한 오메가가 되시며 처음과 나중으로서 역사의 열쇠를 가지신 분이다. 그럼으로 역사의 종말에 주님이 심판주로 계신다는 그 자체는 우리에게 큰 희망이며 기쁨이다. 무엇보다 우리는 예수님의 재림을 액면 그대로 믿음으로서 죄와 세상을 이기고 승리할 수 있다.

예수님의 재림에는 징조가 있다(마 24:14, 막 13:10)

기상학자들은 구름을 보고 바람의 방향을 보고도 일기를 예측할 수 있다고 한다. 이 세상의 모든 것에는 징조와 징후가 있다. 그 징조들을 예민하게 관찰할 수 있는 사람은 역사의 방향을 예측할 수 있다. 예수 그리스도의 재림 시에는 적어도 몇 가지 징조가 있을 것이라고 성경은 내다보았다.

예수께서 감람산 위에 앉았을 때 제자들이 예수님께 묻기를 세상 끝에 무슨 징조가 있겠는지를 조심스럽게 질문했다. 거기에 대해서 예수님은 우선 이단들이 많이 일어날 것이라고 했다. 즉 스스로 자칭 그리스도라고 하는 사람들이 일어나 사람을 미혹하는 일들이 많이 일어날 것이라고 했다. 요즈음 같이 적그리스도 운동, 반교회 운동, 뉴에이지 운동이 일어난 상황도 따지고 보면 이단이나 미혹하는 사상들 못지않게 말세적 현상 가운데 하나라고 할 수 있다.

여기저기서 국제적 톱뉴스는 전쟁뿐이고 지구촌도 양극화 현상이 뚜렷해서 몇몇 나라들은 잘 살고 있지만 아직도 지구의 수많은 나라들이 양식이 없어 굶어죽는 곳도 많다. 예수님은 종말의 때가 되면 거짓 선지자들이 나타나서 교회를 혼란케 하고 불법이 판을 치면서 참 사랑이 식어진다고 하셨다. 그렇다고 해서 당장 끝이 오는 것은 아니라고 예수님은 말씀했다. 핵심은 노아의 때와 같이 자기 하고 싶은 대로 살아가는 향락주의, 자유주의가 성행할 것인데 이런 때 징조의 의미를 깨닫고 깨어있는 사람이 되어야 주님을 영접할 수 있다는 것이다(마 24:).

예수님은 반드시 다시 온다. 그러나 그 시기에 대해서 알 수가 없다. 하나님은 장래 일을 인생에게 모르도록 했다(전 7:14). 그러나 한 가지 확실한 것은 예수님은 반드시 재림하신다는 것이고, 또 하나는 반드시 징조가 있으므로 예민한 영적 감각을 가지고 신앙의 잠을 자지 않도록 깨어 있어야 한다는 것이다. 주의 재림이 언제 될 것인지에 대해서 염려할 것도 고민할 것도 없다. 초림의 예수님이 예언대로 이루어졌듯이 재림의 주도 예언대로 확실히 올 것을 믿는 믿음이 더 중요하다.

예수의 재림의 형태와 목적(마 24:36)

예수의 재림에 대한 것은 성경이 가르친 대로 믿어야 한다. 쓸데없이 상상의 나래를 펴서 날짜를 계산하거나 어느 장소, 어느 시기에 온다는 등 하는 말들은 모두가 거짓이요, 모두가 이단이다. 특별히 사회적으로 정치적으로 고단한 민초들의 마음을 현혹하기 위한 종교 사기꾼들이 예수님의 재림을 빙자해서 많이 있어 왔다. 더구나 한심한 것은 정신적으로 병약한 사람들을 유혹해서 예수가 여기 있다, 저기 있다고 말하거나 영생의 주가 나타났고 어린 양이 나타났다는 등의 거짓을 전하는 무리들이 늘 나타났다. 하지만 이들 종교 사기꾼들 자신은 정신적 질병을 앓는 사람들이 대부분이다. 무엇보다 이들은 사업과 인생의 실패자들, 정신적으로 나약한 사람들을 사용해서 거짓 사술을 만들어 가고 있다. 그런데 예수님은 아주 정확하게 말씀하시기를 "그러나 그 날과 그 때는 아무도 모르나니 하늘의 천사들도, 아들도 모르고 오직 아버지만 아시느니라"(마 24:36)고 했다. 왜냐하면 심판의 시기, 주님의 재림 시기는 하나님의 주권에 속한 문제이기 때문이다. 아들이 아버지의 계획과 섭리로 성육신 하였듯이 아들의 재림도 결국은 하나님의 작정과 계획과 섭리 중에 있다. 오묘한 것은 하나님께 속한 것이지(신 29:29) 인간에게 속한 것이 아니다. 우리가 할 수 있는 일은 예수님의 재림을 기다리며 사는 길 뿐이다. 예수님은 우리의 구주이시므로 그가 다시 오시는 것은 우리를 심판하시기 위함이 아니라 우리에게 구원과 더 큰 은혜와 위로를 주기 위함이다. 그러므로 예수의 재림을 기다리는 믿음의 삶은 두렵거나 고단한 삶이 아니라 구원의 감격과 감사가 넘치는 역동적인 삶이다. 그러므로 우리는 예수의 재림을 기다리면서 죄와 세상에 물들지 않고 거룩하게 살아야 한다.

예수님의 재림은 구체적으로 부활의 몸으로 오실 것이다. 그의 재림은 온 세계에 누구나 볼 수 있게 임할 것이며 영광과 권세로 재림하실 것이다. 그리고 주님이 오셔서 죽은 자를 부활케 하시며 심판하실 것이다. 주필재래(主必再來)의 신앙 곧 주님은 반드시 다시 오신다는 재림신앙은 옛날의 신앙의 모습이 아니고 예수님이 가르친 가장 확실하고 정확한 예언의 말씀이다. 우리는 그것을 믿을 뿐 쓸데없는 상상의 나래를 펴거나 논리적, 합리적, 과학적 지식으로 평가해서는 안 된다. 왜냐하면 하나님의 말씀은 진리이기 때문이다.

예수의 신성(神性)

"시몬 베드로가 대답하여 가로되
주는 그리스도시요 살아계신
하나님의 아들이시니이다" (마 16:16)

　　　　　　　　기독교 역사를 보면 예수님께 대한 이
해도 여러 가지였을 뿐 아니라 논쟁도 많았다. 어떤 이는 예수는 한 사
람의 도덕적 인간이라고 하는 사람도 있고, 또 어떤 이는 예수는 하나
님이기는 하지만 실제로 인간으로 오시지는 않고 사람의 눈에 그렇게
비추어졌다는 사람도 있었다. 그러나 모든 정통교회의 교리나 성경의
모든 내용은 예수 그리스도는 참 하나님이시오, 참 사람이라는 사실을
말하고 있다.

　물론 예수님에게 신성(神性)과 인성(人性)이 함께 있는 것은 사실이다.
그 이유는 예수님은 우리의 중보자가 되기 위해서 또 우리의 구주가
되기 위해서 신성과 인성을 동시에 갖고 있어야 하기 때문이다. 이것
은 지극히 당연한 것이며 또한 그것은 하나님의 계획이요, 하나님의
섭리였다. 예수님에게 신성과 인성이 함께 하는 것은 참으로 신비롭
고 놀랍다. 이는 하나님의 위대한 구속에 따라서 예수님만이 신·인
양성을 갖도록 계획되어진 것이다. 왜냐하면 하나님께서 외아들 예수
그리스도를 세상에 보내신 것은 우주적인 사건이기 때문이다.

　그러기에 여기서는 예수님의 신성에 대해서 성경이 무엇이라고 가

르치며 증명하는가를 살피려고 한다.

예수님은 그의 신성을 스스로 증명해 보이셨다(눅 22:70)

기독교 신앙에 대해서 거부하거나 비판하는 사람들은 예수님 자신이 하나님의 아들 또는 하나님이라고 말한 적이 없는데도 불구하고 그의 제자들의 신앙이 그렇게 만들었다고 한다. 그러나 가장 중요한 것은, 성경은 물론 신앙의 사람들이 썼지만 철저히 역사적 기록이다. 그러므로 예수님은 그 자신에 대해서 어떻게 말했는가 하는 것은 대단히 중요하다. 예수님은 누구신가에 대해서 가장 정확하게 해명한 분은 바로 예수님 자신이다.

예수님께서 군병들에게 체포되어 고난 받고 심문을 받을 때의 일이다. 그때 수제자 베드로는 예수님을 부인했다. 그 후 장로들과 대제사장들과 서기관들이 모인 공회 앞에 예수님은 끌려 나왔다. 죄 없으신 예수님께서 온갖 수모와 수치를 당하던 중에 심문이 계속되었다. "네가 하나님의 아들이냐"라고 물었을 때 예수님은 분명하게 말씀하시기를 "너희 말과 같이 내가 그니라"(눅 22:70)고 정확히 대답했다. 지금 예수님은 심문을 받으면서 일문일답을 하고 있다. 모든 말에 대하여 법적책임을 지는 엄격한 순간에 내가 곧 하나님의 아들이라고 했다.

예수님은 요한복음 10장에서 선한 목자는 바로 예수님 자신임을 천명하자 유대인들이 돌로 치려고 했다. 그러한 절박하고 위험한 순간에도 예수님은 "나와 아버지는 하나이니라"(요 10:30)고 말씀하시면서 예수님 자신이 하나님의 아들이며 하나님께서 친히 예수님을 세상에 보내었음을 변증했다. 뿐만 아니라 아버지 하나님과 아들 예수 그리스도 사이의 관계를 아주 확증적으로 말하면서 "나를 보는 자는 나를 보내신 이를 보는 것이니"(요 12:45)라고 했다. 즉 예수에게는 곧 하나님의 신성이 있다는 것이다. 그러므로 예수는 아버지의 독생자의 영광이요, 은혜와 진리가 충만하다는 요한의 외침은 가장 적절한 표현이다.

그래서 예수님은 "무릇 아버지께 있는 것은 다 내 것이라"(요 16:15)고 했다. 이는 예수님이 태초부터 하나님의 아들이 아니었다면 불가능한 말씀이다. 예수의 신성에 대한 증거로는 예수님 자신이 하신 말씀이 가장 중요하다고 할 것이다.

예수님의 신성은 사도들이 증거했다(마 16:16)

우리가 어떤 인물을 말하려고 할 때 그 사람과 함께 먹고, 함께 자고 3년이나 함께 살았고 함께 교육을 받은 사람의 증언이라면 가장 신뢰할만할 것이다. 그것도 한두 명도 아니고 열두 명의 제자들이 동거 동락했다면 그들의 증거는 믿을 수 있는 참된 증거가 될 것이다.

예수님의 일대기를 쓴 마태는 3년 동안 예수님을 따르던 제자였으며 당시에 상당한 교육을 받은 사람이었다. 마태는 바로 예수의 수제자였던 베드로가 예수님께 고백했던 내용을 그대로 옮기고 있다. 베드로는 예수님께 대하여 말하기를 "주는 그리스도시요 살아계신 하나님의 아들이니이다"(마 16:16)라고 했다. 이 신앙고백은 예수님의 신성을 가장 정확하게 표현한 내용이다. 예수님은 누구신가? 예수는 주님 이시요, 그리스도요, 하나님의 아들이란 고백은 그 당시에 신앙의 체계가 분명하게 세워진 교리라고 할 만하다.

그리고 가장 어린 나이에 예수님의 제자가 되어 90세가 훨씬 넘도록 살면서 요한복음을 기록한 사도 요한은 예수님의 신성에 대해서 누구보다 정확하게 지적했다. 즉 "태초에 말씀이 계시니라" "이 말씀이 하나님과 함께 계셨으니" "이 말씀은 곧 하나님이시라"(요 1:1)고 했다. 예수님이 바로 하나님이요, 창조주 하나님이란 말이다. 또한 "본래 하나님을 본 사람이 없으되 아버지의 품속에 있는 독생하신 하나님이 나타내셨느니라"(요 1:18)고 했다. 예수님은 곧 하나님으로서 육신의 몸을 입고 세상에 오신 분이라는 말이다.

예수님께 직접 배운 사도는 아니지만, 그 누구보다 예수의 전한 복음을 잘 알고 체계적으로 정리한 분은 사도바울이다. 물론 사도바울은 부활하신 예수님을 직접 만났고 다메섹 도상에서 하나님의 은총의 포로가 되었다. 그래서 그는 자신의 모든 기득권을 포기하고 이방인을 위한 사도로 부름을 받아 헌신했다. 바울은 예수 그리스도를 "부활하여 능력으로 하나님의 아들로 인정되었다"고 증언했다(롬 1:4). 또한 예수님은 "보이지 않는 하나님의 형상"이라 했다(골 1:15). 한편 히브리서 기자는 예수님을 가르쳐서 "하나님의 영광의 광채"(히 1:3)라고 해설했다.

우리는 위에서 예수님의 신성에 대한 제자들의 증언을 살펴봤다. 예수를 주와 그리스도로 믿지 아니하는 자는 예수님을 알 수가 없다.

예수님의 신성은 하나님 자신이 증거했다(마 3:17)

성부 하나님과 예수님은 부자관계이다. 그런데 많은 사람들은 이 말의 뜻을 종교적으로 또는 윤리적으로만 이해하는 사람이 많다. 그러나 예수님은 창세전에도 하나님의 아들이요, 창조의 주역이며, 하나님과 본질적으로 동일하다. 그러므로 예수님의 신성을 하나님 자신이 증명해 주고 증거해 준다면 그 이상 바랄 것이 없을 것이다.

예수님께서 요단강에서 세례를 받으시고 물 위로 올라오실 때 참으로 신비한 광경이 목격되었다. 즉 하늘이 열리고 하나님의 성령이 비둘기처럼 예수님 위에 머물렀다. 때마침 하늘에서 소리가 들리며 말씀하기를 "이는 내 사랑하는 아들이요 내 기뻐하는 자"라고 선언했다(마 3:17). 일종의 하나님의 보증이요, 하나님의 확인이요, 결재라고 할 수 있다.

이런 내용은 예수님이 변화산에 변형된 후에도 있었다. 예수님의 얼굴이 해같이 빛나고 옷이 빛과 같이 변했고 모세와 엘리야가 예수님과 더불어 대화를 나누는 참으로 신기하고 오묘한 광경이 있었다. 놀란 베드로가 제안하기를 여기 초막 셋을 짓고 하나는 주를 위해, 또 하나는 모세를 위해, 그리고 또 하나는 엘리야를 위해 짓자고 했다. 그 때 하나님께서는 음성으로 "이는 내 사랑하는 아들이요 내 기뻐하는 자니"라고 확인해 주셨다(마 17:5).

예수님의 신성은 천사가 증거했다(마 1:23)(눅 1:35)

예수님께서 탄생했을 때 천사 가브리엘이 예고하기를 장차 올 메시야이신 예수는 "임마누엘" 곧 하나님이 우리와 함께 하신다는 뜻이라고 일러 주었다. 일종의 태몽이었다. 그 태몽에 천사가 나타나서 우리와 함께 하시는 하나님 곧 "임마누엘"이 되실 예수가 탄생할 것이라고 일러 주었다. 누가복음에 기록된 내용도 비슷하지만 천사 가브리엘이 일러주기를 "나실 바 거룩한 자는 하나님의 아들"이라고 부르게 되리라 했다(눅 1:35). 이런 현상은 누구에게나 아무에게 있는 것이 아니라 하나님의 아들 메시야이신 그리스도가 세상에 탄생하는 크고도 놀라운 역사 때문에 일어난 사건이다. 왜냐하면 예수님은 우리의 구주로서 하늘 영광의 자리를 버리고 세상에 오셨기 때문이다.

예수님의 신성은 세례 요한이 증거했다(요 1:29-30)

세례 요한은 예수님의 선구자였다. 그리고 세례 요한은 예수님의 길을 닦은 선지자요, 예수를 소개하는 자였다. 세례요한은 먼저 예수님을 "세상 죄를 지고 가는 하나님의 어린 양"이라고 하면서 "그는 나보다 먼저 계신 자"라고 소개해 주셨다. 즉 예수님은 영원부터 본래부터 하나님과 함께 계셨다는 것이다. 그리고 요한은 예수님이 바로 "하나님의 아들이심"을 증거했다(요 1:29-34).

이토록 예수님의 신성에 대해서 이중 삼중의 완벽한 증거로 성경에 기록하고 있다. 기독교는 자기 마음을 믿는 종교가 아니다. 더욱이 기독교는 긍정의 힘을 믿는 종교는 더더욱 아니다. 또한 기독교는 적극적 사고방식을 믿는 종교가 아니다. 기독교는 우리의 죄를 구속하기 위해서 이 세상에 오신 예수님이야 말로 바로 우리의 주(主)시며 그리스도시며 하나님의 아들이시라는 사실을 믿는 것을 의미한다.

예수의 인성(人性)

"인자가 온 것은 섬김을 받으려 함이 아니라 도리어 섬기려 하고 자기 목숨을 많은 사람의 대속물로 주려 함이니라" (마 20:28)

　　우리가 즐겨 부르는 가스펠송 가운데는 "당신은 사랑받기 위해 태어난 사람"이란 말이 있다. 그러나 정작 예수님은 "고난 받기 위해 태어난 사람" "섬기러 온 사람" "대속의 죽음을 죽기 위해 온 사람"이라고 할 수 있다. 성경에는 사람이란 단어가 4천 번 이상 나오지만 사람이란 정말 무엇일까? 욥기서에는 "사람이 무엇이관대" 하면서 문제 제기를 한 후에 "주께서 크게 여기사 그에게 마음을 두시고 아침마다 권징하시며 분초마다 시험하시나이까"라고 인간의 실존을 설명하고 있다(욥 7:17, 18).

　유행가 노래 가사에는 "사람이 꽃보다 아름다워"라고 했으나 우리의 구주요, 중보자로서 인간의 몸을 입고 오신 예수님은 도리어 "연한 순 같고 마른 땅에서 나온 줄기 같아서 고운 모양도 없고 풍채도 없은즉 우리의 보기에 흠모할 만한 아름다운 것이 없도다"(사 53:2)라고 했다. 하나님은 인간의 깊은 속을 다 아시고, 죄로 말미암아 인간이 영원히 소망이 없는 줄 아셨다. 그래서 그의 아들 예수 그리스도를 육신의 몸을 입도록 하시고 우리와 꼭 같은 모습으로 구주로서의 사명을 감당하도록 하셨다.

예수님은 인자(人子)이시다(마 20:28)

예수님이 자신을 말할 때 제일 많이 사용한 말은 인자(人子)이다. 예수님은 복음서에서 80번 정도 인자란 칭호를 스스로 사용하셨다. 그 어떤 사람도 이 칭호를 사용한 일이 없는데 어째서 예수님은 자신을 인자라고 했을까? 물론 인자란 말은 본래 다니엘서 7:13에 나오는 메시야에 대한 구절에서 시작된다.

"내가 또 밤 이상 중에 보았는데 인자 같은 이가 하늘 구름을 타고 와서 옛적부터 항상 계신 자에게 나아와 그 앞에 인도되매"라고 했다. 이 말씀의 뜻은 장차 오실 메시야 예수 그리스도께서 우리와 같은 인성을 가지신 인간이 될 것을 말씀한 것이다. 말씀이 육신이 되심 곧 하나님이 인간의 옷을 입으실 것을 미리 내다본 것이다. 우리의 죄악을 속량해 주시기 위해서 죄 없으신 하나님의 아들이 우리와 같은 육신의 몸을 입으신 것이 하나님의 구속 계획 즉 구원의 설계도였다.

그러므로 예수님께서 인자(人子)란 말을 그렇게 많이 사용하신 것은 다름 아니라 하나님이 인간의 몸을 입으시고 우리 가운데 있다는 것을 직접으로 말씀하시기 위함이었다.

인자란 말은 국어사전에도 없는 말이지만 예수님께서 자신이 진정으로 사람의 모습을 입었다는 것을 표현하기에 가장 적절한 표현이었다. 인자란 칭호는 육체로 오신 주님께서 우리처럼 지치고 굶주리고 목말라하고 웃고 대화하고 눈물을 흘리며 십자가에서 물과 피를 쏟으면서 고통당하시는 것을 생각나게 한다. 특히 이 말씀은 예수님은 인성은 말할 것도 없고 그의 신성을 아주 극명하게 보여준다. 예수님은 그의 신성을 강조하는 중에서도 그의 인성이 확연히 드러나고, 그의 인성을 주장하는 중에서도 그의 신성이 보여진다. 즉 "인자가 자기 영광으로 모든 천사와 함께 올 때에 자기 영광의 보좌에 앉으리니 모든 민족을 그 앞에 모으고 각각 분별하기를 목자가 양과 염소를 분별하는 것 같이 하여"(마 25:31,33)라고 했다. 예수님은 하나님이시면서 완전한 인간이었다. 그 이유는 우리의 중보자가 되기 위함이었다.

예수님은 여자에게서 나셨다(갈 4:4)

사도 바울은 말하기를 "때가 차매 하나님이 그 아들을 보내사 여자에게 나게 하시고 율법 아래 나게 하신 것은 율법 아래 있는 자들을 속량하시고 우리로 아들의 명분을 얻게 하려 함이라"(갈 4:4)고 했다. 바울의 이 메시지는 예수 그리스도께서 우리와 같은 인성을 가지고 세상에 오신 것을 아주 분명하게 보여준다. 바울은 예수께서 세상에 육신을 입고 오신 것은 "때가 차매"라고 한다. 예수 그리스도께서 하나님의 아들로 사람의 몸을 입으시고 오신다는 것은 하나님의 위대한 구속의 계획이요, 경륜이었다. 그런데 예수님이 오신 때는 이스라엘 민족이 로마의 속국이 되어 자유를 잃어버리고 경제적으로 가장 어려운 시기였다. 이때는 이스라엘 백성들의 마음에 구약에서 약속하신 메시야가 올 것이라는 기대가 최고조에 달했을 때이다. 바로 그때 예수님이 육신의 몸을 입으시고 세상에 오신 것이다.

"하나님이 아들을 보내사"라는 말씀은 결국 하나님의 구속운동의 계획을 보여주는데 인간이 자기 힘으로 구원 받을 수 없음으로 죄 없으신 아들을 인간의 몸을 입게 해서 하나님과 인간 사이에 중보자요, 화목제물이 되게 하신 것이다.

그런데 성육신의 방법은 바로 "여자에게서 나게"하시는 것이다. 이 말씀의 뜻은 이미 이사야 7:4에 "보라 처녀가 잉태하여 아들을 낳을 것이요"라고 예언한 대로 동정녀 마리아의 몸에서 출생했다는 말씀이다. 즉 하나님의 구속의 계획대로 오신 예수님을 분명히 강조한다.

예수님은 사람의 모양으로 오셨다(빌 2:8)

사도 바울은 예수 그리스도의 낮아지심을 통해서 빌립보 교회 성도들에게 겸손에 대해서 말하고자 했다. 예수 그리스도는 하나님이시지만 "종의 형체"를 취해서 세상에 오셨다. 그는 하나님의 아들로서의 영광과 존귀와 특권을 완전히 포기하시었다. 왜냐하면 피조물인 인간을 죄악에서 구원하여 새 생명을 주시기 위함이었기 때문이다. 예수님은 육신을 입고 오셨지만 인간 세상에서도 가장 비참한 죄인의 모습으로 십자가를 지셨다. 즉 바울이 말한 대로 "사람의 모양으로 나타나셨으매 자기를 낮추시고 죽기까지 복종하셨으니 곧 십자가의 죽으심이라"(빌 2:8)고 했다.

"사람의 모양"이란 말은 단순히 겉모습만이 사람이 아니고 예수님의 지(智), 정(情), 의(意) 모든 것이 완벽한 인간임을 말한다. 빌라도는 예수님을 신문하는 중에 예수에게서 참된 인간의 모습을 발견했을 것이다. 비록 빌라도는 예수님의 신성을 인정하지는 않았지만 예수를 십자가 못 박으라는 데모 군중의 폭동 앞에서 "보라 이 사람이로다: Ecce Homo"(눅 23:14)라고 했다. 아마 빌라도는 예수에게서 이상적인 로마인 상을 발견했을 것이다. 의도적으로 예수를 탄핵하는 데모 군중 앞에서도, 예수는 초연하여 흔들리지 않았으며 평상심을 잃지 않고 평온을 유지한 예수에게서 더 말할 나위 없는 위대한 참 인간의 모습을 발견했다.

바울이 "사람의 모양으로 나타나셨으매"라고 한 것은 우리와 같은 성정을 다 갖고 있으며 인간미(人間味)가 있는 온전한 사람이란 뜻을 나타내고자 한 것이다. 그럼에도 불구하고 예수님은 "자기를 낮추시고 죽기까지 복종하셨으니 곧 십자가의 죽으심이라"(빌 2:8)고 하였다.

예수님은 사람이면서 그리스도이시다(딤전 2:5)

사도 바울은 믿음의 아들 디모데에게 기도에 대해서 가르치는 중에 놀라운 메시지를 주었다. 즉 "하나님은 한 분이시오, 또 하나님과 사람 사이에 중보도 한 분이시니 곧 사람이신 그리스도 예수라"(딤전 2:5)고 했다. 이 말씀을 깊이 묵상해 보면, "하나님이 한 분"이란 말은 무슨 뜻일까? 이 세상 수많은 종교, 수많은 신들이 있지만 그 중에서 여호와 하나님만이 창조주, 구속주, 심판주라는 뜻이다.

이 본문의 핵심은 주 밖에는 구원이 없고, 하나님 밖에는 다른 신이 없다는 것이다. 그 유일하시고 전능하신 하나님이 우리 죄인들을 구속하시기 위해서 중보자를 결정하셨다는 것이다. 그런데 그 중보자가 바로 예수님이라는 것이다.

요즈음 한국 교회에서 흔히 쓰는 말 중에 중보기도라는 말이 있는데 이 말은 교리적으로 적질한 용어가 아니다. 물론 다른 사람을 위해 기도한다는 말은 이해가 되지만 성경대로 살펴보면 하나님과 사람 사이에 유일한 중보자는 예수 그리스도 뿐이다.

그러므로 우리끼리 중보기도를 한다는 말은 예수 그리스도의 중보사역을 흐리게 하는 것이므로 쓰지 않는 것이 옳다. 예수님이 유일하신 중보자가 되는 이유는 그가 "사람이신 그리스도" 이기 때문에 가능한 것이다. 즉 그는 우리의 메시야로 하나님의 아들이지만 육신의 몸을 입으신 중보자이시다.

예수님은 우리와 같은 성정을 가지신 분으로서 완전한 인성을 가지셨다

예수님은 죄를 알지도 못한 분이지만 우리의 중보자가 되기 위해서 육신을 입으셨다(고후 5:21). 예수님은 아브라함과 다윗의 혈통에서 태어나셨고, 동정녀 마리아에게 나시고, 할례를 받으시고(눅 2:21), 성장하여서(눅 2:52), 배고픔(마 4:2)과 피로(마 4:6)를 느끼시며 너무 고단해서 풍랑 중에서도 배에서 주무셨다(마 8:24). 그리고 죽으시고 장사되시었다.

우리는 예수님의 완전하신 인성, 즉 한 인간으로 사신 예수님을 또한 사랑해야 한다. 그 이유는 그는 우리와 같은 인성을 갖고 2000년 전에 갈릴리에 사셨지만 실상은 그분은 하나님이시기 때문이다. 예수님이 역사세계에 오셔서 우리와 같이 사신 것은 하나님과 우리 사이에 놓인 죄악의 담을 허시고 우리로 하여금 구원에 이르도록 하기 위함이다.

예수의 제자

"곧 부르시니 그 아비 세베대를 삯군들과 함께
배에 버려두고 예수를 따라가니라" (막 1:20)

　　　　　　　　예수님은 고작 열두 명의 제자를 훈련
시켜 세상을 정복했다. 세상을 변화시키는 것은 곧 사람을 변화시키
는 것이고 사람의 변화는 곧 그 사람의 사상과 생각을 변화시키는 것
이다. 영적 세계를 변화시키는 것은 반드시 좋은 가정 배경과 양질의
교육과 지식으로 되는 것도 아니다. 예수님은 열두 제자를 부르실 때
당시에 잘 훈련된 서기관과 바리새인들을 제자로 삼은 것이 아니었
다. 그들은 율법주의자요, 의식적이었고, 전통에 매여 자기 변화를 싫
어하는 보수주의자들이었다.

　그보다 예수님은 갈릴리 바다에 고기잡이들을 중심으로 진용을 짰
다. 제자들은 억세고 단순하고 그 지역에서 잔뼈가 굵은 사람들이었
다. 그들 중에는 마태와 같은 공무원도 있었고, 항상 엉뚱한 질문을 좋
아하는 도마, 계산 빠르고 자기 유익을 챙기기에 열중하는 가룟 유다
등 성격도 개성도 각각 다른 사람들을 주님은 제자로 부르셨다. 비록
그들은 열둘 이지만 항상 다투고 높아지기를 좋아하는 범인들이었다.
저들 중에는 항상 앞서가는 사람이 있는가 하면, 너무 고요해서 존재를 모르는 정도의 사람도 있었다. 그러나 예수님은 제자들과 삼년 동안 먹고 자고 가르치면서 천국복음을 증거했다. 이들의 3년 동안의 교육은 예수 신학교라고 말해도 좋을 듯싶다.

여기서는 예수님의 제자 모두를 다 언급할 수는 없고 그중에 특징 있는 몇 사람을 골라 스승이신 예수님과 관계를 함께 생각고자 한다.

예수님은 시몬 베드로를 제자 삼고 사람 낚는 전도자가 되게 하셨다(눅 5:1-11)

예수님의 수제자는 두말 할 필요 없이 시몬 베드로였다. 벳세다 출신으로서 가버나움에서 고기를 잡는 어부출신이었다. 형제 안드레의 소개로 예수님을 만났다고는 하나 예수님의 부르심과 인격적인 만남이 있었다. 마태복음 기록에는 "나를 따라 오너라 내가 너희로 사람을 낚는 어부가 되게 하리라" (마 4:19)고 했지만 누가복음의 기록은 예수님께서 베드로에게 소명을 주시고 인격적인 만남이 있었음을 소개한다. 그리고 예수님이 누구이신지를 이적 기사를 통해 보여주시고, 같은 어부들 중에서 특별히 베드로를 세우시고 사명과 소명을 주신 것은 아주 특이하다. 왜 그리했을까? 그 이유는 예수님께서 장차 베드로를 통해서 천국운동의 동반자로 점찍었기 때문이다.

그런데 성경의 흐름을 보면 예수님은 아주 의도적으로 베드로에게 접근하셨다. 그때는 베드로가 밤새껏 고기 한 마리 건져 올리지 못한 실패의 밤을 지새운 아침이었다. 말하자면 베드로는 사업상의 완전실

패에다 자신감을 잃고 직업에 대한 회의를 하고 있는 순간이었다. 예수님께서 베드로가 처한 상황을 미리 아셨지만, 어쩌면 베드로가 지난 밤 한 마리의 고기도 잡을 수 없도록 예수께서 섭리하시며 관리하셨을 것이다. 왜냐하면 그 후 예수님의 말씀에 순종한 베드로가 그물이 찢어지도록 고기를 잡은 것을 봐서 갈릴리 호수를 통제하시며 간섭하시는 예수님은 바로 창조주이심을 선포한 셈이다. 예수님은 베드로라는 대어를 낚기 위해서 갈릴리 호수를 무대로 삼은 것이다. 그래서 예수님은 몰려오는 무리들에게 설교하려고 베드로의 배를 좀 빌리자고 했다. 그리고 예수님은 이른 바 선상 설교를 했고, 베드로는 생전 처음 예수님의 발아래서 말하자면 강단 바로 밑에서 예수님의 설교를 들었다. 예수님의 설교는 베드로의 마음 밭에 떨어져 그를 움직이기 시작하였다.

예수님은 베드로에게 구체적으로 자신이 누구인지 보여주려고 했다. 그래서 예수님은 베드로에게 "깊은 데로 가서 그물을 내려 고기를 잡으라"고 했다(눅 4:4). 그런데 예수님은 어부출신이 아니고 목수출신인 것을 갈릴리 사람들이 다 아는데 어부를 직업으로 하는 베드로에게 하신 말씀치고는 너무나 상식적이고 아마추어적이었다. 그러나 베드로는 예수님을 비전문가로서의 충고로 받지 않고, 그분의 말씀에 순종했다. 즉 베드로는 "우리들이 밤이 맞도록 수고를 하였으되 얻은 것이 없지마는 말씀에 의지하여 그물을 내리리이다"(눅 4:5)라고 했다. 베드로는 예수님의 소명에 응답하는 정 코스를 밟고 있다. 말씀에 의지하는 태도는 신앙의 기본이고 주의 종들의 핵심사항이다. 그 결과 고기를 그물이 찢어지도록 잡았고 다른 배의 어부들의 도움으로 만선을 이루었다.

그러나 이 사건으로 인해 베드로는 만선의 기쁨이 아니라, 영안이 열리고 구주이시며 메시야이신 예수님을 깨닫게 된다. 그래서 예수의 무릎 아래 엎드려 "나를 떠나소서 나는 죄인이로소이다"(눅 4:8)고 고백한다. 베드로는 적어도 이 정황에서 예수님께 결례를 한 일도 죄 될 것도 없었다. 그러나 그는 이 순간 하나님의 아들을 보았고, 창조주로서 그의 권능을 보자, 베드로는 자기의 부패와 죄악을 갖고는 너무나도 깨끗하고 순결하신 메시야를 감히 얼굴을 쳐다 볼 수 없었다. 그의 판단은 옳았다. 그때 예수님은 "이후로는 네가 사람을 취하리라"(눅 4:10)고 하셨다. 그 결과 그는 예수 신학교 첫 입학생으로서 예수님의 제자가 되었다.

예수님은 삼년 후 이미 오순절 때 그가 위대한 설교자요 전도자가 될 것을 훤히 내다보았다. 물론 베드로는 급한 성격에다 돌출적이며 덤비는 성격으로 인해 실수가 많고 도리어 겁 많은 사람이었으나, 예수님은 약점 많은 베드로를 사용해서 위대한 하나님의 나라를 건설하려 했다.

예수님은 요한을 불러 초기 기독교의 증거자가 되게 하셨다 (막 1:20)

예수님의 제자 요한은 성경에서 그리 큰 활동을 한 제자가 아니었다. 다만 예수님의 최측근인 베드로, 요한, 야고보 이 세 사람은 예수님의 사역에 결정적 순간 마다 함께 하였다. 특히 변화산에서 세 사람은 같이 있었고, 겟세마네 동산에서도 다른 아홉 제자와는 달리 예수님과 가장 가까운 거리에서 기도하도록 부탁받았다. 물론 요한도 어부출신이었다. 그의 부친 세베대는 부자였고 종들을 거느릴 정도였다 (막 1:16-20).

사도 요한은 본래 세례요한의 제자로 있다가 예수의 제자가 된 경우로 보인다(요 1:35-39). 사도 요한은 예수님을 따라 다니면서도 야고보와 함께 "우뢰의 아들"이란 별명을 얻을 만큼 성격이 급한 사람이었다(막 1:17). 그런데 신약 성경의 어디에도 자기의 본래 성격이 나타나지 않는다. 도리어 요한의 이미지는 고요하고 섬세한 사람으로 나타난다. 요한은 주님의 부름을 받은 제자 중에 최연소였고 최후의 만찬상에 예수님의 품에 누울 정도로 예수님의 사랑을 받았던 제자이다(요 13:23). 그러면서 예수님의 부활 후 빈 무덤을 직접 목격하기도 했다. 십자가 밑에서 다른 제자들이 도망간 후에도 십자가에 달리신 예수님의 발밑에 끝까지 남아 있었다. 그래서 예수님께서 어머니 마리아의 부양을 요한에게 맡기었고, 예수님의 임종을 지켜봤다.

요한은 예수님의 공생애를 처음부터 끝까지 지켜보면서, 그리고 오래 동안 장수하면서 초대교회 설립과 환란 핍박, 교회의 박해를 온 몸으로 체험하면서 「요한복음」 「요한 1,2,3서」 그리고 「요한계시록」을 썼다. 참으로 예수님이 누구신가에 대해서 요한은 아주 정확히 그려내고 있다. 특히 예수님은 하나님의 아들 되심과 우리의 구주 곧 메시야 되심을 가장 체계적으로 기술했다. 그리고 요한복음에는 한번도 자기 이름을 쓰지 않고 그냥 "사랑받은 자"로 쓰고 있다. 오직 요한계시록 1:1,9에만 요한을 언급했을 뿐이다. 예수님은 젊은 청년 어부를 제자로 삼고, 그에게 하나님의 사랑, 예수 그리스도의 사랑을 말씀과 삶으로 전해 주시고 예수님의 전 삶을 그에게 공개하심으로 초대교회를 세우는데 초석이 되도록 했다.

요한은 90세가 넘도록 살면서 로마의 박해와 이단의 도전에도 불구하고 예수님을 보고 듣고 느끼고 체험한 것을 가장 체계적으로 증거한 요한 서신들은 위대한 하나님의 말씀이다. 요한이 위대해서라기보다 한 젊은 어부를 제자 삼으시고 그에게 영감을 불어 넣으시고 철저한 교육과 훈련을 통해서 기독교 복음의 초석을 놓게 하신 예수님만이 모든 찬양을 받아야 할 것이다.

예수님은 세리 마태를 택해서 유대인들을 위한 복음의 기록자로 세우셨다(마 9:9)

예수님의 제자 중에 "하나님의 선물"이란 뜻을 가진 마태는 좀 특이하다. 그는 전직 세리 곧 세무공무원이었다. 그는 가버나움 세관의 공무원으로서 말하자면 로마의 혈세를 거두어 들이는 일을 했다. 당시의 안목으로 세리는 창기, 도적놈 그리고 살인자처럼 천한 자로 취급받던 사람이었다. 그러나 달리 생각하면 유대인들에게는 지탄의 대상이었으나, 가난한 나라에 수입이 보장되어 있고 재물을 모을 수 있는 직장이므로 선망의 대상이 될 수도 있었을 것이다. 그러나 세리 마태도 남모르는 갈등이 있었다. 마태는 돈은 있으나 세상에 고개를 들고 떳떳하게 자기를 들어낼 수가 없었다.

그런데 예수님께서 세관 앞을 지나가게 되었다. 세관에 앉아있던 마태는 예수님과 눈이 마주쳤다. 그 때 예수님은 "나를 좇으라"라고 했다(마 9:9). 마태는 예수님의 부르심에 지체 없이 즉각 따랐다. 예수님은 세리 마태의 집에서 음식을 나누면서 많은 세리와 죄인들도 함께 식사를 했다. 이일로 말미암아 바리새인들이 예수님의 제자들에게 "어찌하여 너희 선생은 세리와 죄인들과 함께 잡수시느냐"라고 비난했다. 그 때 예수님께서 비판세력들에게 "건강한 자에게는 의원이 쓸데없고 병든 자에게라야 쓸데 있느니라"(마 9:12)고 했다. 이 대답에서 왜 예수님이 세관에 앉은 마태를 부르셨는지, 그리고 왜 마태는 자기의 밥줄이라고 할 수 있는 직장을 팽개치고 주님의 제자가 됐는지를 알 수 있다.

사실 예수님이 마태를 제자로 삼으심으로 유대 사회의 바닥 인생 곧 세리와 죄인들을 끌어안게 되는 통로가 되게 했다. 또한 메시야이신 예수 그리스도가 누구며 왜 그가 이 땅에 오셨는지 분명히 보여준다.

마태는 그 어느 제자보다 세무행정에 밝고 지적인 사람이었을 것이다. 마태는 그의 특유한 안목으로 예수님의 공생애를 지켜보았고 예수님이 하나님 아들 되심과 우리의 구주이심을 확실히 깨닫게 되었다. 그래서일까? 마태가 쓴 마태복음은 가장 내용이 질서정연한데다 자세하게 기록했다. 또한 복음서 곧 예수님의 일대기를 기록하면서 유대인에게 먼저 예수 그리스도가 구약에 약속한 그 메시야이며 구주란 사실을 아주 성실하게 기록하고 있다. 그러므로 구약 성경을 많이 인용하면서 그것이 예수 그리스도의 이적과 기사 그리고 그의 교훈 중에 성취되었음을 마치 한편의 논문을 쓰듯이 독자들에게 다가서고 있다.

특히 그는 과거의 세무공무원답게 "반 세곌" "한 세곌" "달란트" 등 돈의 명칭이 나오는 것도 자연스럽게 기술하고 있다. 예수님이 세리 마태를 제자로 부른 것은 예수님의 사역에 꼭 필요한 인물이었기 때문이다. 예수님은 하나님의 아들로서 영안을 가지고 제자들을 부르신 것이었다.

예수님의 제자는 열둘이었다. 베드로, 야고보, 요한, 안드레, 빌립, 바돌로매, 마태, 도마, 알패오의 아들 야고보, 다대오, 가난인 시몬, 가룟 유다 등이었다. 모두 개성도 다르고 역할도 달랐지만 예수님은 다양한 성격, 서로 다른 재능을 통해서 하나님 나라 건설을 위한 전도와 선교의 사명을 맡기셨다.

예수님은 열둘을 삼년간 훈련시켜 세상을 바꾸었다. 왜냐하면 예수님의 말씀은 항상 진리이고, 자기 몸을 십자가에 내어 놓음으로써 누구든지 저를 믿는 자에게 구원을 주시는 생명의 복음을 주셨기 때문이다.

F. M. 브라운 作 〈제자들의 발을 씻기시는 그리스도〉

예수의 비유

"예수께서 이 모든 것을 무리에게 비유로 말씀하시고
비유가 아니면 아무것도 말씀하지 아니하셨으니
이는 선지자로 말씀하신 바 내가 입을 열어
비유로 말하고 창세부터 감추인 것들을
드러내리라 함을 이루려
하심이니라"(마 13:34-35)

　　　　　　　　　비유는 어떤 사물이나 관념을 그와 비슷한 것을 끌어내어 설명하는 것을 말한다. 이 방법은 예수님께서 당시 사람들을 가르치는 전형적인 한 형식이었다. 예수님은 영적 진리를 전달하거나 강조하기 위해서 일상생활이나 자연에서 끌어낸 비교나 유추(analogy)를 사용하셨다. 그런데 이 비유에서 사용되는 소재들은 청중들의 일상생활에서 흔히 볼 수 있으며 가장 잘 알려진 것들이다. 예수님은 신약 성경에 약 40여회의 비유를 들어 가르치고 있다. 그것을 주제별로 나누면 대개 다음과 같다.

　첫째는 그리스도안에 있는 하나님의 사랑에 대한 비유인데 잃은 양 찾는 비유, 잃은 동전을 찾는 비유, 둘째 아들이 돌아오는 비유, 감추인 보화를 찾는 비유, 진주장사의 비유 등이 있다. 둘째는 이스라엘 민족에 관한 비유로서 열매 없는 나무, 두 아들 비유, 나쁜 일꾼 비유 등이 있다. 셋째는 기독교의 복음 곧 하나님의 나라에 대한 비유로서 생 배조각 비유, 새 포도주 비유, 누룩 비유, 그물로 물고기 잡는 비유, 큰 잔치 비유, 은밀히 자라는 씨의 비유 등이 있다. 넷째는 구원에 관한 비유로서 반석 위에 세운 집, 바리새인과 세리, 두 빚진 자, 왕의 아들의 결혼 등이 있다. 다섯째는 그리스도인의 생활에 관한 비유로서 등잔의 비유, 무자비한 종의 비유, 밤중의 친구 비유, 과부의 간절함 비유, 망대 비유, 선한 사마리아 비유, 불의한 청지기 비유, 포도나무의 일꾼 비유 등이 있다. 여섯째로 상벌에 관한 비유로서 열 처녀 비유, 달란트 비유, 므나 비유, 양과 염소 비유, 주인과 종의 비유, 깨어있는 종의 비유, 어리석은 부자의 비유, 부자와 나사로의 비유 등이 있다.

실로 예수님은 비유적 설교와 비유적 교육에 가장 탁월하신 분이었다.

예수님의 비유방법은 구약 유대사회에서도 많이 쓰던 방법이었다(삿 9:8-20)(삼하 12:1-14)

구약성경에는 비유가 여섯이 있다. 그중에서도 우리가 익히 아는 나단 선지자가 다윗에게 찾아가서 다윗의 죄를 책망하고, 다윗을 보좌에서 내려앉아 회개하게 만든 비유는 구약 성경 중에 압권이다. 만에 하나 나단이 다윗을 책망할 때 직선적이고 원색적으로 다윗의 죄를 공격했더라면 그는 죽었을지도 모른다. 그리고 나단 선지자의 메시지는 실패했을 것이다. 그런데 나단 선지자는 다윗에게 현명한 판단을 요구하면서 비유적으로 한 이야기를 꺼 내었다. 다윗은 그 이야기가 비유인줄도 모르고 흥미 있게 들었다. 나단 선지자의 비유는 매우 현실적이고도 있을 수 있는 일이며 국왕의 입장에서 본다면 현명한 재판을 요구하는 사건임에 틀림없었다.

우선 사무엘하 12:1-14의 내용을 개요하면 이렇다. 한 도시에 두 사람이 있었는데 한 사람은 부자이고, 한 사람은 가난했다고 설정을 했다. 두 사람을 대비함으로써 그 후에 될 일에 대해서 궁금증을 일으킨다. 부자는 양과 소가 많았으나, 가난한 자는 암양새끼 한 마리뿐인데 얼마나 애지중지하게 키웠던지 마치 딸처럼 식구처럼 사랑했다는 것이다. 그런데 하루는 부자 집에 나그네가 와서 자기 집에 그 수많은 양과 소는 아껴두고 가난한 자가 그토록 아끼던 암양새끼를 빼앗아서 그 손님을 위해서 잡았다는 내용이다. 그 비유가 끝나기도 무섭게 다윗왕은 노발대발하고 하나님께 맹세까지 하면서 그런 놈은 죽여야 한다고 펄쩍 뛰었다. 다윗은 그 장본인이 바로 자기인 줄 모르고 나단 선지자의 비유에 말려들었다. 바로 그때 나단 선지자는 다윗에게 말하면서 "당신이 바로 그 사람이라"고 쏘아붙였다. 그 후 나단 선지자는 다윗의 부패와 타락 곧 충신 우리아의 아내를 뺏은 죄를 조목조목 지적했다. 그 때 다윗은 "내가 여호와께 죄를 범하였노라" 하면서 회개하니 나단 선지자는 다윗에게 "여호와께서도 당신의 죄를 사하였나이다"라고 했다.

이 이야기에서 다윗의 회개도 돋보이지만 나단의 주도면밀한 비유의 메시지가 왕을 회개케 하고 보좌에서 내려오게 한 것은 놀랍다. 여기서 우리는 비유의 중요함을 깨닫게 된다. 그런데 예수님은 가히 비유설교, 비유교육의 천재라고 하리만큼 전문가였다고 할 수 있다.

예수님의 비유는 이미 예언된 대로이다(마 13:34-35)

예수님께서 행하신 모든 사역의 내용은 한결같이 구약의 선지자들이 예언한대로 성취되어진 것이다. 예수님의 탄생, 고난, 죽음, 십자가, 부활 등은 구약 성경에서 이미 예견하고 예언한대로 이루어졌다. 마태는 예수님께서 비유의 전문가로서 모든 가르침, 모든 설교를 비유로 하신 것도 결국은 구약의 약속 성취로 보고 있다. 즉 "예수께서 이 모든 것을 무리에게 비유로 말씀하시고 비유가 아니면 아무것도 말씀하지 아니하셨으니"(마 13:34)라고 했다. 그런데 예수님이 비유의 방법으로 가르치신 이유도 결국 선지자의 예언대로 한 것이다. "이는 선지자로 말씀한바 내가 입을 열어 비유로 말하고 창세부터 감추인 것을 들어내리라"(마 13:35)고 했다.

사실 이 예언은 시편 78:2의 아삽의 시이다. 마태는 아삽을 또한 선지자로 보고 장차 오실 메시야는 주로 비유의 방법으로 우리에게 가르칠 것이라고 했는데 예수님이 바로 그 분이라는 것이다.

예수님의 비유는 불신자들로부터 진리를 숨기기 위함이다 (마 13:10-16)

우리 속담에 소귀에 경 읽기란 말이 있다. 들을 수 있는 귀가 없는 사람에게는 아무리 좋은 말을 해도 이해할 수 없다는 뜻이다. 예수님께서 말씀하신 하나님의 나라 곧 천국 복음은 믿음으로 듣고 성령의 깨닫게 하심이 있어야 깨달을 수 있다.

예수님은 네 가지 서로 다른 땅에 뿌린 씨앗 비유를 했다. 씨가 더러는 길가, 더러는 돌밭, 더러는 가시떨기, 더러는 좋은 땅에 뿌려졌다. 좋은 땅에 떨어진 씨는 백 배, 육십 배, 삼십 배 결실을 맺는다고 하면서 "귀 있는 자는 들으라"고 했다. 그러면서 예수님 자신의 비유를 해설하고 있다. 즉 어째서 예수님이 비유를 사용하는가 하면서 "너희에게는 허락되었으나 저희에게는 아니되었나니"(마 13:11)라고 했다. 예수님은 "너희"와 "저희"를 구분하셨다. 불신자들은 진리를 알지 못한다는 것이다. 사실 진리를 비유의 방법으로 쓰는 것은 남녀노소 유무식간에 누구든지 알아듣고 이해할 수 있게 하기 위해서이다. 그럼에도 불구하고 마음을 닫은 사람, 진리를 의도적으로 배척하는 사람, 믿음으로 나아오지 않는 사람은 아무리 좋은 비유라도 깨달을 수 없다는 것이다.

그런데 마태는 다시 기록하기를 이런 현상도 결국 이사야 선지자가 이미 예언한 대로임을 힘주어 설명했다. 예수께서 비유로 말씀하실 때 불신자들은 보아도 볼 수 없고 들어도 듣지 못한다는 것이다. 사실 사람은 본다고 다 옳게 보는 것도 아니며 듣는다고 모두 옳게 듣는 것도 아니다. 선지자 이사야의 예언대로 "너희가 듣기는 들어도 깨닫지 못할 것이요 보기는 보아도 알지 못하리라 이 백성들의 마음이 완악하여져서 그 귀는 듣기에 둔하고 눈은 감았으니 이는 눈으로 보고 귀로 듣고 마음으로 깨달아 돌이켜 내게 고침을 받을까 두려워함이라"(사 6:9,10)고 했다.

사실 불신자들은 진리를 거부할 뿐 아니라 진리가 깨달아져서 자신이 변화될까봐서 겁을 내는 것이다. 하지만 성도들에게는 도리어 비유의 진미를 알고 진리에 보다 더 가까이 가게 된다는 것이다.

예수님의 비유는 신비스런 것을 알리기 위함이다(마 13:11)

예수님의 교훈자체는 영원에 관한 것이며 영적인 세계에 관한 것이다. 그리고 예수님의 교훈은 하나님께 대한 것이며 동시에 인간의 구원에 관한 것이다. 곧 예수님의 교훈은 신앙에 관한 것이며 삶에 대한 것이다. 그러므로 그것은 신비스런 것이다. 신비스럽다함은 인간의 머리나 이성으로는 다 측량할 수 없는 세계를 의미한다. 예수님의 말씀은 우리의 상식적인 잣대로 파악되지 아니하는 것이 너무나 많다. 예수님은 그 신비스런 영적인 세계를 학문이 없는 시골 노인도 또는 어린 아이들도 이해할 수 있도록 하기 위해 이른바 비유의 방법을 사용하셨다. 그래서 예수님은 씨 뿌리는 비유의 말씀을 하신 후에 "천국의 비밀을 아는 것이 너희에게 허락되었으나 저희에게는 아니되었나니"(마 13:11)라고 했다.

천국의 비밀은 신앙의 눈으로 볼 때는 보여지고 깨달아지지만 불신앙의 눈으로 볼 때는 이해되지 않도록 되어 있다. 그러므로 예수님의 비유를 옳게 깨닫는 것도 하나님의 은혜요, 축복이다. 그 결과 택한 백성은 예수님의 말씀의 깊이와 높이와 넓이를 옳게 깨닫게 된다.

예수님의 비유는 요점을 잘 해설해 주기 위함이다(눅 10:25-27)

율법사들이 예수님께 도전하면서 영생 얻는 방법을 물었다. 그런데 예수님이 다시 율법사에게 율법의 핵심을 물으니까 그들은 "네 마음을 다하여 목숨을 다하여 뜻을 다하여 주 너의 하나님을 사랑하고 또한 이웃을 네 몸과 같이 사랑하라 하였나이다"라고 정확한 대답을 하였다. 그 때 예수님께 그러면 그대로 행하라고 하니 율법사들은 자기를 옳게 보이려고 "내 이웃이 누구오니까"라고 반문했다. 바로 그 때 예수님은 이른바 선한 사마리아 비유를 하면서 참 이웃이 누구임을 자세히 설명했다. 그러면서 예수님이 "누가 강도 만난 자의 이웃이 되겠느냐"라고 묻자 그들은 "자비를 베푼 자니이다"라고 대답했다. 이 비유에는 강도만난 자의 이웃은 선한 사마리아인이기도 하지만 제사장의 이웃은 누구여야 하는가? 레위인의 이웃은 누구여야 하는가? 율법사의 이웃은 누구여야 하는가이다. 그 해답은 유대인이나 이방이나 차별 없이 예수 안에서 모두가 이웃이라는 메시지이다.

예수의 교육

"저희가 가버나움에 들어가니라 예수께서 곧 안식일에
회당에 들어가 가르치시매 뭇사람이
그의 교훈에 놀라니 이는 그 가르치시는 것이
권세 있는 자와 같고 서기관들과 같지
아니함일러라"(막 1:21-22)

　　　　　　　　　　예수님은 교육의 대가이며, 탁월한 교사이며 교수이다. 그는 기독교 교육이 무엇이며 효과적인 교육방법이 무엇인지 잘 알고 있었다. 그리고 예수님은 하나님 나라 확장과 선교를 위해서 교육이 가장 중요함을 강조했다. 예컨대 마태복음 28:19-20의 말씀은 일반적으로 선교의 대명(Great Commission)으로서 많은 선교사들이 예수님의 마지막 지상 명령이 선교이므로 교회의 본질적 사명은 선교이며 우리 모두가 선교사역의 동역자가 되어야 한다고 강조한다. 그 말은 타당할 뿐 아니라 예수님께서 마지막 부탁하신 선교적 사명을 아무리 강조해도 부족하다. 그러나 이 성경을 자세히 들여다보면, 세계 선교의 지상명령을 수행하는 과정에서 교육의 방법이 가장 중요함을 가르쳐 준다. "그러므로 너희는 가서 모든 족속으로 "제자"를 삼아 아버지와 아들과 성령의 이름으로 세례를 베풀고 내가 너희에게 분부한 모든 것을 "가르쳐" 지키게 하라 볼찌어다 내가 세상 끝날까지 너희와 항상 함께 있으리라 하시니라"고 했다. 이 말씀은 선교의 대명이기도 하지만 동시에 교육의 대명(Education Mandate)이기도 하다.

　　우리에게 말씀하신 교육의 대명은 예수님께서 공생애 기간에 끊임없이 가르친 경험에서 나온 것이며, 결국 사람을 깨우치고 변화시키는 것은 복음의 내용을 끊임없이 반복 교육시키는 것에서 출발한다고 가르친다. 그것은 이미 유대사회에 체계화된 회당교육과 유대사회의 가정교육과 성전교육에 기초한 것이라고 할 수 있다.

예수가 받은 교육

예수님은 하나님의 아들이요, 우리의 구주이시고 중보자이시므로 하나님의 지혜와 한없는 영적 통찰력을 갖고 있었다. 그는 생명의 진리 곧 구원의 복음을 갖고 있으며 인간 실존의 깊은 곳을 아시는 신적 능력의 소유자이시다. 그렇지만 예수님 자신도 어린 시절에 철저한 유대교육을 받았다. 특히 우리는 예수님 당시의 유대사회의 교육체계를 알아야 한다. 포로이후에 성전예배가 금지되자 유대나라의 모든 동네에 회당(Synagogue)을 지었다. 그 회당은 종교와 교육의 장소였다. 그 회당에서 교육은 이스라엘 사람들은 누구나 6세에서 9세까지 토라교육을 의무적으로 받는다. 이 과정이 토라과정의 초급반이었다. 그리고 다시 10세에서 12세까지 토라과정의 고급반이 있었다. 이 6년간의 교육을 받으면 유대민족 특히 유대교의 일원으로 살아갈 수 있다. 이러한 회당교육의 전통은 오랫동안 유대인들의 철저한 가정교육과 함께 율법교육의 전통을 계승한 것이다. 이는 특히 신명기 6:4-9에 있는 대로 이른바 쉐마(들으라)교육에 기인한 것이다. 즉 "네 자녀에게 부지런히 가르치며 집에 앉았을 때에든지 길에 행할 때에든지 누웠을 때에든지 일어날 때에든지 이 말씀을 강론할 것이며…"라고 했다. 유대인들의 쉐마 교육의 전통은 수천 년 동안 계승되어 오늘의 전 세계의 위대한 인물이 나오게 된 동기가 되었다. 하여간 예수의 어린 시절은 회당에서 철저한 토라 교육 또는 쉐마 교육을 받았을 것이다. 그래서 예수님은 12살 때 예루살렘 성전에서 서기관과 바리새인들과 구약 성경에 대한 토론을 했다. 예수님은 그들의 가르침을 듣기도 했지만 정곡을 찌르는 질문을 해서 "듣는 자가 다 그 지혜와 대답을 기이히 여기더라"(눅 2:47)고 했다. 예수님은 6년 동안의 회당에서의 교육을 통해서 모세오경은 말할 것도 없고 예언서와 시가서를 잘 교육받았을 것이라고 생각된다. 왜냐하면 예수님은 신명기와 시편과 이사야서를 특별히 많이 인용하신 것을 보아서 그의 회당 교육에다 그의 신적 지혜가 더하여졌으니 누구도 감히 예수의 지식과 지혜를 따라올 수 없었을 것이기 때문이다.

더구나 예수님이 공생애를 시작하기 전까지 그의 가정은 경건한 가정이었음으로 토라교육은 기본이었고, 탈무드나 미드라슈, 미쉬나 등의 토라해석서나 장로들의 유전까지도 훤히 알고 있었을 것으로 추측된다. 그 이유는 예수님이 서기관들과 바리새인 또는 랍비들과 논쟁할 때 상대를 제압하는 번득이는 지혜는 말할 것도 없고 그가 제시하는 지혜와 지식의 광범위함에 놀랄 수밖에 없다. 예수님 당시의 회당제도와 교육제도를 살펴볼 때 예수님은 무학자가 아니라 잘 교육되고 잘 준비된 주님이시라는 것이다. 거기다가 창조주와 구속주로서 영감을 갖고 있었으니 그는 또한 위대한 교사요 교수이며 교육자이시다.

예수는 위대한 교육자

예수님은 위대한 선생이시다. 예수님은 병자를 고치시고 기적을 행하시고 설교도 했지만 그의 사역은 항상 가르치는 일이었다. 복음서는 45회 이상 예수님을 "선생"이라고 불렀다. 여러 곳에서 "이에 모든 촌에 두루 다니시며 가르치시니라"(막 6:6) 또는 "여러 회당에서 가르치시며"(눅 4:15) 등 이런 말씀들은 신약성경에서 자주 만나는 말이다. 니고데모가 예수님을 만났을 때 "랍비여 우리가 당신을 하나님께로서 오신 선생인줄 아나이다"(요 3:2)라고 했고 예수님 스스로도 "너희가 나를 선생이라 또는 주라 하니 너희 말이 옳도다"(요 13:13)라고 했다. 그래서 예수님 자신의 말씀대로 "내가 날마다 성전에 앉아 가르쳤으되…"(마 26:55) 한 것을 보면 예수님의 교육은 회당, 성전, 가정, 성문, 산, 바닷가 등 전천후였다. 그리고 당시 통념은 설교자나 가르치는 선생은 앉아서 하는 것이 관례였다.

예수님은 많은 시간을 니고데모, 사마리아 여인, 중풍병자, 로마 귀족의 아들 등 많은 사람들을 일대일로 가르치셨다. 때로는 가버나움 근처의 언덕에 운집한 군중들에게 가르치기도 했고 초막절에는 성전에 들어가서 거기 있는 사람들을 가르치기도 했다. 또 예수님 자신의 생애 마지막이 가까워오고 있을 때 사랑하는 열두제자를 가르치기 위해서 한 주간을 보내기도 했다. 뿐만 아니라 갈릴리 마을이던, 호숫가이던지 가리지 않고 사람이 모이는 곳에서 항상 가르쳤다.

그러나 예수의 가르침은 랍비들의 가르침과는 엄청난 차이가 있었다. 랍비들의 가르침은 율법적이었으나 예수님의 가르침은 "은혜로운 말"(눅 4:22)이었다. 그래서 예수의 가르침을 받은 사람들의 반응도 여러 가지였다. 즉 "그 가르침에 놀래니 이는 그 가르치는 것이 권세 있는 자와 같고"(마 7:28-29), "그 사람이 말하는 것처럼 말한 사람은 이때까지 없었나이다"(막 12:34) 등등의 반응을 보면 예수님의 가르침이 서기관이나 바리새인 또 랍비들과는 비교할 수 없는 독특한 진리를 가르쳤다는 것을 알 수 있다.

예수의 가르침의 특징

예수님의 가르침은 매우 평이한 것이 특징이다. 쉬운 것을 어렵게 가르치는 것은 바람직한 교수법이 아니다. 그러나 예수님의 경우는 하늘의 비밀과 심오한 진리들을 어부나 촌로들도 이해하고 어린이나 노인도 이해할 수 있는 말로 가르쳤다. 예수의 가르침이 모든 사람들에게 감동을 주었던 이유는 매우 깊은 진리도 쉬운 방법으로 표현했기 때문이다. 그런데 예수의 가르침이 평이했던 이유는 매우 구체적이었기 때문이다.

그는 일상생활에 흔한 대상들을 진리를 설명하는데 도구로 사용했다. 예컨대 죽은 새, 아름다운 백합화, 광주리, 포도나무, 화폐, 등잔의 받침대 등을 가지고 쉽게 이해할 수 있도록 설명했다.

두말할 필요 없이 예수의 가르침 속에는 언제나 구약성경으로 가득 찼다. 이는 앞서 말한 대로 예수님은 열두 살까지 토라교육 곧 쉐마 교육을 통해서 이미 구약에는 통달해 있었다. 복음서를 보면 예수님은 16권의 구약성경에서 33번을 직접적으로 인용했는데, 특히 신명기, 시편, 이사야서를 즐겨 인용하셨다. 예수님의 박식한 성경지식 때문에 유대의 어떤 부류의 사람들과도 자유롭게 소통할 수 있었다. 특히 그는 구약의 모든 성경이 자기 자신에게 이루어지고, 예수님 자신을 위한 것임을 내외에 천명했다. "모세의 율법과 선지자의 글과 시편에 나를 가리켜 기록된 모든 것이 이루어져야 하리라"(눅 24:44).

예수의 교수 방법

예수님의 교수방법 중의 하나는 "질의응답 방법"이었다. 예수님이 한 중풍병자의 죄를 용서하였을 때 어떤 서기관들은 "오직 하나님 외에는 누가 능히 죄를 사하겠느냐?"(막 2:7)했을 때 예수님은 그 질문에 답하면서 예수님 자신이 죄를 사할 수 있는 신적권위를 가졌음을 가르쳤다. 또 한 젊은 관원이 예수님께 나아와서 "내가 무엇을 하여야 영생을 얻으리까?"(막 10:17)라고 물어왔을 때 예수님은 그 질문을 출발점으로, 예수님은 천국을 소유하기 위해서 물질에 대한 욕망까지 포기해야 될 것을 가르쳐 주셨다(막 10:23-31).

하지만 그 반대로 예수님께서 먼저 질문을 하고 거기에 대한 대답을 듣고 진리를 가르치는 방법을 사용하셨다. 유능한 질문은 지식의 절반이라는 말도 있지만 (Francis Bacon) 사복음서에 나타난 예수님의 질문은 약 100가지가 넘는다. 그리고 예수의 질문자체가 진리를 풀어가는 열쇠가 되기도 했다. 예수의 부모가 성전에서 그를 보았을 때 "내가 내 아버지의 집에 있어야 될 줄을 알지 못하셨나이까?"(눅 2:49) 또는 예수의 마지막 말도 "나의 하나님 나의 하나님 어찌하여 나를 버리시나이까?"(막 15:34)라고 질문으로 끝맺는다.

예수님의 질문식의 가르침은 때로는 상대의 관심을 불러일으키기도 하고, 때로는 깊은 생각을 하게도 하지만 경우에 따라서 그의 적들을 혼란에 빠지게도 한다. 또한 어떤 때는 도전적 질문을 해서 상대를 제압하고 스스로 진리를 생각나게도 했다. 예컨대 "네가 낫고자 하느냐?"(요 5:6) "너희가 나의 마시는 잔을 마시며 나의 받는 세례를 받을 수 있겠느냐?"(막 10:38) "나를 사랑하느냐?"(요 21:15) 등이다.

예수님은 일대일의 교수방법도 탁월하지만 군중들과 함께하는 강의 방법도 탁월했다. 산에서나 들에서나 회당에서나 성전에서나 어디든지 예수의 교수법은 비슷했다.

예수의 교수법은 비유이다

예수의 교수법 중에 가장 탁월한 것은 역시 비유의 방법이었다. 비유는 어떤 영적진리를 예로 설명해주는 방법인데 자연과 인간경험이 어우러진 생생한 삶의 이야기이다. 공관복음에는 35개의 예수님의 비유가 있다. 낱말의 생생한 상상력과 값진 비유는 그 의미를 깨닫는 사람이 발견할 수 있도록 했기에 재미있는 수수께끼와 같이 들렸다. 예수님은 비유를 사용하신 것은 두 가지 뜻이 있다고 봤다. 그 하나는 영적인 사람에게는 비유가 복음을 깨닫는데 도움을 주지만, 배타적이고 마음을 닫은 육적인 사람에게는 비유가 진리를 감추는데 도움을 준다고 했다. 그러므로 예수의 가르침은 기쁜 마음으로 진리에 순종하려는 사람에게는 영적으로 풍성한 깨달음을 주신다는 것이다.

예수님은 교육의 대가이자 위대한 스승이셨다. 예수의 가르침은 이 세상의 최고의 것으로 1000개 이상의 언어로 번역되어 인류의 삶을 변혁시켜 주셨고 민족과 역사의 진로를 제시해 주었다. 오늘도 우리는 성경을 통해서 살아계신 주님의 음성을 들을 수 있다. 이것은 우리의 엄청난 특권이요 은혜이다.

예수의 전도

"날이 밝으매 예수께서 나오사 한적한 곳에 가시니 무리가 찾다가 만나서 자기들에게서 떠나시지 못하게 만류하려 하매 예수께서 이르시되 내가 다른 동네에서도 하나님의 나라 복음을 전하여야 하리니 나는 이 일로 보내심을 입었노라 하시고" (눅 4:42–43)

　　　　　　　　　전도란 복음을 전하는 것 곧 복음을 선
포하는 것을 의미한다. 모든 성도들은 예수님의 증인으로서 이 기쁜
소식을 온 세상에 증거하는 전도자의 사명을 가졌다. 그런데 헬라어
로 유앙겔리조(euangelizo)란 말은 복음을 전한다는 뜻인데 본래는 결혼
소식 또는 전쟁승리의 소식을 전할 때 쓰던 용어라고 한다. 이러한 용
어를 복음을 전하는데 사용한 것은 특별한 의미가 있다. 즉 이렇게 좋
은 소식을 기쁨과 감격으로 뛰어가면서 주 예수 그리스도의 생명의 복
음을 전한다는 뜻이겠다.
　　사실 예수님의 사역의 대부분이 전도의 사역이었다. 그런데 전도의
사역은 어떤 때는 개인적 대화를 통해서, 상담의 형식으로, 어떤 때는
설교의 형태로, 어떤 때는 교육의 형식으로 복음을 전했다. 그런데 예
수님은 거기다가 병 고치는 일을 먼저 하시고 복음을 전하기도 하시고
때로는 이적을 행하시고 전도했다. 그리고 제자훈련을 통해서 간접으
로 전도하기도 했다.

　　전도와 선교는 그 본질에 있어서는 다르지 않다. 굳이 구별한다면,

전도는 같은 문화, 같은 언어를 쓰는 사람에게 복음을 전하는 것을 의미한다. 한편 선교는 타문화권에서 다른 언어를 쓰는 사람들에게 생명의 복음을 전하는 것을 의미한다. 그렇다고 해서 본질에 있어서 전도와 선교는 다르지 않다.

최근에 한국교회는 전도란 말보다 선교란 말을 더 선호하는 듯 하다. 문제 될 것은 없지만 모두가 예수 그리스도의 생명의 복음 자체에 관심이 있는 것이 아니라 지나치게 영웅주의적이고, 사업적인데 너무 치중하는 느낌이 있다. 한 영혼에 대한 타는 듯한 마음으로 전도자의 사명을 감당하려면 전천후로 복음을 증거했던 예수 그리스도의 말씀과 삶을 따라가야 될 것이다.

예수님의 초기 전도무대는 갈릴리였다(막 1:39)(눅 4:42-44)

예수님은 갈릴리를 중심으로 하나님의 나라의 복음을 전도했다. 갈릴리는 앗수르인들이 북왕국을 멸망시킨 후 주전 80년까지 오랜 세월 동안 이방의 통치를 받아왔다. 그래서 이사야는 "이방의 갈릴리"(사 9:1)라고 할 정도였다. 예수님 당시에는 갈릴리 지역에 204개의 동네가 있었다고 한다. 그 중에 하나가 예수님이 자라나신 나사렛 동네였다. 이 갈릴리 지역은 숲이 우거진 언덕과 비옥한 평야로서 예수님이 어린 시절을 보낸 곳이다. 그리고 예수님의 초기 전도사역이 이루어진 곳이기도 하다.

예수님은 이곳을 중심으로 기적의 사건을 일으키고 비유들을 이 지역에서 말씀했다. 갈릴리는 예수님의 전도의 무대였을 뿐 아니라 그가 메시야로서 사명을 감당했던 장소이기도 했다. 특히 마가는 예수님의 갈릴리 전도에 대해서 아주 섬세한 그림을 그려내고 있다.

"그 때에 예수께서 갈릴리 나사렛으로부터 와서 요단강까지 요한에게 세례를 받으시고"(막 1:9) "요한이 잡힌 후 예수께서 갈릴리에 오셔서 하나님의 복음을 전파하며"(막 1:14) "갈릴리 해변으로 자니가시다가"(막 1:16) "이에 온 갈릴리에 다니시며 저희 여러 회당에서 전도하시고 또 귀신을 내어 쫓으시더라"(막 1:39)고 했다.

마가는 작심하고 예수의 전도의 사역이 주로 갈릴리에서 시작됐음을 부각시키고 있다.

갈릴리는 유대와 사마리아를 곁에 끼고 있는 곳이었기에 로마와 헬라 세계에서 가장 많은 유대인들이 살고 있었다. 갈릴리는 특유의 사투리가 있었다. 그래서 유대 지도자들은 나사렛에서 무슨 선한 것이 나겠느냐하면서 그들을 무시했다. 따라서 갈릴리를 중심으로 전도하던 예수님도 싸잡아 무시하고 비판하기에 이르렀다.

예수님은 순회 전도자였다(눅 4:14-44)

예수님은 갈릴리 전역을 다니시며 병자를 고치고 이적을 행하면서 하나님의 나라 복음을 전도했다. 예수님은 산에도 바닷가에서도 들에서나 집에서나 항상 대중들을 몰고 다니시면서 놀라운 천국복음을 전파하셨다. 그러나 그보다 더 중요한 전도사역은 주로 매 안식일마다 회당에서 성경강론을 통해서 전도하신 일이다.

회당(Synagogue)은 말 그대로 모임의 장소이다. 그런데 이 회당 제도는 이스라엘 백성이 포로생활을 하는 중에 예루살렘에서 예배드릴 수 없게 되면서 시작된 것이다. 이 회당은 유대 나라의 모든 마을에 반드시 한 곳 씩 세워졌고 안식일은 말할 것도 없고 자주 모였다. 회당의 주된 내용은 예배와 교육 등이며, 그 마을의 행정의 중심 역할까지 했다. 오늘날 프로테스탄트 교회의 예배 형식은 회당제도 예배형태와 거의 같다. 즉 찬양, 기도, 성경봉독, 쉐마 낭독, 설교, 기도문 암송, 축도 등이 있으니 오늘의 교회 예배와 크게 다르지 않다.

그런데 회당이 마을마다 세워지고 이스라엘 백성의 영적, 교육적, 행정적 중심이 회당이 되어 있음으로 예수님이 그 제도를 네트웍(network)으로 하여 전도하신 것이다. 하나님의 섭리로 보면 하나님께서 예수 그리스도의 전도 사역을 미리 준비하셨다고 볼 수 있다. 예수님은 매 안식일마다 다른 회당으로 순회하시면서 전도하였다. 그 당시에는 매우 뛰어난 랍비들은 오늘날 설교와 부흥의 은사를 받은 목사님들이 매주일 초청설교와 집회를 갖는 것처럼 당시에도 랍비 중에 그리했다고 한다. 그렇다면 예수님은 그 당시에 가장 명성이 뛰어나고 인기 있는 순회 강사, 곧 순회 전도자였다고 할 수 있을 것이다. 예수님은 여러 회당을 순회하시면서 예배하시고 하나님의 말씀을 전하시고(눅 4:15) 병든 자를 고치고 귀신 들린 자를 좇아내셨다(막 1:39). 그러나 예수님의 전도를 받고 변화의 역사가 있었지만, 예수의 전도로 도리어 기득권층들은 위기를 느꼈으며, 예수님을 추방하는 운동도 벌렸다.

그래서 예수님 자신이 말씀하시기를 "선지자가 고향에서 환영을 받는 자가 없느니라"(눅 4:24)고 말씀하기도 했다. 그럼에도 불구하고 예수님은 당당하게 "내가 다른 동네에서도 하나님의 나라 복음을 전하여야 하리니 나는 이 일로 보내심을 입었노라"(눅 4:43)고 하시면서 전도의 사명과 의지를 불태웠다.

예수님은 제자훈련을 통한 전도를 하셨다(마 28:19)(눅 9:1-6)

예수님은 자신이 사람들의 병을 고치고 하나님 나라의 복음을 전했다. 그러나 제자들을 훈련시켜 전도하도록 했다. 우선 제자들에게 모든 귀신을 제어하고 병을 고치는 능력과 권세를 주신 후에 하나님의 나라를 전파하도록 하였다. 전도에는 능력과 권세가 동반되어야 한다. 그러면서 예수님은 전도자의 자세까지 훈련시켰다. 즉 전도 여행을 할 때는 아무 것도 가지지 말 것과 지팡이나 주머니나 양식이나 돈이나 두벌 옷도 가지지 말 것을 지시했다. 전도자로서 복음 전도에 지장을 초래할 것이 있으면, 최소한의 생활할 수 있는 것만 제외하고는 모든 것을 검약하고 절제해야 할 것을 지시했다(마 10:5-15).

그런데 예수님께서는 그의 제자들에게만 전도의 사명을 맡긴 것이 아니라, 모든 사람으로 제자를 삼으라고 하였다. 그리고 전도의 방법 중에 가장 중요한 것은 교육이라고 하셨다. "그러므로 너희는 가서 모든 족속으로 제자를 삼아 아버지와 아들과 성령의 이름으로 세례를 주고 내가 너희에게 분부한 모든 것을 가르쳐 지키게 하라 볼찌어다 내가 세상 끝날까지 너희와 항상 함께 있으리라"(마 28:19-20)고 했다.

물론 이 말씀은 흔히 선교의 대명으로 선교사명을 고취시키는 말씀으로만 이해한다. 그러나 이 말씀은 또한 제자들에게 전도의 대명이며, 전도훈련의 지침이 되기도 한다. 열두 제자는 결국 자기 동족들에게 전도하는 것에 그쳤다. 하지만 주님은 바울을 이방인의 사도로 부르시고 복음을 예루살렘과 유대와 사마리아를 거쳐 땅 끝까지 증거되도록 하셨다.

또한 예수님은 칠십 인을 선발해서 전도의 실전에 투입하기도 했다. 그러면서 "추수할 것은 많되 일군이 적으니 그러므로 추수하는 주인에게 청하여 추수할 일군을 보내주소서 하라"(눅 10:2)고 전도의 다급성을 말씀했다. 예수님의 칠십인 전도 파송 전략은 좋은 결과를 가져왔고 전도대들은 감동적인 간증을 했다.

뿐만 아니라 예수님은 성역 초기에 베드로를 부르는 과정에서 장차 있을 복음 전도 운동을 설계하고 있었다. 예수님은 고기잡이에 실패한 베드로를 찾아 오셨다. 그래서 "깊은 데로 가서 그물을 내려 고기를 잡으라"(눅 5:4)고 했다. 그리고 베드로는 말씀대로 순종했고 결과는 그물이 찢어지도록 많은 고기를 잡았다. 그리고 자기가 죄인인 것을 고백했다. 그런데 예수님은 베드로에게 이후로는 사람 낚는 자가 되리라고 했다. 물론 베드로는 당장 예수님의 말씀을 이해할 수 없었을 것이다. 그러나 예수님은 이미 3년 후에 베드로를 위대한 전도자로 사용하실 것을 훤히 내다보고 있었다. 베드로는 오순절 사건 이후에 대전도자가 되었다.

예수님은 이적과 치유를 통해서 전도하셨다(막 9:14-29)

　예수님은 전도를 할 때 퍽 다양한 방법을 사용하셨다. 그런데 복음서에 나타난 예수님의 전도에는 항상 이적과 치병이 동원되고 있었다는 것이다. 왜 그리했을까? 두말할 필요가 없이 그것은 구약의 선지자들이 이미 말한 예언을 이루기 위함이었다. 즉 "그 때에 소경의 눈이 밝을 것이며 귀머거리의 귀가 열릴 것이며 그 때에 저는 자는 사슴같이 뛸 것이며 벙어리의 혀는 노래하리니"라고 했다(사 35:5,6).
　무엇보다 예수님이 사람들의 질병을 고치는 것은 예수님 자신이 구약에 예언했던 그 선지자란 것을 증거하기 위함이다. 적어도 유대인들에게 하나님의 말씀이 성취됐음을 보여주어야 비로소 예수님이 하나님의 아들이며 메시야로 받아드리게 되고 복음을 수용할 수 있기 때문이다.

　또 하나 왜 예수님은 전도를 이적 치병과 함께 했을까? 이스라엘 백성은 그들의 전 역사를 통해 하나님의 특별한 간섭과 섭리를 경험했다. 그런 까닭에 결정적 순간마다 하나님의 권능과 이적이 나타났다. 이스라엘 백성은 항상 이적과 기사를 보아왔다. 그런데 문제는 그들에게 이적 중독중이라 할까? 하나님의 이적을 너무나 많이 보아온지라 도무지 이적이 아니면 믿지 않는 경향이 많았기에 주님은 이적을 행하셨다.

　예수님이 전도하실 때 이적과 기사를 행하고 병을 고침은 이스라엘 백성들의 마음 문을 열기 위함이었을 뿐 아니라 예수님이 메시야임을 증거하여 그들에게 구주로, 하나님의 아들로서 믿게 하려 함이었다.

예수의 선교

"오직 성령이 너희에게 임하시면 너희가 권능을 받고
예루살렘과 온 유대와 사마리아와
땅 끝까지 이르러
내 증인이 되리라 하시니라"(행 1:8)

예수님은 선교의 창시자이시다. 그리고 예수님은 선교의 본질이며 궁극적 목적이다. 우리가 선교라는 말을 떠올릴 때 몇 가지 생각나는 것이 있다. 첫째는 첫 번 선교사 바울을 생각하고 두 번째는 선교는 19세기와 20세기에 크게 발전된 선교활동을 생각나게 한다. 본래 선교란 말은 성경에는 없다. 다만 라틴어 mitto 또는 missio 등 보낸다는 뜻을 가진 말이 선교라 쓰여지고 있다. 그래서 선교란 대단히 역동적인 말로서 하나님이 예수 그리스도를 세상에 보낸 것처럼, 또 예수님이 제자들을 보낸 것처럼 문화와 언어가 다른 민족들에게 예수 그리스도의 복음을 증거한다는 뜻이다. 물론 카이퍼(R. B. Kuiper)가 말한 대로 전도와 선교는 근본적으로 같은 뿌리이며 같은 개념이다. 다만 전도는 같은 언어, 같은 문화권에서 복음을 증거하는 것이라면, 선교는 타문화권에서 복음을 전하는 것이라고 할 수 있다.

앞서 말한 것처럼 우리는 이방인의 선교사인 바울의 선교활동이 너무나 두드러진 나머지 바울의 선교사상을 많이 연구해서 선교의 창시자가 마치 바울인 것처럼 기정사실화하기 쉽다. 그래서 예수는 고작 갈릴리 전도나 유대전도에만 집착한 듯이 이해되고 있다. 그러나 실제로 예수 그리스도는 선교의 창시자일 뿐 아니라 선교의 대명을 우리에 맡겨 주셨고 그 선교의 방향까지 제시하며 선교사를 파송했던 선교본부장이라 할 수 있다.

예수님은 선교의 창시자이시다(마 28:19-20)

선교의 창시자는 바울이 아니고 예수님이시다. 사복음서 끝부분 (마 28:19-20) (막 16:14-18) (눅 24:36-39) (요 20:19-23)과 사도행전(행 1:6-8)에서 예수님은 선교를 지상명령으로 가르쳤다. 그리고 제자들을 선교사로 파송했다. 복음이 먼저 유대인에게 전달되고 그 복음이 온 세계 민족들에게 증거되는 것이 예수님의 꿈이요, 계획이었다. 사실 예수님이 3년 동안 제자들을 양육하고 훈련시킨 것은 선교적 목적을 위함이었다.

"그러므로 너희는 가서 모든 족속으로 제자를 삼아 아버지와 아들과 성령의 이름으로 세례를 주고 내가 너희에게 분부한 모든 것을 가르쳐 지키게 하라 볼찌어다 내가 세상 끝날까지 너희와 항상 함께 있으리라 하시니라"(마 28:19-20). 이 말씀은 선교의 대명(Great Commission)인 동시에 예수님의 유언이다. 이 명령은 절대적이어서 해도 좋고 안 해도 좋은 선택사항이 아니고 반드시 그 명령을 수행해야 한다는 것이다. 여기서 우리가 잊지 말아야 할 것은 선교는 삼위 하나님이 동시에 명령하시고 동시에 함께 사역하신다는 의미가 포함되어 있다. 선교의 궁극적 목적은 성부, 성자, 성령 하나님의 이름으로 세례를 주고 하나님의 자녀로 삼아야 한다는 것이다. 선교는 문화 사업이나 구제사업이 아니고 구령사업임을 주님의 선교 대명에 명백히 제시되어 있다. 이미 하나님은 아브라함을 부르실 때 "가라"는 명령을 하시고 온 세계 민족을 위한 복의 근원이 될 것을 말했다. "여호와께서 아브라함에게 이르시되 너는 너의 본토 친척 아비 집을 떠나 내가 네게 지시할 땅으로 '가라' 내가 너로 큰 민족을 이루고 네게 복을 주어 네 이름을 창대케 하리니 너는 복의 근원이 될찌라"(창 12:1-2)고 했다. 또 빌립이 구스 내시에게 보내졌을 때 성령께서 "가라"고 명령하셨다(행 8:26, 29). 이와 같이 선교적 사역을 위해서 성부, 성자, 성령 삼위 하나님이 함께 일하시는 것을 볼 수 있다.

그래서 바울의 축복 기도에 있는 것처럼 "주 예수 그리스도의 은혜와 하나님의 사랑과 성령의 교통하심이 너희 무리와 함께 있을찌어다."(고후 13:13)라는 말씀은 축복일 뿐 아니라 선교의 목적이요, 근거가 된다. 그래서 사도 바울은 "그리스도 예수의 일로 너희 이방을 위하여 갇힌 자 된 나 바울은…"(엡 3:1)이라고 솔직히 고백했다. 바울이 선교사가 된 이유는 "그리스도 예수의 일"이 그 원인이며 동기가 됐다는 것이다. "그리스도 예수의 일"이란 곧 예수의 탄생, 예수의 고난, 예수의 십자가와 부활, 승천 등을 말하는 이른 바 그리스도 사건 곧 케리그마(Kerygma)를 의미한다. 바울이 예수의 핍박자요, 적대자로 다메섹으로 올라갔을 때 예수님은 그를 은총의 포로로 체포했다. 그리고 부활하신 주님을 보여주셨다. 그래서 그는 이방인을 위한 사도 곧 선교사가 된 것이다.

그것은 바로 예수 그리스도의 작정과 계획 속에 이루어진 것이다. 바울이 햇빛보다 더 밝은 주의 빛에 눈이 상해서 고통당할 때 예수님은 아나니아에게 명하기를 바울에게 찾아가 그를 치료해 주고 돌보아 주라고 했을 때 아나니아는 단번에 거절했다. 왜냐하면 바울은 많은 성도들을 체포하는 일을 했기 때문이었다. 그런데 예수님은 아나니아에게 주님의 속마음을 보여 주었다. 즉 "주께서 가라사대 가라 이 사람은 내 이름을 이방인과 임금들과 이스라엘 자손들 앞에 전하기 위하여 택한 나의 그릇이라"(행 9:15)고 했다.

바울이 그리스도인들을 잡아들이기 위해서 만반의 준비를 다해서 경호원들과 산헤드린 공회원들을 데리고 거들먹거리며 다메섹으로 올라가기 훨씬 전에 하나님은 이미 잘 훈련된 지성인 헬라말과 히브리말을 유창하게 할 줄 아는 그 사람 바울을 이방인을 위한 선교사로 쓰시기로 작정했다. 선교 그것은 바울이 생각해 낸 것도, 현대 선교운동가들이 만든 것도 아니고, 바로 예수 그리스도께서 하나님의 위대한 은총의 복음을 온 세상에 증거하기 위해서 제자들과 사도 바울에게 이미 구체적으로 명령하신 것이다.

예수님은 제자들에게 땅 끝까지 이르러 증인이 되라고 했다(행 1:8)

예수님이 승천하기 직전 긴장감이 감도는 시간이었다. 곧 무슨 일이 일어날 것 같은 분위기였다. 이때 예수님은 제자들에게 예루살렘을 떠나지 말고 아버지의 약속하신 것을 기다리라고 했다. 즉 그들에게 오순절 성령이 강림하실 날이 멀지 않았다는 것이다. 그러나 제자들은 예수님의 말씀의 본 뜻을 이해하지 못했고 동문서답을 했다. "이스라엘 나라를 회복하심이 이 때니이까?"(행 1:6)라고 물었다. 제자들은 부활하신 예수님이 40일 동안 여기저기서 행한 사실과 지금 분위기로 보아서 이스라엘이 독립해서 나라를 세울 때가 올 것 같은 기대감이 있었다.

그러나 예수님은 승천하기 직전에 제자들에게 하신 마지막 부탁으로 다시 한 번 선교를 부탁했다. "오직 성령이 너희에게 임하시면 너희가 권능을 받고 예루살렘과 온 유대와 사마리아와 땅 끝까지 이르러 내 증인이 되리라"(행 1:8)고 선언했다. 여기서 예수님의 선교 이해를 보면, 선교사는 반드시 성령의 권능을 힘입어야 한다는 것이다. 우리가 흔히 사도행전을 선교의 행전 또는 성령의 행전이라고 한다. 즉 성령의 사역 없이는 선교사역은 없다는 것이다. 성령의 사역 없이는 선교가 될 수도 없고, 교회가 될 수도 없다. 그러므로 선교의 일차적인 관문은 성령의 충만을 받는 길임을 가르쳐 주셨다. 그리고 선교의 목적지는 "땅 끝"이다. 이것은 예루살렘과 유대와 사마리아와 같이 지경과 지형을 넓혀 가는 것 뿐 아니라 "땅 끝"이란 아시아나 아프리카, 남미, 북미, 유럽 등의 지역을 넘어 복음이 미치지 않는 곳은 모두 땅 끝이라고 볼 수 있다. 필자는 화란 유학 중에 미국의 교회사학자인 라토렛(Lataurette)박사의 책을 읽은 적이 있다. 그는 말하기를 앞으로 선교는 서쪽에서 동쪽으로만 갈 것이 아니고, 동쪽에서 서쪽으로 가는 날이 올 것이라고 했다. 그 글을 읽고 많은 감명과 충격을 받은 적이 있다. 즉 복음을 받은 쪽에서 복음이 미치지 못한 곳으로 움직인다는 것을 알았다. 선교는 항상 땅 끝을 향해서 가고 있음을 깨달았다.

"땅 끝"에 대한 개념은 시편 67편에서 자세히 말하고 있다. 당시에 이방 선교에 대한 개념이 그리 발전되지 못한 때였는데 시인은 이미 선교의 목적과 본질, 선교의 사명에 대해서 바울서신 못지않게 명백히 설명하고 있다. 아마 예수님의 마지막 선교 명령은 시 67편 메시지를 잘 알고 있었기에 땅 끝이란 말씀을 쓰신 듯 하다. 즉 "하나님이 우리에게 복을 주시리니 "땅의 모든 끝" 이 하나님을 경외하리로다" (시 67:7) 라고 했다.

결국 하나님의 구원의 은총은 이스라엘 백성에게만 들려질 것이 아니라, "땅의 모든 끝" 의 사람들도 하나님을 경외하며 복을 받아야 한다는 것이다. 그리고 시편 67:5에는 더욱 확실하게 "하나님이여 민족들로 주를 찬송케 하시며 모든 민족으로 주를 찬송케 하소서" 라고 했다. 하나님은 땅 위에 있는 모든 민족들을 통해서 영광과 존귀와 찬송을 받으시기를 원하신다. 그래서 복음이 온 세상에 증거되어야 한다는 것이다.

구약 성경의 흐름이 그러함에도 불구하고 이스라엘 백성은 하나님의 은혜와 축복을 아전인수 격으로 생각하면서 이방인들을 배척하고 민족주의와 기득권주의에 빠져 이방인과 높은 벽을 쌓고 교만했었다. 결국 예수님은 이와 같은 화석화된 유대종교를 비판하고 하나님의 나라와 복음의 풍성함이 온 세상에 증거되도록 선교적 사명을 맡겨 주신 것이다.

그러므로 예수 그리스도는 구약 성경에서 메시야가 오시면 이방의 빛을 비추겠다는 예언대로, 예수 당시에 유대인만 보고 있던 그들에게 모든 민족, 모든 나라, 모든 백성에게 증거되는 선교적 사명을 처음으로 일깨워주신 것이다. 즉 이사야 42:1에 "내가 붙드는 나의 종 내 마음에 기뻐하는 나의 택한 백성을 보라 나의 신을 그에게 주었은즉 '그가 이방' 에 공의를 베풀리라" 또 이사야 49:6에 "너로 '이방의 빛' 을 삼아 나의 구원을 '땅 끝' 까지 이르게 하리라"한 예언이 예수 그리스도에게 성취되었음을 마태는 증명하고 있다. 선교 그것은 삼위 하나님의 것이며 특히 예수 그리스도께서 구체적으로 계획하신 사역이다.

오늘도 예수님의 마지막 명령인 선교 사역을 위해서 전 세계 모든 민족들에게 복음 증거를 위해서 수많은 선교사들이 눈물과 땀과 피를 바치고 있다. 왜냐하면 선교를 명령하신 예수님께서는 선교의 현장과 선교사역에도 함께 하시기 때문이다.

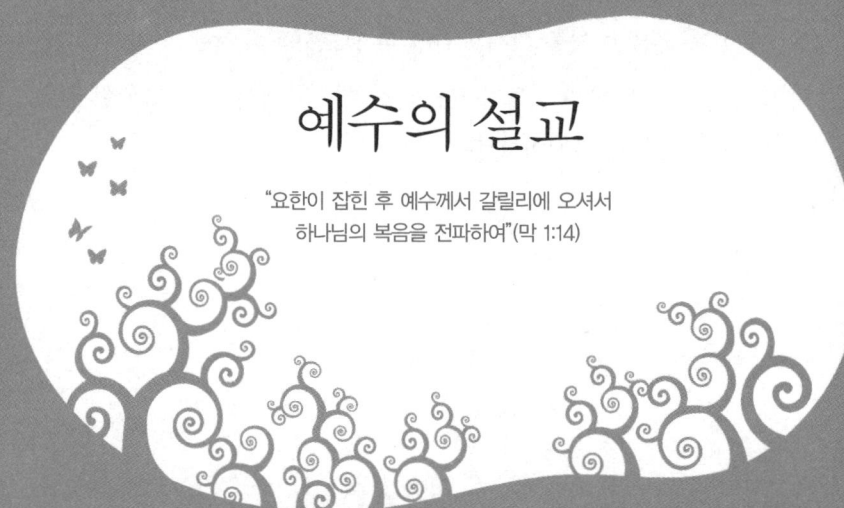

예수의 설교

"요한이 잡힌 후 예수께서 갈릴리에 오셔서
하나님의 복음을 전파하여"(막 1:14)

예수님은 위대한 대설교자이시다. 설교는 예수 그리스도 때문에 생겨난 것이고 예수 그리스도 자신이 설교의 주제요, 출발이며, 목적이다. 만약 예수 그리스도가 없다면 설교할 이유도 없고, 설교학의 존재도 있을 수 없다.

우리는 흔히 설교는 반드시 성경에 기초해야 한다고 한다. 그렇다면 성경의 중심이 예수 그리스도이기 때문에 우리는 그분을 증거해야 한다. 즉 예수 그리스도는 설교의 대상이며, 설교의 중심이며, 설교의 근거가 된다. 더욱이 예수 그리스도 자신이 기독교 첫 번 설교자였음은 매우 의미심장하다. 세례요한은 예수를 소개하는 전령자의 역할을 했고, 사도들은 예수 그리스도의 말씀과 십자가의 고난과 죽음과 부활을 핵심으로 설교했다. 사도들의 설교에는 예수 그리스도의 위대한 구속을 전했는데 그것이 바로 기독교의 본질이며 영원한 특성이다.

예수는 순회 설교자였다. 마태는 기록하기를 "예수께서 모든 성과 촌에 두루다니사 저희 회당에서 가르치시며 천국복음을 전파하시며…"라고 했다. 예수는 설교자로서 하나님의 나라와 구원을 설교하기 위해 오셨다고 했다. 더구나 이사야 61:1의 "이는 여호와께서 내게 기름을 부으사 가난한 자에게 아름다운 소식을 전하게 하려 하심이라 나를 보내사 마음이 상한 자를 고치며 포로된 자에게 자유를, 갇힌 자에게 놓임을 전파하며"란 예언이 "오늘날 너희 귀에 응하였느니라"고 선언함으로 예수님은 우리의 구주일 뿐 아니라 설교자로 오셨음을 확실히 밝히었다. 예수의 설교의 특징과 방법을 요약하면 다음과 같다.

예수의 설교는 권세가 있었다

예수님의 설교는 유대종교지도자들의 설교와는 전혀 달랐다. 예수님께서 첫 번 설교 했을 때 청중들은 깜짝 놀랐다. 마가는 기록하기를 "이는 그 가르치는 것이 권세 있는 자와 같고 서기관과 같지 아니함일러라"(막 1:22)고 했다. 서기관들은 이전부터 내려오는 전통의 권위로 말했으나 예수님은 하나님의 아들로서 직접 깨달은 진리에 근거한 권위를 갖고 설교했다. 예수님의 권위는 그의 신적 권위에 기초한다. 예수님의 도덕적 분별력은 그의 도덕적 완전성에, 그의 영적 통찰력은 하나님과 끊임없는 영적 교제에서 나온다. 그러므로 예수님은 그의 완전한 선과 경건을 가졌음으로 그가 서기관과 바리새인들을 책망할 때도 절대적 신적 권위를 가지고 행사하셨다. 예수님의 설교는 유대교의 전통에 따른 형식적이고 율법주의적인 설교가 아니고 역동적이며 영적 감동을 가진 살아있는 설교였다. 그 이유는 예수님은 하나님의 아들이시며 그에게 위임된 절대권위를 갖고 있었기 때문이다. 그의 권위는 하나님의 아들로서의 권위이며 왕적 권위라고 할 수 있다.

예수의 설교는 구약의 연속성을 가지고 있다

　예수님의 설교는 매우 충격적이고 새로운 것이었다. 그러나 그 설교의 내용은 철저히 구약의 계시에 근거하고 있었다. 그러므로 예수의 설교는 구약 계시의 연속이라고 할 수 있다. 예수님의 메시지는 구약의 반복이 아니라 구약의 약속과 언약에 대해서 예수님 자신이 약속 성취이며 완성이라고 했다. 예컨대 선지자들의 그것을 초월해서 완성했음을 보여준다.
　예수님의 설교에 나타난 그의 선함, 친절함, 부드러움 그리고 용서는 하나님의 은혜가 무엇인지에 대한 산 증거가 된다. 예수님의 설교를 통해 우리는 하나님의 아버지 되심, 인간의 영혼의 가치가 얼마나 중요하며, 죄의 용서, 하나님의 평화, 인간의 죄로부터의 구원, 축복의 확신 그리고 영광스런 승리 등을 발견할 수 있다. 예수님의 설교는 그의 은혜로운 주제 때문에 일반 대중들에게는 무척 매력이 있었다. 예컨대 마가복음 12:37에 "다윗이 그리스도라 하였은즉 어찌 그의 자손이 되겠느냐 하시더라 백성이 즐겁게 듣더라"고 했다. 여기서 예수님의 설교방식은 구약의 사건에 대한 구속사적 설교(Redemptive Historical Preaching)의 방식이었다.
　즉 하나님께서 중보자 그리스도를 오시기까지 역사의 배후에 간섭하시며 섭리하셨고 그 구속사의 중심에 예수 그리스도가 계신다는 것이다. 그래서 예수님은 다윗이 오실 메시야를 주(主)라고 찬양했음을 강조했다. 그런데 이 설교에 대한 청중의 반응은 굉장했다. 그들의 영혼에 평안과 안식을 주었다. 또한 그의 설교는 청중들의 희망의 메시지요, 즐거움의 설교였다.

예수님의 설교의 특징은 비유적 설교였다

　예수께서 비유적 설교를 했다는 말은 그의 설교는 일반 대중들이 알아듣기 쉬운 설교였다는 뜻이다. 좋은 설교는 청중이 쉽게 이해할 수 있는 설교요, 이해할 수 있는 설교는 진리를 담으면서도 쉬운 설교이다. 이것이 오늘날의 설교학 교과서에서 주장하는 논리다. 예수 그리스도의 설교는 이미 분명한 진리를 가장 쉽게 설교하는 독특한 것이었다. 그래서 예수님은 명설교가였고, 최대의 설교가였다. 예수님은 무지 무학한 대중들에게 쉬운 말을 사용했고 적절한 비유를 사용해서 숨겨진 진리를 쉽게 이해할 수 있도록 했다. 예수께서 쓰신 말은 아람 말이었을 것인데 특히 갈릴리 투의 속어였을 것으로 본다. 왜냐하면 복음서에 나타난 헬라어는 퍽 부드러운 속어 즉 대중들이 쓰는 헬라어로 쓰여진 것이기 때문이다. 그러므로 쉬운 용어와 쉬운 비유를 사용해도 하나님의 오묘한 구원의 진리를 가르치고 전하는데 아무 문제가 없음을 보여준다. 오늘날의 설교자들은 단순한 복음을 지나치게 번쇄하게 증거하고, 철학적 신학적인 단어에 담아서 진리를 어렵게 증거하는 것을 좋아하고 있다. 이것은 결국 예수님의 설교 방법을 모르는데 있다고 본다. 오늘의 설교자들은 청중들을 지나치게 의식한 나머지 그들의 지식적 욕구 충족을 위해서 설교하는 경향이 많은 것도 반성해야 되리라고 본다.

　예수님의 설교에서 비유를 많이 쓰신 것은 바로 청중에 대한 이해에서 비롯된다. 마치 씨 뿌리는 비유에서 보는 대로 씨가 중요하지만 밭의 상태를 설명함으로서 청중을 잘 이해하고 있었다. 말하자면 예수님은 청중에 대한 센스를 가지고 있었다는 말이다. 예수님은 어부들에게는 어부들의 애환과 관심을 가지고 설교했다. 그리고 비유설교는 주로 자연을 통한 교훈이었다. 예컨대 마태복음 6:25에 "그러므로 내가 너희에게 이르노니 목숨을 위하여 무엇을 먹을까 무엇을 마실까 몸을 위하여 무엇을 입을까 염려하지 말라 목숨이 음식보다 중하지 아니하냐, 몸이 의복보다 중하지 아니하냐"라고 했다.

그 외에도 참새, 뱀과 비둘기, 한 알의 밀, 가시나무와 엉겅퀴, 소금, 저녁하늘 등 예수님은 자연의 모든 것이 설교의 예화자료가 되었다.

예수의 설교의 핵심 테마들

예수님의 유년 시절에 대한 기록은 별로 없다. 예수님께서 공생애에 들어가기 전 30년 동안 부모와 함께 목수 일을 하신 것으로 생각된다. 그간에 예수님은 식민지 백성으로서 고단한 삶과 정치적 경제적으로 어려움을 겪는 동족들의 아픔을 몸으로 체험했다. 예수께서 공생애를 시작하면서 갈릴리 지방의 촌으로 돌면서 설교를 했고 사람들의 질병을 치유했다. 그리고 그의 설교의 첫 번 주제는 회개와 천국 곧 하나님 나라였다.

예수의 3년 동안의 설교의 핵심 주제는 천국 곧 하나님의 나라였다. 예수님은 자신이 "하나님의 나라 복음을 전하기 위해 보냄을 받았다" (눅 4:43)고 선언했고, 예수님 자신의 설교 테마를 "하나님 나라에 관한 말씀"(눅 8:11, 마 13:19)이라고 규정했다. 또한 예수님은 그의 제자들에게도 하나님의 나라를 증거하도록 부탁했다(마 10:7).

뿐만 아니라 예수의 이적은 하나님의 나라가 벌써 임했다는 증표였다. 그러므로 예수의 설교 핵심은 하나님의 나라였다. 하나님의 나라 곧 천국은 하나님이 왕으로 다스리는 나라를 의미한다. 하나님의 나라는 사람이나 제도를 통해서 하나님의 뜻이 나타나고 하나님의 주권으로 다스려지는 나라일 것이다. 예수님께서 선포하신 하나님의 나라는 당시 이스라엘 백성들이 고대하고 생각했던 나라와는 차이가 많았다. 유대인들은 미래에 이 땅에 세워질 하나님의 나라를 기대했지만, 예수님은 그의 설교를 통하여 영적인 현재의 나라를 선포했다. 즉 예수님은 "하나님의 나라는 볼 수 있게 임하는 것이 아니요, 또 여기 있다 저기 있다고도 못하리니 하나님의 나라는 너희 안에 있느니라" (눅 17:20-21)고 했다. 하나님의 나라는 세속적인 나라가 아니고 영적인 나라이다.

그러므로 하나님의 나라는 예수 그리스도의 구원 사역을 통해서 하나님의 통치가 이루어지고 믿음으로 구원 받은 백성이 영적으로 변화되어 왕이신 그리스도에게 순종하는 그런 나라이다. 유대인들은 항상 하나님의 나라를 유대 민족 중심으로만 생각했다. 그러나 예수님은 우주적으로 이루어질 하나님 나라를 언급하신 것이다. 그런데 예수님의 설교를 보면 이 하나님의 나라는 현재적이면서도 미래에 완성될 하나님의 나라를 가르치셨다.

예수의 산상 설교

예수님이 여러 곳에서 많은 설교를 했지만 그중에서도 가장 유명한 것은 마태복음 5-7장에 기록된 이른바 산상 설교이다. 이 산상설교는 하나님의 나라 백성으로서 어떻게 살아야 할 것인가를 가르쳐 주고 있다. 즉 하나님이 나의 삶을 통치하신다면 우리는 어떻게 할 것인지를 설교하고 있다. 그래서 산상설교를 개요해 보면 우선 하나님의 나라의 백성은 어떤 사람인가, 그리고 하나님의 나라 백성은 어떤 목적으로 사는가, 또한 하나님의 나라 백성은 실제로 신앙생활에서 어떤 말과 행동이 뒤따라야 하는지를 가르쳐 주고 있다.

예수님은 그리스도인들의 윤리와 자화상을 설교하면서, "너희는 세상의 소금" "너희는 세상의 빛"이라고 했다(마 5:13-16). 세상의 소금이 땅의 소금이라면 세상의 빛은 우주의 빛이라고 할 수 있을 것이다. 하나님의 나라 일원이 된 그리스도인들은 모두 세상의 빛과 소금 노릇을 해야 한다는 것이다. 부패한 세상을 더 이상 썩지 않게 해야 하고, 맛없는 세상에 맛을 주는 사람들이어야 한다는 것이다. 그리고 갈 길을 잃은 사람들에게 그리스도의 빛을 비추는 자들이어야 한다는 것이다. 그리스도인은 마땅히 역사의 변화의 책임을 갖고 있음으로, 땅위에서 그의 소명과 사명을 완성해야 된다는 것이다.

우리가 세상의 빛과 소금 노릇을 하려면 마땅히 그런 사람답게 살아야 한다고 강조한다. 또한 예수님은 그리스도인의 행동 못지않게 그 동기가 중요함을 가르쳐 준다. 즉 형제에게 노하는 자, 미련한 놈, 마음에 음욕을 품는 자 등을 언급하면서 마음의 동기를 중요하게 가르쳤다. 마음의 살인, 마음의 간음을 문제 삼았다. 그런데 예수님의 산상 설교를 보면 율법의 원리가 아니고 사랑의 원리가 움직이는 것을 볼 수 있다.

즉 악인에게 맞서지 말고, 누가 오른뺨을 치거든 왼쪽 뺨을 대고, 속옷을 달라는 자에게 겉옷을 내어주라고 하고, 억지로 오리를 가자고 하거든 십리를 같이 가주라 했다. 심지어 "너희의 원수를 사랑하고 너희를 박해하는 사람을 위하여 기도하라"고 했다(마 5:44). 예수님의 설교 중에 팔복은 하나님의 나라의 백성들이 가져야 할 축복이며 최고 최상의 윤리적 지침이다.

C. 로셀리 作 〈그리스도의 산상설교〉

예수의 사랑

"유월절 전에 예수께서 자기가 세상을 떠나 아버지께로 돌아가실 때가 이른 줄 아시고 세상에 있는 자기 사람들을 사랑하시되 끝까지 사랑하시니라" (요 13:1)

　　　　　　　　목사가 주일예배를 끝낼 때, 마지막 기도는 바울의 축도를 따라서 다음과 같이 한다. "주 예수 그리스도의 은혜와 하나님의 사랑과 성령의 교통하심이 너희 무리와 함께 있을찌어다"(고후 13:13)라는 성경구절을 약간 변화시키기는 해도 기본적 골격은 그대로 유지하면서 축도한다. 즉 우리를 위해서 십자가를 지시고 구원해 주신 예수 그리스도의 은혜, 우리를 사랑하시되 독생자까지 아끼지 아니하신 하나님의 무궁하신 사랑, 그리고 성령의 위로와 교통이 성도의 삶속에 함께하기를 축도한다. 그래서일까? 사람들은 하나님의 사랑에 대해서는 많이 말해도 예수님의 사랑에 대해서는 상대적으로 적게 말하는 것도 사실이다.

　또 찬송가에도 하나님의 사랑보다 예수님은 상대적으로 적어서 몇 곡 밖에 되지 않는다. 그러나 신약성경에서 예수 그리스도의 사랑의 위대성은 그 누구도 흉내 낼 수 없는 놀라운 것이었다. 심지어 신약 성경에 예수께서 직접 언급한 것이 아니지만 사도 바울이나 사도 요한이 쓴 글을 보면 예수의 사랑의 넓이와 깊이를 잘 설명해 주고 있다.

예수의 사랑은 불변의 사랑이다(요 13:1)

유월절 전에 예수님께서 사랑하는 제자들의 발을 씻기기 전에, 요한의 설명을 따르면 "… 예수께서 자기가 세상을 떠나 아버지께로 돌아가실 때가 이른 줄 아시고 세상에 있는 자기 사람들을 사랑하시되 끝까지 사랑하시니라"(요 13:1)고 했다. 요한은 어린 나이에 제자가 되어 삼년 동안 예수님의 설교와 가르침은 말할 것도 없고 예수님의 일거수일투족을 보면서 함께 먹고, 함께 자고 그리고 예수님의 부활과 오순절 성령 강림, 초대교회의 설립과 핍박을 견디면서 오랜 세월 예수의 삶의 현장을 체험했다.

요한이 본 예수는 지극한 제자 사랑이었다. 예수님은 각각 개성이 다른 제자들, 출세욕과 명예욕에 날뛰는 제자들, 서로 높아지려고 덤비는 제자들, 얼마 안 있어서 베드로마저 자기를 부인하고 가룟 유다는 은 30에 예수를 팔아넘길 것을 훤히 아시면서도 더러운 제자들의 발을 씻어 주시며 섬김의 도를 가르치셨다. 그것을 요한의 설명에 따르면 예수님은 끝까지 변함없는 사랑을 제자들에게 베풀었다고 적고 있다. 제자들은 변덕스럽고 자기의 유익을 따라서 움직였지만 예수님은 한번 준 사랑을 변치 않으셨다. 심지어 가룟 유다까지 사랑해 주셨다. 이는 바로 하나님의 아들로서 사랑이요, 하나님으로서의 사랑이다. 이것은 완전한 사랑이며, 거저주시는 하나님의 사랑을 의미한다. 사실 고린도전서 13장의 사랑장에서 언급한 사랑의 내용은 바울 자신의 신앙고백과 교훈이라기보다는 바로 예수 그리스도의 변함없는 사랑의 삶에서 기원한 것이다. "사랑은 오래참고 사랑은 온유하며 투기하는 자가 되지 아니하며 사랑은 자랑하지 아니하며 교만하지 아니하며 무례히 행치 아니하며 자기의 유익을 구치 아니하며 성내지 아니하며 악한 것을 생각지 아니하며 진리와 함께 기뻐하고 모든 것을 참으며 모든 것을 믿으며 모든 것을 바라며 모든 것을 견디느니라"(전 13:4-8).

이런 불변의 사랑과 완벽한 사랑을 했던 분은 예수님 외에 누가 있었겠는가? 우리의 중보자요, 구주로 오신 예수님은 우리에게 참사랑이 무엇인가를 보여주셨다.

예수의 사랑은 완전한 사랑이다(요 15:9)

예수께서 제자들에게 설교하시면서 특이한 비유를 사용하였다. 예수님이 포도나무라면 하나님은 농부이고 제자들은 가지와 같다고 설명했다. 그런데 가지가 포도나무에 붙어있지 아니하면 과실을 맺을 수 없음으로 항상 예수 안에 살아야 할 것을 주문하셨다. 항상 성도들은 주님과 더불어 살아야 구하는 바도 이루어지지만 그보다 그런 삶이 하나님께 영광을 돌린다는 것이었다. 그러면서 예수님은 "아버지께서 나를 사랑한 것 같이 나도 너희를 사랑하였으니 나의 사랑 안에 거하라"(요 15:9)고 명했다.

여기서 주목해 볼 것은 예수님이 제자들을 사랑하는 그 근원은 바로 하나님께서 예수님을 사랑한 것에서 출발하고 있음을 보여주고 있다. 하나님은 우리 죄인들을 구속하기 위해서 아들을 십자가에 내어 주셨지만 그렇다고 해서 아들에 대한 사랑이 덜하다는 것이 아니다. 예수님은 세상에 특별한 사명을 가지고 성육신 했지만 여전히 그는 영존하신 하나님이요, 하나님의 독생하신 아들이다. 그러므로 하나님 아버지와 예수 그리스도는 본질적으로 하나이며, 아들에 대한 성부 하나님의 사랑도 불변이라는 것이다. 그러므로 우리도 예수 그리스도의 사랑 안에 기할 때에 비로소 하나님의 구속의 은혜와 사랑을 온전히 알 수 있다.

예수님의 사랑은 자기희생의 사랑이다(요 15:13)

예수님의 사랑은 낭만적 사랑이거나 부모가 자녀를 사랑하는 정도의 사랑이 아니다. 예수님의 사랑은 우리를 위해서 자기 생명을 드리는 사랑이다. 예수님의 사랑은 입술과 가슴의 사랑만 아니고 생명까지 바쳐 우리를 사랑하신 것이다. 아버지 하나님이 아들을 십자가에 내어주시기까지 우리를 사랑했다. 그러나 예수님은 하나님의 아들로서 자신을 십자가에서 대속의 제물로 바치기까지 우리를 사랑하셨다. 그것은 얼마나 힘들고 어려웠던지 "이 잔을 내게서 옮겨 달라"고 세 번이나 기도했으나 결국 하나님 아버지의 뜻에 순종하기로 했다.

예수님은 말씀하기를 "내 계명은 곧 내가 너희를 사랑한 것 같이 너희도 서로 사랑하는 이것이니라 사람이 친구를 위하여 자기 목숨을 버리면 이에서 더 큰 사랑이 없나니"(요 15:12-13)고 했다. 이 말씀의 본 뜻은 예수님께서 십자가에 대신 죽으실 것을 말씀하신 것이다. 그리고 예수님의 대속의 죽음은 사랑의 최고봉이라고 할 수 있다. 그러므로 우리가 흔히 말하는 사랑이란 말과 예수께서 우리에게 보여주신 사랑은 비교할 수 없다고 본다.

예수의 사랑은 끊을 수 없는 사랑이다(롬 8:35)

바울은 하나님의 사랑이 위대하심으로, 아무도 그 어느 누구도 그 무엇도 우리를 하나님의 사랑에서 끊을 수 없음을 말하고 있다. 그런데 롬 8:31-39의 바울의 메시지 중에는 35절과 39절 사이에서 늬앙스가 조금 다르면서 특별하다. 39절에는 "높음이나 깊음이나 다른 아무 피조물이라도 우리를 우리 주 그리스도 예수 안에 있는 '하나님의 사랑' 에서 끊을 수 없으리라"고 했다. 즉 하나님의 사랑은 비할 데 없는 위대한 사랑이라는 것을 예찬하고 있다.

그러나 35절은 이렇다. 즉 "누가 우리를 '그리스도의 사랑' 에서 끊으리요 환난이나 곤고나 핍박이나 적신이나 위험이나 칼이랴"고 했다. 위의 두 구절은 일종의 병행구이면서 '예수님의 사랑' 은 곧 '하나님의 사랑' 이라는 해설이다. 바울은 다메섹 도상에서 만난 예수 그리스도는 사망 권세를 깨뜨리고 부활하신 살아계신 하나님이심을 알게 되었다. 그럼에도 불구하고 죄인 괴수인 자신을 일방적으로 사랑하신 예수님의 은혜를 찬양하지 않을 수 없었다. 그것은 이해하기 어려운 위대한 사랑이라는 것이다. 이는 하나님의 주권적 사랑인 말라기 2:1을 다시 인용한 글 로마서 8:13에 "내가 야곱을 사랑하고 에서는 미워하셨다 하심과 같으니라" 에서도 엿볼 수 있다.

예수의 사랑은 강권하는 사랑이다(고후 5:14)

예수님께서 우리를 사랑하셨음으로 우리도 주를 사랑할 뿐 아니라 이웃을 사랑하는데 나아가야 한다. 예수께서 사랑 받을 만한 아무런 의도 자격도 없는 우리를 사랑했으니, 우리는 또한 그의 사랑을 실천해야 하는 사명을 받은 것이다.

그래서 바울은 "그리스도의 사랑이 우리를 강권하시는도다"(고후 5:14)라고 했는데, 이는 그리스도께서 우리를 향하신 일방적이고 주권적 사랑을 주셨다는 것이다. 그러므로 예수님이 산상설교에서 이미 말씀하신 것처럼 "나는 너희에게 이르노니 너희 원수를 사랑하며 너희를 핍박하는 자를 위하여 기도하라"(마 5:44)고 했다.

사실 우리는 우리를 사랑하는 사람은 쉽게 사랑할 수 있다. 그것은 불신자도 할 수 있는 것이다. 하지만 예수님은 나를 미워하고 핍박하고 무시하는 사람들마저도 적극적으로 사랑해야 될 것을 가르쳤다. 이러한 사랑을 우리 인간의 힘으로 실천하기란 쉽지 않다. 그러기에 성령의 능력을 의지하면서 적극적으로 원수까지 사랑을 실천해야 한다. 그러면 사람이 바뀌는 역사가 일어난다.

그러면 어째서 우리가 예수의 사랑을 본받아서 우리의 구체적 삶에 옮겨야 하는가? 그 이유를 요한이 설명했다. "그가 우리를 위해서 목숨을 버리셨으니 우리가 이로써 사랑을 알고 우리도 형제들을 위하여 목숨을 버리는 것이 마땅하니라"(요일 3:16)고 했다. 예수께서 사랑의 극치인 십자가에 죽기까지 우리를 사랑하셨으니 그것이 사랑의 표준이다. 그렇다면 우리도 주님을 사랑할 때 생명 내어 놓을 각오를 해야 하고 이웃을 섬기며 선교할 때도 생명을 내어 놓을 만한 각오를 해야 한다. 왜냐하면 주님이 바로 이러한 사랑을 몸소 실천하시고 우리에게 명령하셨기 때문이다.

예수님은 우리에게도 사랑을 요구하신다(요 21:15-17)

부활하신 예수님께서 베드로에게 이르기를 "요한의 아들 시몬아 네가 이 사람들보다 나를 더 사랑하느냐"(요 21:15)라고 물었다. 예수님은 낙심한 베드로에게 다시 한 번 소명을 불러일으키면서 다음과 같은 질문을 하셨다. 즉 '네가 나를 사랑하느냐'로 세 번 물으셨다. 이 말씀의 핵심은 예수님이 그를 그토록 사랑하셨음으로 이제는 베드로가 주님을 사랑할 차례란 것이다. 또한 이것은 예수님을 사랑하지 않고는 주님의 양떼 곧 성도들을 돌볼 수 없다는 목회적 부르심이기도 했다. 예수의 사랑 없이는 아무것도 할 수 없다는 뜻이다. 예수님이 우리를 사랑하시되 죽기까지 사랑했음으로 우리도 주님을 뜨겁게 사랑해야 주님의 제자가 될 수 있다는 뜻이다.

주님의 참된 제자가 되기 전에는 목회도, 선교도 불가능한 일이다. 예수님이 베드로에게 요구하신 사랑을 오늘 우리에게도 요구하신다. 왜냐하면 예수님은 그의 전부를 다 드려 우리를 먼저 사랑했기 때문이다.

예수의 겸손

"나는 마음이 온유하고 겸손하니 나의 멍에를 메고 내게 배우라 그러면 너희 마음이 쉼을 얻으리니"(마 11:29)

　　성경에서 말하는 겸손이란 하나님 앞에서 자신이 하나님의 뜻을 행할 수 없는 부족한 죄인인 것을 알고 스스로 낮아져서 하나님의 긍휼과 자비를 구하는 자세를 가리킨다.

　그래서 겸손은 성경에서 일관되게 강조하는 성도의 중요한 덕목이라고 할 수 있다. 하기야 모든 종교, 모든 성인들도 인간의 겸손의 덕목을 가르친다. 그러나 예수의 겸손은 아주 특별하다. 즉 예수의 겸손은 그가 우리의 중보자로서 우리와 같은 육신의 몸을 입으시고 우리를 구속하시기 위한 것이었다. 또 예수님은 참 하나님이요, 참 사람으로서 온전한 겸손의 표본을 보여주셨다. 예수의 겸손은 그의 삶을 통해서 분명히 가르쳐 주셨다. 신약 성경에는 예수님의 삶의 모습에서 네 가지 경우의 겸손을 보여 주고 있다. 또 예수님은 두 곳에서 겸손을 선언하고 있다.

어린 나귀를 타시는 겸손의 왕(슥 9:9, 마 21:5-9)

　주전 518년이었다. 스가랴는 포로에서 귀환한 이스라엘에게 메시야의 도래를 예언하고 있다. 그런데 그 메시야는 나귀새끼를 타고 오시는 왕이라는 사실이다. 즉 "시온의 딸아 크게 기뻐할지어다 예루살렘의 딸아 즐거이 부를지어다 보라 네 왕이 네게 임하나니 그는 공의로우며 구원을 베풀며 겸손하여 나귀를 타나니 나귀의 작은 것 곧 나귀의 새끼니라"(슥 9:9)고 하였다. 메시야에 대한 예언이 이렇게 명쾌하고 확실할 수가 있을까? 장차 오시는 메시야는 "왕"이시며 "공의"롭고 "구원"을 베풀고 왕은 왕이로되 세속적인 왕으로 군림하는 것이 아니라 어린 나귀를 타고 오는 평화의 왕이요, "겸손"의 왕이라는 것이다.

그런데 구약에 예언된 예수님께서 고난 받으시기 위해서 예루살렘에 입성을 하실 때 어린 나귀를 타고 예루살렘에 호산나 찬송을 받으며 입성하신 것이다. 예수님은 스가랴 9:9의 예언이 있은 지 550여년 만에 그 예언이 메시야이신 자신에게 구체적으로 이루어지고 있음을 내외에 천명하신 것이다. 예수님은 하늘과 땅과 그 가운데 있는 만물을 창조하신 창조주이시오, 죄인을 구속하시는 구주이시고, 죄를 심판하는 심판주이시지만 그는 우리의 아픔과 우리의 고난과 질고를 지기 위해서 겸손히 낮아지셔서 예언대로 어린 나귀를 탔다. 예수의 겸손의 삶은 이미 예견되었고 예언된 대로의 삶을 사셨다. 길거리에 환호하는 군중들은 예수가 개선장군처럼 말을 타고 입성하는 것이 아니라 어린 나귀를 타고 겸손의 왕으로 오셔서 스가랴 9:9의 선지자의 예언이 성취되었음을 깨닫게 되었다.

겸손히 요한에게 세례를 받다(마 3:13-17)

예수님은 하나님의 아들이요, 창조주이시므로 세례를 받을 필요가 없다. 그렇지만 그는 우리의 속죄주로서 하늘 영광의 자리를 버리고 세상에 오셨다. 그는 우리의 중보자가 되시기 위해서 세례요한에게 겸손히 세례를 받으셨다. 사실 예수님께서 요한에게 세례를 받으려고 나올 때 세례요한도 깜짝 놀랐다. 그래서 요한은 말하기를 "내가 당신에게 세례를 받아야 할 터인데 당신이 내게로 오시나이까"(마 3:14)라고 말하면서 안절부절 했다. 요한은 그에게 세례 받으러 나오시는 예수님은 하나님의 아들이요, 메시야임을 잘 알고 있었다. 이미 그는 외치기를 "나는 너희로 회개케 하기 위하여 물로 세례를 주거니와 내 뒤에 오시는 이는 나보다 능력이 많으시니 나는 그의 신을 들기도 감당치 못하겠노라 그는 성령과 불로 너희에게 세례를 주실 것이요"(마 3:11)라고 했다.

요한은 메시야이신 예수 그리스도의 전령자로서 또는 메시야의 길을 평탄케 하는 자로서 소임을 다하고 있었다. 그런데 실제로 메시야인 예수께서 자기에게 세례 받으려 나오는 것을 보고 그토록 황공할 수가 없었다. 어찌하여 구주이시며 하나님의 아들이 자기와 같은 자에게 세례 받기를 원하는지 몸 둘 바를 몰랐다.

그러나 예수님은 요한에게 도리어 위로와 격려를 하시면서 "이제 허락하라 우리가 이와 같이 하여 모든 의를 이루는 것이 합당하니라"(마 3:15)고 했다. 예수님은 세례를 받을 이유가 없지만 그는 우리의 중보자로서 이런 절차를 밟는 것이 순서이므로 겸손히 세례를 받으셨다. 그런데 예수께서 겸손히 세례 요한에게 세례를 받으신 후에 하늘로부터 놀라운 축하의 메시지가 있었다. 첫째로 하나님의 성령이 비둘기같이 내려 예수께 임했다. 그리고 하늘의 소리가 나서 "이는 내 사랑하는 아들이요, 내 기뻐하는 자니라"(마 3:17)고 선언했다. 예수님께서 겸손히 세례 받으신 후에 성부, 성자, 성령께서 함께하시는 놀라운 장면이 연출되었다.

제자들의 발을 씻김으로 겸손의 본을 보이셨다(요 13:5~15)

스승이 제자의 발을 씻겨준 사실은 인류역사에 한 번 있었던 일이다. 이것은 예수님은 어떤 분이며, 기독교가 무엇이며 성경의 진리가 무엇이며 하나님의 나라가 어떠함을 보여주시는 것이다. 예수님은 교훈만 하시는 것이 아니라 제자들에게 항상 행동과 구체적인 삶을 보여주셨다. 예수님께서는 친히 종의 모습을 보여주심으로써 하나님의 나라의 질서―주님이 제자의 발을 씻기는 것, 즉 자신을 낮추고 남을 높이며 대접하는 삶―를 보여주셨다. 예수님은 하나님이시고 영광을 받으실 창조주이시며, 만왕의 왕이시다. 그럼에도 불구하고 그는 종의 태도를 가졌다. 그것이 바로 기독교이다. 그러므로 우리가 교회를 위해 일할 때 모두가 종의 모습으로 겸손히 섬길 때, 그 교회는 힘 있는 교회가 되며 사랑의 교회가 된다. 우리가 예수님을 따른다는 말은 예수님과 같은 겸손의 자리에 임하여야 한다는 뜻이다. 세베대의 아들의 어미가 예수께 인사 청탁을 하면서 높은 자리에 앉게 해달라는 청원은 기독교의 본질에서 한참 멀어져간 일이었다.

예수님께서 제자들의 발을 씻길 때 베드로는 깜짝 놀랐다. 세상윤리로 보면 제자들이 스승의 발을 씻는 것이 원리이지, 스승이 제자들의 발을 씻는 것은 있을 수 없다. 그런데 예수님은 세상 윤리가 아니라 하나님의 나라 윤리와 질서를 세우신 것이다. 그래서 베드로가 "절대로" 씻기지 못하리라는 항거에 예수님은 "내가 너를 씻기지 아니하면 네가 나와 상관이 없느니라", "너희도 서로 발을 씻기는 것이 옳다"고 했다(요 13:8,14).

예수께서 겸손하여 본을 보이셨으므로 겸손한 자라야 주님을 만날 것이고, 겸손할 때만이 주님의 뜻을 이룰 수 있고 주님과의 관계를 가질 수가 있다는 것이다. 하나님은 지금도 항상 겸손한 자를 통해서 역사를 이루어 가신다. 높아지는 자는 낮아지고 낮아지는 자는 높이는 역설의 진리가 바로 성경의 진리이다.

예수는 죽기까지 자기를 낮추시었다(빌 2:8)

예수의 낮아지심과 겸손은 도덕적 차원이 아니며 그것은 우리를 위해서 대속의 죽음을 위한 것이고, 예수님의 성육신(Incarnation)과 관련되어 있다. 예수는 하나님이고, 하나님의 아들이지만 영광의 자리를 비워두고 우리와 같이 사람의 모양으로 세상에 오셨다. 말하자면 낮아짐의 극치를 친히 보여주셨다. 그래서 사도 바울은 아주 명쾌하게 예수님의 성육신과 그의 낮아지심을 연관지어 해설했다. 즉 "그는 근본 하나님의 본체시나 하나님과 동등 됨을 취할 것으로 여기지 아니하시고 오히려 자기를 비어 종의 형체를 가져 사람들과 같이 되었고 사람의 모양으로 나타나셨으며 자기를 낮추시고 죽기까지 복종하셨으니 곧 십자가의 죽으심이라"(빌 2:6-8)고 했다.

이 구절에서 몇 가지 핵심적 단어를 추려보면 "하나님의 본체"이신 예수님이 "종의 형체" 곧 "사람의 모양"으로 성육신했는데 "십자가의 죽으심"으로 자신을 한없이 "낮추었다"는 것이다. 사실 하나님의 아들이 사람의 몸을 입은 그 한가지 사건만 해도 우주적이며 놀라운 사건이다. 그런데 거기다 십자가에서 죽기까지 낮아지셨으니 예수님의 겸손은 가히 사람의 언설로 측량키 어려운 것이었다.

나는 겸손하다(마 11:29)

예수님의 삶은 바로 겸손 그 자체이다. 당시 인간적 대우를 받지 못하던 아이들과 여성들의 인권을 귀히 여겼을 뿐 아니라, 세리와 창기들 즉 죄인들을 긍휼히 여기시고 그들에게 눈높이를 맞추셨다. 그 이유는 예수의 오심이 곧 가난한 자, 병든 자, 약한 자, 소외된 자를 위함이었고 그래서 예수님은 자신을 한없이 낮추셨다. 사실 예수님의 말씀과 행동은 바로 그 자체가 하나님의 계시이다. 그래서 예수님은 말씀하시기를 "아버지 외에는 아들을 아는 자가 없고 아들과 또 아들의 소원대로 계시를 받는 자 외에는 아버지를 아는 자가 없느니라"고 했다. 그러므로 우리는 예수께로 나아오는 길 밖에는 달리 방도가 없다.

왜냐하면 예수님은 선언하시기를 "나는 마음이 온유하고 겸손하니 나의 멍에를 메고 내게 배우라 그리하면 쉼을 얻으리라"라고 했다. 예수님의 겸손을 배우는 것은 그저 도덕적으로 그 분의 삶을 따른다는 뜻보다, 예수의 겸손을 배워야 계시의 의미를 비로소 깨닫게 된다는 것이다. 하늘도 놀라고, 땅도 놀랄 위대한 하나님의 계시를 이해하는 것은 인간의 지성으로 될 수 없고 지극히 낮은 자리에서 예수님의 말씀을 겸손히 받아드릴 때 그렇게 위대한 진리를 깨닫게 된다는 것이다. 그렇게 진리를 깨닫게 되면 진리가 우리를 자유케 할 뿐 아니라, 우리 마음에 기쁨과 평강을 가져온다는 것이다.

겸손한 자를 높이신다(마 23:12)

한 번은 예수님께서 서기관과 바리새인들을 꾸짖은 일이 있었다. 그들은 유대나라의 기득권 세력들이었다. 항상 잔치의 상석과 회당의 앞자리에 앉기를 좋아하고 다른 사람에게는 무거운 짐을 지우되 자기는 손가락 하나도 움직이지 아니하면서 항상 지도자 또는 랍비라는 칭호를 듣기 좋아했다. 그런 까닭에 그들의 삶 자체가 교만이요, 외식이요, 형식이었다. 이런 유대사회의 경직된 모습을 보신 예수님은 하나님의 나라 질서와 참된 그리스도인의 모습이 무엇인지 가르쳐 주셨다. 즉 "너희 중에 큰 자는 너희를 섬기는 자가 되어야 하리라 누구든지 자기를 높이는 자는 낮아지고 누구든지 자기를 낮추는 자는 높아지리라"(마 23:11-12)고 설파했다.

겸손! 그것은 하나님의 나라의 질서이며, 그것은 하나님의 나라의 윤리이다. 오늘도 주님은 겸손한 자를 높이 들어 주의 나라와 주의 몸 된 교회를 위해서 도구로 쓰신다. 겸손은 예수님의 삶 그 자체이자, 예수님의 메시지의 핵심이다.

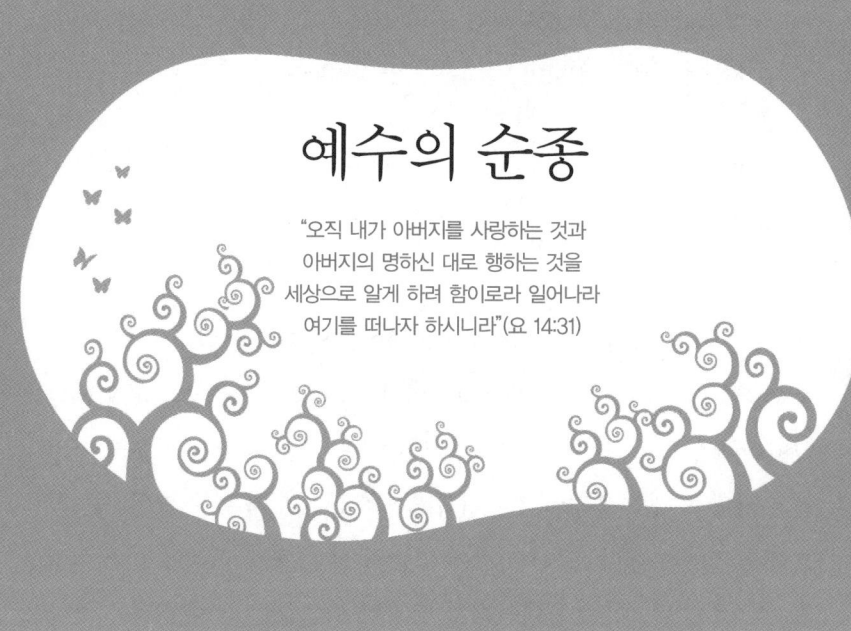

예수의 순종

"오직 내가 아버지를 사랑하는 것과 아버지의 명하신 대로 행하는 것을 세상으로 알게 하려 함이로라 일어나라 여기를 떠나자 하시니라"(요 14:31)

　　　　　　B. A. W 럿셀은 "순종의 미덕은 옛날에는 무리 없이 강요되고 있었지만, 지금은 낡은 인습이 되었다. 그리고 그것이 옳은 것이다."라고 했다. 더구나 요즈음은 이른바 포스터 모더니즘의 시대요, 뉴 에이지 시대이므로 모든 권위는 부정되고 있다. 권위를 인정하지 않으니 반항하고, 어른도 아이도 구별없이 자기 하고 싶은 대로 막말하는 세상이 되었다. 데모로 날이 밝고 데모로 해가 지는 시대이다. 무엇보다 대중의 힘을 합해서 밀어붙이기만 하면 된다는 사고방식이 팽배한 시대이다.

　그래서 이런 시대에 순종이란 주제는 그리 주목받지 못하는 옛날 방식쯤으로 치부되기 쉽다. 그러기에 오늘날 순종을 윤리적이며 가부장적이고 권위주의적인 발상으로 몰아갈 수도 있다. 특히 순종이란 도리어 무소신, 무의견의 나약한 자의 모습으로 비추이기 쉽다. 그런데 성경은 "순종이 제사보다 낫고 듣는 것이 수양의 기름보다 나으니"(삼상 15:22)라고 했다. 순종하는 것이 예배보다 낫다는 뜻은 무엇일까? 어째서 성경은 우리의 신앙생활 중 최고의 덕목을 순종으로 했을까? 그리고 어째서 예수 그리스도는 하나님의 아들이며 우리의 구주이신데 순종의 모범을 보이셨을까?

예수는 하나님께 절대 순종의 모범을 보이셨다(마 26:39,42)

절대순종은 절대 권위를 인정하는 데서 나온다. 하나님은 유일하신 창조주이며 구속주이시며 심판주이시다. 그리고 예수님은 유일하신 중보자이며 인류의 구주로서 막중한 대 사명을 가지고 세상에 오셨다. 그러므로 예수님이 하나님께 대한 순종은 절대적이었다. 아버지와 아들은 태초부터 하나였다. 아들 예수는 태초부터 하나님과 함께 계셨을 뿐 아니라 그 아들 자신이 곧 하나님이셨다. 그런데 그 아들은 아버지에게 완전하고 절대적인 순종을 통해서 구원을 완성하셨다. 만에 하나 아들의 절대 순종이 없었다면 인류의 구속은 불가능했다. 예수 그리스도가 세상에 오신 이유는 하나님의 구원의 프로그램에 의한 것이다. 우연히 어찌어찌하다가 유대 나라의 한 청년이 나타나서 천국을 선포하다가 십자가를 지신 것이 아니었다. 하나님께서 인간을 구원하는 유일한 길은 자기의 아들 독생자를 유월절 어린 양으로 희생의 제물이 되게 하셔서 누구든지 저를 영접하는 자에게는 하나님의 자녀가 되는 권세를 얻게 하려는 것이다(요 1:12). 집을 지을 때 설계도가 있는 것처럼 구약성경에는 선지자의 입을 통해서 인간의 구원을 위해 메시야 곧 유일한 중보자가 오시는 데 그 분은 바로 하나님의 아들이며 죄인들을 구원하기 위한 고난의 종이 될 것을 예언했다.

바울은 쓰기를 "모든 사람이 죄를 범하였으매 하나님의 영광에 이르지 못하더니 그리스도 예수 안에 있는 구속으로 말미암아 하나님의 은혜로 값없이 의롭다 하심을 얻은 자 되었느니라 이 예수를 하나님이 그의 피로 인하여 믿음으로 말미암는 화목 제물로 세우셨으니…"(롬 3:23-24)라고 하나님과 예수 그리스도 사이의 위대한 구속운동을 간단명료하게 설명했다. 그러니 예수님이 이 땅 위에서 할 수 있는 모든 것은 아버지 하나님의 뜻에 온전히 순종하는 길 밖에 없었다. 그러기에 예수는 겟세마네 동산에서의 최후의 기도에서 "나의 원대로 마옵시고 아버지의 원대로 하옵소서"(마 26:39,42)라고 했다. 이 기도는 예수님의 절대 순종의 모델이었다.

순종이란 나의 소원이 우선이 아니고 아버지 하나님의 소원이 우선이다. 사실은 그 순종이란 말 속에 벌써 십자가가 포함되어 있다. 그래서 십자가 위에서 예수님의 마지막 말씀도 "다 이루었다"(요 19:30)라고 했다. 예수님께서 메시야와 중보자로서 사명을 십자가 위에서 온전히 이루었다는 뜻이다. 그런데 그 과정은 예수님이 하나님 아버지께 대한 절대 순종으로서만 가능했다.

예수님의 순종은 하나님 아버지를 사랑하는데 기초한다(요 14:31)

순종은 굴종이어서는 안 된다. 순종은 불의한 자에게 맹종하는 것도 아니다. 우리가 일반적으로 순종이란 말을 쓸데는 다소간에 부담스런 느낌을 갖는다. 예컨대 엄한 아버지의 명령에 순종한다든지 독재자의 권력에 어쩔 수 없이 순종한다거나 이해관계가 얽힌 상사에게 마음에도 없이 살아남기 위한 순종을 생각해 볼 수 있다.

그러나 예수님의 순종은 사랑에서 출발한다. 사랑하지 않으면 순종이 없다. 사랑은 조건을 달지 않는다. 사랑은 자기의 유익을 구하지 아니하며 모든 것을 믿으며 모든 것을 바라는 것이다. 그래서 예수님은 다음과 같이 선언했다. "오직 내가 아버지를 사랑하는 것과 아버지의 명하신 대로 행하는 것을 세상으로 알게 하려 함이로다"(요 14:31)라고 아주 명쾌하게 밝혔다. 아버지가 아들 안에 있고 아들이 아버지 안에 있는 그 관계, 아버지가 아들을 사랑하고 아들이 아버지를 사랑하는 관계에서만 참 순종이 이루어진다. 오늘 우리들도 하나님을 뜨겁게 사랑해야 하나님의 말씀에 순종할 수 있고, 예수님을 사랑해야 예수님의 명령에 아멘으로 순종할 수 있다. 예수님이 우리에게 보여주신 순종의 모델은 아버지 하나님을 사랑하는데서 시작되었다.

예수님은 순종의 사역으로 영적 세계의 틀을 바꾸셨다

역사는 결국 두 가닥이다. 하나는 불순종과 배신과 저주의 역사이고 또 다른 하나는 순종과 사랑과 은혜의 역사이다. 예수님이 이땅에 오셔서 그 자신을 하나님께 온전히 드림으로 순종을 통해서 역사의 틀을 바꾸어 버렸다. 불순종과 배신과 저주의 역사는 암흑이요, 절망이지만 순종은 이 세상에 빛을 비추어 소망의 시대를 열었다. 바울은 이것을 다음과 같이 개요 했다. "한 사람의 순종치 아니함으로 많은 사람이 죄인 된 것 같이 한 사람의 순종하심으로 많은 사람이 의인이 되리라"(롬 5:19)고 했다. 이 말씀을 잠시 묵상해 볼 필요가 있다. 즉 아담의 범죄는 하나님의 명령에 대한 불순종이었다. 그의 불순종은 하나님과 동등하게 되고자 하는 교만한 행위이자 하나님의 명령을 불순종한 것이었다. 인간들은 모두가 아담 안에서 배신과 불신과 불순종의 길을 걸음으로써 하나님과 멀어졌다.

그러나 예수 그리스도로 말미암아 새로운 역사가 시작되었다. 한 사람의 "순종"으로 인류의 역사가 역전되었다. 아담의 불순종과 그리스도의 순종을 대비시킴으로써 하나님께 전적으로 순종하는 것은 사는 길이요, 의에 이르는 유일한 통로라는 것이다.

특히 그리스도 십자가의 순종은 죽기까지 순종이었다. 그래서 그리스도의 순종으로 우리는 그의 은혜로 하나님께 당당히 나아갈 수가 있게 되었다. 그리고 우리도 그렇게 순종해야 함을 배우게 된다. 사도 바울은 "사람의 모양으로 나타나사 자기를 낮추시고 죽기까지 복종하셨으니 곧 십자가의 죽으심이라"(빌 2:8)라고 했다. 예수님의 순종은 십자가에 죽기까지의 순종이다. 이는 순종 중에 순종이며, 우리를 대속하기 위한 순종이다.

예수의 순종에 대한 메시지

예수님이 우리에게 던진 순종의 말씀은 그 자신이 온 몸을 던져 하나님께 철저히 그리고 온전히 순종한 것에서 출발한다. 그가 하나님께 온전히 순종하지 못했다면 오늘 우리들에게 순종을 요구할 수 없었을 것이다. 그래서 예수님의 말씀에는 항상 능력이 있고 권세가 있다.

예수님은 우리가 주님의 말씀에 전폭적으로 순종할 때 든든한 반석 위에 집을 짓듯이 든든한 신앙의 용장이 된다는 것이다. "그러므로 누구든지 나의 이 말을 듣고 행하는 자는 그 집을 반석 위에 지은 지혜로운 사람 같으니"(마 7:24)라고 했다. 우리의 신앙생활의 척도는 주께 대한 순종여부에 달려 있다는 뜻이다.

우리가 주의 명령에 순종하는 것은 금방 그 축복으로 나타난다. 순종은 관계의 회복이다. 먼저는 순종을 통해서 하나님과의 관계가 회복된다. 그리고 모든 인간관계의 새로운 지평이 열리게 된다. 관건은 순종하느냐 불순종하느냐에 달려있다. 순종은 어려운 것처럼 보이나 순종의 걸음을 옮겨 놓는 순간에 벌써 은혜와 축복을 받고 관계 회복이 이루어진다. 주님은 "누구든지 하늘에 계신 내 아버지의 뜻대로 하는 자가 내 형제요 자매요 모친이니라"(마 12:20)고 했다.

우리가 순종이란 말을 윤리적으로 또는 율법적으로 사용하면 껄끄럽다. 순종은 하나님을 사랑하는데서 출발해야 한다. 이러한 순종의 모범을 가장 확실하게 보여준 분이 우리 주님이시다. 그래서 예수님은 죽기까지 하나님의 뜻과 구원 계획에 순종하신 것이다. 예수의 순종이 역사를 바꾸고 세상을 바꾸고 영계의 질서를 바꾸었다.

루오 作 〈예수 그리스도〉

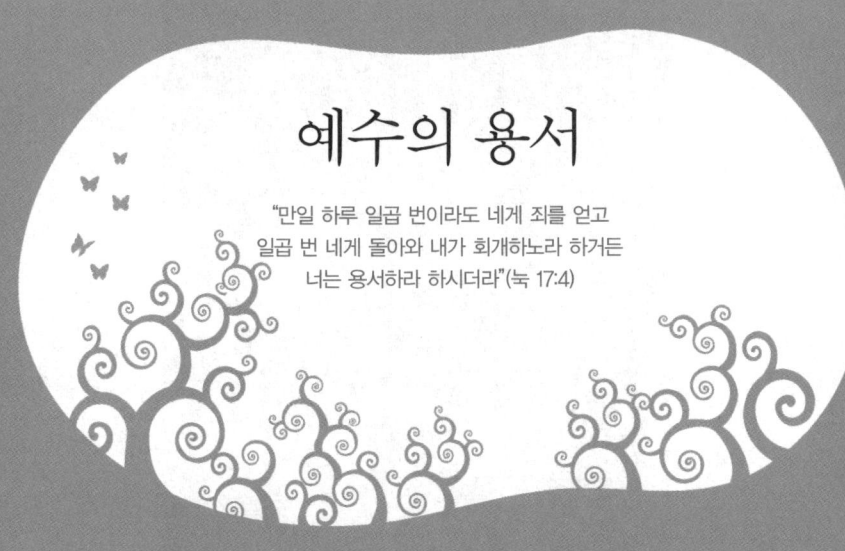

예수의 용서

"만일 하루 일곱 번이라도 네게 죄를 얻고
일곱 번 네게 돌아와 내가 회개하노라 하거든
너는 용서하라 하시더라"(눅 17:4)

　종교 개혁자 요한 칼빈은 그의 공동 서신 주석에서 "죄에 대한 은혜로운 용서가 신실한 자에게 매일 나타난다… 성도들은 날마다 용서를 구할 필요가 있다"라고 하였다.

　만약 이 세상에 용서하는 일이 없다면 그것보다 더 큰 절망이 없을 것이다. 용서 때문에 희망이 있고, 용서 때문에 삶이 연장 될 수 있다. 그리고 용서 때문에 기쁨이 있고, 용서 때문에 평화가 있다. 하나님의 용서가 있음으로 우리에게 구원이 있고, 우리끼리의 용서가 있음으로 참된 교통이 이루어진다. 우리가 용서하면 다른 사람에게 평화와 기쁨을 주지만, 처음으로 보상을 받는 사람은 내 자신이라고 할 수 있다. 이제 우리는 예수님의 용서는 어떠했으며 예수님의 용서 방법, 예수님의 용서의 의미는 무엇인지를 살피려고 한다. 예수님의 용서를 알면 참된 용서의 비밀이 보이고, 예수님의 용서를 알면 하나님을 믿는 방법이 보이게 되어 있다.

　참된 용서를 창안하신 분이 하나님이시고, 그 용서를 실제로 이루신 분은 예수님이시다. 그런 의미에서 우리는 예수님의 용서의 의미와 방법을 배우고자 한다.

하나님은 예수 그리스도 안에서 우리를 용서하셨다(엡 4:32)

용서에 대한 원리는 하나님이 만드셨다. 하나님은 의로우시고 완전하시며 창조주이시므로 죄를 용납하시지 않는다. 그러나 하나님께서 인간이 자기 힘으로는 구속함을 받을 수도 없고, 의롭게 되거나 거룩히 여김을 받을 수도 없기에 새로운 방도를 마련하셨다. 그것은 바로 용서의 방법이었다. 하나님은 용서의 방법으로 속죄의 방법을 택하셨다. 즉 짐승이 대신 죽고 인간의 죄를 용서하는 방법이었다.

이것이 이른바 속죄(贖罪: Redemption)의 방법이다. 그러나 이러한 짐승이 대신 죽는 속죄의 방법은 완전하지 못했다. 그래서 하나님이 외아들을 중보자로 주셔서 어린 양이 죽는 것처럼 십자가에서 무죄하신 예수님이 죽으심으로 그 속죄의 원리를 완성했다. 바로 이것이 구약과 신약 전체에 흐르는 메시지이다. 예수님은 하나님의 구속의 프로그램 즉 위대한 용서의 계획을 이루기 위해서 십자가를 지셨다. 따라서 우리는 예수 없이 구속을 말할 수 없을 뿐 아니라 예수 없이 용서를 말할 수도 없을 것이다.

바울은 에베소서 4:32에서 "서로 인자하게 하며 불쌍히 여기며 서로 용서하기를 하나님이 그리스도 안에서 너희를 용서하심 같이 하라"고 했다. 하나님의 용서는 인간의 공로와 의를 보신 것 때문이 아니고 결국 "예수 그리스도 안에서" 우리를 용서하신 것이다. 그러므로 우리가 꼭 집고 넘어야 할 것은 용서는 그냥 좋은 마음, 넉넉한 마음의 수준에서 받아져서는 곤란하다. 사실 용서는 하나님의 고통이었고 예수 그리스도의 고통이었다. 용서는 소설이나 시에서 사용되는 휴머니즘이 아니고 하나님께서 그리스도의 피를 보고 모든 죄를 용서하게 되는 우주적 대 사건이다. 그러므로 예수님 자신이, 중보자로서 또는 하나님의 아들로서 용서의 모델이 되셨다.

예수님은 십자가의 모진 고난과 고통 속에서도 자기를 십자가에 못 박도록 내어주고 모든 사람을 용서해 달라고 기도했다. "이에 예수께서 가라사대 아버지여 저희를 사하여 주옵소서 자기의 하는 것을 알지 못함이니이다."(눅 23:34)라고 했다. 십자가의 주변에는 수많은 사람들이 데모대가 되어 예수를 십자가에 못박으라고 고함치고 온갖 욕설로 예수를 멸시천대하고 수모를 주었을 뿐 아니라, 살인강도들 사이에 십자가에 매달아 인간으로서 고통의 한계 속에 있을 때도 예수님은 저들을 "용서"해 주었다. 그런데 이런 용서는 예수님이 하나님 아들로서 우리의 중보자이기에 가능했다. 그러므로 용서는 삼위 하나님의 합작품이요, 그 용서는 바로 하나님의 은혜와 구원과 연관되어 있음을 알아야 한다.

예수님은 끝이 없는 용서를 가르쳤다(마 18:21, 막 9:42, 눅 17:4)

예수님의 용서의 개념과 우리 사람들이 사용하는 용서와는 크게 차이가 있다. 우리들의 용서는 한계가 있다. 흔히 하는 말로 참는데도 한계가 있다는 말을 쓰는 것처럼, 설령 우리가 아주 특별히 선한 마음, 넓은 마음으로 상대를 용서했다고 치자. 그러나 반복해서 욕을 돌리고 죄를 범한다면 나중에는 용서는 고사하고 도리어 악감을 가지고 불평과 저주로 가버린다. 계속해서 상대가 욕 돌리고 무고한 공격을 해올 때는 적극적으로 원수시 하지 않는다고 해도 상대방에게 마음의 문을 닫고 외면하거나 멸시하는 자리에 간다. 한두 번은 용서를 할 수 있어도 그것이 반복되면 결국에는 용서할 수 없게 된다.

그러나 예수님의 용서는 끝이 없다. 베드로는 제안하기를 형제가 자기에게 죄를 범하면 일곱 번 정도 용서하면 되겠느냐고 예수님께 물었다. 베드로의 용서에 대한 제안도 아주 수준 높을 뿐 아니라 당시 유대 사회의 관습으로 보면 최고 최대의 용서였다. 그러나 예수님은 베드로의 제안에 칭찬하지 않고 말씀하시기를 "일곱 번 뿐 아니라 일흔 번씩 일곱 번이라도 할찌니라"(마 18:21)고 했다. 당시 랍비들의 전통은 세 번까지만 용서하면 된다고 가르쳤는데 베드로의 용서 제한은 두 배 이상 많았음에도 불구하고 예수님은 그것의 70배를 용서하라고 하였다. 이는 숫자적 개념으로 490번이 아니고 무제한적인 용서를 의미한다. 여기서 우리는 세상 나라의 윤리와 하나님 나라의 윤리가 얼마나 차이가 있는지를 보여 준다. 베드로가 일곱 번까지의 용서를 최대치로 간주했으나 예수님은 무한한 용서를 말씀하셨다. 그 이유는 하나님은 그리스도 안에서 우리를 용서했기 때문이다.

예수의 용서의 기준은 회개이다(눅 17:3)

예수님께서 가르치신 용서의 기준은 선한 마음이나 착한 마음의 문제가 아니다. 용서의 문제는 회개의 문제와 결부된다. 회개 없이 용서 없고, 용서 없이 구원 없다. 죄의 정도와 죄질이 문제가 아니라 회개가 있느냐 없느냐가 중요하다. 그 이유는 다음과 같다. 하나님께서 우리의 죄의 정도와 죄질을 따지면 마땅히 죽어야 할 것이고 그로 말미암아 멸망할 수밖에 없다. 그러나 하나님께서는 구원의 방도를 열어 주셨다. 그것은 회개의 방법을 통해서 자기가 죄인인 줄 알며 자기 죄의 중함을 알고 회개하고 고백할 때 사죄의 은총을 주시는 것이다.

인간인 우리가 보기에는 죄의 정도가 차이가 있는 듯 보이지만, 하나님의 입장에서 본다면, 모든 사람이 범죄하여 하나님의 영광에 이르지 못했고, 허물과 죄로 죽었다. 약간의 선, 약간의 구제로 다른 사람보다 더 낫다고 할 수 없다. 하나님의 눈에는 우리가 보기에 선하게 보이는 것마저도 걸레같이 더러운 것이다. 다만 회개하면 그리스도의 보혈로 죄 씻음 받고 용서 받을 수 있다. 그러므로 우리도 또한 다른 형제가 죄를 회개할 때 즉각 용서해야 한다. 그것이 또한 내 자신이 사는 비결이 될 것이다.

예수님은 용서하면 용서 받는다고 하셨다(마 6:14-15)

마태복음 6장에는 예수님께서 우리들의 내적 또는 외적인 신앙생활의 규범을 가르치고 있다. 예수님은 우리가 천국 시민으로서 실천해야 할 구제생활, 기도생활, 금식생활 등에 대한 구체적 지침을 주셨다. 그러나 여기서는 이런 신앙생활의 실천 문제를 바리새인들의 위선적이며 형식적인 삶과 대조시켜 제시함으로 겉보다는 속을 결과보다는 동기를 중요하게 말씀했다. 그리고 예수님은 순결한 삶으로서 열매를 강조했다. 예수님은 그 중에서도 용서를 여러 번 강조하셨다. 우선 마태복음 6:12에 "우리가 우리에게 죄 지은 자를 사하여 준 것 같이 우리의 죄를 사하여 주옵시고"라고 기도를 가르쳤다. 다른 사람의 죄를 용서하지 않고 하나님께로부터 죄의 용서함을 받고자 하는 것은 참으로 염치없고 부끄러운 일이 아닐 수 없다. 우리가 다른 사람의 허물과 죄를 덮어주고 용서해야 하나님께 우리의 죄를 용서해 달라고 감히 기도할 수 있다. 그리고 예수님은 주기도문을 다 가르치시고 난 다음에 다시 한 번 강조하기를 "너희가 사람의 과실을 용서하면 너희 천부께서도 너희 과실을 용서하시려니와 너희가 사람의 과실을 용서하지 아니하면 너희 아버지께서도 너희 과실을 용서하지 아니하시리라"(마 6:14-15)고 했다. 다른 사람의 죄를 용서하지 않고 하나님께 우리의 죄의 용서를 구하는 것은 바리새적이며 위선이 되는 것이다. 다른 사람을 용서하지 않으면서 자기의 허물과 죄를 용서하기를 바란다면 하나님은 그런 바리새적인 기도와 삶을 결코 용납하지 않을 것이다. 예수님은 우리들에게 종교인이 되기를 원하시는 것이 아니라 그리스도인이 되기를 원하시며, 하나님 사랑하는 사람을 원하신다.

하나님으로부터 말로 다할 수 없는 죄를 용서 받고서도 다른 사람의 작은 죄를 용서하지 못한 사람의 실예를 마태복음 18:24-35에 설명하고 있다. 예수님의 말씀대로 보면 어떤 주인이 일만 달란트 빚진 자가 하도 애걸복걸하기에 그 빚을 탕감해 주었다는 것이다. 그러나 그 사람이 이 큰 은혜와 사랑과 사죄의 은총을 입고도 자기에게 백 데나리온 빚진 자를 윽박지르고 옥에다 쳐 넣었다. 주인이 이 소식을 듣고 크게 노해서 그 못된 배신자를 다시 불러 배은망덕의 죄로 옥에 가두었던 것이다. 그래서 예수님은 이 이야기의 결론에서 말하기를 "너희가 각각 중심으로 형제를 '용서' 하지 아니하면 내 천부께서도 너희에게 이와 같이 하시리라"(마 18:35)고 했다.

예수님이 가르친 용서의 원리는, 내가 먼저 용서하면 용서 받고, 내가 먼저 하나님으로부터 용서 받았으니 우리는 마땅히 다른 사람의 허물과 죄를 용서해야 구원과 평안에 이를 수 있다는 것이다.

　그러므로 예수님의 용서는 약자의 삶이 아니고 도리어 강자의 삶이다. 용서할 수 있는 사람은 대인이고 용서할 줄 모르는 사람은 소인이다. 예수님은 십자가에서 도리어 무지한 인생들의 죄를 용서해 달라고 하나님께 부탁했다.

예수의 온유

"나는 마음이 온유하고 겸손하니 나의 멍에를 메고 내게 배우라 그러면 너희 마음이 쉼을 얻으리니"(마 11:29)

　　예수님의 팔복 설교 중에는 "온유한 자는 복이 있나니 저희가 땅을 기업으로 받을 것임이요"(마 5:5)라고 했다. 그런데 실제로 오늘날 세상의 분위기는 철저히 투쟁적이고 수단방법을 가리지 않고 쟁취하는 것을 성공이라고 한다. 시중에 잘 팔리는 책들은 한결같이 돈 잘 버는 법, 강력한 지도력을 갖는 것, 성공하는 법, 출세하는 법, 투자를 잘해서 부자되는 법, 대박을 터트리는 방법 등등이다. 그런데 책만 그런 것이 아니고 우리의 교육의 현장에서도 동일하다. 끝없는 경쟁을 부추기어 상대는 망해야 하고 나는 살아남아야 한다는 치열한 생존경쟁에 생사를 걸고 있다. 이것은 교육계 뿐 아니고 우리 사회의 어떤 분야에서든지 다른 사람의 실수와 실패를 나의 유익과 성공 사례로 연결시키려 하고, 앞에서 뛰다가 쓰러진 친구들을 밟고서라도 목표만 달성하면 된다는 살벌한 시대를 살고 있다.

　　이런 시대에 예수님이 가르치신 "온유"는 가능한 것인가? 우선 우리 시대에는 "온유"하면 손해 볼 뿐 아니라, 자칫 패배자의 변명으로 들리기 십상이다. 더구나 땅 투기로 떼돈을 벌고 온갖 부정한 방법, 탈

법으로 땅을 사용해서 거부가 되는 판국에 온유한 사람은 땅은 고사하고 인생의 낙오자가 되기 쉽다. 하지만 우리가 이 땅에서 하나님의 나라를 건설하고 천국 백성으로서 하나님의 뜻에 합당하게 사는 방법은 탐욕적이고, 공격적인 자기중심적인 삶이 아니라, 모든 사람에 대해서 겸손하고 양보할 줄 아는 온유한 삶이어야 한다.

온유는 약자가 하는 것이 아니라 실상은 가장 강한 자가 할 수 있는 일이며 하나님의 나라는 온유한 자가 차지하도록 되어 있는 것이 하나님의 원리이다.

예수님의 온유함은 구약에 예언된 대로이다(사 53:7)

예수님은 메시야로서 세상에 어린 양으로 오셨다. 우리를 위해서 희생의 제물이 되어 십자가에서 대속의 죽음을 죽으려고 오셨다. 구약의 선지자들은 장차 올 메시야를 마치 눈앞에서 보듯 섬세하게 그리고 있다. 그래서 "그가 곤욕을 당하여 괴로울 때에도 그 입을 열지 아니하였음이여 마치 도수장으로 끌려가는 어린 양과 털 깎는 자 앞에서 잠잠한 양 같이 그 입을 열지 아니 하였도다"(사 53:7)라고 했다. 참으로 위의 성경구절은 예수님이 우리의 구주로서 사명을 다하기 위하여 어린 양처럼 희생되었는데 이는 예수님의 온유한 성품을 아주 절묘하게 나타낸다.

본래 온유란 말의 문자적 해설은 굴복하다, 절하다, 구부리다, 낮아지다, 억압되다, 비천해지다의 뜻을 가진 단어에서 파생되었는데, 겸손과 경건은 사람에게 해당되지만 온유는 하나님과 인간에게 공통적으로 적용되는 특성이라고 한다(시 18:35). 그렇다면 온유는 중보자이신 예수님에게 가장 적절한 성품이라고 할 수 있다.

예수님의 온유는 희생적이다(벧전 2:23)

예수님이 온유하시다는 말은 예수님께서 나약하거나 힘이 없어서 무저항으로 일관하신 것이 아니다. 예수님은 보리떡 다섯 덩어리와 물고기 두 마리로 오천 명을 먹이시고, 각종 질병을 고치시며 죽은 자를 살리시며 바람과 파도를 꾸짖으시는 창조주요, 권능의 하나님이시었다. 그럼에도 불구하고 그에게 도전하고 그를 죽이려고 하는 무리들에게 어린 양처럼 조용히 당하신 것은 우리의 중보자로서 사명 때문이었다.

그리고 그는 참 하나님이요, 참 사람으로서 가장 완벽한 인격의 소유자였기에 그는 온유한 마음으로 고난을 받으셨다. 그래서 사도 베드로는 예수님의 온유를 설명하면서 "욕을 받으시되 대신 욕하지 아니하시고 고난을 받으시되 위협하지 아니하시고 오직 공의로 심판하시는 자에게 부탁하시며 친히 나무에 달려 그 몸으로 우리 죄를 담당하셨으니 이는 우리로 죄에 대하여 죽고 의에 대하여 살게 하려 하심이라 저가 채찍에 맞음으로 너희는 나음을 얻었느니라"(벧전 2:22-23)고 했다. 예수님의 성품이 본질적으로 온유하시지만 그는 또한 메시야의 사명을 감당하기 위해서 무저항주의로 일관하셨다.

예수님은 온유함으로 우리에게 모범을 보이셨다(마 11:29)

예수님은 수고하고 무거운 짐 진 자를 다 자신에게로 오라는 초청을 하셨다. 그러면 예수님은 자기 자신을 스스로 소개하면서 "나는 마음이 온유하고 겸손하니 나의 멍에를 메고 내게 배우라 그러면 너희 마음이 쉼을 얻으리라" (마 11:29)고 했다. 예수님은 자기 정체성을 설명하면서 자신에게 주어진 십자가의 멍에는 말할 것도 없고, 인류의 죄 짐을 지고 가는 고통을 스스로 받았다. 이는 결국 메시야이신 예수 그리스도의 온유한 마음, 겸손한 마음에서 출발한다는 것이다.

그러기에 우리 그리스도인들은 예수 그리스도의 온유한 성품을 닮아가야 한다. 예수님은 우리의 구주이시지만 또한 성도의 구체적 신앙생활의 모범이 되는 것이다. 바울은 갈라디아 성도들에게 성령의 아홉 가지 열매를 설명하면서 "온유"를 들었다. 온유는 주님을 모델로 해서 배울 때 참된 온유함을 가질 수 있다. 물론 그것은 성령의 도우심으로만 가능하다.

예수님은 극한 상황 중에서 온유한 마음을 유지하셨다(마 26:52)

사람들은 보통 평소에는 평상심을 갖고 인격적으로 자기 절제를 할 줄 알지만 극한 상황이 닥치면 이성을 잃어버리고 이전에 전혀 보지 못하던 또 다른 사람의 모습으로 나타난다. 평소에 그토록 진실하고 온유하던 사람이 자기가 불리해지거나 자기의 자존심이 무너질 때 아주 자기의 분을 이기지 못해서 욕설을 하거나 입에 담기 힘든 말을 토해낼 때가 많다. 하지만 예수님은 보통 때나 극한 상황 중에도 변함없이 온유함을 유지했다. 왜냐하면 우리 주님은 우리의 중보자로서의 온전한 인격을 지녔기 때문이다.

예수님께서 가룟 유다의 배신으로 은 30에 팔리었다. 겟세마네 동산에서 피땀 흘리는 기도를 했지만 유다가 대제사장들과 장로들과 군인들을 동반하여 칼과 몽둥이를 갖고 예수를 체포하기 위해 당도했다. 겟세마네 동산의 분위기는 한 순간에 살기가 돌았고 위기의 시간이 왔다. 가룟 유다의 배신의 키스와 야비한 인사로 예수를 체포하려고 했다. 성격이 불같았던 베드로가 칼을 뽑아 들었다. 그러나 예수님은 베드로를 만류하면서 "검을 가진 자는 다 검으로 망하느니라"고 하면서 예수님도 마음만 먹는다면 열두 영이 더 되는 천사를 내보내어 지금의 상황을 완전히 역전시킬 수 있다고 하였다. 그러나 이렇게 참는 이유는 성경을 이루어 십자가의 길로 가고 결국 인간의 구원의 완성하기 위함이라고 말했다. 예수님은 칼을 쓸 수 있는 자리에서 칼을 쓰지 않았다. 예수님은 기적을 행할 수 있는 자리에서 기적을 행하지 않았다. 그것이 곧 예수님의 온유 때문이다.

예수님의 온유함은 바울의 모델이 되셨다(고후 10:1)

바울의 신앙의 내용은 결국 예수 그리스도의 삶과 교훈이다. 바울은 예수님을 3년 동안 따라 다니던 제자가 아니었다. 그것 때문에 바울서신에는 자신이 예수 그리스도로 말미암아 사도가 되었다는 자기 변증을 각각 서신마다 빼지 않았고 기록했다. 그리고 그리스도의 십자가의 못 박힌 것 외에는 증거하지 않기로 결심했고, 오직 십자가만 자랑하리라고 했다. 사도 바울의 메시지는 철저히 예수 그리스도 중심이다. 그는 오직 주님이 걸어가시는 길만을 따르려고 했던 주님의 신실한 제자였다. 바울은 주님의 모든 모습, 모든 성품을 닮고 싶었다. 그중에서도 예수님의 온유를 닮고 싶었다. 그래서 바울은 자기의 사도직을 변호하는 말 중에서 "너희를 대하여 대면하면 겸비하고 떠나 있으면 담대한 나 바울은 이제 그리스도의 '온유'와 관용으로 친히 너희를 권하고…"(고후 10:1)라고 했다. 바울은 예수의 온유함을 닮는 것이 그의 사도됨의 본문이라고 생각했다.

그래서인지 바울은 사랑을 논할 때 "사랑은 오래 참고 〈온유〉하며 투기하는 자가 되지 아니하며 사랑은 자랑하지 아니하며 교만하지 아니하며…"(고전 13:4)라고 언급하면서 사랑의 덕목 중에서 두 번째로 "온유"를 언급했다. 결국 예수의 온유가 바울의 신앙 인격의 모델이 되었다.

온유는 이 시대를 살아가는 사람들에게는 경쟁에서 뒤지는 나약한 모습으로 보일 수도 있을 것이다. 그러나 온유함은 하나님의 나라건설에 아주 중요한 덕목일 뿐 아니라 온전한 그리스도의 인격에 걸맞는 품성임을 잊지 말아야 한다. 온유는 손해 보는 것이 아니라 궁극적으로 주 안에서 승리하는 비결이며 축복의 덕목임을 잊지 말아야 할 것이다.

구스타브 도레 作 〈벙어리를 고치시는 예수 그리스도〉

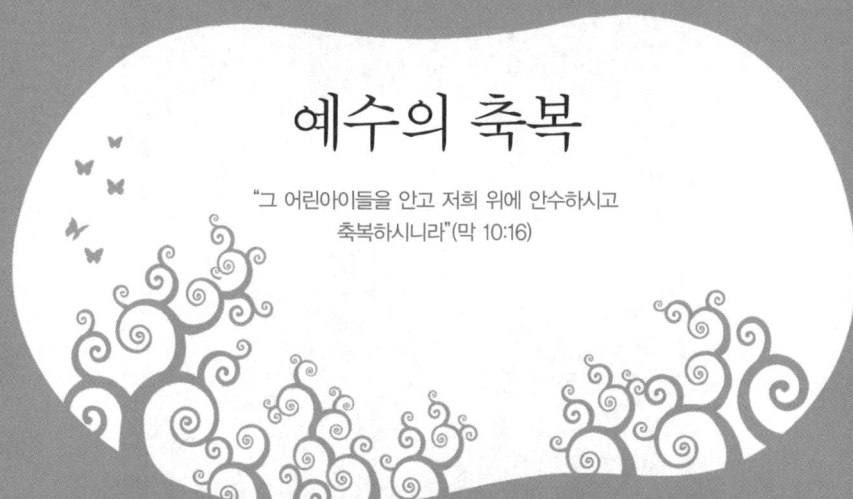

예수의 축복

"그 어린아이들을 안고 저희 위에 안수하시고
축복하시니라"(막 10:16)

　　　　　　　　　오늘의 한국교회는 축복을 남발하고 있다. 한마디로 모든 것이 축복에서 시작하여 축복으로 끝맺음하고 있다. 왜냐하면 축복은 좋은 것이고, 모든 사람은 축복을 원하기 때문이다. 그런데 그 축복의 내용은 대게가 "영혼이 잘됨같이 범사가 잘되고 강건하게" 되는 것을 의미한다(요한삼서 1:2). 그러므로 축복은 대게가 웰빙(Wellbeing)쪽에 맞추어 있고 이 세상에서 행복하게 사는 것을 강조하게 되었다. 즉 예수를 믿음으로 범사가 잘되어야 한다는 것이다.

　그러나 성경적으로 볼 때 축복은 보다 다양하고 폭넓은 뜻이 있음은 두말할 필요가 없다. 축복 중에 축복은 하나님을 나의 하나님으로 믿게 된 것이 축복이다. 그래서 믿음으로 구원 얻는 것이 축복이며 주의 훈계로 양육 받는 것이 축복이다. 또한 기도의 응답을 받고 강하고 담대해지는 것도 축복이고, 소망을 가지고 새 힘을 얻는 것도 축복이고 예수를 나의 구주로 영접하고 성령의 능력을 얻는 것도 축복이다. 그러므로 축복이란 결국 하나님께서 사람들에게 베풀어 주시는 모든 은혜이다.

이제 우리는 예수님께서 그의 공생애 중에 축복하신 것을 중심으로 생각해 보고자 한다.

예수님은 축복의 원천이시다(요 14:27)

하나님이 복의 근원이듯이, 예수 그리스도도 복의 근원이시다. 예수님은 우리에게 축복의 원천이며 모든 복은 그로 말미암아 온다. 왜냐하면 "만물이 그로 말미암아 지은바 되었으니 지은 것이 하나도 그가 없이는 된 것이 없기" 때문이다(요 1:3).

사실 목사가 축복은 하지만 목사는 축복의 근원이 아니다. 다만 축복을 전해주는 통로가 되는 도구일 뿐이다. 성도에게 축복을 주시고 그것을 온전히 이루시는 분은 하나님이시요, 예수 그리스도이시다. 그러므로 예수님께서 주시는 축복은 "영생하는 생수", "영생하도록 있는 양식", "영생의 말씀"(요 6:)이다. 그러므로 예수님이 주시는 축복은 한층 더 고차원적이고 영적이고 고상한 축복이다.

그래서 예수님은 "평안을 너희에게 끼치노니 곧 나의 평안을 너희에게 주노라 내가 너희에게 주는 것은 세상이 주는 것 같지 아니하니라 너희는 마음에 근심도 말고 두려워하지도 말라"(요 14:27)고 했다.

예수님은 어린이를 축복하셨다(막 10:16)

예수님께서 어린이를 축복하신 것은 당시 유대사회에는 큰 뉴스거리였을 뿐 아니라 사회적 이슈였다. 그래서 이 사건은 마태, 마가, 누가 등 공관복음에서 골고루 다루고 있다. 왜 어린이를 축복한 것이 당시에 큰 뉴스가 됐을까? 그 당시는 어린이는 소외계층이었고 사람들에게 별로 중요한 존재로 여기지 않았다. 한국도 개화기 전에는 어린이를 소중히 취급하지 않았을 뿐 아니라 어린이의 인권이나 어린이에 대한 아무런 보호조치가 없었다. 어린이는 어른의 사회에 비추어볼 때 하찮은 존재로만 인식되었다.

예수님의 생애 중에 이적을 베푸시고 또 말씀을 증거할 때 어린이들이 많이 몰려왔고, 예수님의 말씀을 들으려고 했다. 그런데 제자들은 어린이들이 예수님을 귀찮게 한다고 생각한 나머지 어린이들을 내어쫓거나 꾸짖었다. 바로 그 때 예수님은 이 장면을 보고 분히 여기면서 "어린 아이들이 내게 오는 것을 용납하고 금하지 말라 하나님의 나라가 이런 자의 것이니라"(막 10:14)고 했다. 예수님의 이 말씀은 당시 유대인들이 가졌던 세계관과는 전혀 달랐다. 어린이는 존중되어야 하고 그들 나름대로의 인권이 있을 뿐 아니라 축복의 대상이 된다는 것이다. 그래서 예수님은 어린이를 축복하셨다. 이 축복이 유대인들의 잘못된 세계관을 교정하고 어린이들에게 꿈과 희망을 주고 있다.

즉 "누구든지 하나님의 나라를 어린 아이같이 받들지 않는 자는 결단코 들어가지 못하리라 하시고 그 어린 아이들을 안고 저희 위에 안수하고 축복하시니라"(막 10:15,16). 당시 서기관, 바리새인들은 예수님의 축복을 받지 못했다. 그 이유는 그들이 이중적이고 위선적이고 율법적이었기 때문이었다. 그러나 어린이는 예수님의 축복의 대상으로 그들에게 꿈과 희망을 주었다.

예수님은 작은 것에 축복함으로 놀라운 기적을 일구어내셨다 (막 8:7)(요 6:11)

예수님은 두 번에 걸쳐 보리떡과 작은 물고기 몇 마리를 가지고 축복하시므로 놀라운 기적을 일으키셨다. 요한복음에는 보리떡 다섯 덩어리와 물고기 두 마리를 가지고 오천 명을 먹이고도 열두 광주리의 부스러기를 거두었다고 기록하고 있다.

마가복음 8장에는 떡 일곱 덩이와 생선 두어 마리를 가지고 사천 명을 먹였다고 기록하고 있다. 마가복음에는 축사와 축복으로 언급되었고 요한복음 6장에는 축사로 표현되었다. 여기서 축사란 말은 축복하고 감사한다는 의미이다. 보리떡 다섯 개와 물고기 두 마리는 아무 것도 아닌 것이었다. 그러나 예수님은 이것을 가지고 축사함으로 오천 명을 먹이셨다. 즉 축복과 감사의 장으로 만드신 것이다.

아무리 작은 존재라도 예수님의 축복이 있으면 그것은 하늘도 놀라고 땅도 놀랄 위대한 사건이 발생된다. 별 것 아닌 연약한 것일지라도 주 예수 그리스도의 축복이 있으면 그것은 보석처럼 빛낸 존재가 될 것이며 모든 문제는 해결되는 것이다. 그것은 예수 시대나 사도 시대뿐만 아니라 오늘도 예수 그리스도의 축복을 받으면 우리도 그 축복의 통로가 되어서 다른 이들에게도 이 축복의 도구로 쓰임 받을 수 있다.

그러므로 예수님은 성역 중에 지극히 적은 것에 축복과 감사를 잊지 않았다. 그러므로 우리는 예수 그리스도에게서 그의 하나님 되심과 구주되심을 엿볼 수 있다.

예수님은 우리에게 저주하는 자를 위해서 축복하라고 가르치셨다(눅 6:28)

예수님은 산상설교에서 우리가 도저히 감당할 수 없는 말씀들을 많이 하셨다. 즉 "너희 원수를 사랑하며 너희를 핍박하는 자를 위하여 기도하라"(마 5:44)고 가르쳤다. 그러나 실제로 우리가 이 말씀을 읽을 때 그것을 어떻게 실행할 수 있을까라고 고민한다. 또 이 말씀을 들은 당시의 사람들도 감당키 어려운 말씀이라고 생각했다. 그런데 누가복음의 표현은 더욱 적극적이다. "너희를 저주하는 자를 위하여 축복하며 너희를 모욕하는 자를 위하여 기도하라"(눅 6:28)고 했다.

사실 우리를 저주하는 사람을 용서는 할 수 있어도 축복까지 할 수 있을까? 그러나 예수님은 그의 말씀대로 실행했다. 예수님은 자신을 침 뱉고 채찍질하고 저주하고 욕하는 사람들을 향하여 그리고 십자가에 못박도록 악랄하게 공작을 한 모든 종교지도자들에게 도리어 하나님께 용서를 구했다. 즉 "이에 예수께서 가라사대 아버지여 저희를 사하여 주옵소서 자기의 하는 것을 알지 못함이니이다"(눅 23:34)라고 했다.

예수님은 그가 평소에 교훈하신대로 마지막 순간까지 원수를 위해서 기도하시고 축복했다. 우리가 본받기에는 너무도 어려운 것이지만 그것은 예수님께서 우리에게 요구한 최고의 도덕이며 진리이다. 우리의 생래적인 인간성으로는 원수를 사랑할 수도 없고 원수를 축복할 수도 없지만 오직 하나님의 은혜로만 가능할 것이다.

그 좋은 예가 손양원 목사님의 경우를 생각할 수 있을 것이다. 손양원 목사님은 공산당에 의해서 두 아들 동인이와 동신이가 총살되었다. 희망과 꿈에 부풀어 있었고 미국 유학을 준비하던 금쪽같은 두 아들들이 공산당에게 순교 당했다. 그러나 손양원 목사님은 그에게 원수였던 공산주의자요, 살인자인 청년을 자기의 양자로 삼고 공부를 시켰다. 손양원 목사님이야 말로 사랑의 사도요, 예수님이 가르치신 대로 원수를 사랑하고 자기를 저주한 자를 도리어 축복하신 분이다. 그것은 손양원 목사님의 위대한 신앙이기도 하지만 이는 전적으로 예수님이 가신 발자취를 그대로 따르려고 했기 때문이다.

예수님은 성만찬을 축복해 주셨다(마 26:26)

예수님의 유월절 만찬은 예수님의 공생애에서 빼놓을 수 없는 귀한 사건이었다. 예수님은 십자가의 고난과 죽음을 앞에 두고 유월절의 어린 양 되시는 예수님의 구속사역의 의미를 정확히 제자들에게 전달하려고 했다. 말하자면 예수의 십자가가 카운터다운 되고 있었다. 유월절 만찬에 모인 예수님과 제자들은 자못 심각했다. 그것은 예수님이 유월절 절기는 바로 자신의 죽음 곧 유월절 어린양이 바로 자기 자신이라는 것을 제자들에게 확실히 각인시키고 마치 유월절 만찬이 출애굽 이후에 매해 절기로 지키듯이, 예수님의 유월절 만찬도 주님 재림하실 때까지 계속 반복되고 기념되기를 소원했다. 유월절 만찬을 준비하는 중에 긴장이 감돌았고 한 마디 한 마디가 엄숙했다. 즉 "내 때가 가까웠으니 유월절을 예비하라 인자는 기록된 대로 가거니와"

등등이었다.

그런데 예수님은 유월절 만찬을 시작하면서 떡을 먹기 전에 "축복" 하셨다. 그 자리는 단순히 유월절을 기념하거나 감사하는 정도가 아니라 유월절 만찬은 제자들은 말할 것도 없고 장차 오고 오는 모든 세대의 주의 자녀들에게 축복이 되어야 한다는 것이다.

즉 주의 살을 의미하는 떡을 먹고 주의 피를 상징하는 포도주를 마심으로써 예수님이 우리를 위해서 물과 피를 쏟으신 것을 기억하고 기념하고 그 위대한 은혜를 깨닫게 해달라는 축복의 기도였다.

예수와 축복! 예수님은 복의 근원이시며 또한 축복의 원천이시다. 그보다 예수님 자신이 축복이고 예수님의 말씀이 축복이고 예수님의 삶이 또한 축복이다.

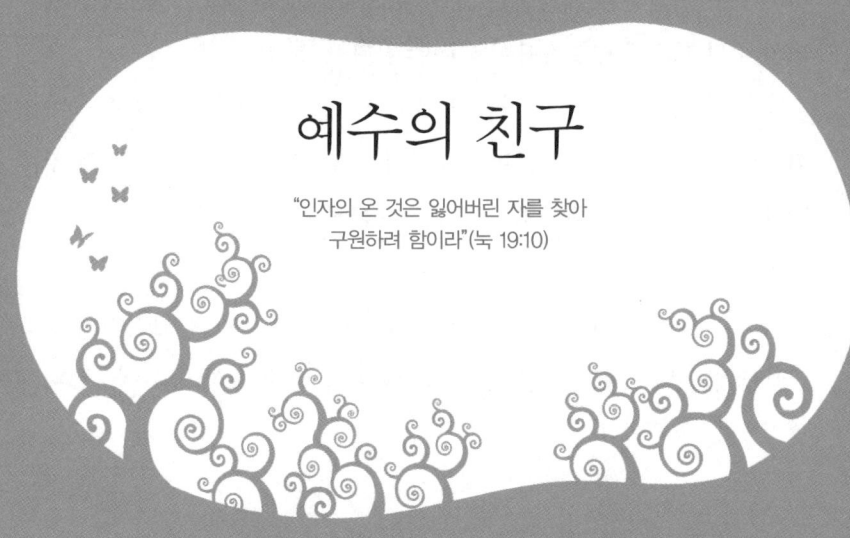

예수의 친구

"인자의 온 것은 잃어버린 자를 찾아
구원하려 함이라"(눅 19:10)

사람을 평가할 때 흔히 그 사람의 친구가 누구인지를 보면 알 수 있다고 한다. 친구란 말 그대로 마음을 터놓고 이야기 할 수 있는 가까운 사이라고 할 수 있다. 친구란 때로는 형제보다 더 친밀하고 깊은 우정을 나누는 경우가 허다하다. 그렇다면 우리의 구주이신 예수님의 친구는 누구일까? 그는 하나님의 아들이고 다윗의 왕통으로 나셨기에 당연히 유대나라 상류사회의 인사들 예컨대 서기관이나 바리새인들 그리고 랍비들과 교제를 해야 될 것이다. 그런데 예수님의 친구는 가난하고 병들고 연약한 자들 그리고 유대사회에 가장 천시하는 세리와 창기들의 친구가 되었다(눅 7:34). 그 이유는 예수님이 세상에 오신 목적이 잃어버린 자들을 찾기 위함이었다. 그러나 실상 서기관과 바리새인들이 예수를 세리와 죄인의 친구라고 수군거린 배후에는, 결국 죄인들과 어울리는 예수님도 똑같은 부류의 죄인으로 몰아가기 위한 술수였다.

그런데 여기서 유대나라에서 일반적으로 통용되는 죄인에 대한 개념을 살펴보는 것이 필요하다. 한국에서는 죄인이라는 말은 범법 행위를 해서 형이 확정되고 교도소에 갇혀있는 사람을 의미한다. 그러나 그 당시는 죄인들이란 말은 범법자 뿐 아니라 바리새인들이 정해 놓은 법을 지키지 못하는 사람들이다. 말하자면 종교적으로 죄인으로 지목된 사람들을 가리킨다. 그들은 유대사회에서 여러 가지 불이익을 당했고 소외당했다. 생활이 어려운 가난한 사람들은 안식일을 지키거나 율법의 세밀한 부분을 온전히 지키기 어려웠기에 이들을 한꺼번에 죄인이라고 불렀다. 그중에서도 그들은 세리와 창녀들을 죄인들의 대표적 부류로 취급했다. 그럼에도 불구하고 예수님은 유대사회의 바닥 인생들을 연민과 동정심을 갖고 그들을 친구로 대해 주셨다. 그렇게 하신 이유는 예수님이 세상에 오신 목적이 죄인들을 구원하러 오셨기 때문이다.

병든 나사로를 친구로 삼으신 예수님(요 11:11)

요한복음 11:11을 보면 "우리 친구 나사로가 잠들었도다 그러나 내가 깨우러 가노라"는 말씀이 있다. 예수님은 그의 공생애 중에 베다니에 사는 가난한 삼남매의 가정을 특별히 사랑하셨다. 마리아는 값비싼 향유를 예수님의 발에 붓고 머리털로 주님의 발을 씻었을 정도로 신앙이 두터웠다. 그런데 어느 날 그들의 오빠인 나사로가 중병에 걸리고 말았다. 그 자매들은 오빠의 병이 예수님이면 능히 낫게 할 줄 믿고 사람을 보냈다. 성경 기록대로 보면 예수님은 이 가정을 사랑할 뿐 아니라 특히 나사로를 사랑하셨다. "주여 보시옵소서 사랑하는 자가 병들었나이다"(요 11:3) 했고, "예수께서 본래 마르다와 그 동생과 나사로를 사랑하시더니"(요 11:5)라고 기록되어 있다. 그런데 예수님은 마르다, 마리아 자매의 전갈을 받고도 전혀 서둘지도 않았다. 도리어 "이 병은 죽을 병이 아니라 하나님의 영광을 위함이요 하나님의 아들로 인하여 영광을 얻게 하려함이라"라고 했다(요 5:4).

예수님은 위급을 알리는 말을 듣고도 이틀을 더 유하시고 베다니로 갔다. 그러나 이미 나사로는 죽었다. 그때 예수님은 말씀하시기를 "우리 친구 나사로가 잠들었도다 그러나 깨우러 가노라"(요 11:11)고 했다. 주님의 말씀대로 이미 무덤에 있는 죽은 나사로를 살리셨다. 이것은 예수님의 공생애 중에 가장 큰 이적이라고 할 수 있다. 예수님은 이 가정의 슬픔과 함께 하시고 함께 눈물을 흘리셨다. 이 과정을 통해서 예수 그리스도는 참으로 하나님의 아들이요 세상의 구주이심을 증거하기도 했지만 병들고 가난한 베다니의 친구 나사로에 대한 지극한 예수님의 우애를 보여주었다. 그러면서도 예수님은 부활이요, 생명이기 때문에 믿는 자는 죽어도 살겠고, 무릇 살아서 믿는 자는 영생을 주신다(요 11:25-26)는 메시지를 주었다. 예수께서 이미 말씀하신대로 이 사건을 통해서 하나님께 영광을 돌리기 위함인 것을 확인시켜 주었다.

배신자 가룟 유다를 친구로 부르신 예수님(마 26:50)

예수님은 열두 제자를 친구로 삼았다. 그래서 3년 동안 침식을 같이 하면서 스승과 제자들이 혼연일체가 되어 하나님의 나라 건설과 주님의 몸 된 교회를 세우기 위해 준비해 왔다. 예수님은 열두 제자를 사랑하셨을 뿐 아니라 속마음을 다 털어주었다. 열두 제자들은 가장 가까이에서 예수님의 숨결과 그의 체온을 느끼면서 깊고도 오묘한 진리를 배웠다. 그런데 예수님께서 3년 동안 모든 정성과 마음을 바쳐 제자들을 끔찍이 사랑했건만 그 중에 한 사람 가룟 유다가 배신을 하게 된다. 유다는 가룟 (그리옷)출신으로 아버지는 시몬이다(요 6:71). 하나님 찬양이란 그 이름의 뜻과는 반대로, 3년 동안 가르친 스승을 은 30개에 팔아버린 배은망덕의 제자가 되었다(마 26:14-16). 그는 다른 제자들처럼 더러운 귀신을 쫓고 모든 병과 모든 약한 것을 고치는 권능을 받았던 자(마 10:1)이지만 마리아가 예수님의 발에 향유 붓는 것을 보고 마음에 분히 여기며 불만을 표시했다. 결국 그런 심성 때문인지 사탄이 그에게 들어가 예수를 팔아넘기기로 작정하고 대제사장들과 공모해서 예수를 체포하는데 앞장섰다. 그런데 예수님은 이미 가룟 유다의 속마음을 훤히 꿰뚫고 계셨고 그의 배신의 행위를 다 알고 계셨다. 그래서 예수님은 "때가 가까웠으니 인자는 자기에게 대하여 기록된 대로 가거니와 인자를 파는 그 사람에게는 화가 있으리로다"(마 26:24), "보라 때가 왔으니 인자가 죄인의 손에 팔리우느니라"(마 26:45)고 했다. 그래서 예수님은 십자가를 앞에 두고 그리고 유다의 배신으로 인한 아픔을 안고 겟세마네 동산에서 피땀 흘려 기도하셨다.

　예수님의 기도의 결론은 내 뜻대로 마옵시고 아버지의 뜻대로 되기를 소원했다. 기도를 마친 후 가룟 유다가 대제사장과 장로들과 로마 군병들의 체포조를 앞세우고 와서 미리 약속한 신호대로 예수님에게 배신의 입맞춤을 했다. 그리고 가증스럽게 〈랍비여 안녕하시옵니까〉라고 했다(마 26:49). 그러나 예수님은 유다에게 말하기를 〈친구여 네가 무엇을 하려고 왔는지 행하라〉고 하시면서 배신자 유다를 친구로 불렀다. 이것이 세상의 구주로 오신 예수의 사랑이 아닐까?

세리와 죄인의 친구가 되신 예수(눅 19:1-10)

세리는 당시 유대사회에 가장 기피하고 혐오하는 직업이었다. 이들은 로마정부의 세금징수의 청부인들이었다. 당시에는 세리가 두 종류였는데 수입세나 일반세를 징수하는 갑바이(gabbai)세리와 세관에서 관세를 거두어들이는 목케스(mokhes)세리가 있었는데 후자가 더 악질적이어서 과다한 세금을 거두고 일부를 착복했다. 그래서 유대나라는 세리를 죄인 취급했고 이방인처럼 여기게 되었다. 그도 그럴 것이 당시 세리는 유대백성으로부터 세금을 걷기 위해서 헤롯 왕이나 로마총독으로부터 세금 징수권을 위임받았다. 특히 세리장은 부유한 세금청부업자로서, 도매시장에서 입찰가격을 정하듯 1년 걷을 수 있는 총액을 제시한 사람이 낙찰을 받아 징수권을 따냈다. 그 후 세리장은 부하세리를 고용해서 세금을 거두어들이는 것이다. 여기에 검은 거래와 로비가 있었던 것은 당연했다.

그런데 어찌하여 예수님은 이런 세리들의 친구가 되었는가? 특히 예수님의 제자 중에는 세리 마태가 있다. 세리 마태는 당시 매국노로 따돌림을 받았다. 그런데 세리 마태는 주님이 부르는 순간 그의 기득권과 경제적 손실을 과감히 떨쳐버리고 주님의 제자가 되었다. 그는 자신이 걸어왔던 삶이 너무나도 잘못된 줄 알고 예수님의 제자가 됨으로 새 삶을 걸어가게 되었다. 예수님은 화석화된 종교인을 찾으시는 것이 아니라, 비난의 대상이고 과거에 죄악의 길로 걸었을지라도 예수의 복음을 받고 회개하는 자를 기뻐하시고 그의 친구가 되어주신다는 것이다. 그것이 복음의 본질이요, 기독교 신앙의 핵심이다. 당시 세리는 비록 부도덕하고 유대사회의 비난의 대상이기는 했으나 양심의 가

책을 받고 회개할 줄 알았다. 즉 "세리는 멀리 서서 감히 눈을 들어 하늘을 쳐다보지도 못하고 다만 가슴을 치며 이르되 하나님이여 불쌍히 여기소서 나는 죄인이로소이다"(눅 18:13)라고 자신의 처지와 죄를 깨달았다. 뿐만 아니라 "모든 세리와 죄인들이 말씀을 들으러 가까이 나아오니…"(눅 15:1)라고 했다. 비록 따돌림을 받고 죄인 취급을 당했으니 구주이신 예수님의 생명의 말씀을 듣기 위해서 몰려왔다. 그래서 유대사회의 기득권층은 이런 것이 못마땅했고 예수를 비난하면서 "세리와 죄인의 친구"라고 매도했다. 실제로 예수님은 서기관과 바리새인 같은 유대교 지도자들의 비판처럼 세리와 죄인의 친구로서 저들의 아픈 가슴을 싸매어 주었다.

또 세리에 대한 예수님의 관심은 세리장 삭개오를 받아드리신 것이다. 삭개오는 악명 높은 세리로서 유대사회에서는 완전히 매국노요, 저질의 인간으로 생각했다. 예수님이 오신다는 소식을 듣고 그 분을 한번만이라도 만나서 그의 속마음을 털어놓고 의논하고 싶었다. 그러나 유대사회에 떳떳하게 예수님의 환영대열에 끼지 못하고 멀찌감치 뽕나무에 올라가서 예수님을 보려고 했다. 그는 세리 못지않게 키가 작은 콤플렉스도 있었을 것이다. 그런데 놀라운 일이 일어났다. 그 많은 인파를 헤치고 예수님은 삭개오가 올라가 있는 뽕나무 밑에 직접 오셔서 "삭개오야 내려오라 내가 오늘 너희 집에 유하여야 하겠다"(눅 19:5)고 했다. 그후 삭개오가 예수님을 영접하자 주위의 시선이 따가웠다. 사람들은 수군거리면서 어떻게 예수가 죄인의 집에 들어가 자기도 했는가라고 비아냥댔다. 비록 삭개오는 죄인이었지만 예수님 앞에 자기의 죄를 청산하고 구체적인 회개를 했다. 그 때 예수님은 "구원"을 선포했고 삭개오도 아브라함의 자손이라고 신분을 회복시켜 주었다. 그리고는 "인자의 온 것은 잃어버린 자를 찾아 구원하려 함이라" (눅 19:10)고 말씀하셨다. 예수님은 세리의 친구로 잃어버린 영혼을 찾아주셨다.

창녀에 대한 예수님의 용서

유대사회에 비난 받는 죄인은 세리 뿐 아니라 창기 곧 창녀였다. 이 이스라엘 사람들은 매춘을 성적으로 부도덕한 죄악일 뿐 아니라 하나님을 거역하는 신앙적 죄로 보았다. 예수님 당시에는 주로 로마의 주둔군이나 떠돌이 상인들을 상대로 하는 창녀들이 많이 있었다고 한다. 이 창녀들은 대부분 신분이 낮거나 가난한 가정의 여성들이었다. 당연히 엄격한 율법을 준수하는 사람들에게 이 여성들은 접촉을 해서는 안 되는 죄인들이었다. 그런데 어찌하여 예수님은 이들이 예수님 앞에 나아와 말씀 듣는 것을 거부하지 않고 죄인들이 주님께 오는 것을 용납했는가 함이다. 그것은 서기관과 바리새인들 이른바 기득권층은 허위와 위선과 독선 그리고 외식에 사로잡혀 죄를 죄 인줄 모르고 그들 자신을 자칭 아브라함의 자손이라고 거들먹거리는데 반해서, 세리와 창녀들은 자기들의 죄를 인정하고 예수께 와서 문제 해결을 얻고자 하였다. 그것이 바로 예수께서 영육 간에 가난하고 병든 자에게 구원의 복음을 증거하시는 목적과 같기 때문이다.

그래서 간음하다 현장에서 잡힌 여자를 돌로 쳐서 죽이려 할 때 예수님은 "너희 중에 죄 없는 자가 먼저 돌로 치라"(요 8:7)고 하셨다. 그리고 주님은 당시 간음하다 현장에서 잡힌 여자만 죄가 있는 것이 아니라 이 세상에는 죄 없는 자가 하나도 없음을 가르쳐 주었다. 우리 인생은 헬라인이나 유대인이나 다 죄 아래 있고 허물과 죄로 죽었던 인생이므로 세리든 창녀든 왕이든 신하이건, 성직자이건 성도이든 간에 모두가 하나님 앞에 죄인이고 예수의 십자가 공로를 믿음으로만 구원에 이를 수 있다.

예수님은 세리와 죄인이 하나님 앞에 죄인이라는 사실을 알았지만, 예수님은 바리새인들의 생각과는 달랐다. 바리새인들은 세리와 죄인을 종교적으로, 사회적으로 저급한 사람들로 낙인찍고 이런 사람들이 없는 세상을 건설하려 했다. 하지만 예수님은 이 사람들도 "하나님의 형상"대로 지음 받은 존재이기에 "아브라함의 자손"으로 하나님의 사랑과 은혜를 받을 수 있는 구원의 대상으로 보았다. 그래서 예수님은 이들을 "잃어버린 자"로 보고 희망의 끈을 놓지 않고 친구로 대한 것이다.

렘브란트 作 〈어린아이를 축복하시는 예수 그리스도〉

예수의 권세

"예수께서 나아와 일러 가라사대
하늘과 땅의 모든 권세를
내게 주셨으니"(마 28:18)

　　고속도로 위로 커다란 트럭이 짐을 가득 싣고 과속으로 질주하고 있었다. 보기만 해도 아슬아슬하고 위태위태해 보였다. 그런데 난데없이 경찰차가 그 트럭을 저만치 앞질러 가서 세우고 경찰은 호루라기를 불면서 달려오는 차를 향해 손가락으로 오른쪽 가장 자리로 멈추라는 명령을 했다. 그러자 무섭게 달리던 그 트럭은 서서히 속도를 멈추고 오른쪽 가장자리에 멈추었다. 제복을 입은 경찰은 단순히 손가락으로 멈추라는 신호를 했을 뿐인데 어찌해서 그 트럭이 순순히 순종했을까? 그 손가락에 무슨 힘이 있었을까? 그런 것이 아니고 국가가 그에게 권위와 세력을 주었기 때문이다. 만에 하나 그 권위와 세력에 불복종한다면 법을 어긴 죄로 재판을 받게 될 것이다.

　　예수님은 권세 있는 분이었다. 그의 권세는 아버지 하나님께서 직접 받은 것이다. 그 자신이 또한 하나님의 아들로서 권세를 가졌다. 예수님의 권세가 병자에게 나타날 때는 치유의 기적이 나타나고, 예수의 권세가 자연에 나타날 때 심지어 풍랑도 잠잠해지는 역사가 나타났다. 예수의 권세는 죄인들의 회개를 듣고는 죄 사함의 권세로 나타났다.

예수님은 누구신가? 그는 하늘과 땅과 온 우주의 권세를 가지신 분이다. 그래서 우리는 그에게 기도하며 그를 찬양하며 그를 높이고 예배의 대상으로 삼게 된다. 만일 우리도 예수의 권세를 힘입는다면 놀라운 능력을 행할 수도 있을 것이다. 우리가 예수를 믿는다는 말은 하나님으로서의 그의 권위, 우리의 구주요 중보자로서의 권위를 인정한다는 뜻도 있지만 동시에 그의 세력을 받는 것을 의미한다. 예수의 권세가 내 권세가 될 때 우리도 죄와 세상을 이기는 역동적인 삶을 살 수 있을 것이다. 그러면 예수의 권세란 무엇일까?

예수님은 하나님으로부터 모든 권세를 받으셨다(마 28:18)

예수의 행동과 삶과 그의 메시지는 당시 기득권층의 유대 지도자들이 볼 때는 참으로 기가 막혔다. 예수님의 언사는 도저히 납득이 가지 않았다. 나와 아버지는 하나이다, 하늘로부터 온 산 떡, 인자의 때가 왔다, 이 성경에 다 내게 대하여 증거하는 것이라, 이 성전은 내 아버지의 집, 화 있을찐저 서기관과 바리새인, 내가 그로라, 네 죄 사함을 받았느니라, 삼일 만에 살아나리라, 천지는 없어지겠으나 내 말은 없어지지 아니하리라 등등. 실로 유대종교인들이나 일반 대중들이 보기에는 예수의 언행이 너무나 충격적이었다. 그래서 그들은 예수에게 도대체 무슨 권세로 이런 말을 하는지를 따지고 물었다. 사실 예수님은 어느 국가에서부터 권세를 받은 것도, 어떤 기관에서부터 권세를 받은 것도 아니었다. 우리 주님은 하나님의 아들이요, 우리의 중보자이므로 하나님으로부터 받은 권세를 소유하고 계셨다.

예수님이 십자가에서 죽으시고 부활하신 후에 40일을 계시다가 바로 승천하기 직전에 말씀하시기를 "예수께서 나아와 일러 가라사대 하늘과 땅의 모든 권세를 내게 주셨으니"(마 28:18)라고 했다. 물론 예수님은 처음부터 그의 모든 사역에서 권능과 권세가 나타났지만, 이제 지상의 모든 사역을 마감하면서 말씀하시기를 지금까지의 모든 사역이 하나님께서 자기 자신에게 위임해 주셨던 권세를 행사했을 뿐임을 확인해 주셨다. 이적을 행한 것도 병을 고친 것도 파도를 꾸짖으신 것도, 사망 권세를 깨뜨리고 부활한 것도 모두가 아버지 하나님께서 아들에게 주신 권세로 되어진 것이다. 그러므로 선교의 대명을 하는 것도 결국은 하나님으로부터 하늘과 땅의 모든 권세를 예수님이 다 갖고 계시기 때문에 명령한다는 것이다. 예수님의 권세는 하나님께서 그에게 위임하신 것이다. 그러므로 예수는 그 권세로 귀신을 쫓아내기도 하고 자연을 꾸짖기도 하시고 병자를 고치신 것이다. 예수님은 하나님의 아들이기에 그러한 권세를 행하는 것이 도리어 자연스런 것이었다.

예수님은 죄를 사하는 권세를 가지셨다(마 9:6,8, 눅 5:24)

성경에서 우리가 잘 아는 삭개오에 대한 이야기를 생각해 보자. 예수님께서 여리고로 통과하는 중에 삭개오를 만난다. 삭개오는 당시 유대사회에 가장 따돌림 받고 있는 지탄의 대상이었고 이른 바 세리와 죄인이라는 그룹에 속했다. 그는 세금을 부당하게 매기고 중간에서 갈취하는 세리 중에 중간 보스였다. 거기다가 신체적 약점이 열등감으로 작용했기에 단순히 돈이 많은 것으로는 영적 고갈을 채울 길이 없었다. 예수님이 그 지역을 통과한다는 말을 듣고 보고 싶긴 해도 감히 나설 용기가 없어서 뽕나무에서 멀찍이 구경을 하고 있었다. 그 때 예수님이 삭개오가 있는 뽕나무 아래 와서 '삭개오야' 하고 개인의 이름을 불러 주었다. 그는 지금까지 한번도 그러한 정겨운 소리를 못들었다. 삭개오가 밖에 나가면 놀림감이 되었고 멸시의 눈초리로 수근대며 천대했다. 그러나 예수님은 삭개오의 영적 공허함을 아시고 찾아오셨다. 그러면서 예수님은 삭개오네 집에 하룻밤을 자겠다고 했다. 그는 큰 충격이었다. 그러나 주변의 시선은 따가웠고 욕설을 퍼부었다. 그래도 삭개오는 감격한 나머지 소유의 절반을 가난한 사람에게 주어 재산을 환원하고 과다한 세금에 대해서 사배나 갚겠다고 구체적인 회개를 했다. 그 때 예수님은 말씀하기를 "오늘 구원이 이 집에 이르렀으니 이 사람도 아브라함의 자손임이로다. 인자의 온 것은 잃어버린 자를 찾아 구원하려 함이라"(눅 19:9,10)고 했다.

우리가 이 본문을 살필 때 삭개오의 아름다운 회개만 부각시켜서는 안된다. 그 보다는 예수는 바로 죄를 사하는 권세가 있는 구원의 주이심을 깨닫는 것이 더 중요하다. 그래서 예수님은 말씀하시기를 "인자가 세상에서 죄를 사하는 권세가 있는 줄을 너희도 알게 하려 하노라"(마 9:6)하니 모든 사람들이 예수님이 중풍병자를 고치시는 이적을 보면서 "이런 권세를 사람에게 주신 하나님께 영광을 돌리니라"(마 6:8)고 결론지었다. 이 세상에서 죄를 사할 수 있는 분은 하나님 한 분 뿐이다. 그러므로 예수님이 죄를 사하는 권세가 있다는 말은 예수님이 바로 하나님이시요, 우리의 구주임을 증명하는 것이다. 특히 예수님이 중풍병자를 고치시는 과정에서 누가복음은 예수님의 권세에 대해서 보다 실감나게 표현하고 있다.

서기관과 바리새인 교법사들이 둘러 있는 중에 예수님의 당시 상황을 설명하면서 누가는 말하기를 "병을 고치는 주의 능력이 예수와 함께 하더라"(눅 5:17)했다. 예수님은 중풍병자의 친구들이 지붕을 뜯고 침상을 달아 내리는 모습을 보고는 "저희 믿음을 보시고 이르시되 이 사람아 네 죄 사함을 받았느니라"(눅 5:20)고 했다. 그랬더니 주변은 소란해졌고 특히 서기관과 바리새인들인 기득권 종교 지도자들은 논평하기를 "오직 하나님 외에 누가 능히 죄를 사하겠느냐"(눅 5:21)라고 했다. 사실은 그들의 의심과 평가는 틀린 것이 아니다. 그들은 예수님의 권위와 능력을 믿지 못했지만 죄를 사하는 권세는 하나님 한 분인 것은 잘 알고 있었다. 예수님은 중풍병자를 그의 권능으로 고쳤다. 그러면서 이 사건을 예수님이 개요하면서 "그러나 인자가 죄를 사하는 권세가 있는 줄을 너희도 알게 하리라"(눅 5:24)고 했다.

예수의 권세는 그의 사역 전반에 나타났다(막 6:56, 눅 6:19)

예수의 권세는 그의 사역 전반에 걸쳐 퍽 다양하게 나타났다. 예수님은 태초부터 계셨고 창조의 주님이시기에 자연을 통제할 수 있는 권세가 있다. 그래서 예수님은 바람과 바다를 꾸짖기도 하고 물위를 걷기도 하였다. 예수님이 그런 기적을 행한 것은 그가 하나님으로부터 만물을 다스릴 수 있는 권세를 받았기 때문이다. 선한 목자의 비유에서 예수님은 선한 목자는 양들을 위해서 목숨을 버린다고 하면서 그의 십자가의 죽으심을 예고했다. 그러면서 예수님은 목숨을 얻기 위해서 목숨을 버린다고 했다. 이때 예수님은 그 이야기의 전후좌우를 설명하면서 모든 것이 예수님 자신의 주권 가운데 있음을 명백히 밝혔다. 즉 "나는 버릴 권세도 있고 다시 얻을 권세도 있으니 이 계명은 내 아버지께서 받았노라"(요 8:18)고 했다. 예수님의 십자가의 죽음도 부활도 결국은 예수의 권세와 연결되고 있다는 것이다. 우리가 신앙생활을 하는 중에 가장 중요한 것은 먼저 예수의 권세를 인정하고 받아드리는 일이다. 예수는 단지 도덕적 교사가 아니다. 우리의 죄를 용서하는 권세를 가지신 하나님이시다. 그러므로 우리는 그의 사역에 초자연을 행하시는 그의 권세를 구체적으로 인정해야 한다.

앞서도 언급했지만 예수의 권세는 그의 기적을 통한 치유사역에서 구체화되고 있다. 예수님께서 이적을 행하신 이유는 그분이 바로 하나님이 보내신 중보자 메시야이며 구원의 주이심을 모든 사람으로 알게 하려는데 목적이 있었다. 마가는 보리떡 다섯 덩어리와 물고기 두 마리를 가지고 오천 명을 먹이신 사건이 있은 후, 물위로 걸으신 기적의 역사와 게네사렛에서 병자들을 고친 이적을 지적하면서 다음과 같이 해설했다. 즉 "아무데나 예수께서 들어가시는 마을이나 도시나 촌에서 병자를 시장에 두고 예수의 옷 가에라도 손을 대게 하시기를 간구하니 손을 대는 자는 다 성함을 얻으니라"(막 6:56)고 했다.

기독교는 사건 위에 세워진 종교이다. 그것은 바로 예수의 죽으심과 부활사건이다. 이것은 모두가 하나님의 권세, 예수의 권세였다. 그런데 실은 예수님의 공생애 처음부터 마지막까지 예수님은 하나님으로부터 받은 권세를 가지고 이적을 베풀었다. 이것은 그냥 이야기가 아니고 사건이며 사실이었다.

그러므로 예수님은 우리의 유일한 구주이시다. 예수가 앉고 서는 그 자리에 하나님의 권세, 예수의 권세가 나타났다. 예수의 권세를 믿는 것은 곧 그의 하나님의 아들 되심과 구주이심을 영접하는 것이다.

예수의 직분

"과연 헤롯과 본디오 빌라도는 이방인과 이스라엘 백성과 합동하여 하나님의 기름부으신 거룩한 종 예수를 거스려"(행 4:27)

　　　　　　　　　　그 옛날 구약의 족장시대에는 족장이 선지자, 제사장, 왕의 직분을 행사했다. 아브라함, 이삭, 야곱의 경우를 보면 세 가지 비슷한 일을 한꺼번에 수행했다. 후일 모세도 거의 비슷하게 세 가지 직책을 감당했다. 그러나 세월이 흘러서 다윗 시대에 이르러서는 이 세 가지 직분들이 공적으로 분리된 조직으로 발전되었다. 선지자는 영적으로 하나님의 말씀을 선포하는 예언자적 일을 위탁 받았고, 제사장은 제단에서 봉사했고, 왕은 보좌에 앉아서 국정을 살피며 백성을 다스리는 일을 했다. 그런데 이 세 가지 직분은 모두가 거룩한 기름부음을 받은 직책으로 현실화 되었다.

　　하지만 이와 같은 제도들도 오랜 세월이 지나는 동안 하나님이 세운 기준에는 미치지 못했다. 왜냐하면 후대 이스라엘 역사를 살펴보면 거짓 선지자들이 나오고, 불경건한 제사장들과 타락한 왕들이 등장했기 때문이다. 이토록 불신앙과 배반이 속출하고 거룩한 하나님의 나라가 세속화되자, 사람들도 참으로 진실된 선지자, 제사장, 왕의 출현을 기다리면서 구원의 주 메시야를 간절히 고대하게 되었다. 그래서 초대 그리스도인들은 이상적인 선지자, 제사장, 왕의 모습을 메시야이신 예수 그리스도에게서 발견했다.

예수님은 하나님과 인간 사이에 막힌 담을 헐어주시고, 우리를 죄 가운데서 구속하시며 우리의 구체적인 삶을 다스리는 중보자였다. 그래서 예수님은 "하나님의 기름 부으신 거룩한 종"(행 4:27)으로서 세 가지 직분을 가졌다.

예수 그리스도는 선지자의 직분을 가지셨다(행 3:22)(눅 24:19)

선지자란 하나님으로부터 메시지를 선포하도록 위탁 받은 자이다. 그래서 하나님의 계시를 받기도 하지만, 계시된 하나님의 말씀을 해석하는 일도 했다. 복음서의 기자들은 구약의 선지적 역할을 예수님께서 수행하는 것으로 기록하고 있다. 사마리아 여인은 예수님의 말씀과 행동이 비범할 뿐 아니라 그에게서 풍기는 인품이 탁월했기에 솔직히 다음과 같이 고백했다. "주여 내가 보니 선지자로소이다"(요 4:19)라고 말했다. 예수님은 이미 그 여자의 과거와 현재를 다 꿰뚫고 있었다. 그 후 예수님이 오천 명을 이적으로 먹이시자 사람들은 놀라서 다음과 같이 말했다. "그 사람들이 예수의 행하신 이 표적을 보고 말하되 이는 참으로 세상에 오실 그 선지자라 하더라"(요 6:14)고 수군거렸다. 또한 예수님이 종려주일에 예루살렘으로 입성하실 때 사람들은 흥분하고 감격하였다. 예수님께서 예루살렘에 입성하실 때 "호산나 다윗의 자손이여 찬송하리로다"(마 21:9)라는 찬송도 있었지만 환영군중들은 "갈릴리 나사렛에서 나온 선지자 예수"(마 21:11)라고 외쳤다. 물론 다른 사람들도 예수님을 선지자로 부르기도 했지만 예수님 자신도 선지자로서 소명을 인식하고 있었다. 예수님께서 자라나신 고향 나사렛에서 환영받지 못했을 때 예수님은 "선지자가 자기 고향과 자기 집에서는 존경을 받은 적이 없느니라"(마 13:57)고 말씀했다.

예수님의 선지자적 직분은 그가 선포했던 메시지에서 확실히 나타났다. 예수님의 설교와 교훈 중에는 분명히 아버지의 말씀을 세상에 알게 해야 한다고 다짐했다. 또 예수님은 말씀하시기를 "내가 내 자의로 말한 것이 아니요 나를 보내신 아버지께서 나의 말할 것과 이를 것을 친히 명령하여 주셨으니"(요 12:49)라고 했다. 그리고 다락방에서 주님이 친히 그의 제자들에게 "너희의 듣는 말은 내 말이 아니요 나를 보내신 아버지의 말씀이니라"(요 14:24)고 했다.

선지자는 앞날에 될 일을 영감으로 예언하는 자인데 예수님은 베드로가 부인할 것과 가룟 유다가 배신할 것과 또 예수님 자신이 죽으셨다가 삼일 만에 다시 부활할 것을 예언했다. 그리고 그 예언은 그대로 적중되었다. 그 외에도 예수님의 예언 중에는 예수님이 떠난 이후에 성령을 부어주실 것과 예수를 따르는 자에게 고난과 박해가 있을 것이며 예루살렘 성전도 파괴될 것을 예언했는데 그대로 이루어졌다. 예수님은 우리의 구주요, 중보자로서 사명을 감당하시면서도 선지자의 직분을 성실히 수행하셨다.

예수 그리스도는 제사장의 직분을 가지셨다(히 5:10)

선지자의 직무가 하나님의 이름으로 하나님의 말씀과 그 뜻을 백성들에게 선포하는 역할이라면, 제사장의 직무는 백성을 대표해서 하나님께 백성들의 고뇌와 아픔과 죄를 알리는 것이라고 본다. 구약에서 제사장의 사명은 하나님과 죄인 사이에 중재자로서 사명을 감당했다. 히브리서 기자는 제사장의 사역을 다음과 같이 정의했다. "대제사장마다… 사람을 위하여 예물과 속죄하는 제사를 드리게 하나니"(히 5:1) 라고 하면서 제사장의 역할과 기능을 간단히 요점 정리했다.

특히 히브리서는 예수 그리스도를 제사장으로 부른다. 이 용어는 히브리서에 12회 나타나는데 예수님은 특별한 제사장의 직무를 갖고 있다. 그래서 예수님은 하나님 앞에서 우리들을 대표할 수 있는데 그는 진실로 참 하나님이시면서 참 사람이었기 때문이다. 예수님 자신이 한 인간으로서 고통과 고난을 아셨고 시험을 몸소 받으시고 아버지 하나님께 전적으로 순종하였다(히 5:7-8). 더욱이 히브리서는 예수 그리스도께서 멜기세덱을 따른 새로운 질서의 제사장으로 소개하고 있다(히 5:10). 즉 아브라함은 멜기세덱에게 십분의 일을 주었고(히 7:4), 멜기세덱은 그 족장에게 축복을 빌었다(히 7:6-7). 또한 멜기세덱의 죽음에 관한 기록이 없는 것을 보면(히 7:8), 멜기세덱의 제사제도가 아론의 제사보다 먼저 세워졌다는 것이다.

그러므로 우리 주 예수 그리스도가 멜기세덱의 뒤를 이은 제사장이라고 할 때, 예수 그리스도의 제사장직은 육체적 혈통에 의해서 되어진 것이 아니고, 예수 그리스도의 영적인 인격성에 의존하고 있다(히

7:3)는 것을 알 수 있다. 다시 말하면 멜기세덱은 시작한 날도 없고, 끝도 없는 하나님의 아들로서 항상 있는 제사장이라는 말이다(히 7:3). 예수님은, 제사장은 제사장이로되 독특한 제사장이다. 예수님의 제사장직은 전에도 없었고 후에도 없는 하나님께서 보내신 제사장직이다. 그래서 "예수는 영원히 계신 고로 그 제사직분도 갈리지 아니하나니" (히 7:24)라고 했다.

예수님의 제사장직은 아론의 제사직과는 다르다. 아론의 제사의 피는 외적이고 의식적으로 겉으로 드러난 더러움만 제거해주나, 그리스도의 속죄의 제사는 본질적으로 믿는 자들에게 확실한 구원을 보증한다. "그러므로 자기를 힘입어 하나님께 나아가는 자들을 온전히 구원하실 수 있으니"(히 7:25)란 말씀이 이것을 뒷받침하고 있다.

예수 그리스도는 왕이시다(마 2:2)(마 21:5)

옛날의 왕은 입법, 사법, 행정, 재정, 군사를 한 손에 가진 절대군주였다. 이스라엘은 신정국가로서 하나님은 자기 백성의 왕으로서 홀로 통치했다. 하나님이 자기 영광을 위해서 절대주권을 갖고 다스렸다. 그러나 이스라엘 백성이 자기들에게 왕을 달라고 했을 때 사울 왕을 허락했다. 그러나 사울 왕은 자기 직무를 다하지 못했고, 다윗은 범죄하기는 했으나 철저한 회개로 말미암아 다윗 왕조의 보좌는 영원히 세워 주리라는 것을 약속받았다. 하지만 솔로몬 왕은 성전을 지은 지혜로운 왕이었으나 그의 호색적인 삶과 영적인 쇠퇴는 신정국가로서 이스라엘 왕국이 세속화되게 했고 하나님의 영광을 가리도록 했다. 결국 솔로몬의 방탕한 아들인 르호보암 때 이스라엘 나라는 남북으로 분열되고, 그 후 타락한 왕들로 인해 이스라엘은 이방나라의 공격과 정복과 멸망을 받을 수밖에 없었다. 마침내 나라가 망하자 자유를 잃고 게릴라전을 하였지만 어디에도 희망이 보이지 않았다. 하나님의 주권이 다스리는 나라가 되어야 할 터인데 인본주의적 세속적인 탐욕스런 왕들의 출현으로 인해 결국 나라를 망하게 했다.

이러한 때에 사람들은 구주이신 메시야가 올 것을 기대하며 소망했다. 그들은 메시야가 오면 고통과 좌절의 세월이 가고 소망과 은혜의 시대가 다가올 것이라고 확신했다. 그 메시야는 바로 왕이신 메시야이다. 그러기에 시편, 이사야, 예레미야, 다니엘, 미가, 스가랴서 등에는 참된 왕이신 메시야가 오실 것이라는 메시지가 많다.

우선 시편 2:6에 "내가 나의 왕을 내 거룩한 산 시온에 세웠다 하시리로다" 하면서 기름 부음 받은 자를 예고하고 있다. 한편 이사야 선지자는 장차 오실 메시야는 왕으로 오실 것을 내다보았다. 즉 "이는 한 아기가 우리에게 났고 한 아들을 우리에게 주신 바 되었는데 그 어깨에는 정사를 매었고 그 이름은 기묘자라, 모사라, 전능하신 하나님이시라, 영존하시는 아버지라, 평강의 왕이라 할 것임이라"(사 9:6)고 했다. 이사야는 장차 올 메시야의 모습을 마치 사진을 찍듯이 정확히 그리고 있다. 한편 예레미야는 의로운 가지로서 "그가 왕이 되어 지혜롭게 행사하며 세상에서 공평과 정의를 행할 것이"(렘 23:5)라고 했다. 그리고 다니엘은 "그에게 권세와 영광과 나라를 주고 옮기지 아니할 것이요"(단 7:13-14)라는 하나님의 비전을 보았다. 또한 에스겔도 장차 오실 메시야는 목자, 인자, 왕으로 보았다(겔 34:22-24). 이러한 구약의 배경을 잘 알고 있던 기자들은 모두 예수 그리스도를 왕으로 묘사하고 있다. 동방의 박사들이 예루살렘에 도착한 후 성명을 발표하면서 "유대인의 왕으로 나신 이가 어디 계시뇨"(마 2:2)라고 물었다. 그들의 질문은 옳았다. 과연 예수 그리스도는 왕이었다.

하지만 예수님의 왕국은 세상 나라가 아니고 하나님의 나라이며 영적인 나라이다. 마태는 예수님의 영적 지배를 잘 설명하고 있다. 예수님이 마지막 예루살렘에 입성하기 전에 스가랴 9:9의 예언 성취를 설명하면서 "네 왕이 네게 임하니 그는 겸손하여 나귀와 곧 멍에 메는 짐승의 새끼를 탔도다"(마 21:5).

그리고 예수님의 왕권 통치는 요한계시록에 잘 나타나 있다. 사도요한은 다윗의 보좌에 앉으실 왕은 바로 예수 그리스도라고 했다(계 3:7, 21). 그리고 예수 그리스도를 모든 철장권세를 가지고 원수를 진멸하실 "만왕의 왕, 만주의 주"(계 19:11)로 보았다.

예수 그리스도는 선지자이자, 제사장이며, 왕이시다. 그는 여호와 하나님께 기름 부음을 받은 메시야로서 세 가지 직분을 한꺼번에 행사하신 우리의 구주이시다.

예수의 섬김

"인자가 온 것은 섬김을 받으려 함이 아니라 도리어 섬기려 하고 자기 목숨을 많은 사람의 대속물로 주려 함이니라"(마 20:28)

　　　　　　　　이명박 대통령이 당선됐을 때 그가 한 첫 마디 곧 "국민을 섬기겠습니다"란 말은 무척 신선하고 듣기 좋았다. 권력의 속성이 남을 지배하고 자기 유익과 명예를 챙기는 것을 우선시 하는 풍토에서 섬기겠다는 각오가 돋보였다. 섬기겠다는 말은 낮아지 겠다는 말이요, 섬기겠다는 말은 상대방의 의견을 잘 듣고 편안하게 하겠다는 뜻이 있다.

　그런데 예수님의 인격과 삶 가운데는 겸손, 온유, 사랑, 평화 가운데 특히 섬김의 삶이 돋보인다. 예수님의 섬김의 삶은 정치가들의 립 서 비스가 아니고 온전한 섬김이요, 낮아짐의 극치요, 성자 예수로서의 희생과 봉사의 삶이었다. 예수의 섬김의 삶은 곧 예수의 인격적인 삶 이었고, 참 하나님이요 참 사람의 모습을 한꺼번에 갖추고 있는 우리 의 구주이신 예수나 할 수 있는 섬김이었다. 이 세상에는 특별한 박애 정신과 사랑으로서 평생 남을 섬긴 사람도 적지는 않다. 예컨대 슈바 이처나 테레사 같은 사람이 있지만 이들은 모두가 예수님의 섬김을 모 방한 정도였으나 예수님의 섬김은 하나님의 아들로서 하늘 영광의 보 좌를 버리시고 땅 위에 와서 가난한 자, 병든 자, 귀신 들린 자, 세리와 죄인들과 먹고 마시며 그들을 섬기는 것은 보통 인간의 섬김의 삶과는 한 차원 높은 섬김이라고 할 수 있다.

예수님은 제자들의 권력의 파워게임을 꾸짖고 섬김의 삶을 제시했다(마 20:17-28)

높아지려는 것과 권력에 대한 야망은 그 뿌리가 인류 조상 때부터 있어온 것이다. 권력에의 의지는 예수를 따르는 제자들에게도 노골화 되었다. 제자들은 예수님과 함께 하면서 예수의 교훈과 이적 기사를 보기는 했지만 예수가 누군지에 대한 정확한 이해가 없었다. 제자들은 나름대로 생각하면서 각자가 엉뚱한 꿈을 가지고 있었다. 그들은 장차 예수님이 대권을 잡으면 한 자리 할 수 있을 것이라고 생각했다. 그러나 예수님은 자신이 받을 고난을 미리 예고하였다. 즉 머지 않아 장로들과 대제사장과 서기관들의 고난을 받고 죽으신 후 3일 만에 부활할 것을 예고하였다. 이런 예수님의 수난 예고는 세 차례 이루어졌지만 제자들의 영적 눈은 가리워져서 예수님의 깊은 속뜻을 이해하지 못했다.

하루는 세배대의 아들의 어머니가 예수님이 머지않아 대권을 장악하면 예수님의 좌우에 최고 높은 자리에 두 아들을 앉게 해달라고 인사 청탁을 했다. 또한 마가복음 10:35을 보면 야고보와 요한의 요구도 있었다. 다른 제자들도 한 가지로 이 대화에 격분한 것을 보면 모두가 섬기기보다는 지배욕에 사로잡혀 있었다. 예수님은 고난을 말했으나 제자들은 영광을 계산하고 있었다. 예수님의 관심은 인간의 영혼의 구원문제였으나 제자들의 관심은 세상욕망과 허영을 생각하고 있었다. 예수님은 그들에게 경고성의 말씀을 했다. 즉 "너희 구하는 것을 알지 못하는 도다 나의 마시려는 잔을 너희가 마실 수 있느냐 저희가 말하되 마실 수 있나이다"(마 20:22)라고 대답했다.

주님은 십자가의 고난을 말했으나 제자들은 뜻도 모르고 고난을 받겠다고 덤비고 있다. '한 자리 주시면 무엇인들 못하겠습니까' 라는 뜻으로 대답했다. 권력에 대한 갈구는 열두 제자가 한결 같았다. 그래서 예수님은 위대한 메시지를 저들에게 주었다. "너희 중에 누구든지 으뜸이 되고자 하는 자는 너희 종이 되어야 하리라 인자가 온 것은 섬김을 받으려 함이 아니라 도리어 섬기려 하고 자기 목숨을 많은 사람의 대속물로 주려 함이라"(마 20:27-28)고 했다.

예수님께서 던진 메시지는 세상 나라의 원리가 아니고 하나님 나라의 원리이며 윤리이다. 세상에는 높은 자가 귀히 여김을 받으나 하나님의 나라는 낮은 자가 도리어 높임을 받는다는 역설의 진리를 선포하셨다. 그리고 예수께서 세상에 오신 것은 섬기려 오셨다고 선언하셨다. 예수님의 말씀은 제자들의 파워게임에 찬물을 끼얹는 말씀이었다. 기독교의 본질, 교회의 본질은 예수님이 선포하신 섬김의 도이다. 모두가 으뜸이 되고 높아지려는데 분쟁이 있고 다툼과 미움이 있다. 만일 서로가 서로를 섬긴다면 거기는 겸손과 사랑과 평화가 넘치게 될 것이다. 무엇보다 예수님은 섬기러 오셨고 자기 목숨을 많은 사람의 대속물로 친히 말씀하셨다. 예수님의 섬김은 일반적인 의미에서 자원봉사나 희생봉사의 틀을 뛰어넘어 하나님의 아들로서 죄인을 구원하기 위해서 자기 자신을 십자가에 내어주시는 것이었다.

예수님은 제자들의 발을 씻기면서 섬김의 본을 보여 주셨다(요 13:4-8)

예수님은 3년 동안 제자들을 교육하고 훈련시켰다. 이제 예수님은 구속의 완성을 위해서 십자가의 길을 가야 한다. 하지만 제자들의 신앙과 인격은 너무나도 피상적이었다. 그들은 아직도 세상적이요, 물질적이요, 외형적이었다. 예수님은 그토록 십자가의 길을 설명했음에도 그런 것은 안중에도 없고 늘 높은데, 세속적인데 마음을 두고 있었다. 그 때 어느날 저녁 먹은 후에 예수님은 제자들의 발을 씻기기 시작했다. 그 이유는 하나님의 나라 시민권자들의 모델을 보이고 싶었기 때문이다. 그리함으로 성경의 진리가 무엇이며 하나님의 나라가 어떠함을 보여주시려고 했다.

발을 씻기는 것은 섬기는 태도이며 종의 태도이다. 예수님은 교훈만 하신 것이 아니고 행동으로 삶으로 보여주셨다. 예수님은 하나님의 아들이요, 왕이시고 영광을 받으실 창조주이시다. 그럼에도 불구하고 종의 모습, 섬기는 자의 모습을 보이시고 낮아지셨다. 이런 모범을 보이심으로 앞으로 주님의 몸 된 교회를 이루어갈 때는 모두가 주장하는 자세가 아닌 섬기는 자들이 되고 다른 사람의 발을 씻어주는 자가 될 때 비로소 능력 있는 교회, 사랑이 넘치는 교회가 된다는 것이다. 그러므로 서로서로 섬김을 받으려는 것은 주님의 뜻을 거스르는 것이 되고 주의 몸 된 교회를 어지럽히는 것이 된다.

또한 서로 발을 씻기는 것이 하나님의 나라 질서이다. 이는 곧 하나님의 나라의 윤리이기도 하다. 예수님이 베드로의 발을 씻기려고 했을 때 그는 절대로 그리할 수 없다고 펄쩍 뛰었다. 그러나 예수님은 내가 너를 씻기지 아니하면 네가 나와 아무 상관이 없다고 잘라 말했다. 여기서 세상 나라의 윤리와 하나님의 나라의 윤리의 충돌을 본다. 예수님의 제안은 베드로의 발을 씻기는 것 즉 스승이 제자의 발을 씻기듯이 온전한 섬김이 있는 곳에 하나님의 나라가 이루어진다는 것이다. 예수님이 이런 모델을 제시했음으로 우리도 서로 용납하고 사랑하고 섬길 때만이 아름다운 교회를 이룰 수 있을 것이다.

"나는 섬기는 자로 너희 중에 있느니라"(눅 22:27)

유월절이 가까워 오자 예수께서 곧 체포될 기운이 감돌고 있었다. 이때 대제사장들과 서기관들의 음모는 교묘히 진행되었고 거기다 예수의 열두 제자 중 가룟 유다가 접선하므로 예수의 체포는 초읽기에 들어갔다. 유다의 배신이 시작되고 유월절 만찬 때 예수님은 유다를 향해서 경고와 회개의 기회를 주었지만 이미 유다의 움직임은 예정대로 진행되었다. 이런 심각한 상황이 벌어지고 있는 상황속에서도 제자들 사이에는 "누가 크냐" 란 주제로 다툼이 일어났다. 그 때 예수님께서 던진 메시지는 "앉아서 먹는 자가 크냐 섬기는 자가 크냐 앉아서 먹는 자가 아니냐 그러나 나는 섬기는 자로 너희 중에 있느니라"(눅 22:27)고 했다. 이 말씀을 하신 직후에 예수님은 베드로가 배신할 것도 예언했다. 베드로는 예수님의 말씀이 섭섭했던지 아주 단단한 각오와 결심으로 주와 함께 옥에도 가고 죽는데도 가겠다고 호언장담했다. 그러나 예수님은 베드로가 오늘 밤에 닭 울기 전에 네가 나를 세 번 부인할 것이라고 말했다. 이런 베드로 실패는 사실상 모든 제자들이 그

랬던 것처럼 서로 높아지고 높은데 마음을 두고 높은 자리에 올라가려는 마음에서 비롯되었다고 할 수 있다.

그러나 예수님은 시종일관 메시야의 사명 때문에 철저히 낮아져서 섬김의 자리, 종의 자리에 앉아계셨다. 이 예수님의 섬김은 곧 구약의 선지자들이 예언한대로 "의로운 종"(사 53:11), "나의 붙드는 종"(사 42:1)으로서 사명을 감당하신 것이다. 예수님은 하늘과 땅을 창조하신 천지의 주재이시지만 그는 우리에게 고난의 종으로서 섬기기 위해서 땅 위에 오신 것이다.

예수 그리스도의 섬김의 삶과 그의 메시지는 후일 사도 바울에게 그대로 전달되었다. 롬 12:7에는 성도의 은사 중에 "섬기는 일"이 매우 중요하다고 했다. 이는 구제하는 것, 다스리는 것, 가르치는 것, 예언 등과 마찬가지로 성도의 은사 중에 하나라고 했다. 바울은 사람을 섬기는 것 보다 먼저 "부지런하여 게으르지 말고 열심을 품고 주를 섬기라"고 했다(롬 12:11). 뿐만 아니라 믿는 사람들끼리라고 해도 상전이 있는 사람은 그 상전을 주 안에서 형제라는 이유로 가볍게 여기지 말고 더욱 잘 섬겨야 할 것도 잊지 않았다(딤전 6:2).

예수 그리스도의 섬김의 삶은 기독교 신앙의 본질에 속한 것으로서 그가 모든 이들에게 친히 모범을 보여주셨다. 그러나 그 모범은 그냥 모범이 아니라 하나님으로서 사람이 되시고, 사람으로서 스스로 종의 모습을 보이고 섬기셨다. 그러기에 우리 성도들은 얼마나 더 겸손히 주를 섬기고 이웃을 섬기며 살아야 할 것인지를 깊이 생각해 보아야 한다.

구스타브 도레 作 〈회당에서 변론하는 예수 그리스도〉

예수의 개혁

"제자들이 성경 말씀에 주의 전을 사모하는 열심이 나를 삼키리라 한 것을 기억하더라, 죽은 자 가운데서 살아나신 후에야 제자들이 이 말씀하신 것을 기억하고 성경과 및 예수의 하신 말씀을 믿었더라"(요 2:17, 22)

1517년 마틴 루터(M. Luther)는 로마 카톨릭의 의식적인 종교를 개혁했다. 그는 95개조 항의문을 뷔텐베르크교회 정문에 붙이고 교황권의 부당함과 비성경적인 면죄부의 죄악을 지적했다. 그리고 오직 믿음으로만 의롭게 되는 진리 곧 로마서 1:17의 "오직 의인은 믿음으로 말미암아 살리라"는 성경의 진리를 굳게 잡았다. 그로부터 20년 후인 1536년 불란서 노용 출신의 요한 칼빈(John Calvin)이 그 유명한「기독교 강요」를 출판함으로 루터의 종교개혁을 좀 더 확실하게 체계적으로 정리하여 개혁주의 신학과 신앙을 대변했다.

그 외에도 종교개혁 이전의 개혁자들 예컨대 위클립, 틴데일, 후스 같은 위대한 신앙인들이 있었다. 루터와 칼빈 이후의 개혁의 동지들도 많았다. 요한 낙스, 쯔빙글리, 베자, 마틴 부쳐 등등 기라성 같은 인물들이 많았다. 그리고 종교개혁 당시의 개혁자들의 주장처럼 "개혁교회는 항상 개혁되어야 한다"는 슬로건은 여전히 유효하다. 땅 위에 있는 교회와 인간은 늘 부패하기 쉽기 때문에 끊임없이 말씀과 성령으로 새롭게 개혁되어 나가야 한다. 그런 뜻에서 보면 예수 그리스도야 말로 종교개혁의 원조이며 종교개혁의 표준이 된다. 예수님은 당시의 율법주의적 유대교를 복음적인 기독교로 개혁했다.

예수님의 개혁은 성경을 성경되게 하는 운동이었다(요 2:17, 22)

예수님은 그의 공생애 첫 번째로 예루살렘 성전을 방문했다. 그러나 예루살렘 성전은 성전 본래의 기능을 상실하고 상업화, 시장화 되었으며 세속주의가 판을 치고 있었다. 이 때 예수님은 자신이 메시야임을 증명하듯 과감하게 성전의 상인들과 환전상을 내어 쫓았다. 예수님의 이런 행위와 말씀은 거기 모인 사람들은 말할 것도 없고 제자들과 당시 종교 지도자들에게 놀라운 충격이었다. 그래서 이 사건 이후에 예수는 기존 질서 파괴, 기득권의 파괴자로 위험한 인물로 제거의 대상이 되었다.

그러나 예수님의 본심은 성전 청결 사건을 통해서 성경을 성경되게 즉 말씀을 말씀되게 하는 것이었다. 예수님의 성전청결 사건은 구약의 약속성취라고 말했다. 요한복음 2:17에 "제자들이 성경 말씀에 주의 전을 사모하는 열심이 나를 삼키리라한 것을 기억하더라"고 했다. 참된 개혁은 오직 성경(Sola Scriptura)의 사상으로 돌아가는 것이다. 그래서 교회사적으로 개혁(Reformation)이란 말은 하나님의 말씀을 따라서 개혁한다는 의미를 갖고 있다.

성경보다 전통, 성경보다 경험, 성경보다 합리가 강조되면 교회는 세속화되어진다. 그러므로 예수님은 그의 성역초기에 말씀을 통한 개혁자의 모습으로 나타났다. 그래서 요한복음 2:22에 "죽은 자 가운데서 살아나신 후에야 제자들이, 이 말씀하신 것을 기억하고 성경과 예수의 하신 말씀을 믿었더라"고 한 것을 보면 예수님의 개혁 운동은 말씀을 성취하는 운동이었다.

예수님의 개혁은 교회를 참 교회되게 하는 운동이었다(요 2:16)

예수님의 성전 청결 사건은 교회를 교회되게 하는 것이라고 볼 수 있다. 물론 성전과 교회는 같은 것이 아니지만 그 연속선상에 있음을 볼 때 성전의 세속화를 개혁하려는 예수님의 의지는 곧 교회를 세속에서부터 거룩성을 지키려는 것과 같다고 볼 수 있다. 성전은 하나님 앞에 예배드리고 기도하고, 구원이 선포되는 곳이었다.

그러나 예수님 당시의 유대교는 타락했고 상업주의가 깊이 침투되어 있었다. 유월절 절기가 하나의 상업상의 대목경기로 바뀌었다. 경건하고 신성해야 될 성전 안은 양과 소를 파는 우시장과 환전상들이 엉켜 있어서 경건성이 사라지고 세속화되었다. 그 때 예수님께서는 노끈으로 채찍을 만들어 장사꾼들을 내어 쫓고 환전상의 돈을 엎었다. 기득권 층들이 보기에는 난데없이 한 청년이 나타나서 성전을 혼잡하게 만들고 엉망진창으로 만들었다고 할 것이다. 그러나 예수님은 요한복음 2:16에 "내 아버지 집을 장사하는 집으로 만들지 말라"고 했다. 이 말씀의 핵심은 예수님이 성전의 주인이라는 메시지이다. 그리고 예수님은 하나님의 아들이시기에, 성전은 성전답게 경건하고 거룩해야 한다는 것을 가르치셨다.

오늘날 우리식으로 말하면 교회는 교회다워야 하고, 교회 안에 상업주의, 편의주의, 세속주의가 들어와서는 안된다는 것이다. 세상이 아무리 썩고 냄새나도 그래도 교회만은 거룩성과 순결성을 갖고 있어야 한다는 것이다. 예수님의 성전 청결 행위, 즉 예수님의 개혁의지는 교회를 참 교회되게 하는 것이었다. 교회는 그리스도의 몸이며, 진리의 기둥과 터이며, 구원의 방주이며 빛과 소금의 역할을 감당해야 한다. 교회를 교회되게 하려는 것은 예수님의 뜻이며, 16세기 종교개혁자들의 과제이자 오늘날 우리의 과제이기도 하다.

예수님의 개혁운동은 은혜를 은혜 되게 하는 운동이었다(요 2:21)

유대인들은 예수님의 성전청결 사건 현장에서 그의 개혁의 합리성을 문제 삼고 "무슨 표적을 우리에게 보일 수 있는가"라고 따져 물었다. 하지만 예수님은 그들의 요구에 성전 된 자기의 몸과 십자가를 통한 구속을 제의했다.

즉 "너희가 이 성전을 헐라 내가 사흘 동안에 일으키리라"(요 2:19)고 했다. 이 말의 뜻은 성경에 있는 대로 예수님은 성전 된 자기 육체를 가리키는 것이고 십자가에 죽으셨다가 3일 만에 부활하실 것을 말씀했다. 예수님의 말씀의 핵심은 이적보다 더 중요한 것은 예수 그리스도 자신이라는 것을 지적했다. 결국 십자가의 대속의 죽음을 통한 그의 은혜를 말했다.

구원은 인간의 자기 노력으로 되어지는 것이 아니고 하나님의 은혜로 되어지는 사실을 강조했다. 오직 은혜(Sola Gratia)로 되어지는 진리를 가르쳐 주셨다. 교회가 세속화되면 인간의 지식과 자연 과학적 해석, 인간의 경험을 절대화하게 되는데, 교회는 언제든지 인간 자신의 힘으로 아무 것도 할 수 없다는 것을 알고 하나님의 거저주시는 은혜 곧 예수 그리스도의 십자가의 공로를 믿고 구원 얻는 은총의 종교를 바로 세워야 할 것이다.

예수님의 개혁운동은 형식적 종교에서 하나님 중심의 영적 종교로 바꾸는 것이었다(막 7:1-23)(마 6, 2, 5, 16)

예수님은 산상 설교에서 올바른 구제에 대해서 설교했다. 그런데 당시의 사람들은 구제를 하되 사람에게 보이려고 또는 외식하는 자가 사람에게 영광을 얻으려고 하는 것이 관례였다. 그러므로 당시의 종교는 매우 형식적이었고 자기중심적 종교였다. 이에 대하여 예수님은 구제를 한다고 해서 절대로 나팔을 불지 말고 오른 손이 하는 것을 왼손이 모르게 또는 은밀하게 하라는 것이 주님의 교훈이었다.

예수님의 설교의 요지는 기도가 됐던, 구제가 됐던 간에 겉껍데기나 자기 영광을 구하는 식의 종교는 안 되고 오직 하나님 중심의 신앙을 가지고 하나님만 인정하는 영적 종교로 개혁할 것을 주문했다. 이러한 예수님의 개혁의지는 오늘날 한국교회에도 적용이 되어야 할 것이다.

또한 예수님께서는 서기관들과 바리새인들과의 논쟁을 하면서 장로들의 유전을 문제 삼았다. 서기관과 바리새인은 예수님과 제자들의 일거수일투족을 살피면서 고소, 고발을 하기 위한 약점을 들추는데 혈안이 되어 있었다. 하루는 예수님의 제자들이 손 씻지 않고 떡 먹는 것을 보고 어찌하여 당신들의 제자들은 장로의 유전을 준행치 않고 부정한 손으로 떡을 먹는가라고 공격했다. 그 당시에는 구약의 율법이외에 유대 종교를 유지하기 위한 온갖 시행 세칙을 번거롭게 만들어 일반 서민들은 숨도 못 쉬게 했다. 그야말로 "율법주의"가 사회에 만연했다.

이에 반해서 예수님은 명백히 대답하기를 "너희 유전을 지키려고 하나님의 계명을 잘 버리는도다"(막 7:9), "너희의 전한 유전으로 하나님의 말씀을 폐하며"(막 7:13)라고 비판했다. 즉 예수님은 전통보다 더욱 중요한 것은 하나님의 말씀이라고 했다. 따라서 예수님은 입으로 들어가는 것이 사람을 더럽게 하기보다 입에서 나오는 온갖 악한 생각과 탐욕과 교만이 사람을 더럽게 한다고 함으로써(막 7:19-23) 종교의 본질은 겉이 아니라 속사람이고, 전통이 아니라 양심과 신앙의 문제임을 확실히 말했다. 바로 이것이 개혁자로서의 예수님의 메시지였다.

예수님의 개혁운동은 예배에서부터 시작했다(요 4:20-24)

앞서 우리는 예수님께서 성전청결사건을 보면서 교회는 교회답게 하는 것이 예수님의 개혁 중의 하나임을 말했다. 그런데 예수님께서는 사마리아 여인과의 대화 중에 예배의 개혁을 주장했다. 수가성 사마리아 여인은 예수님을 선지자로 알고 예배 문제를 들고 나왔다. 사마리아 사람들은 그리심 산에서 예배하고 유대인들은 예루살렘 성전에서 예배한다는 말을 꺼내자, 예수님은 새로운 시대는 산에서도 성전에서도 아니고 어디든지 하나님께 예배를 드릴 수 있다고 했다. 그리고 예배는 유대인만 드리는 것이 아니고 모든 이방인들도 하나님께 예배를 드리는 날이 올 것이라고 말하면서 예수님이 오시므로 예배는 개혁되었다고 했다.

하나님은 늘 예배자를 찾기 때문에 양이나 소를 잡아 피를 쏟고 태워서 제사를 지내는 전통에서 이제는 예수 그리스도의 이름으로 "영"과 "진리"로 예배할 수 있다는 것이다. 예수님이 가르친 예배는 더 이상 제사적 예배가 아니라 영으로 계시는 하나님께 영적으로 드리는 것이어야 한다는 것이다. 왜냐하면 예수님 자신이 유월절 어린 양으로 단 번에 드린 제물이 되었음으로, 예수님 이름으로 어디서나 어느 때나 하나님께 예배할 수 있게 되었다. 예수님은 진정한 의미에서 종교 개혁자였다.

예수의 영광

"말씀이 육신이 되어 우리 가운데 거하시매
우리가 그 영광을 보니 아버지의 독생자의 영광이요
은혜와 진리가 충만하더라"(요 1:14)

칼빈은 자신의 신학의 중심은 "오직 하나님께만 영광을"(Soli Deo Gloria) 위한 것이라고 했다. 성경에는 영광이란 말이 약 400여회 정도 나타난다. 우리는 날마다 하나님께 영광이란 말을 늘 달고 다닌다. 주기도문을 마감하면서도 영광을 하나님께 돌리면서 끝낸다. 아마 그리스도인들의 말 가운데 영광이란 말을 빼면 말을 이어갈 수 없을 것이다. 심지어 스포츠맨이나 연예인들도 상을 받을 때는 하나님께만 영광을 돌린다고 한다. 참으로 감사한 일이 아닐 수가 없다.

그런데 영광이란 도대체 무슨 뜻이며, 왜 하나님의 영광이 귀한 지를 깊이 생각해 보는 것이 좋겠다. 그리고 예수 그리스도의 영광을 어떻게 이해할지 묵상해 보아야 할 것이다. 영광이란 말하자면 그의 존재에 대한 본질적인 것이 드러나서, 본래 그 다운 아름다움과 위엄과 고귀함이 나타나는 것을 의미한다. 그래서 그 존재에 대한 것이 너무도 복되고 찬란하기 때문에 그에게 찬송하며 감사하며 기뻐하며 예배할 수밖에 없다는 것이다.

하나님의 영광이란 영으로 계신 하나님이 창조주요, 구속주요, 심판주로서 나타날 때 그것은 너무나 아름답고 위대하며 도무지 사람의 입술로서는 다 표현할 수 없을만큼 위대하심을 말한다. 하나님은 인간의 눈으로 보이지 않지만 우리는 영광스런 그분의 사역 즉 그의 창조의 세계와 구속의 운동을 통해서 그의 영광을 체험하게 된다. 하나님의 영광은 유일한 영광이므로 다른 신에게 용납될 수 없다. 그러므로 이 하나님의 영광에 대해서는 찬송과 존귀를 드리는 예배가 유일한 대안이다. 이것이 바로 여호와 하나님의 이름에 합당한 영광을 돌린다는 뜻이다(시 29:2) (시 96:8) (대상 16:29). 그러므로 우리는 영과 진리로 하나님께 예배를 드려야 하며(요 4:24) 또한 우리의 삶 전체가 예배가 되어야 한다. 즉 내게 있는 모든 좋은 것이 결국은 하나님에게서 나오고, 하나님으로 말미암고 하나님에게로 돌아가기 때문에 그에게만 영광을 돌려야 한다는 뜻이다(롬 11:36).

예수의 영광이란 말도 예수의 하나님 되심과 그의 구주로서 그의 본모습이 드러날 때를 의미할 것이다. 하나님과 예수 그리스도는 하나이므로, 예수 그리스도의 영광을 본다는 말은 하나님의 영광을 본다는 말과 같은 뜻이다.

예수님은 예배를 받으시는 분이므로 모든 영광, 찬송, 존귀와 감사를 받으셔야 한다. 그것이 바로 우리가 신앙의 눈으로 볼 때 그의 영광을 볼 수 있고 그에게 또한 영광을 돌릴 수 있다.

예수님은 창세전에 영광 중에 계셨다(요 17:5)

예수님은 하나님의 아들이요, 창조주이고 구주이므로 창세전에 영광 중에 계셨다. 그러나 그는 종의 형체를 비어 우리의 구주가 되기 위해서 성육신 하셨다. 특히 예수님께서는 요한복음 17장에서 제자들이 함께하는 중에 하나님께 공개적인 기도를 하셨다. 기도의 내용을 보면 예수님께서는 자신에게 허락한 모든 자들에게 영생을 주기 위해서 아버지로부터 받은 권세를 가지고 임무를 잘 수행했음을 나타내어 준다. 그래서 아버지 하나님을 세상에서 영화롭게 했으니 이제는 예수님 자신에게도 창세전에 누렸던 영광을 허락해 달라는 기도를 하셨다. 이런 기도는 누구나 할 수 있는 기도가 아니라 성부 하나님과 영광 중에 있던 아들 예수 그리스도나 할 수 있는 기도다. 이 내용은 이미 요한복음 1:1-3에 "태초에 말씀이 계시니라 이 말씀이 하나님과 함께 계셨고 만물이 그로 말미암아 지은바 되었으니 지은 것이 하나도 그가 없이는 된 것이 없느니라" 한 내용에 포함되어 있다. 예수님은 태초부터 하나님과 함께 계셨기에 그의 영광 또한 하나님의 영광과 같이 누렸던 것이다.

예수님의 성육신이 독생자의 영광이다(요 1:14)

사도 요한은 예수 그리스도의 영광의 근원은 그의 인성에 있는 것이 아니라 그리스도의 신성에 있음을 선포한다. 예수 그리스도의 영원성과 인격성 그리고 신성을 나타내는 본문에서는 "…같이", "…만큼"의 부사를 사용하므로, 예수 그리스도의 영광이 영원하신 성부 하나님의 영광과 대등함을 보여준다. 특히 사도요한이 사용한 "독생자"란 오직 예수 그리스도를 가르치는 심오한 뜻을 갖고 있다. 말씀이란 예수 그리스도가 영원부터 하나님과 함께 있을 때의 존재 양식이다. 이제 그가 우리의 중보자가 되기 위해서 육신을 입었지만 여전히 그리스도는 영광을 가지고 있다. 그 이유는 곧 그리스도를 보는 것은 아버지 하나님을 보는 것이기 때문이다. 예수님의 모습과 영광 속에서 하나님 아버지의 영광을 보기 때문이다. 그래서 "말씀이 육신이 되어 우리 가운데 거하시매 우리가 그 '영광'을 보니 아버지의 독생자의 '영광'이요 은혜와 진리가 충만하더라"(요 1:14)고 말씀했다. 이 말씀은 영원하신 독생자가 인간의 몸을 입으시고 성육신(成肉身)했음을 설명하는 동시에, 구약시대에 성막에 임재 했던 하나님의 '영광'을 연상시킨다. "그 후에 구름이 회막에 덮이고 여호와의 '영광'이 성막에 충만하매 모세가 회막에 들어갈 수 없었으니 이는 구름이 회막 위에 덮이고 여호와의 '영광'이 성막에 충만함이 있으며…"(출 40:34-35)라고 했다. 사도 요한은 예수 그리스도의 영광을 설명할 때 성막에 임재 했던 여호와 하나님의 영광을 염두에 두었을 것이다. 예수님은 성부 하나님과 대등하신 하나님이시다. 따라서 이 세상에서 하나님을 완벽하게 계시하신 유일한 분은 오직 예수 그리스도이시다.

예수님은 변화산에서 그의 영광을 보여주셨다(눅 9:32)

누가는 변화산에서 예수님이 영광스런 모습으로 변형된 사건을 설명하는 중에 다음과 같이 말했다. "베드로와 및 함께 있는 자들이 곤하여 졸다가 아주 깨어 '예수의 영광'과 및 함께 선 두 사람을 보더니"(눅 9:32)라고 했다. 변화산에서 영광을 받으신 사건은 매우 중요해서 공관복음에 꼭 같이 취급되고 있다(마 17:1-13)(막 9:2-13). 이 사건은 예수의 탄생과 십자가 고난 사이에 있는 가장 중요한 사건이다.

그래서 예수의 성육신(Incarnation), 변모(Transfiguration), 십자가 고난(Crucifixion), 부활(Resurrection), 승천(Ascension)과 같은 것은 예수의 생애의 5대 사건 중의 하나이다. 그런데 예수님이 변화산에서 변모하신 것은 그가 비록 성육신해서 땅 끝까지 낮아지셨으나 그는 여전히 하나님의 아들이자 구주로서, 아버지와 함께 있을 때 영광을 소유하고 있다는 선언이었다. 뿐만 아니라 이 본문의 의미는 비록 십자가의 고난으로 유월절의 어린양 역할을 하고 죽으셨지만 3일 만에 부활하시므로 본래 예수님이 가졌던 영광을 회복할 것을 미리 내다 본 것이다.

예수님은 재림 시에 그의 영광을 확실히 나타내신다(마 16:27)

초림으로 오신 예수는 갓난아이로 말구유에서 탄생했다. 그러나 재림하실 예수 그리스도는 초림 때의 그것과는 전혀 다른 영광 중에 재림하실 것이다. 예수님 초림 때 하늘의 천군 천사가 "지극히 높은 곳에서는 하나님께 영광이요, 땅에서는 기뻐하심을 입은 사람들 중에 평화로다"(눅 2:14)라고 찬송했다. 예수의 탄생 그 자체가 하나님의 영광이고, 하나님의 영광을 드러낸 것이라면, 장차 재림하실 메시야는 아버지의 영광으로 그 천사들과 함께 오겠다고 했다. 그 때는 심판의 주로서 당당하고 공개적으로 영광 중에 재림하신다는 것이다. 마태복음 24:30에 "그 때에 인자의 징조가 하늘에서 보이겠고 그 때에 땅의 모든 족속들이 통곡하며 그들이 인자가 구름을 타고 능력과 큰 '영광' 으로 오는 것을 보리라"고 했다. 또한 마태복음 25:31에도 "인자가 자기 '영광' 으로 모든 천사와 함께 올 때에 자기 '영광' 의 보좌에 앉으리니"라고 했다.

예수님께서 인간의 구속사역을 위해 십자가의 죽음과 부활을 예언했듯이, 그는 심판의 주로서 영광스럽게 재림하실 것을 예언하셨다.

예수님은 어린양으로 찬송과 영광을 받게 될 것이다(계 5:12)

예수님은 유월절의 어린양이었다. 그래서 요한계시록은 아예 예수님의 닉네임이 어린 양으로 통일되고 있다. 구약 성경에 메시야의 역할이 어린 양이라고 예언한 대로 예수님은 죽임을 당하신 어린 양이었다. 당시 요한 계시록을 읽는 성도들은 어린 양이 곧 예수 그리스도인 것을 설명 안 해도 잘 알고 있었다. 이미 세례 요한이 예수님께서 요단 강에 나오시는 것을 보고 "보라 세상 죄를 지고 가는 하나님의 어린 양"(요 1:29)이라고 했을 때 모든 사람들은 예수가 우리의 죄를 대속하기 위한 메시야라는 뜻을 다 알고 있었다.

이제 그 어린 양이신 예수님께서 보좌에 앉아서 찬송과 영광을 받게 된다는 것이다. 예수 그리스도의 존귀와 영광은 그가 하나님 아버지께 순종함으로 얻은 보상이다. 그는 처음부터 '영광'의 보좌에 앉아 계신 분이었지만 종의 형체로 이 세상에 오셨고 죽기까지 복종했음으로 하나님의 우편에 오르셨고 만물을 그의 발 앞에 경배하게 함으로써 존귀와 '영광'을 얻으신 것이다. 그래서 바울은 빌립보서 2:11에서 "모든 입으로 예수 그리스도를 주라 시인하여 하나님 아버지께 '영광'을 돌리게 하셨느니라"고 했다.

그러므로 우리가 하나님께만 영광을 돌린다는 말은 동시에 예수 그리스도에게 영광을 돌린다는 말과 같은 뜻이라는 사실을 알아야 할 것이다.

구스타브 도레 作 〈시험 당하시는 예수 그리스도〉

예수의 복음

"이 천국 복음이 모든 민족에게 증거되기
위하여 온 세상에 전파되리니
그제야 끝이 오리라"(마 24:14)

　　　　　　　　필자가 총신대학교에 교수로 있었을 때였다. 한번은 신대원 졸업반 학생과 대화를 나누는 중에, 그는 이제야 비로소 복음이 무엇인지 깨달았다고 했다. 신학적 이론을 많이 배우는 것과 진정으로 복음을 깨닫는 것과는 다르다. 또 교회생활을 오래 하는 것과 복음을 깨닫는 것은 다르다. 뿐만 아니라 지식이 많다고 해서 복음을 바로 깨닫는 것도 아니다. 복음은 배움이 없는 할머니도 깨달을 수 있지만 자기 분야의 이름난 석학도 복음을 깨달을 수 없을 때가 있다. 최근 한국교회의 설교를 분석해 보면 복음의 메세지가 사라져 가는 것을 볼 수 있다. 오늘의 메시지에는 복음이 아예 없거나 복음이 약해져가고 있다. 그 대신 교회의 성장을 최대의 목표를 세워서 이른바 엔터테인먼트 설교, 에세이식 설교, 심리적 설교, 시사적 설교, 정치적 설교, 교양적 설교가 유행하면서 복음의 내용이 점점 사라져 가고 있다. 이런 현상은 세칭 인기 있는 설교자, 급성장하는 설교자에게도 나타나고 있다.

　　성경의 핵심은 복음이다. 그러므로 복음을 깨달아야 바른 신앙생활을 할 수 있고, 뜨거운 가슴으로 헌신할 수 있다. 복음은 말 그대로 기쁜 소식, 좋은 소식이다. 그렇다면 무엇이 그렇게 기쁘고 좋은 소식이란 말인가? 그것은 예수 그리스도가 기쁜 소식이고 좋은 소식이다. 어째서 예수가 좋은 소식인가? 예수 그리스도 때문에 인간의 힘으로 불가능했던 구원의 길이 열렸기 때문이다. 인간의 자기 노력으로는 도저히 어찌할 수 없었던 절망이 예수의 십자가의 은혜를 믿음으로 구원에 이르게 되었다. 즉 예수 그리스도의 십자가의 은총을 믿음으로 말미암아 거저주시는 하나님의 은혜를 깨닫는 것은 실로 하늘도 놀라고 땅도 놀라는 사건이다. 인간은 자기 이성의 판단, 자기의 의로 구원을 얻으려하지만 여기에는 구원이 없다. 그러기에 우리는 우리를 위한 예수님의 대속의 죽음을 통하여 값없이 의롭다함을 받아 구원에 이르게 되었다. 이것이 복음이요, 기쁜 소식이다.

그러므로 복음은 다른 말로 십자가의 도, 비밀의 경륜, 은혜의 경륜이라고도 한다. 특히 복음의 요소에는 믿음, 평화, 사랑, 소망, 구원, 생명 등이 포함되어 있다(행 15:7, 엡 6:15, 빌 1:6, 골 1:23, 살후 2:13, 고전 4:15).

성경을 보면 복음이란 말이 바울 서신에 특별히 많이 나타난다. 그러나 바울은 복음의 창시자가 아니고 예수 그리스도의 복음을 깨닫고 그것을 설교한 자이다. 그런 의미에서 바울이야 말로 예수의 참된 제자라고 할 수 있다. 예수 그리스도는 그 자신이 복음일 뿐 아니라 그의 말씀이 복음이고, 그의 삶 전체가 복음이었다. 예수님의 말씀은 우리에게 구원을 주실 뿐 아니라 생명을 주셨기 때문이다.

예수의 복음은 성경에 미리 약속하신 것이다(롬 1:1-2)

사도 바울은 구약의 예언과 예수 그리스도의 복음 사역을 기가 막히게 잘 연결시키고 있다. 바울은 예수의 사역을 구속사적인 시각에서 정확히 꿰뚫고 있었다. 예수의 복음운동은 철저히 선지자가 이미 예언한대로 인데, 장차 메시야가 오셔서 기쁜 소식, 복된 소식을 전할 것이라고 했다. 그런데 이제 때가 되어 메시야이신 예수께서 오셔서 복음을 증거하게 되었다는 것이다. 사도 바울은 주님의 부름을 받고 바로 그 복음 때문에 자신의 모든 기득권을 포기하고 예수 그리스도의 종으로 일생을 살면서 그리스도를 증거 했다. 즉 "예수 그리스도의 종 바울은 사도로 부르심을 받아 하나님의 '복음'을 위하여 택정함을 입었으니 이 '복음'은 하나님이 선지자들로 말미암아 그의 아들에 관하여 성경에 미리 약속하신 것이라"(롬 1:1-2)고 했다. 다시 말하면 예수의 고난과 십자가와 부활은 선지자들을 통해 이미 구약에서 예언되었다는 것이다.

기독교 진리는 수직적인 것인 동시에 수평적이다. 하나님께서 구체적으로 이스라엘의 역사에 개입하셔서 장차 오실 메시야와 그의 역할에 대해서 예언했고 예언한 그대로 진실되게 성취되었다는 것이 성경의 일관된 메시지였다. 예를 들어보자. 창세기 3:15에 "…여자의 후손은 네 머리를 상하게 할 것이요 너는 그의 발꿈치를 상하게 할 것이라"고 했다. 흔히 우리는 이 말씀을 원시 복음이라고 말한다. 이것은 장차 여인의 후손 곧 메시야가 와서 사탄을 정복하고 승리할 것을 예언하신 것이다. 즉 예수께서 십자가를 지시므로 우리에게는 구원을 주고 사탄에게는 치명타를 입힐 것을 예언하신 것이다. 그러므로 예수의 복음은 인간이 타락한 직후에 하나님께서 중보자인 메시야의 사역을 통해서 구원에 이르는 복음을 벌써 예언하셨다.

그리고 야곱이 임종직전에 자녀들에게 축복과 유언을 남겼는데 그 중에서 유다에 대한 예언을 하면서 "홀이 유다를 떠나지 아니하며 치리자의 지팡이가 그 발 사이에서 떠나지 아니하시기를 실로가 오시기까지 미치리니 그에게 모든 백성이 복종하리로다"(창 49:10)고 하였다. 이 예언은 유다의 가계에서 메시야가 나겠다는 예언이다. "실로"란 무엇인지 정확하지 않지만 안식, 평화, 정의 등을 말하는데 거의 모든 학자들이 이것은 장차 오실 메시야를 예언한다고 했다. 사실 유다는 장자도 아닐뿐더러 도덕적으로 문제가 많았다. 그런데 유다의 후손에서 왕통이 나오고 거기서 또 메시야가 나게 된 것은 유다가 깨끗하거나 순결하여 하나님의 은혜와 축복을 받을 만한 의가 있어서가 아니다. 그럼에도 불구하고 메시야의 조상이 될 수 있었던 것은 하나님의 거저 주시는 은혜였다. 성경에서 살필 수 있는 것은 예수의 복음은 아주 오래전에 하나님께서 계획하시고 준비한 것이다.

시편 110:4절에도 "너는 멜기세덱의 반차를 좇아 영원한 제사장이라 하셨다"고 했는데 히브리서 기자는 바로 이 분이 예수 그리스도를 가리킨다고 해설했다(히 6,7장). 더욱이 이사야서 61:1에는 장차 오실 메시야는 "아름다운 소식" 곧 복음을 전하실 자로 명쾌하게 예언했다. 그러므로 예수의 복음은 하나님께서 작정한대로이며 선지자들이 예언한대로 이루어지신 것이다.

예수님의 복음은 은혜의 복음이다(행 20:24, 엡 3:2)

예수님의 복음의 핵심은 은혜이다. 은혜는 헬라말의 카리스(Karis)에서 나온 말로 라틴말로는 그라티아(Gratia)라고 쓴다. 유럽에서는 오페라나 음악회에 초대권을 발부할 때 그라티아란 도장이 찍혀 있으면 공짜란 뜻이다. 주최측에서 음악회의 입장료를 대신 내고 초대받은 사람은 그냥 입장하는 것이다.

은혜의 뜻은 나는 아무 대가를 치루지 않았지만 대신 다른 이가 값을 치루고 입장하는 것과 같다. 예수 그리스도의 말씀은 은혜의 말씀이다. 예수의 은혜로 우리는 죄 사함을 얻었고 죄에서 해방되었고 죄의 사슬에서 놓임을 받았다. 그럼으로 우리는 어느 것 하나라도 은혜가 아닌 것이 없다. 바울은 자신의 소명을 설명하면서 "나의 달려갈 길과 주 예수께 받은 사명 곧 하나님의 '은혜의 복음' 증거하는 일을 마치려 함에는 나의 생명을 조금도 귀한 것으로 여기지 아니하노라"(행 20:24)했다. 예수의 복음은 곧 하나님의 복음이며 그것은 또한 은혜의 복음이다.

예수의 복음은 천국의 복음이다(마 24:14)

요단강에서의 예수님의 첫 번 메시지는 "회개하라 천국이 가까웠느니라"(마 3:2)였다. 예수님의 주제는 "회개"와 "천국"이었다. 천국 곧 하나님의 나라를 유업으로 받을 자가 가장 먼저 해야 할 급선무는 회개란 것이다. 예수님은 제자들에게 삶의 급선무를 먼저 그의 나라와 그의 의를 구하는 것이라고 말했다. 제자들은 삼년이나 예수님의 가르침을 받았지만 그들은 예수님께서 이스라엘 나라를 독립해서 나라를 세울 것을 기대했다. 그래서 인사 청탁과 자리다툼까지 했고 도대체 이스라엘 나라가 언제 독립할 것인지 그것이 그들의 주된 관심 거리였다.

하지만 예수님이 말씀하신 천국 또는 하나님의 나라는 세속적인 왕권이나 왕국이 아니고 눈에 보이지 않는 영적인 나라를 의미했다. 성도들의 마음속에 이루어지는 영적인 나라, 하나님의 통치가 이루어지는 나라를 의미했다. 그러므로 천국복음이란 말도 천국에서 통용되는 복된 소식, 하나님의 나라를 세우는데 필요한 복음이라는 것이다. 예수의 복음은 이 땅위에서 잘 먹고 잘 사는 웰빙이 중심이 아니라 영적으로 하나님의 이름이 높이 드러나고, 하나님께 모든 영광과 감사를 돌리며 하나님의 공의가 이루어지는 것을 의미한다. 그러므로 예수의 복음은 달리말해서 천국복음이라고 할 수 있다.

그러므로 예수님은 마지막 때를 설명하는 중에 "이 천국복음이 모든 민족에게 증거되기 위하여 온 세상에 전파되리니 그제야 끝이 오리라"(마 24:14)고 말하면서 자신이 증거하는 복음이 곧 천국복음임을 힘주어 말했다.

예수의 복음은 영광의 복음이다(고후 4:4)

사도 바울은 예수의 복음을 가르쳐서 "그리스도의 영광의 복음"이라고 했다. 예수의 복음이 어째서 영광의 복음인가? 복음은 기쁜 소식이기는 해도 하나님 편에서 보면 아들을 십자가에 내어주는 아픔과 슬픔이 있었고 아들 예수의 입장에서 보면 자신이 십자가에 못 박히어 살을 찢고 피를 흘리는 고난과 고통을 당했다. 그리고 말로 다할 수 없는 수치와 수모를 당했다. 그러나 그것 때문에 우리를 죄 가운데서 구속해 주셨고 계획된 대로의 구속을 완성했다. 십자가에서 죽으신 후 사흘 만에 부활하시고 다시 40일 만에 승천하셨다. 그러므로 베드로의 고백대로 "너희가 십자가에 못 박은 이 예수를 하나님이 주와 그리스도가 되게 하셨느니라"(행 2:36)고 했다.

사실 복음이 바로 예수 그리스도의 생애이고 복음이 바로 예수의 말씀이었다. 예수님이 십자가를 통한 구속을 완성하자 하나님께서는 그를 더 높이 세우셨다. 그래서 예수의 복음은 결과적으로 하나님께 영광을 돌리는 영광의 복음이 되었다.

예수님의 복음은 율법과 대조가 된다(눅 16:16).

예수님은 자신이 복음과 율법을 대조하시면서 언급한 구절이 있다. "율법과 선지자는 요한의 때까지요 그 후부터는 하나님의 나라의 복음이 전파되어 사람마다 그리로 침입하느니라"(눅 16:16). 과거는 율법이 삶의 표준이었고 그것으로 가정과 국가가 유지되어 왔다. 그러나 유대인들은 인위적으로 무엇무엇을 행하면 구원을 얻는다는 율법지상주의 또는 율법중독증에 빠져서 의식과 형식을 중시하였다. 예수님은 이런 사회를 향해서 희망의 메시지를 전했는데 그것이 곧 복음이었다. 복음은 바로 하나님의 능력이었고 십자가의 도였다. 복음만이 죄와 세상을 이길 수 있는 능력이 되었고 복음은 바로 십자가의 도임을 분명히 밝혔다.

율법은 복음이 오기 전에 나름대로 큰 역할을 하기는 했어도 이제는 하나님께서 우리에게 보내신 중보자 되신 예수를 믿음으로 말미암아 구원을 받을 수 있는 참으로 새로운 지평을 열어 주셨다.

예수의 복음은 세계선교의 기초이다(마 24:14)

선교는 예수의 복음 때문에 시작됐다. 예수의 복음이 없으면 선교는 아무 의미도 없을뿐더러 선교사가 필요 없다. 예수의 복음 때문에 선교사는 불에도 물에도 뛰어들고 생명을 내어걸고라도 죽음의 자리에 나아간다. 예수의 복음 때문에 순교자의 길을 걷고 예수의 복음 때문에 가난해지기도 한다. 4복음서 끝에서 예수님은 모두 선교로 끝맺음 하고 있다. 즉 "이 천국 복음이 모든 민족에게 증거되기 위하여 온 세상에 전파되리니 그제야 끝이 오리라"(마 24:14)했고, "또 복음이 먼저 만국에 전파되어야 할 것이니라"(막 13:10)고 했다. 예수님께서 제자들에게 준 선교의 대명(Great Commission)은 예수의 복음에 기초한 것이다. 그래서 복음은 역동적이며 능력이며 비밀의 경륜이며 생명이다.

구스타브 도레 作 〈군중에게 설교하시는 예수 그리스도〉

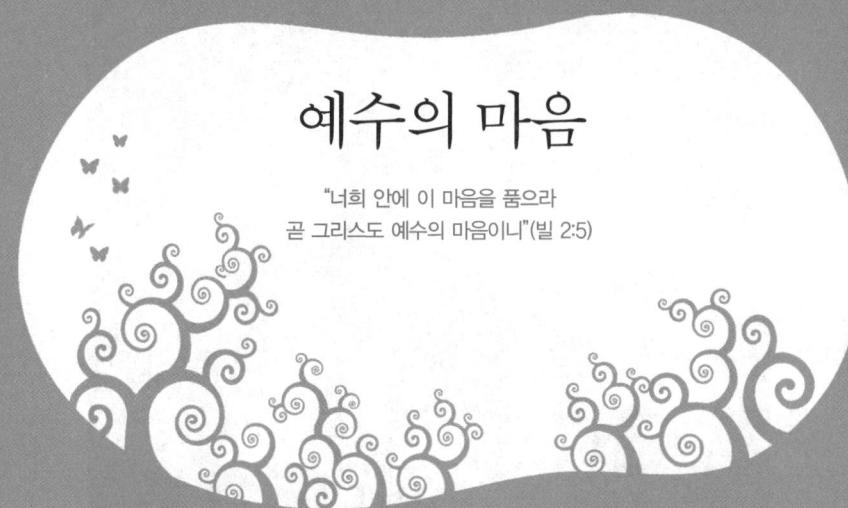

예수의 마음

"너희 안에 이 마음을 품으라
곧 그리스도 예수의 마음이니"(빌 2:5)

우리말 속담에 열길 물 속은 알 수 있어도 한길 사람의 마음은 알 수 없다고 했다. 우리 사람의 마음은 변덕이 많고 아침 저녁으로 달라지고 욕심과 탐욕으로 가득 차 있다. 그래서 인간은 늘 교만하고 자기중심적이며, 은혜를 배신하기를 밥 먹듯 하고 미워하고 시기하고 질투하는 불신앙의 인생이다. 그런데 우리가 추앙하는 위대한 인물이나 지도자도 가까이 다가가 보면 실제로는 허물투성이요, 이중 인격적이어서 범인들과 결코 다르지 않다는 것을 알 수 있다. 그래서 사도 바울은 이방인의 죄를 열거하면서 인간의 마음속에 있는 내면적인 죄성을 낱낱이 열거하고 유대인의 죄도 그에 못지않다는 것을 설명하고 있다.

인간의 문제는 결국 마음의 문제이다. 아무리 명예와 지위와 돈이 있어도 마음의 평화가 없으면 불행한 사람이다. 그런데 최근에 한국 교회는 인간은 결국 마음먹기에 따라서 행복과 불행이 갈린다고 하면서 긍정적인 사고방식이 문제의 해결인 듯이 말하고 있다. 특히 불교는 마음의 문제를 깨달음 또는 무아의 경지로 들어감으로 해탈을 얻는다고 한다. 그러나 인간의 마음은 자기가 결심한다고 간단히 해결되는 것이 아니다.

인간의 마음은 너무나 복잡하다. 성경대로 하면 하나님께서 "사람에게 영원을 사모하는 마음을 주셨"기에(전 7:11) 마음은 종교의 좌소가 된다. 그러나 인간의 마음은 하나님을 떠났고 "허물과 죄로 죽었다"(엡 2:1). 그런데 하나님이 보내신 예수 그리스도는 우리 인간이 본래 가져야 할 참 마음의 모델이 되셨다.

예수님의 마음은 사랑과 겸손의 극치이다(빌 2:5)

하나님과 예수님은 하나이므로, 하나님의 마음이 곧 예수님의 마음이다. 본래 하나님을 본 사람이 없었지만 아버지의 품속에 있는 독생하신 하나님 곧 예수 그리스도가 오신 것이다. 그러므로 예수님을 보는 것은 곧 하나님을 보는 것이며 예수님의 사랑은 곧 하나님의 사랑이다. 하나님께서는 세상을 이처럼 사랑하사 독생자를 주셨다(요 3:16). 그러기에 예수님은 하나님의 구원의 프로그램에 순종하고 자기 몸을 십자가에서 죽기까지 우리를 사랑하시었다. 예수님의 마음은 우리 인간들이 가져야 할 참된 마음의 모델이었다. 그래서 사도 바울은 말하기를 "너희 안에 이 마음을 품으라 곧 그리스도 예수의 마음이니"(빌 2:5)라고 했다. 우리가 품어야 할 마음의 표준은 예수의 마음이다.

그러면 예수의 마음이 어떠하길래 그의 마음을 우리가 가져야 하는 걸까? 세상에 있는 모든 교회나 공동체는 모두가 문제가 있기 마련이다. 빌립보 교회도 예외는 아니었다. 교회라고 해도 사람들이 모인 곳이라 서로 다투고 일을 하면서도 헛된 욕망으로 하고, 교만하고, 서로서로 상대방을 깎아내리고 중상 모략하는 일이 비일비재하다. 그래서 바울은 빌립보 교회가 예수의 마음을 가져야만 그들의 갈등을 해소할 수가 있다고 했다.

다음 성경 구절이 예수님의 마음을 잘 대변해준다. "그는 근본 하나님의 본체이시나 하나님과 동등 됨을 취할 것으로 여기지 아니하시고 오히려 자기를 비어 종의 형체를 가져 사람들과 같이 되었고 사람의 모양으로 나타나셨으매 자기를 낮추시고 죽기까지 복종하셨으니 곧 십자가의 죽으심이라"(빌 2:6-8). 예수님의 성육신 그 자체가 최고의 높은 자리에서 최하의 낮은 자리로 오신 것이다. 그것은 우리의 죄 문제를 해결하시고 구원을 얻도록 하기 위한 예수님이 행하신 구원의 방법이었다. 죄 없으신 예수님이 우리 때문에 그토록 낮아졌다면 우리는 얼마나 더욱 겸손해야 할 것인가? 그리고 서로 높아지겠다고 설치는 것이 얼마나 어리석은 마음인가? 예수님의 마음은 사랑과 겸손의 극치이다. 그래서 우리는 그리스도 예수의 마음을 품어야 한다.

예수님의 마음은 온유와 겸손의 모델이다(마 11:28)

예수님은 팔복을 설교하시면서 "온유한 자는 복이 있나니 저희가 땅을 기업으로 받을 것임이요"(마 5:3)라고 했다. 그러나 오늘날처럼 다원화되고 산업화되고 전쟁터를 방불케 하는 생존경쟁에서 "온유한 자"가 과연 생존할 수 있을까? 이러한 시대에 사람들은 온유한 사람은 제 밥그릇도 제대로 찾아 먹지 못할 것이라고 생각한다. 오늘날 사람들은 자기 유익을 위해서 매사에 공격적이고 신경질적인데다 가능하면 남을 넘어뜨리고서라도 목적을 쟁취하려고 한다. 인간의 탐욕은 끝도 한도 없이 커져서 욕망을 성취하는 것이 성공이며 행복이라고 한다.

그러나 인간의 행복은 자기 자신의 욕망 성취로 행복해지는 것은 아니다. 온유한 마음으로 사랑하며 나누며 섬기는 마음이 있어야 행복하다. 우리는 그 대표적인 모델을 예수 그리스도에게서 발견할 수 있다.

예수님은 스스로 온유의 모델과 겸손의 모델로 제시한다. 즉 "수고하고 무거운 짐 진 자들아 다 내게로 오라 내가 너희를 쉬게 하리라 나는 마음이 온유하고 겸손하니 나의 멍에를 메고 내게 배우라 그러면 너희 마음이 쉼을 얻으리니 이는 내 멍에는 쉽고 내 짐은 가벼움이라" (마 11:28-30)고 했다. 여기서 예수님은 인간의 실존을 수고하고 무거운 짐 진 자 또는 마음에 쉼을 얻지 못한 자로 표현하고 있다. 결국 이러한 억눌리고 짐 진 자 같은 인생은 곧 죄 가운데 있는 인생이다. 그러한 인생들은 예수 그리스도의 온유한 마음과 겸손의 마음을 배움으로 해결될 수 있다. 예수님의 마음은 온유의 극치이고 겸손의 극치이다. 예수님은 털 깎는 자 앞에서 잠잠한 어린 양처럼, 억울한 십자가를 잘 참고 원수까지도 사랑했던 분이다.

예수님의 마음에도 고뇌와 탄식이 있었다(막 8:12)(마 26:38)

예수님은 하나님의 아들로 육신의 몸을 입으시고 세상에 오셨다. 그에게는 하나님이시면서도 참된 사람으로 양성(兩性)을 갖고 계셨다. 예수님은 우리가 가지고 있는 모든 정서를 가지고 계셨다. 그는 나사로가 죽은 것을 보시고 우셨고, 70인 전도들이 성공적으로 전도한 것을 보고 기뻐하셨다. 서기관과 바리새인들의 악랄한 공격에 분노하기도 했다.

특히 예수님의 마음에 고뇌가 깃들이고, 탄식이 터져 나올 때가 있었다. 우선 마 26:38을 보자. "이에 말씀하시되 내 마음이 심히 고민하여 죽게 되었으니 너희는 여기 머물러 나와 함께 깨어 있으라"고 하셨다. 예수님은 겟세마네 동산에서 앞으로 있을 체포와 고난과 십자가를 앞에 두고 결정적이고 결사적인 기도를 하려고 했다. 이미 예수님은 죄인을 구원하러 세상에 오셨고, 그의 고난과 십자가와 죽음을 예견했지만 인성을 가지신 예수님으로서는 여간 힘들지 않았다. 죄 없으신 분이 죄인 취급을 받는 것도 고난이요, 고통이지만 다가올 십자가의 고난은 그에게 엄청난 짐이었던 것도 사실이었다. 그리고 제자들에게도 함께 기도할 것을 권면하시면서 "내 마음이 심히 고민하여 죽게 되었다"고 했다.

예수님의 이런 심적 고통은 우리의 죄악 때문이다. 이사야 선지자의 예언처럼 "그가 찔림은 우리의 허물을 인함이요 그가 상함은 우리의 죄악을 인함이라"(사 53:5)고 했다. 예수님의 심적 고통은 사실 죽음과 같았다.

또 예수님의 심적 고통을 표현한 곳이 있다. 예수님은 하나님의 아들로서 메시야의 권위로 굶주린 백성들에게 기적을 베풀어 주셨다. 무리들이 굶주려 있을 때 예수님께서는 보리떡 일곱 덩이와 물고기 두 마리를 가지시고 사천 명을 먹이셨다. 그리고 남은 조각을 거두니 일곱 광주리가 되었다. 그런데 이 사건을 눈으로 보면서도 바리새인들은 예수님을 비난하면서, 또 다시 예수 당신이 참으로 하나님이 보내신 자인지 증거를 보이라고 다그쳤다. 이 때 예수님의 마음은 심히 참담했다. 늘 예수님의 이적과 기사 그리고 병 고침을 보고서도 끊임없이 표적을 구하는 유대 기득권층의 속내를 우리 주님은 잘 알고 있었다. 그래서 예수님은 "마음속에 깊이 탄식하시며 가라사대 어찌하여 그 세대가 표적을 구하느냐"라고 했다(마 8:12).

예수님은 인간의 마음을 다 알고 계신다(눅 5:22)(마 9:4)

예수님의 마음은 아주 특별하다. 그는 신인 양성(兩性)을 가졌기에 다른 사람의 마음의 내용과 움직임을 잘 알고 계셨다. 공관복음에는 예수님이 이처럼 인간의 구체적인 마음을 영안으로 읽고 계신다는 것을 많이 발견할 수 있다.

우선 예수님께 중풍병자를 고치실 때, 저희 믿음을 보시고 '죄 사함을 받았느니라' 고 했다. 그 때 서기관과 바리새인들이 도대체 이런 참담한 말을 하는 자가 누군가 오직 하나님 외에 누가 능히 죄를 사하겠는가라고 수군거렸다. 그런데 성경 표현을 그대로 보면 "예수께서 그 의논을 아시고 대답하여 가라사대 너희 마음에 무슨 의논을 하느냐" (눅 5:22)라고 반문했다. 예수님은 사람의 마음을 꽤뚫고 계시는 분이므로, 아무도 마음으로라도 범죄할 수 없다. 특히 같은 장면의 마태복음 9:4의 기록에는 "예수께서 그 생각을 아시고 가라사대 너희가 어찌하여 마음에 악한 생각을 하느냐"라고 했다.

한 번은 제자들이 서로 높아지려고 누가 크냐는 주제로 논쟁이 일어났다. 제자들의 관심은 한결같이 예수님이 권력의 실세가 되어 정권을 잡으면 높은 자리에 앉기를 희망했다. 열두 제자 모두가 경쟁 상대가 되었다. 바로 그 때 "예수께서 그 마음에 변론하는 것을 아시고 어린 아이 하나를 데려다가 자기 곁에 세우시고"(눅 9:47)라고 했다.

하나님을 불꽃같은 눈이라고 하고, 예수님을 그 눈이 불꽃같다고 했다(계 1:14). 그처럼 인간의 마음을 아시는 주님 앞에 언제나 우리가 진실하게 설 때 우리는 참된 신앙을 갖게 된다.

예수께서 말씀하신 대로 "너희는 마음에 근심하지 말라 하나님을 믿으니 또 나를 믿으라"(요 14:1)고 했음으로 우리는 마음과 뜻과 정성을 다해 주님을 섬기는 일만 해야 한다.

예수의 은혜

"우리가 그리스도 안에서 그의 은혜의 풍성함을 따라 그의 피로 말미암아 구속 곧 죄사함을 받았으니"(엡 1:7)

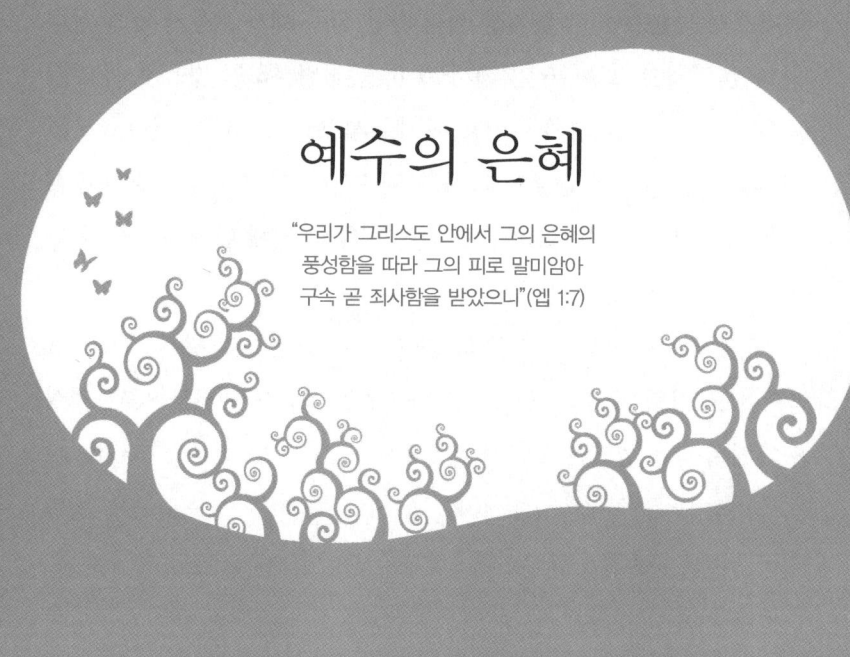

　　필자는 신학대학교의 교수이므로 매 주일 다른 교회에서 설교를 한다. 그리고 필자는 가끔 부흥집회를 인도하곤 한다. 그런데 예배를 마친 후에 성도들의 반응 중에는 "목사님 오늘 많은 은혜를 받았습니다." 또는 "은혜가 많았습니다."라고 한다. 그런데 필자의 생각은 성도들이 "은혜"란 말의 의미를 제대로 알고 썼으면 하는 생각이 늘 들었다. 성도들이 "은혜를 받았다"는 뜻은 거의가 감동을 받았다는 의미로 쓰고 있는 듯 하다. 또는 목사의 설교를 통해서 영적으로 크게 유익되었다는 의미로 받아지고 있다. 그리고 목사의 설교가 매우 복음적이란 말도 된다. 그러나 한국교회 성도들은 "은혜"란 말의 내용보다 감사의 인사로 하는 말일 것이다.

　　그렇다면 예수의 은혜란 무슨 뜻일까? 우리는 예배가 끝날 때마다 목사의 축도를 받는다. 그것은 사도 바울이 가르쳐 준대로 "주 예수 그리스도의 은혜와 하나님의 사랑과 성령의 교통하심이 너희 무리와 함께 있을찌어다" (고후 13:13)에서 보듯 "주 예수 그리스도의 은혜"가 축복의 근원이자 우리의 신앙의 기본이다. 삼위 하나님의 역할, 즉 예수 그리스도의 은혜, 하나님의 사랑, 성령의 교통 때문에 성도가 존재하고 교회가 이루어졌다. 그렇다면 이제 예수 그리스도의 은혜가 구체적으로 무엇인지 살펴보고자 한다.

물론 성경에서 은혜의 사전적 의미는 우아, 매력, 은총, 호의, 선물, 감사 등이다. 은혜란 하나님께서 인간에게 아무 조건 없이 베풀어주시는 사랑의 선물을 의미하고, 은혜에는 일반은혜와 특별은혜로 나누어진다. 일반은혜란 하나님께서 모든 사람에게 차별 없이 베풀어 주시는 것이라면 특별은혜는 구원과 은사에만 관련된다. 인간은 죄로 어두워지고 전적으로 타락해서 아무런 소망도 없고 무가치함에도 불구하고 택한 백성들에게 값없이 영원한 생명을 주신다. 이것이 특별한 은혜이다.

하나님의 은혜와 사랑은 예수 그리스도의 십자가의 죽음을 통해서 확증되었다. 우리 인간이 의롭게 되는 것은 오직 십자가의 은혜(Sola Gratia)로만 가능하다.

예수님의 은혜는 구원을 주신다(엡 1:7, 행 15:11)

우리가 예수를 믿게 된 그 자체가 벌써 하나님의 은혜와 예수 그리스도의 은혜이다. 예수님의 은혜는 하나님의 구원 운동이 구체화되어 십자가에서 우리를 위해서 대신 죽으신 것이다. 우리 인간의 죄는 하나님의 아들이신 예수 그리스도를 십자가에 매달게 하지 않고는 용서받을 수 없다. 예수님은 참 하나님이시면서 참 사람으로서 우리의 중보자가 되셨다. 우리는 우리 자신의 죄를 씻을 수 있는 방법이 없었다.

그래서 하나님은 외아들 예수 그리스도를 세상에 보내서 속죄의 제물이 되게 하시고 누구든지 저를 믿는 자들에게 하나님의 자녀가 되고 구원의 은혜를 값없이 얻도록 하셨다. 예수님은 우리가 죽어야 할 자리에 하나님의 아들로서 자신이 친히 말로 다할 수 없는 고난을 받고 십자가에서 죽었으니 그 은혜와 그 사랑은 측량할 길이 없다. 그러므로 우리가 예수를 안 믿는 것이 죄가 되는 이유는 예수 그리스도의 은혜를 배은망덕했기 때문이다.

사도 바울은 예루살렘 회의에서 유대인이나 이방인이나 상관없이 모든 사람들은 예수의 은혜로만 구원 얻는다는 메시지를 전했다. 그는 "우리가 저희와 동일하게 '주 예수의 은혜'로 구원받는 줄 믿노라"(행 15:11)고 했다. 구원은 인종과 국적과 남녀노소를 구별하지 않고 오직 예수의 은혜로 구원 받는 것이다. 이것이 바로 성경의 진리이며 기독교의 기본교리이다.

예수의 은혜로 구원함을 받았으니 자기 스스로 자랑할 것도 없고, 값없이 예수의 은혜로 새 생명을 얻었으니 감사 감격할 수밖에 없다. 그래서 항상 기뻐하고 쉬지 말고 기도하며 범사에 감사할 수밖에 없는 것이다. 바울은 에베소에서 좀 더 적극적으로 예수의 은혜를 소개하면서 다음과 같이 말했다. "우리가 그리스도 안에서 그의 은혜의 풍성함을 따라 그의 피로 말미암아 구속 곧 죄 사함을 받았으니"(엡 1:7)라고 했다. 예수의 은혜는 마냥 아름다운 것이라기보다 그의 피를 동반한다는 사실을 잊어서는 안된다.

즉 예수께서 피를 쏟고 생명을 바쳐 우리를 죄 가운데 구속한 은혜란 것이다. 우리는 그리스도 안에서 값없이 의롭다 함을 얻게 되었으니 말 그대로 은혜 위에 은혜라고 할 수 있다. 예수의 은혜를 아는 사람이면 절대로 자기를 자랑할 것도 자기를 내어 놓을 것이 없는 줄 알고 오직 그 은혜를 항상 감사하고 찬송할 것이다.

예수님의 은혜는 우리에게 위로와 소망을 주신다(딤 3:7)

만약 예수님이 십자가에서 자신을 송두리째 내어주신 그 은혜가 없었다면 우리에게는 아무런 희망이 없었을 것이다. 그러나 예수의 은혜는 깜깜한 밤중에 밝은 빛처럼 우리에게 비추어져서 하나님이 누구신지 알게 해주었고, 인간의 죄의 비참함을 알게 해주었고 예수 그리스도의 사랑의 높이와 넓이와 깊이를 알게 해주었다. 그러므로 사도 바울은 쓰기를 "우리 주 예수 그리스도와 우리를 사랑하시고 영원한 위로와 좋은 소망을 은혜로 주신 하나님 우리 아버지께서 너희 마음을 위로하시고 모든 선한 일과 말에 굳게 하시기를 원하노라"(살후 2:16,17)라고 했다. 사실은 예수님 자신이 은혜이며 예수님의 말씀이 은혜이며 예수님의 삶이 또한 은혜이다. 그래서 세례요한은 예수님을 소개하면서 "우리가 다 그의 충만한데서 받으니 은혜 위에 은혜러라 율법은 모세로 말미암아 주신 것이요 은혜와 진리는 예수 그리스도로 말미암아 온 것이라"(요 1:16,17)라고 했다. 말씀이 육신이 되어 우리 가운데 거하시는데 예수는 바로 아버지의 독생자의 영광일 뿐 아니라 은혜와 진리가 충만했었다(요 1:14). 또한 예수님의 은혜는 그의 탄생이 은혜이고, 그의 말씀이 은혜이고, 그의 십자가가 은혜이다. 그리고 그의 부활이 은혜이다. 그러므로 예수의 은혜가 우리의 희망이며 위로이며 영광이다.

예수의 은혜는 주님을 사랑하는 자에게 임한다(엡 6:24)

우리는 하나님의 구속의 계획에 따라 예수께서 십자가에 죽으심으로 우리는 값없이 구원을 받았다. 그것이 하나님의 구원의 방법이었다. 왜냐하면 인간은 전적으로 부패해서 자기 자신의 힘으로는 구원에 이를 수도 없고 하나님을 바로 깨달을 수 없기 때문이다. 그러면 그토록 놀라운 하나님의 은혜를 어떻게 받을 수 있을까? 그것은 예수 그리스도의 은혜가 너무나 크고 놀라운 줄 알고 주 예수를 믿고 사랑하는 자가 받을 수 있는 것이다.

예수를 사랑하지 않는 사람은 예수의 은혜를 알 수 없다. 또한 예수를 사랑하지 않는 사람은 십자가의 공로와 사랑을 깨달을 수가 없다. 그래서 사도바울은 에베소교회에게 주는 편지의 마지막 결론에서 "우리 주 예수 그리스도를 변함없이 사랑하는 모든 자에게 은혜가 있을찌어다"(엡 6:24)라고 선언했다.

예수의 은혜는 모든 사람에게 임하는 것이 아니라, 예수를 사랑하는 자에게 예수의 은혜가 함께 한다는 것을 성경은 강조하고 있다. 무엇보다 사도바울은 디모데에게 편지를 쓰면서 예수의 은혜가 넘치면 동시에 그리스도 안에서 믿음과 사랑도 넘친다고 설명하고 있다. 예수의 은혜를 깨닫는 것은 우리의 영적 에너지의 근간이 된다. 예수의 은혜를 깨달으면 우리의 영적 삶이 풍요해진다는 것이다. 바울은 "우리 주의 은혜가 그리스도 예수 안에 있는 믿음과 사랑과 함께 넘치도록 풍성하였도다"(딤전 1:14)고 고백했다. 바울은 자신의 과거를 회상하고 간증하면서 전에는 훼방자요, 핍박자요, 포행자였지만 예수 그리스도의 은혜로 변화 받고 새 사람 되어 예수 그리스도의 종으로 살게 되었음을 고백했다.

예수님의 은혜가 항상 감사하게 한다(고전 1:4)

바울서신에서는 은혜와 평강이 안부와 축복의 핵심으로 나타난다. 즉 은혜와 평화는 우리가 그리스도인으로 살아가는 두 기둥이다. 주님의 은혜가 없으면 우리는 아무런 희망이 없었을 것이다. 그리고 주님의 은혜 때문에 우리 마음에 참된 평화가 있게 된다. 세상에는 인위적으로 평화를 추구하고 인위적으로 행복해지려는 사람들이 적지 않다. 하지만 주 예수의 거저 주시는 은혜를 경험한 자만이 참 평화와 기쁨이 있다는 것을 알게 된다.

만약 우리에게 예수의 은혜와 예수 안에 있는 평화가 있다면 그것 때문에 항상 하나님께 감사할 수밖에 없을 것이다. 감사는 주님의 구원의 은혜 때문에 가능하고 감사는 주께서 주신 평화 때문에 할 수 있다. 그래서 바울은 쓰기를 "하나님 우리 아버지와 주 예수 그리스도로 좇아 은혜와 평강이 있기를 원하노라. 그리스도 예수 안에서 너희에게 주신 하나님의 은혜를 인하여 내가 너희를 위하여 항상 하나님께 감사하노니"(고전 1:3,4)라고 했다.

예수의 은혜는 구원을 주시는 하나님의 선물이다(롬 5:15, 엡 2:8)

선물이란 값을 치루고 사는 것이 아니다. 선물이란 선물 주는 분이 선물 받을 자의 사정을 미리 생각해서 준비된 은혜이다. 그러므로 선물을 받는 자는 그것을 감사함으로 받을 뿐 아니라 선물하신 분의 사랑과 은혜를 기억하는 것이 중요하다. 하나님은 예수 그리스도라는 선물 보따리를 우리에게 주셨다. 하나님은 우리의 죄악도 고통도 아픔도 아시고 그것을 해결하기 위하여 외아들을 십자가에 못 박게 하셨다. 그리고 그를 믿는 자에게 구원의 은총을 선물로 주셨다. 그것이 곧 하나님의 선물이요, 예수 그리스도의 선물이다. 그러므로 구원은 우리 자신에게서 나온 것이 아니고 하나님이 값없이 주는 선물이다. 값이 없다는 말은 싸구려가 아니고 천하를 주고도 바꿀 수 없는 위대한 하나님의 선물이므로 값을 매길 수 없다.

그래서 바울은 "너희가 그 은혜를 인하여 믿음으로 말미암아 구원을 얻었나니 이것이 너희에게서 난 것이 아니요, 하나님의 선물이라"(엡 2:8)했다. 또한 바울은 로마서에서 말하기를 "한 사람의 범죄를 인하여 많은 사람이 죽었은즉 더욱 하나님의 은혜와 또는 한 사람 '예수 그리스도의 은혜'로 말미암은 선물이 많은 사람에게 넘쳤느니라"(롬 5:15)고 했다.

예수의 은혜가 우리를 죄 가운데 구원했다. 그러므로 예수의 은혜는 우리에게 위로와 소망이며 진리이며 또한 선물이다. 예수의 은혜에 감사하고 예수의 은혜를 사랑하고 그 크신 선물을 받는 자는 우리 마음에 다함이 없는 끝없는 생수가 흐를 것이다. 또한 이런 사람만이 능히 죄와 세상을 이길 수 있을 것이다.

예수의 거룩

"천사가 대답하여 가로되 성령이 네게 임하시고
지극히 높으신 이의 능력이 너를 덮으시리니
이러므로 나실 바 거룩한 자는
하나님의 아들이라 일컬으리라"(눅 1:35)

　　　　　　총신대학교의 교훈 중에는 "성자가 되라"는 내용이 있다. 목회자의 목표는 거룩한 삶을 살아가는 곧 성자가 되는 것이다. 그러나 성자가 되는 것은 이상일 뿐이고 실제로는 참으로 어려운 일이다.

　본래 '거룩'이란 말은 '구별'이란 뜻을 가지고 있다. 세속적 삶에서 구별되어 하나님이 기뻐하시고 성스럽고 의로운 삶을 살 때, 우리는 그것을 거룩한 삶이라고 할 수 있다. 우리가 거룩한 삶을 사는 것이 쉽지 않다고 해도 하나님의 뜻은 우리가 거룩하게 되는 것이다(살전 4:3).

　무엇보다 예수님께서는 내가 거룩하니 너희도 거룩하라고 했다. 그러기에 우리는 모범을 보이신 예수님의 거룩한 발자취를 따라 살아야 할 것이다.

예수님의 거룩하심은 천사가 증거했다(눅 1:35)

　예수님은 우리의 구주로 세상에 오셨다. 예수님의 탄생 시에 천사

가브리엘이 장차 탄생하실 예수님은 어떤 분인지를 자세히 마리아에게 알려주었다. 아기가 나면 그 이름을 예수라고 할 것이고 그는 다윗의 왕통으로 날 것이며 그의 나라는 영원하리라고 했다. 이 천사의 말을 들었을 때 마리아는 너무나 놀라고 황당했다. 어떻게 아직도 결혼도 하지 않은 처녀가 아이를 낳을 수 있을까라고 생각하면서 무서워하였다. 그 때 천사는 마리아에게 안심과 확신을 주기 위해 다음과 같이 말했다. "천사가 대답하여 가로되 성령이 네게 임하시고 지극히 높으신 이의 능력이 너를 덮으시리니 이러므로 나실 바 거룩한 자는 하나님의 아들이라 일컬으리라"(눅 1:35)고 하였다.

이 말씀의 핵심은 장차 오실 메시야는 하나님의 능력으로 탄생할 것이고, 하나님의 아들이라고 할 것이며 "거룩한 자"라고 했다. 예수님은 비록 육신의 몸을 입으시고 세상에 오시지만 본성으로 그는 하나님의 아들이시기 때문에 그는 하나님의 신성을 갖고 계셨다. 그것을 예수님의 거룩성이라고 할 수 있다. 그러므로 예수님은 태초에 계셨고 태초에 하나님과 함께 하신 하나님의 아들이시다. 그러기에 그는 처음부터 거룩하신 분이었다. 그는 우리와 같은 성정을 가진 인간으로 세상에 오셨으나 인간이 함부로 할 수 없는 거룩하고 성스러운 풍모를 지녔다.

예수님의 거룩하심은 스데반이 증거했다(행 7:52)

스데반 집사는 생명을 건 설교 한 편을 하고 순교를 당했다. 스데반의 설교는 일종의 구약 총론이라고 보아도 좋을 듯싶다. 스데반은 믿음의 조상 아브라함에서 시작해서 이스라엘의 모든 역사를 구속사적 안목에서 절묘하게 엮어 나가면서 예수 그리스도의 고난과 죽으심으로 연결시키고 있다. 그런데 그는 예수를 소개하면서 "너희 조상들은 선지자 중에 누구를 핍박지 아니하였느냐 의인이 오시리라 예고한 자들을 저희가 죽였고 이제 너희는 그 의인을 잡아준 자요 살인한 자가 되나니"(행 7:52)라고 했다. 그는 여기서 예수를 의인(義人)이라고 설명했다. 의인이란 표현은 거룩한 자란 말과 동의어라고 할 수 있다. 예수님이 거룩한 자로 오시는 것은 선지자들이 예언한 그대로이며 결국 예수는 우리의 중보자로서 흠도 티도 없는 거룩하신 하나님이시다.

예수님의 거룩하심은 백부장이 증거했다(눅 23:47)

예수님은 십자가에서 우리를 위한 대속의 죽음을 죽으셨다. 그런데 예수님이 십자가에서 운명하실 때 두 가지 사건이 벌어졌다. 하나는 성소의 휘장이 위에서 아래로 찢어졌다. 이렇게 휘장이 찢어졌다는 말은 구약 시대 죄 사함을 위해 드리던 모든 희생의 제사가 폐지됐음을 의미한다. 더 이상 동물의 피로 희생을 드릴 필요가 없다. 그것들은 모두가 장차 우리의 참 구속주이신 예수 그리스도의 십자가의 희생을 위한 그림자일 뿐이다. 예수께서 자신의 대속적인 피로 단번에 모든 죄를 사하셨기 때문이다.

또 다른 하나는 로마의 장교 백부장의 고백이다. 그는 아마 예수를 십자가에 못 박는 군병들을 총지휘하는 자였을 것이다. 예수님의 체포에서 골고다까지 가면서 그리고 십자가 위에 예수님의 모습을 빠짐없이 보았을 것이다. 그래서 그가 내린 결론은 "이는 진실로 하나님의 아들이었도다"(마 27:54) 또는 "이 사람은 정녕 의인이었도다"(눅 23:47)라고 했다. 누가는 백부장의 고백을 통해 예수님은 거룩하신 하나님의 아들이며 죄가 없으셨음을 만천하에 공포하였다. 백부장의 증거는 예수님은 십자가에 달릴만한 죄가 있는 것이 아니라 모든 사람의 죄 때문에 대신 십자가를 지셨다는 것이다. 이방나라 로마의 장교, 형 집행을 하나에서 열까지를 세심하게 관찰한 백부장의 고백과 증거에 의하면 예수는 의로운 하나님의 아들이며 거룩한 분이라는 것이다. 그의 증언에 따라 예수님의 거룩하심과 의로우심이 더욱 돋보인다.

예수님의 거룩하심은 심지어 귀신도 증거했다(막 1:24, 눅 4:34)

예수님은 나사렛 회당에서 가르치시기를, 유대백성들이 그토록 고대하던 메시야 시대는 이미 왔고, 하나님의 나라는 이미 현재에 이루어졌음을 선포했다. 하지만 나사렛 동네 사람들로서는 30년 동안 예수님의 성장 과정을 지켜보았던 터라, 비록 예수님의 말씀이 은혜롭긴 해도 그를 메시야로 인정하지 않았다. 그래서 예수님은 나사렛을 떠나 가버나움으로 가서 귀신을 쫓아내고 온갖 질병을 고쳤다. 왜냐하면 그들은 예수님의 복음을 잘 받아드렸기 때문이다.

예수님께서 가버나움에서 귀신을 쫓아내셨다. 예수님께서 귀신들을 쫓아내실 때 사람을 잡고 있던 귀신은 두려움에 떨며 괴성을 지르며 살려줄 것을 애원했다. 그런데 그 귀신들은 예수께서 어떤 분인가를 분명히 알고 있었다. 그들은 예수님이 "하나님의 거룩한 자," "하나님의 아들"임을 알았다. 예수님이 자신들을 멸할 수 있는 권능을 가졌음을 잘 알고 있었다. 귀신들은 예수님의 말씀 한 마디로 사로잡았던 사람에게서 쫓겨났다. 예수님의 거룩성을 귀신이 증명하는 것이 그렇게 중요한 걸까? 재판 중에 있는 원고와 피고 사이에 공방이 있다고 치자. 반대쪽에 있는 사람도 어떤 부분에 있어서는 어쩔 수 없이 인정할 수밖에 없는 부분이 있어서 시인을 한다면 그것은 도리어 더 힘 있는 증거가 될 수 있다. 귀신은 악하고 더러운 것이지만 예수님이 거룩한 자임을 어쩔 수 없이 인정한 것이다.

예수님의 거룩하심은 하나님이 인정하셨다(요 10:36)

예수님께서는 요한복음 10장에서 양의 우리의 비유를 들어 말씀하셨다. 또한 예수님은 선한 목자이며 자신이 친히 양의 문이라고 했다. 그러면서 "나는 선한 목자라 내가 내 양을 알고 양도 나를 아는 것이", "나는 양을 위하여 목숨을 버리노라"고 했다. 그러자 유대인들은 예수님을 돌로 치려했고 거센 저항이 있었다. 그러자 예수님은 "너희가 내 양이 아니므로 믿지 아니하는도다", "내가 너희에게 영생을 주노니", "나와 아버지는 하나이니라" 등의 말씀을 하시면서 예수님은 자신을 변증하였다. 그러면서 "하물며 아버지께서 거룩하게 하사 세상에 보내신 자가 나는 하나님의 아들이라 하는 것으로 너희가 어찌 참람하다 하느냐"(요 10:36)고 했다. 즉 예수 그리스도의 거룩하심은 하나님께서 인정하신 것이며, 동시에 예수 그리스도는 우리의 중보자와 구주가 되시기 위해서 하나님께서 거룩하신 자로 인 치셨다는 것이다.

예수님의 거룩하심은 예수님 자신이 증거하셨다(요 17:19, 행 4:30)

예수님은 요한복음 17장의 중보의 기도 중에 "또 저희를 위하여 내가 나를 거룩하게 하오니 이는 저희도 진리로 거룩함을 얻게 하려 함이니이다."(요 17:19)라고 했다. 예수님은 요한복음 10:36에서 성부 하나님께서 자신을 거룩하게 했다고 했으나, 여기서는 예수님 자신이 거룩하게 한다고 했다. 여기에는 모순이 될 수 없다. 그 이유는 "거룩하게 하다"라는 헬라말의 하기아조란 말의 뜻이 두 가지로 쓰이는데 첫째는 제사임무를 수행하는 제사장을 성별하는 경우이고(출 28:41), 둘째는 희생 제물에 대한 성별을 의미할 때도 사용되었다(출 28:38).

그렇다면 예수의 거룩하심은 두 가지 의미를 모두 가졌다고 볼 수 있다. 예수님은 인류의 죄를 대속하시는 희생의 제물이면서 동시에 그 예식을 집행하는 대제사장이 되는 것이다. 그러므로 예수의 거룩하게 하심은 갈보리 언덕을 바라보는 것이며 그의 속죄의 죽음을 의미한다. 예수의 거룩하심은 그가 우리의 대제사장이시면서 유월절의 어린양의 역할을 동시에 하셔야 하는 속성을 갖고 계신다.

예수님의 거룩성은 그의 무죄하심과 맞물려 있다. 요한일서 3:5에 "그가 우리 죄를 없이 하려고 나타내신바 된 것을 너희가 아나니 그에게는 죄가 없느니라"고 했다. 우리가 예수를 보다 깊이 알려면 그의 거룩성과 그의 무죄성을 믿어야 한다. 그러면 그가 나 같은 죄인을 구원하기 위해서 죄 없음에도 불구하고 십자가의 희생이 제물이 된 것을 알게 될 것이다. 그래서 베드로는 고백하기를 "우리는 주는 하나님의 거룩하신 자신 줄 믿고 알았삽나이다"(요 6:69)라고 했다.

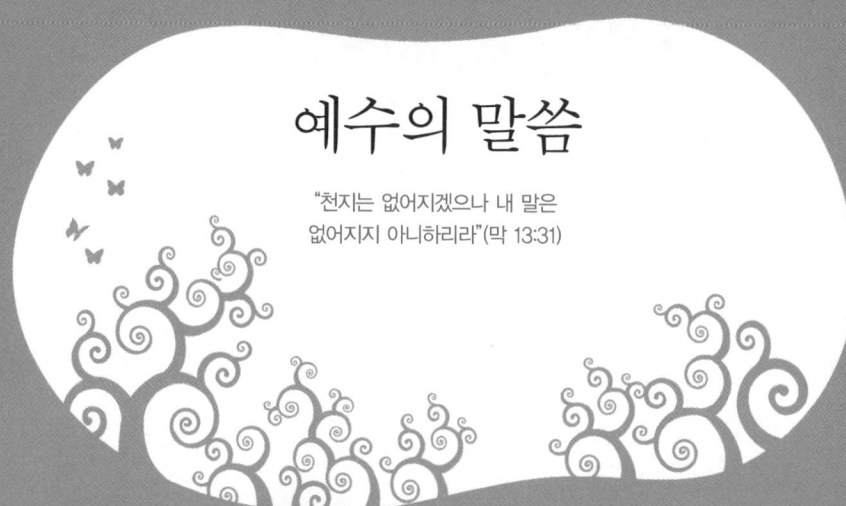

예수의 말씀

"천지는 없어지겠으나 내 말은 없어지지 아니하리라"(막 13:31)

기독교는 말씀의 종교이다. 왜냐하면 하나님은 권능의 말씀으로 천지와 그 가운데 있는 만물을 창조하셨기 때문이다. 또한 예수 그리스도는 말씀이다. 말씀 곧 말은 상대방과 의사소통의 수단이듯이 하나님과 우리 사이에 말씀 곧 말의 역할을 하는 분이 예수 그리스도이기에 우리는 오직 그분을 통해서 하나님과 교통할 수 있다. 예수의 말씀은 곧 하나님의 말씀이고, 예수 그리스도를 보는 것은 곧 하나님의 영광을 보는 것이다. 왜냐하면 예수 그리스도 안에는 완전한 하나님과 완전한 사람의 모습을 보기 때문이다. 사도 요한은 예수님이 말씀으로서 하나님과 우리 사이에 교통이 이루어진다는 것을 밝혀 주었다.

그는 "태초에 말씀이 계시니라 이 말씀이 하나님과 함께 계셨으니 이 말씀은 곧 하나님이시니라"(요 1:1) 또한 "말씀이 육신이 되어 우리 가운데 거하시매 우리가 그 영광을 보니 아버지의 독생자의 영광이요 은혜와 진리가 충만하더라"(요 1:14)고 설명했다. 성경 해석가들은 말씀이 이성(理性)의 뜻을 가진 Logos 라고 하기도 한다. 중국 사람들은 이것을 도(道)라고 번역하기도 했다. 그리고 칼빈의 제자인 데오도르 베자(Th. Beza)는 말씀을 설교(Sermo)라고 번역했다. 그런데 영어는 word 도, 일본번역에는 言으로 했고, 우리말 성경의 모든 번역에는 말씀으로 되어 있다. 이것은 참으로 잘된 것이다.

예수님이 세상에 오신 것은 하나님의 뜻과 하나님의 계시를 증거하고 보여주시기 위함이었다. 예수님은 우리의 대제사장으로서 우리의 연약과 죄를 지고 하나님께 아뢰고, 동시에 그는 우리의 속죄의 제물로써 어린양처럼 십자가에서 죽으셨다가 권능으로 부활하셨다. 예수님은 하나님과 우리 사이에 죄로 인해 깨어진 막힌 담을 허셨다. 그 결과 우리는 하나님과 교제할 수 있게 되었다. 우리는 예수 그리스도를 통해서 하나님이 누구신지 옳게 알게 되었고, 또한 우리의 죄악의 비참을 알게 되었다. 그리고 하나님과의 회복과 죄악을 용서 받는 길은 말씀이신 예수 그리스도를 통해서만 가능하다는 것을 알게 되었다. 그래서 요한은 "영접하는 자 그 이름을 믿는 자들에게는 하나님의 자녀가 되는 권세를 주셨으니"(요 1:12)라고 했다.

성경은 말씀 곧 말의 역할을 하는 예수 그리스도를 믿으면 하나님과의 사귐과 교통이 되어 영광의 하나님과 만나게 된다는 것을 계시해 준다. 우리는 예수님을 통해서 하나님을 보고, 예수님을 통해서 우리 자신을 볼 수 있게 되었다. 그래서 예수는 우리의 중보자이며 말씀 곧 말이 되는 것이다. 뿐만 아니라 예수님은 또한 우리에게 구체적으로 생명의 말씀을 주셨다.

예수님의 말씀은 영원하다(막 13:31)

　오늘날에는 사람의 말이나 행동이 녹음 또는 녹화가 되어서 테이프로 CD로 만들어 오래 동안 보관할 수 있다. 그래서 심지어 100년 전의 말도 그대로 재생해 낼 수 있다. 하지만 테이프나 CD가 손상되면 아무런 소용이 없다. 그러나 예수님께서 하신 말씀은 영원하다. 왜냐하면 예수님은 영원에서부터 왔고 영원한 생명을 주시기 때문이다. 특히 그의 말씀은 변치 않는 진리이며 영원하다. 예수님께서는 무화과나무의 비유를 들면서 주의 재림의 임박을 말했다.
　그런후 "천지는 없어지겠으나 내 말은 없어지지 아니하리라"(막 13:31)고 했다. 그러면 어째서 예수님의 말씀은 영원한 것인가? 그 이유는 예수님 자신이 진리이며 예수님의 말씀이 진리이기 때문이다. 진리는 천 년이 가고 만 년이 가도 변치 않아야 진리이다. 예수님의 말씀이 진리이기 때문에 그것은 영원하다. 그래서 이천년 전에 하신 예수님의 말씀은 지금도 불변의 진리가 되며 그의 말씀은 영원하신 것이다.

예수님의 말씀은 은혜의 말씀이다(눅 4:22)

　예수님 당시 유대사회는 이른바 율법주의 시대였다. 그 당시는 율법주의 종교가들이 사회의 기득권층이 되어서 각 계, 각 분야를 꽉 잡고 있었다. 그런데 예수님이 오셔서 경직되고 의식화되고 형식적인 종교를 강하게 비판했다. 율법주의자들은 유대공동체의 정체성을 지킨다는 명목으로 구약 성경에도 없는 수많은 시행세칙을 법으로 만들어서 숨 막히는 율법주의적 종교를 만들었다. 그들에게는 눈물도 사랑도 찾을 수 없는 겉껍데기 종교의 틀만을 가지고 있었다.

그런 까닭에 당시 예수님의 말씀은 저들에게 새로운 도전의 메시지가 되었다. 예수님이 전한 메시지는 바로 은총의 복음이었다. 율법을 지키므로 의로워지는 것이 아니고 우리가 비록 죄인이지만 하나님의 거저주시는 은혜를 믿음으로 구원 얻는 방법이었다. 그래서 예수의 메시지는 유대의 형식적이고 의식적 종교를 개혁해서 모든 사람을 하나님의 은혜의 보좌로 나오게 하신 것이다.

그러면 예수님의 설교에 대한 당시 사람들의 논평을 생각해보자. "저희가 다 그를 증거하고 그 입으로 나오는바 은혜로운 말을 기이히 여겨 가로되 이 사람이 요셉의 아들이 아니냐?" (눅 4:22)라고 했다. 예수님의 말씀은 전에 한번도 들어보지 못한 은혜의 말씀이었다.

예수의 말씀은 권세가 있었다(눅 4:32)

예수님의 말씀은 권위와 능력이 있었다. 예수님의 권위는 하나님의 아들로서의 권위이며 그의 능력도 하나님으로부터 오는 능력이다. 그러므로 예수님의 말씀도 권세가 있다. 예수님의 말씀이 권세 있다는 말은 앉은뱅이를 향해 걸어가라고 명령했을 때 즉각 걸어갔다는 것이 그 증거이다. 그리고 풍랑을 만나 사경에 헤매는 제자들 곁에서 바람과 바다를 꾸짖으시니 바람과 바다가 잠잠했다. 죽은 나사로를 향해서 나사로야 나오라고 했을 때 수의를 입은 채로 걸어 나왔다. 즉 예수님의 말씀의 권세는 창조적 권세이고, 하나님의 아들의 권세를 갖고 있음으로 바람과 바다도 순종했다. 예수님의 말씀이 권세가 있음은 그가 하나님의 아들이요 창조주요 구속주 이심을 만천하에 증명하는 것이다.

예수님의 말씀은 곧 생명의 말씀이다(요 6:68)

한국 속담에 말 한마디로 천 냥 빚을 갚는다는 말이 있다. 또 말 한마디로 사람을 살리기도 하고 죽이기도 한다는 말도 있다. 그만큼 말의 위력은 크다는 것이다. 그런데 예수님의 말씀은 사람의 말과는 차원이 다르다. 그의 말은 생명을 살리는 말씀이다. 예수님의 말씀은 항상 희망의 메시지이며 영적으로 죽었던 사람에게 영원한 소망을 갖게 하고 낭패와 실망 당한 사람이 희망을 갖고 역동적인 삶을 살게 하는 것이다. 왜냐하면 예수님의 말씀은 항상 은혜롭고 자비와 긍휼의 말씀이기 때문이다. 그리고 예수님의 말씀은 구원의 말씀이기 때문에 그것은 바로 소망의 말씀이고 새 생명의 말씀이다. 예수님은 세상에 말씀으로 오셨고 말씀대로 우리의 구원의 주가 되셨다. 그러므로 예수님의 말씀은 영생의 말씀이다.

요한복음 6장에서 예수님께서는 보리떡 다섯 덩어리와 물고기 두 마리를 가지고 오천 명을 먹이신 기적을 베풀었다. 그리고 예수님은 물 위로 걸으신 기적을 행했다. 그러자 갈릴리 바다를 건너서 극성팬들이 예수님을 찾아왔고 여러 가지 인터뷰를 했다. 그러나 예수님은 그들에게 "썩는 양식을 위해 일하지 말고 영생하도록 하는 양식을 위해서 하라"(요 6:27)했고, 예수님 자신이 생명의 떡이라고 했다. 그렇게 하자 베드로는 당시의 사건과 예수님의 말씀을 종합해서 "주여 '영생의 말씀' 이 계시매 우리가 뉘게로 가오리까"라고 대답했다. 베드로의 대답은 정답이다. 예수님은 말씀은 생명의 말씀이요 또한 영생의 말씀이다.

예수님의 말씀은 심판의 말씀이다(요 12:48)

앞서 우리는 예수의 말씀은 생명의 말씀으로서 권세 있는 말씀이요, 은혜의 말씀인 것을 증명했다. 그러나 이런 경우 꼭 같은 말씀일지라도 예수의 말씀을 믿어 순종하는 자에게는 은혜와 축복과 생명의 말씀이지만, 불순종, 불신앙하는 자나 의도적이며 고의적으로 하나님의 말씀에 항거하는 자에게는 심판의 말씀이 된다는 것이다. 예수 그리스도의 사랑과 은총의 초대를 거부하는 것 그 자체가 심판이 된다. 사실 우리에게 예수 믿는 자체가 큰 은혜요, 큰 축복이지만 예수를 믿지 것은 곧 죄악이 된다. 예수께서 우리 대신 십자가에 죽으시면서까지 우리를 사랑했지만 그것을 거부하는 것은 하나님의 은총을 모독하는 것이기에 심판을 면할 수가 없다.

예수님의 말씀은 곧 하나님의 말씀이다(요 14:24)

예수님께서 요한복음 14장에서 중요한 메시지를 전했다. 즉 6절에

"내가 곧 길이요 진리요 생명이니 나로 말미암지 않고는 아버지께로 올 자가 없느니라" 하였다. 예수님은 말씀이기에 하나님께로 가는 유일한 길이 된다. 예수는 길이 되므로 다른 방법으로 하나님께 갈 수가 없다. 예수님이 진리이므로 그 외에는 진리가 없다. 예수님이 생명이므로 다른 것에는 생명이 없다. 그런데 이런 말씀을 하실 수 있는 분은 하나님이시면서 우리와 같은 몸을 입으신 예수 그리스도 뿐이다. 그래서 예수님은 말씀하시기를 "나를 사랑하지 아니하는 자는 내 말을 지키지 아니하리니 너희의 듣는 말이 내 말이 아니요 나를 보내신 아버지의 말씀이니라"(요 14:24)고 했다. 예수님의 말씀은 곧 하나님의 말씀이란 뜻이다.

그러기에 후일 사도요한은 계시록을 통해 "말씀을 읽는 자와 듣는 자 뿐 아니라 기록한 것을 지키는 자들이 복이 있다"고 했다(계 1:3). 생명의 말씀인 예수 그리스도의 말씀은 기록되어 성경에 명백히 기록되어 있다. 예수님의 말씀은 여전히 생명의 말씀이요, 은혜의 말씀이요, 권세 있는 하나님의 말씀이다.

예수의 사명

"나를 보내신 이의 뜻을 행하려 함이니라
나를 보내신 이의 뜻은 내게 주신 자 중에 내가
하나도 잃어버리지 아니하고 마지막 날에
다시 살리는 이것이니라"(요 6:39)

　　한국교회는 사명을 받은 사람이 참으로 많다. 그래서 사명자 대회란 모임도 있거니와 나이 들어서 늦게 사명을 받아 주의 종의 길을 가는 사람도 적지 않다. 잘 나가던 직장과 일터를 버리고 소명감과 사명감에 불타서 헌신한 사람이 많다. 그것은 한국교회의 희망이다. 그리고 한국교회는 미국 다음으로 선교사를 많이 보내는 선교대국이기도 하거니와 의사나 기술자 등 전문직에 종사하던 사람도 산 설고 물 설은 타문화권에 가서 그들과 함께 먹고 마시며 복음을 위해 일하는 분도 적지 않다. 왜 그런가? 그것은 모두가 예수 그리스도의 복음에 붙잡히고 하나님의 은총에 붙들렸기 때문이다.

　우리가 갖고 있는 모든 사명은 결국은 우리를 위해서 하늘 영광의 보좌를 버리시고 이 땅에 오셔서 십자가를 지시고 구원을 완성하신 예수 그리스도 때문인 것이다. 그러므로 우리는 예수님의 사명이 무엇이었는지를 알아보는 것이 가장 귀하다. 왜냐하면 예수 그리스도의 사명이 바로 우리의 신앙의 기초가 되기 때문이다.

예수님의 사명은 하나님의 뜻을 행하는 것이었다(요 6:39)

하나님의 아들로서 또는 우리의 구원의 주로서의 예수님의 사명은 우선 하나님의 뜻을 행하는 것이었다. 우리들은 성부 하나님의 뜻을 다 알 수도 없으며 설령 그 뜻을 안다고 해도 완전히 수행할 수 없다. 하지만 예수님은 성부 하나님의 뜻을 다 알고 있을 뿐 아니라 또 그 뜻을 따를 수 있는 능력을 소유하고 계셨다. 예수님은 '보내신 이의 뜻' 즉 성부 하나님의 뜻을 이루기 위해서 세상에 오신 것이다. 그러므로 이 성경 구절에는 예수의 신성이 암시되어 있는데, 오직 하나님의 아들이신 예수님만이 아버지 하나님의 뜻을 행할 수 있다는 것이다. 예수님은 아버지 하나님으로부터 구원사역의 모든 권세를 위임받고 이 세상에 오신 것이다.

그러면 하나님의 뜻이란 무엇인가? 그것은 아들이 우리의 중보자로서 사명을 다하여 유월절의 어린 양으로서 십자가에 죽으심으로 구원의 주가 되는 것이었다. 예수님의 사명은 첫째도 둘째도 하나님의 뜻을 행하는 것이었다. 그래서 예수님은 말씀하시기를 "내가 하늘로서 내려온 것은 내 뜻을 행하려 함이 아니요 나를 보내신 이의 뜻을 행하려 함이니라 나를 보내신 이의 뜻은 내게 주신 자 중에 내가 하나도 잃어버리지 아니하고 마지막 날에 다시 살리는"(눅 6:38-39)것이라고 했다.

예수님의 사명은 아버지 하나님의 뜻을 이루는 것이다. 즉 그것은 "아들을 보고 믿는 자마다 영생을 얻는 이것이니"(요 6:40)라고 명백히 말씀하셨다. 예수님은 어떤 형편에서든지 메시야로서의 사명을 잊지 않았다.

예수님의 사명은 선한 목자로서 양들을 위해서 생명을 버리는 것이다(요 10:11, 28)

예수님은 양의 우리의 비유에서 자기 자신의 정체성과 사명을 잘 표현했다. 예수님은 도덕적 선생이나 정치적 야망을 가지신 분이 아니라 양들의 목숨을 지키기 위해서 희생하는 선한 목자이셨다. 목자에는 두 가지 종류가 있는데 삯군 목자와, 자기 소유의 양을 지키는 자가 있었다. 삯군은 말 그대로 고용된 목자이므로 자기 양을 치지 않는다. 그래서 삯에만 관심이 있고 양들의 생명과 안전에는 관심이 없고 적절히 시간만 때우고 위급한 상황이 벌어지면 도망가기 바쁜 자들이다. 그러나 자기 자신의 양을 치는 선한 목자는 사나운 이리나 사자가 올 때 몸을 던져 짐승들을 물리친다. 뿐만 아니라 선한 목자인 경우에는, 목자도 양을 알고, 양도 목자를 알아보는 교감이 이루어진다.

그러기에 택한 백성은 주님의 음성을 듣고 또 따르게 된다. 바로 이 선한 목자가 자기 양의 생명을 지키듯이 예수님의 사명은 택자들을 위해서 생명까지 내어놓는 것이다.

예수님의 사명은 하나님을 영화롭게 하는 것이다(요 17:4)

소요리 문답 제1문의 답은 사람이 제일 되는 목적은 하나님을 영화롭게 하고 그를 영원토록 즐거워하는 것이라고 했다. 왜 우리가 하나님을 영화롭게 해야 하는가? 그 이유는 바로 예수님의 사명에서 찾을 수가 있다. 하나님은 천지와 그 가운데 있는 만물을 창조하시고 죄인들을 구원해 주시기 위해서 아들을 세상에 보내셨다. 실은 세상을 창조하신 것도, 아들을 십자가에 내어주어 우리를 구원하시려는 것도 따지고 보면 하나님이 자기 영광을 위한 것이다. 그러므로 아들로서의 사명은 하나님을 영화롭게 하는 것이 제일 중요한 것이다. 그래서 예수님은 제자들을 위한 중보의 기도에서 말씀하시기를 "영생은 곧 유일하신 참 하나님과 그의 보내신 자 예수 그리스도를 아는 것이니이다 아버지께서 내게 하라고 주신 일을 내가 이루어 아버지를 세상에서 영화롭게 하였사오니"(요 17:3-4)라고 했다.

본래 예수님은 이 세상에 오시기 전에 아버지 하나님과 꼭 같은 영화를 가졌었다. 그러나 이제 그분이 이땅에 오심으로 예수님은 중보자로서 하나님 아버지께 영광을 돌리시는 것을 그의 사명으로 생각했다.

예수님의 사명은 천국 복음을 전파하는 것이다(마 4:23)

예수님의 메시지는 복된 소식이며 좋은 소식 곧 복음이었다. 어찌하여 복된 소식이며 복음인가? 그 이유는 율법의 행함으로 의에 이르려는 사람들에게 하나님의 거저주시는 은혜를 믿음으로 말미암아 의롭게 되는 은총의 복음이었기 때문이다. 예수님의 복음은 이방인임에도 불구하고, 죄인임에도 불구하고 오직 그분을 생명의 주로 믿기만 하면 구원을 얻고 기적을 체험하고 병자가 나음을 입게 하였다. 물론 예수님의 천국복음은 일차적으로 유대인에게 미치었으나 결국은 복음이 유대인을 거쳐서 이방나라에 나아가도록 하셨다. "예수께서 온 갈릴리에 두루 다니사 저희 회당에서 가르치시며 천국 복음을 전파하시며 백성 중에 모든 병과 모든 약한 것을 고치시니 그의 소문이 온 수리아에 퍼진지라"(마 4:23)고 하였다. 요한은 천국이 미래라고 했으나 예수는 천국이 이미 현재에 예수님이 오시므로 시작되었음을 알리었다. 그러므로 우리에게 중요한 문제는 주 예수를 영접하는가? 못하는가가 구원의 갈림길이 된다.

예수님의 사명은 죄인들을 구원하는 것이다(눅 19:10)

예수님께서는 세리장 삭개오의 극적인 회심과 결단이 있은 후에, 모든 사람들 앞에서 공개적으로 구원을 선포하셨다. 특히 예수님께서는 "오늘"이란 표현을 썼는데 이는 구원의 현재 벌써 이루어졌음을 말한다. 누가가 "오늘"이란 말을 표현한 것은 하나님의 구원 사건이 예수 그리스도로 말미암아 현재 구원이 이루어졌음을 부각시켜 주기 위함이었다. "구원"이란 표현을 다른 복음서에서 보다 특별히 취급하고 있다.

삭개오는 이스라엘의 잃어버린 자들의 상징적 인물이다. 그는 죄인이었지만 예수를 믿음으로 아브라함의 자손이 되었다. 유대인들은 모세의 율법을 철저히 지키는 자만이 아브라함의 자손이라고 말하지만, 예수님의 메시지는 아브라함의 자손이란 믿음으로 말미암아 하나님의 나라를 상속받는 다는 것이다. 그러므로 예수님은 이스라엘의 잃어버린 자를 찾기 위해서 하나님께로부터 파송 받은 목자이다. 사회적으로 지탄의 대상인 비도덕적인 세리까지도 아브라함의 자손이 될 수 있었던 것은 율법의 행위 같은 인간의 공로와는 다른 하나님의 긍휼과 사랑, 그리고 인간의 전적인 믿음 때문이다. 예수님이 세상에 오신 이유는 죄인을 은혜로 구원하기 위해 오신 것이다.

예수님의 사명은 하나님과 인간의 화목을 위함이었다(고후 5:19)

사도 바울은 예수님의 사명을 말하면서 하나님과 인간 사이에 화목을 말했다. 예수님은 그의 십자가의 죽음을 통해서 하나님과 사람 사이에 막힌 담을 허시고 화목을 이루었다.

그래서 사도 바울은 "모든 것이 하나님께로 났으니 저가 그리스도로 말미암아 우리를 자기와 화목하게 하시고 또 우리에게 화목하게 하는 직책을 주셨으니 이는 하나님께서 그리스도 안에 계시사 세상을 자기와 화목하게 하는 말씀을 우리에게 부탁하셨느니라"(고후 5:18-19)고 했다. 예수님이 화목제물 되셨으니 우리도 하나님과 우리 사이 그리고 성도와 성도 사이에도 온전한 화목을 이룰 때 우리의 신앙이 건강한 신앙이 된다.

예수님의 사명은 구약 선지자들의 예언대로 이루기 위함이다 (마 5:17)

예수님은 산상보훈 중에 율법문제를 취급했다. 예수님의 파격적인 행동에 신선한 충격을 받는 사람도 있었지만 그 특권층은 강한 반발심을 가졌다. 그래서 서기관과 바리새인들은 예수님이 구약의 율법을 패하러 왔기에 위험한 존재로 생각했다. 바로 그 때 예수님은 율법에 대한 입장을 확실히 밝혔다. 핵심은 도리어 예수님은 구약의 모든 선지자들의 예언을 이루기 위함이라고 잘라 말했다.

그래서 예수님은 "내가 율법이나 선지자나 폐하러 온 줄로 생각지 말라 폐하러 온 것이 아니요 완전케 하려 함이로다 진실로 너희에게 이르노니 천지가 없어지기 전에는 율법의 일점일획이라도 반드시 없어지지 아니하고 다 이루리라"(마 5:17-18)고 말씀하셨다.

예수님은 실제로 구약의 중심이었고, 구약의 내용은 바로 예수 그리스도를 증거하는 것이다. 그러므로 예수의 사명은 선지자의 메세지와 율법을 성취하는 것이다.

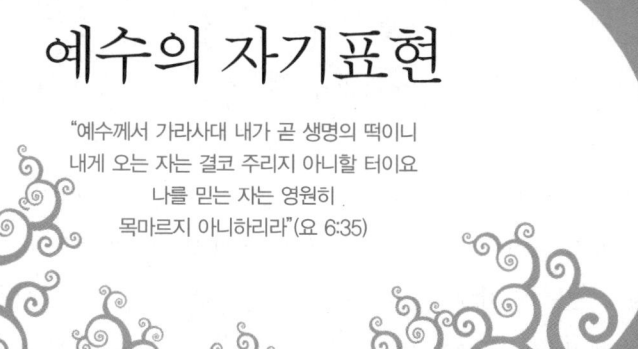

예수의 자기표현

"예수께서 가라사대 내가 곧 생명의 떡이니
내게 오는 자는 결코 주리지 아니할 터이요
나를 믿는 자는 영원히
목마르지 아니하리라"(요 6:35)

　　　　　　　　　예수님이 누구신가에 대해서는 여러 가지 표현들이 있다. 그것은 예수님을 따르는 제자들이 생각하는 예수상이 있는가하면, 예수를 배척하는 사람들이 예수께 대한 표현도 있다. 또는 구약성경에서 메시야 예수 그리스도에 대한 상징적인 표현도 적지 않다.

　우선 예수님의 영원성에 대한 표현으로는 알파와 오메가, 전능하신 하나님, 영존하시는 아버지, 보이지 않는 하나님 형상, 먼저 나신 자, 말씀, 독생자 등등이 있다.

　예수의 생애와 사역을 중심으로는 기름 부음 받은 자, 메시야, 다윗의 자손, 가지, 여자의 후손, 임마누엘, 나사렛 사람, 종, 그리스도, 의사, 선생, 인자, 갈릴리 사람들이 있다.

　또 예수님을 지칭하는 많은 별명과 상징적 표현으로는 실로, 별, 홀(笏), 구속자, 샤론의 수선화, 골짜기의 백합화, 평강의 왕, 우리의 의(義), 만국의 보배, 왕, 의로운 해, 신랑, 친구, 구원의 뿔, 생수, 구세주, 반석, 둘째 아담, 모퉁이 머릿돌, 교회의 머리, 주, 중보자, 만왕의 왕, 대제사장, 화목제물, 아멘, 유다지파의 사자 등등 헤아릴 수 없는 별칭이 있다.

이 모든 상징적 표현들과 별명들은 예수 그리스도는 누구신가와 예수 그리스도의 사역을 밝히 증거하는데 도움이 된다. 그보다는 예수님은 자신을 가리켜서 무엇이라고 말했는가 함이다. 이것은 바로 예수 그리스도의 자기주장 또는 예수 그리스도의 자기표현 그리고 예수 그리스도의 자기 고백이라고 해도 좋을 듯싶다. 또는 예수님이 그린 초상화라고도 할 수 있을 것이다.

이 단원에서는 예수님이 자기 자신을 어떻게 표현했는지를 간략히 살피려고 한다.

예수님은 인자(人子)이시다(눅 19:10)

예수님은 자기 자신을 가리킬 때 가장 많이 쓴 단어는 "인자(人子)"라는 표현이다. 인자란 말은 성경에 350여회 나오지만 우리말 국어사전에도 없는 독특한 용어이다.

그러면 어째서 예수님은 자신을 표현할 때 인자란 말을 즐겨 사용했을까? 말 그대로는 사람 또는 사람의 아들이란 말이다. 그러나 때로는 선지자를 지칭할 때 쓰이기도 했다(겔 2:1). 그러나 다니엘서에는 인간의 몸을 입으시고 인류의 구원을 위해 이 땅에 오실 자를 가리키는데 사용했다. 예수님이 다니엘서의 의미대로 자기 자신을 "인자"라고 사용할 때는 예수님 자신의 인성을 표현할 때도 사용하셨지만(마 8:20) 앞으로 있을 고난을 암시하고 자신을 메시야이심을 가리킬 때 사용하셨다. 예수님께서 니고데모에게 "하늘로서 내려온 자 곧 인자 외에는 하늘에 올라간 자가 없느니라"(요 3:13)고 하셨는데, 이는 인자이신 예수님은 하나님이시며 인간의 몸을 입고 하늘로부터 땅에 내려오신 것을 강조하기 위함이었다.

예수님은 생명의 떡이시다(요 6:35)

예수님은 "내가 곧 생명의 떡이니"라고 했다. 예수님은 어째서 자신을 생명의 떡이란 말로 표현했을까? 그 이유는 대개 다음과 같다. 예수님은 이스라엘의 굶주린 백성들을 위해서 보리떡 다섯 덩어리와 물고기 두 마리를 가지고 오천 명을 먹이고도 열두 광주리를 남게 하는 이적을 베풀었다. 이 광경을 눈으로 보고 입으로 먹어 보고 체험했던 군중들에게는 엄청난 충격이었다. 예수님께서 그런 크나큰 이적을 행하신 것은 굶주린 백성들에게 먹는 문제를 해결해 주신 뜻도 있지만 더 중요한 것은 자신이 하나님의 아들이요, 메시야로서 오셨다는 자기 계시였다.

그러나 이 사건으로 말미암아 대중들은 오히려 예수님을 정치적 또 경제적 메시야로 인식하려고 했다. 그들 중에는 예수님을 이용하려고도 했고 정치적 왕으로 추대하려는 움직임이 있었다. 그들의 의도는 매우 세속적이고 물질적인 문제해결에만 몰두하고 집착했다. 그러기에 예수님은 단지 그들의 물질적인 문제를 해결해 주시는 메시야로 착각했다.

그 때 예수님은 그를 추종하는 자들에게 사람들이 떡 먹고 배부른 것 때문에 예수를 따르는 것은 잘못됐으며 예수님 자신이 곧 생명의 떡이라고 선포했다. 떡이 없이는 육신의 생명이 살 수 없듯이 생명의 떡 되시는 예수 없이는 영원한 생명을 얻을 수 없다는 것이다. 인간은 늘 당장 눈에 보이는 것과 허상을 좇고 탐욕을 따라 살아가지만, 참된 생명의 떡 되시는 예수님을 믿되, 마치 떡을 먹듯이 실제로 예수님의 진리를 받아서 먹는다면 그것이 영혼을 살리는 생명의 떡이 된다는 것이다.

예수님은 세상의 빛이시다(요 8:12)

세상은 어둡기 때문에 빛이 있어야 한다. 빛이 오면 어두움은 사라지는 것처럼, 빛 되신 예수님이 세상에 오시므로 인간은 구원의 주님을 보게 되었고, 진리가 무엇인지, 의가 무엇인줄 깨달았고 복음의 빛을 봄으로 새로운 소망을 얻게 되었다. 예수님이 빛이라고 할 때 그 말의 뜻은 예수님이 어두운 세상에 빛과 같은 역할을 하기 위해서 오셨다는 것이다. 태양이 스스로 빛을 내듯이 예수님은 하나님께로부터 오신 하나님의 아들이요, 메시야이므로 그 자신이 악의 세력, 부패한 세력, 불의의 세력, 죄악의 세상을 밝히 비추는 빛이 되시는 것이다.

그러므로 이천년 기독교 역사를 살펴보면 예수 그리스도의 복음의 빛이 들어가는 곳곳마다 어두운 역사는 물러가고 빛의 역사가 이루어졌고, 복음의 빛이 들어간 곳마다 문명과 문화가 달라지고 가난과 무지가 퇴치되고, 정치, 경제, 인류복지가 새로워졌다. 그 이유는 빛 되신 예수님이 빛을 발하고 그 빛을 받은 작은 빛들인 성도들이 또한 세상을 밝히기 때문이다.

예수님은 구원의 문이시다(요 10:9)

예수님은 구원의 문이시다. 예수님은 "나는 문이니 누구든지 나로 말미암아 들어가면 구원을 얻고"라고 했다. 즉 예수님은 구원의 통로란 말이다. 예수님은 생명력이 넘치는 삶의 문이기도 하다. 우리는 구원의 문이 되시는 예수 그리스도를 통해서 하나님께서 양육하시는 양의 무리 속에 들어갈 수 있고 그 일원이 될 수가 있다. 그러므로 주 예수 그리스도를 통하지 않고서는 어느 누구도 하나님의 나라에 들어갈 수도 없고 구원에 이를 수 없다. 왜냐하면 예수님은 스스로 양 무리의 문이 되시기 때문이다.

예수님은 선한 목자이시다(요 10:11)

예수님께서 말씀하시기를 "나는 선한 목자라 내가 양을 알고 양도 나를 아는 것이"라고 했다. 동방의 목자들은 양들과 아주 친밀한 관계를 유지한다고 한다. 목자는 항상 양떼의 앞에서 인도한다. 양떼들의 앞에는 아무리 위험한 일이 도사리고 있다 해도 선한 목자의 인도와 보호하심이 있다.

시편 23편 "여호와는 나의 목자"라고 노래한 다윗의 시는 예수 그리스도는 나의 목자라는 것과 아주 절묘하게 연결된다. "선한 목자는 양들을 위하여 자기 목숨을 버리거니와"(요 10:11) 목자 되신 예수님은 양들인 우리 인생들을 너무나 사랑한 나머지 자신의 목숨을 내어주셨다. 우리가 비록 "사망의 음침한 골짜기로" 다닐지라도 우리의 선한 목자이신 예수님은 항상 우리와 함께 하신다.

예수님은 부활이요 생명이시다(요 11:25)

예수님은 사랑하는 나사로의 죽음을 보았다. 하지만 예수님은 그의 누이들과 친구들이 깊은 슬픔에 빠져 절망하고 있을 때 자신은 부활이요, 생명이심을 선포하셨다. 이는 예수님께서 "나는… 이다"라고 말씀했던 것 중에 절정이었다. 예수님은 야이로의 딸을 살리시고(마 9:23-26), 나인성 과부의 외아들을 살리고(눅 7:12-16), 죽은 지 사흘 되는 나사로를 살리시고(요 11:43), 마지막으로 예수님께서 친히 "나는 부활이요 생명이니"(요 11:25)라고 말씀대로 예수님 자신이 사망 권세를 깨뜨리고 부활하셨다.

예수님은 죽음의 희생자가 아니라 죽음을 이기시고 승리하셨다. 그러므로 부활이요, 생명이라고 한 예수님의 말씀은 그가 하나님이시고 우리의 구주시라는 선포이다.

예수님은 길이시다(요 14:6)

현대 산업사회는 길을 만드는 것이 다른 어떤 것보다 중요하다. 그러나 옛날의 길은 넓지도 않았지만 오솔길이 많았다. 길은 한곳에서 다른 목적지로 통한다. 왜 예수님은 자신을 가리켜 길이라고 했을까? 예수님이 다락방에서 제자들과 고별 대화를 나누고 있었을 때 예수님은 제자들이 따라올 수 없는 그곳으로 간다고 하셨다. 이때 제자들은 예수님의 속마음을 헤아릴 수 없었다. 그 때 도마가 "우리가… 그 길을 어찌 알겠삽나이까"라고 질문했다. 도마는 예수님의 제자 중에 매우 현실적이며 과학적이며 합리적인 사람이다. 부활하신 예수님을 앞에 두고도 손가락으로 그 못 자국을 넣어보지 않고는 믿을 수 없다고 한 불가지론자요, 회의주의자였다. 그러나 사실 도마의 질문은 우리의 인류가 물어야 할 질문이었다. 이때 예수님은 대답하기를 "내가 곧 길이요 진리요 생명이니 나로 말미암지 않고는 아버지께로 올 자가 없느니라"고 했다. 이처럼 통쾌하고 위대한 선언이 세상에 어디 있으며, 하나님의 아들이며 구주가 아니고서는 누가 감히 그렇게 말할 수 있는가?

예수님은 진리이시다(요 14:6)

빌라도는 예수님께 "진리가 무엇이냐"라고 물었다. 빌라도가 물었던 질문은 오늘까지 수천 년 동안 모든 인생들의 질문이기도 하다. 그런데 예수님께서는 "내가 곧 진리다"라고 선언하셨다. 예수님은 위대한 교훈들만을 남긴 것이 아니라 그 자신의 몸과 삶과 인격을 우리에게 주셨다. 예수님은 우리에게 법전이나 신조를 주었던 것이 아니라 그의 위대한 삶과 인격을 주셨다. 그러므로 예수 그리스도 자신이 진리를 결정하는 판단 기준이요, 잣대가 되는 것이다.

이 세상에는 진리에 대해서 논하는 사람은 많아도 자신이 진리라고 선포하신 분은 주 예수 그리스도 뿐이시다.

예수님은 생명이시다(요 14:6)

예수님은 다락방에서 도마의 물음에 답하면서 동시에 자신이 길이요, 진리요, 생명이라고 했다. 현대인의 주된 관심은 생명이다. 그래서 생명공학, 생명과학, 세포연구, 건강연구 등등이 오늘날의 주된 관심사가 되고 있다. 예수님은 모든 생명의 근원이시다. 왜냐하면 우리가 살고 있는 우주 안에 있는 생명은 삼위 하나님이 만드신 작품이기 때문이다. 우리가 매일 마시는 공기와 물, 우리가 매일 먹는 음식과 우리의 존재 자체가 하나님으로부터 온 것이다. 예수님은 생명의 근원이자 생명의 보존자이며 우리에게 참된 생명을 주시는 자이다. 그래서 우리는 예수 그리스도 안에서만이 생명의 의미와 목적을 찾을 수 있다. 예수 그리스도 안에서만이 생명의 신비가 풀려진다. 예수 그리스도는 우리의 영원한 생명의 근원이시다. 우리는 그로부터 생명을 부여받았을 뿐 아니라, 영원한 생명을 향해서 갈 수 있는 능력을 얻는다.

예수님은 참 포도나무이시다(요 15:1)

"내가 참 포도나무요"란 말씀은 예수님이 겟세마네 동산으로 올라가는 길가에 있는 포도나무를 바라보면서 하신 말씀이다. 예수님이 포도나무라면 우리는 그 가지라고 했다. 이렇게 말씀하신 이유는 예수님과 성도들은 가장 친밀하고 중요한 생명의 연합을 하고 있기 때문이다.

그리스도와의 연합으로 인해 우리는 영적으로 풍성한 열매를 맺을 수 있다. 또한 그리스도와의 연합으로 우리는 죄와 도전적 세력을 이길 수 있고, 거룩한 삶을 살 수 있는 능력을 얻는다.

예수님은 산 자이시다(계 1:18)

요한 계시록은 예수 그리스도의 계시이다. 계시록은 예수님이 가지신 모습 그대로 묘사하고 있다. 복음서는 예수님이 구주이심과 2000년 전의 모습을 그리고 있으나, 계시록은 예수님의 승천 후에 그의 영화로우심과 천상의 위엄을 가지신 그리스도, 하늘나라에 면류관을 쓰고 보좌에 앉으신 그리스도의 모습을 보여준다. 그리스도의 영광스런 모습을 보고 쓰러진 사도 요한을 향해 주님은 "두려워 말라 나는 … 곧 산 자라 내가 전에 죽었노라 볼찌어다 이제 세세토록 살아있어 음부의 열쇠를 가졌노니"(계 1:17,18)라고 했다. 이 말씀은 오고 오는 모든 그리스도인들에게 위로와 격려가 되는 말씀이다. 그리고 구원과 생명을 보장하는 위대한 말씀이다.

예수의 왕국

"일곱째 천사가 나팔을 불매 하늘에 큰 음성들이
나서 가로되 세상 나라가 우리 주와
그 그리스도의 나라가 되어
그가 세세토록 왕 노릇
하시리로다 하니"(계 11:15)

　　필자가 이 글을 쓰고 있는 때는 티벳이 중국으로부터 독립해서 나라를 세우기 위해서 피를 흘리고 있는 중이었다. 이 사건은 올림픽을 앞에 두고 중국 정부로서는 여간 골치 아픈 일이 아니었다. 아무리 총, 칼과 무력으로 데모대를 진압해도 나라를 세우려는 사람들을 쉽게 저지할 수도 없거니와 국제 여론은 약자의 편을 들고 있었고 올림픽 참가여부도 저울질하고 있었다. 과거 우리나라도 조국을 잃고 일제의 강점아래에서 고난 중에 있을 때 많은 독립운동가들이 나라를 세우기 위해서 순국하기도 했다.

　　예수님 당시에도 이스라엘 백성들은 빼앗긴 조국의 광복을 위해서 일하는 사람도 많았다. 그들 중에는 무력과 폭력을 통해서 조국의 광복을 노리는 사람도 많았지만 대부분의 사람들은 로마의 식민지 정책을 그대로 받으면서도 언젠가는 메시야가 와서 나라를 구할 것을 바라고 있었다.

　　예수를 따르는 사람들 중에도 이런 시각을 가진 사람들이 많았다. 특히 부활하신 예수님이 40일 동안 계시다가 승천하기 막 직전에도 제자들의 관심은 "이스라엘 나라를 회복하심이 이 때니이까"라고 물었다. 제자들의 관심은 오직 세상 나라이며 이스라엘의 독립이었다. 그리고 세베대의 아들의 어머니가 두 아들 즉 요한과 야고보를 주의 나라가 세워지면 하나는 우편에 하나는 좌편에 앉게 해달라는 인사 청탁을 했다. 그런데 문제는 예수님이 세울 나라는 보이는 세상 나라가 아니고 영적인 나라이며 하나님의 나라라는 것이다.

예수님의 나라는 이 세상에 속한 것이 아니다(요 18:36)

앞서 언급했지만 당시 유대인들은 예수님을 정치적 메시야로, 경제적 메시야로 이해하려는 사람들이 많았다. 그래서 로마의 정권과 맞서 싸우기를 기대했다. 그러나 예수님은 자신의 나라는 세상 나라가 아니고 영적인 나라이며 하나님이 통치하는 나라, 하나님의 주권이 미치는 나라임을 말씀했다.

유대인들의 입장에서 보면 자기들의 기대를 저버린 것도 사실이지만, 예수님은 도리어 사사건건 유대사회의 기득권층을 정죄하고 하나님 중심의 참된 종교로 돌아갈 것을 요구했다. 예수님은 율법주의로 형식과 외식에 사로잡힌 종교 지도자들에게 율법의 본래 정신으로 돌아갈 것과 참으로 천국을 이루기 위해서 먼저 하나님 앞에서 죄를 회개하는 것이 있어야 할 것을 선포하셨다. 그리고 예수님은 선언하기를 내 나라는 세상에 속한 것이 아니라고 분명히 말씀하셨다.

즉 예수님은 "내 나라는 이 세상에 속한 것이 아니라 만일 내 나라가 이 세상에 속한 것이었더면 내 종들이 싸워 나로 유대인들에게 넘기우지 않게 하였으리라 이제 내 나라는 여기에 속한 것이 아니니라"(요 18:36)고 했다.

예수님은 만왕의 왕이시다(계 11:15)

예수님께서는 체포되시고 빌라도에게 온갖 고초를 다 당하셨다. 로마 군병들은 예수님께 가시 면류관을 씌우고 홍포를 입혔다. 그 이유는 예수님을 철저히 조롱하기 위해서였다. 또한 그들은 예수님께서 유대인의 왕이라고 했다하여 이런 퍼포먼스 행위를 함으로써 예수님의 고통을 모두 함께 즐기려는 불순한 동기에서 시작했다. 그리고 예수님을 십자가에 매달았을 때, 빌라도는 십자가 위에 패를 하나 써 붙였다. 그 언어는 히브리말, 로마어, 그리고 헬라어로 되어 있었고 "유대인의 왕"이라고 썼다.

그런데 그보다 더욱 악랄한 것은 유대의 대제사장들이 빌라도에게 건의하기를 "자칭 유대인의 왕"이라고 쓰라고 했다. 이 말 가운데는 멸시와 천대, 조롱과 모독을 주려는 저의가 내포되어 있었다. 즉 예수님이 자칭 유대인의 왕이라고 하면서 돌아다녔다는 것이다. 이는 이사야 선지자가 예언한대로 "그는 멸시를 받아서 사람에게 싫어 버린 바 되었으며 간고를 많이 겪었으며 질고를 아는 자"(사 53:3)라고 했던 것처럼 십자가의 형벌도 무섭지만 유대 지도자들의 모독은 견딜 수 없는 것이었다. 유대인들은 예수님을 자칭 유대인의 왕이라고 조롱했고 빌라도의 저의도 유대인의 환심을 사서 정권연장을 하려고 했다.

하지만 예수님은 실제로 왕이시며, 왕 중의 왕이시며, 만왕의 왕이시다. 빌라도나 유대 지도자들은 예수님이 이 세상 정치적 세력에 관심이 있는 줄 오해하였다. 예수님은 보이는 나라의 왕이 아니라 우주의 왕이시며 영계의 왕이시며 모든 성도들의 왕이 되시는 것이다.

사도 요한이 밧모 섬에서 계시를 받는 중 일곱째 나팔소리가 있은 후에 큰 음성들이 나자 다음과 같이 기록했다. "세상 나라가 우리 주와 그 그리스도의 나라가 되어 그가 세세토록 왕 노릇 하시로다"(계 11:15). 예수님은 이 세상의 나라가 예수의 왕 되심을 인정하고 예수님을 창조주요, 구속주요, 심판주로 받으면 "주의 나라" 곧 "그리스도의 나라"가 될 것이며 예수님은 그 나라에 왕이 되실 것이라고 말씀하셨다. 이 말씀은 바로 예수님은 우리의 영적 통치자이며 왕이시란 말씀이다.

더욱이 히브리서 기자는 예수의 왕 되심을 설명하면서 시편 45:6을 인용했다. "아들에 관하여는 하나님이여 주의 보좌가 영영하며 주의 나라의 홀은 공평한 홀이니이다"라고 하면서 영원한 나라의 왕이신 예수님은 구약 시편에 이미 예언하신 그대로라고 기술했다.

예수님의 나라는 먹고 마시는 것이 아니다(롬 14:17)

예수님은 산상 설교에서 "너희는 먼저 그의 나라와 그의 의를 구하라 그리하면 이 모든 것을 너희에게 더하시리라"(마 6:34)고 하였다. 사람이 살아가는 데는 의식주가 얼마나 중요한 것인지 모른다. 그런데 예수님은 같은 성경에서 "목숨을 위하여 무엇을 먹을까 무엇을 마실까 몸을 위하여 무엇을 입을까 염려하지 말라 목숨이 음식보다 중하지 아니하며 몸이 의복보다 중하지 아니하냐"(마 6:25)라고 했다. 하나님의 나라와 세상 나라를 구분지어 주었다. 세상 나라는 먹고 마시는 것이 중요한 문제이지만 주의 나라는 성령께서 함께하는 나라이며 그것은 의의 나라이며 평강의 나라이며 희락의 나라이다.

이사야는 장차 올 메시야를 예언하면서 "그 이름은 평강의 왕이라"(사 9:6)고 했다. 어째서 예수님은 평화의 왕이신가? 그 이유는 예수님은 화해의 사역을 통해서 하나님과 우리 사이에 화목을 이끌어 주셨기 때문이다. 뿐만 아니라 예수님은 우리가 우리 자신 안에서 평화를 얻도록 해주신다. 예수님은 우리 안에서 평안을 빼앗아가는 강도와 같은 내적 갈등과 엇갈린 목적, 그리고 긴장들을 해결해 준다.

더욱이 예수님은 우리의 육체적 속성과 영적 속성 사이에 멀어지는 마음의 전쟁을 성령의 능력과 역사로 우리 마음에 평화, 평정을 주신다. 또한 예수님은 다른 사람들과의 관계에서 평화를 누릴 수 있게 한다. 하나님과의 수직적 관계를 유지하게 되면 인간과의 수평적 관계도 변화된다는 것이다. 그러므로 예수님은 평강의 왕이시다.

예수님의 나라는 진리에 속한 나라이다(요 18:37)

예수님께서 자기 자신을 소개한 말씀 중에는 "내가 곧 진리"라고 했다(요 14:6). 예수님의 이 칭호는 우리에게 감동적으로 다가온다. 왜냐하면 오늘 우리가 사는 세상은 신자나 불신자나 할 것 없이 모두가 거짓과 기만, 그리고 표리부동하고 불의, 부정, 불법이 판을 치는 세상인데 예수님은 내가 곧 진리라고 선포하셨다. 그러기에 우리는 그분을 통해 평화와 안식, 기쁨을 얻게 된다.

빌라도는 예수님께 "진리가 무엇이냐"라고 질문을 던졌다. 그런데 사실은 예수님은 자신이 진리이며, 진리가 무엇이냐에 대한 대답이다. 그래서 예수님은 빌라도의 물음에 다음과 같이 대답했다. 즉 "빌라도가 가로되 네가 왕이 아니냐 예수께서 대답하시되 네 말과 같이 내가 왕이니라 내가 이를 위하여 났으며 이를 위하여 세상에 왔나니 곧 진리에 대하여 증거하려 함이로라 무릇 진리에 속한 자는 내 소리를 듣느니라"(요 18:37)고 선언했다.

예수님의 나라는 의와 진리와 평강의 나라이며, 예수님은 의의 왕이며 진리의 왕이요 평강의 왕이시다.

구스타브 도레 作 〈예루살렘에 입성하시는 예수 그리스도〉

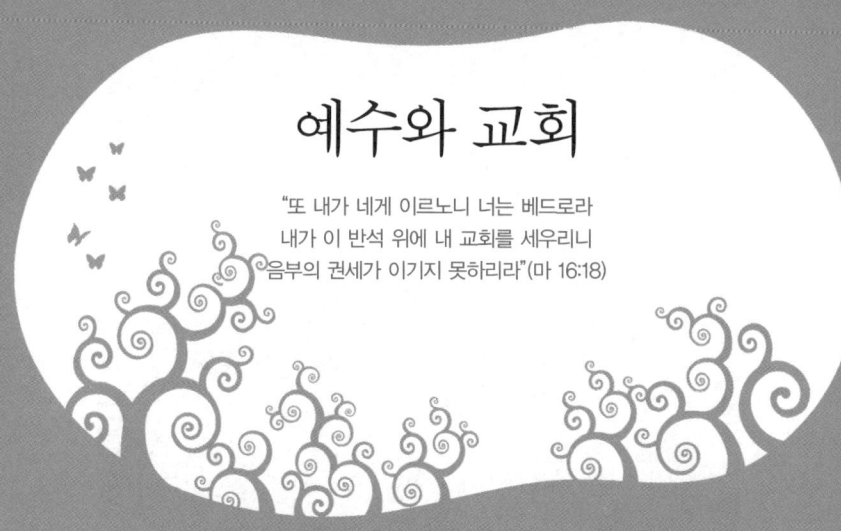

예수와 교회

"또 내가 네게 이르노니 너는 베드로라
내가 이 반석 위에 내 교회를 세우리니
음부의 권세가 이기지 못하리라"(마 16:18)

　　　　　　　　교회가 무엇이냐에 대한 것은 교파마다 또는 신학적 입장에 따라 여러 가지 의견들이 많다. 또한 오늘의 교회에 대해서 이런저런 비판적 견해들도 많이 있다. 예컨대 요즈음 교회는 너무나 자유스러운 것 같아, 교회는 세속화 되었어, 교회는 너무나 시대에 뒤떨어져 있어, 교회가 너무나 율법적이야, 교회가 사회와 담을 쌓고 있어, 교회는 물량주의적이야 등등 불신자는 말할 것도 없고 교회 안에서 신앙생활을 하는 사람들조차도 교회에 대한 비판이나 평가가 퍽 다양하다.

　흔히들 말하는 어떤 신학자들의 교회관 또는 바울의 교회관도 중요하지만, 그보다 더 중요한 것은 예수님은 과연 교회를 어떻게 이해했는가를 살피는 것이 대단히 중요하다. 이제 예수님이 말씀하신 교회의 기초와 사명과 역할을 언급하신 것이 무엇인지를 생각해 보기로 하자.

예수님이 교회를 세우셨다

　예수님은 베드로에게 말하기를 "또 내가 네게 이르노니 너는 베드로라 내가 이 반석 위에 '내 교회'를 세우리니 음부의 권세가 이기지 못하리라"(마 16:18)고 했다.

예수님은 장차 이루어질 하나님의 나라 건설을 위한 전초기지로서 '내 교회' 곧 그리스도의 교회를 세우실 것을 분명히 언급했다. 이는 구약에서 성전의 제사와는 전혀 다른, 그리스도의 십자가의 죽음과 부활 위에 기초한 신약 교회를 말한다. 구약 성전으로부터 '내 교회'에 이르는 변화는 의식적, 형식적 종교에서 은총의 종교로의 변화를 의미한다. 이제 다시는 성전에서 짐승을 잡아서 피 제사를 드릴 필요 없이 예수 그리스도께서 완성하실 구원사역을 통해서 누구든지 그리스도의 십자가 공로를 믿고 당당하게 하나님께 나아갈 수 있게 되었다. 예수님이 베드로를 통해서 새로운 언약 곧 신약시대를 열면서 장차 '내 교회'를 세우겠다는 것은 새로운 시대에 대한 위대한 선포이다. 이 본문을 두고 로마 가톨릭 사람들은 아전인수격으로 생각하기를 베드로에게 교회를 맡기고 천국 열쇠를 주었고 교황들은 모두 베드로의 후계자들이니 교회를 치리하는 전권을 가졌다고 한다. 그러나 그 말은 가톨릭 교회가 잘 몰라서 오해한 것이다. 예수님께서 베드로에게 이 반석 위에 '내 교회'를 세울 것이란 말은 베드로가 고백한 신앙고백 즉 '주는 그리스도시요 살아계신 하나님의 아들이시니이다'(마 16:16)란 고백에 기초한 것이다. 그러므로 참된 교회는 예수님을 하나님의 아들과 주와 그리스도로 고백한다.

그런데 참으로 흥미 있는 사실은 예수님은 누가복음 5:10에 베드로를 부르실 때 "무서워 말라 이제 후로는 네가 사람을 취하리라"고 했다. 아마 베드로는 예수께서 하신 말씀, '장차 네가 사람 낚는 어부가 되리라' 고한 말씀을 이해하지 못했을 것이다. 하지만 예수님은 벌써 3년 후에 십자가의 고난과 죽음 그리고 부활 이후에 오순절 성령 강림이 있을 것을 훤히 아시고 그 때 베드로가 초대교회를 세우는 큰 역할을 할 것이라는 것을 미리 내다보고 있었다. 결국 예수께서 신약 교회를 세우시기 위해서 일찌감치 베드로를 택하시고 3년간 훈련시킨 후에 초대교회를 세우는데 예수님의 도구로 쓰임 받도록 미리 예정하시고 준비하신 것이다. 그래서 예수님의 공생애 기간에 베드로를 가장 가까이 두시면서 예수님의 고난과 죽음과 부활을 목격하도록 하신 것이다. 그러므로 우리는 교회가 하나님의 예정과 섭리 중에 예수 그리스도로 말미암아 세워졌다는 사실을 알아야 한다.

그래서 예수님은 승천 직전에 "오직 성령이 너희에게 임하시면 너희가 권능을 받고 예루살렘과 온 유대와 사마리아와 땅 끝까지 이르러 내 증인이 되리라"(행 1:8)고 했다. 이것이 하나님의 구속사의 대 드라마이다. 예수님은 제자들이 성령을 받아 교회가 세워지면 선교적 사명 곧 증거의 사명을 감당해야 할 것을 미리 내다보셨다. 그러므로 예수님께서는 자신이 세울 신약교회는 매우 역동적이며 진취적이며 세상을 향해서 복음의 나팔수가 될 것이라고 했다. 복음 증거가 분명한 교회가 바로 주님이 원하시는 교회이다.

예수께서 말씀하신 교회의 역할과 사명

교회는 그리스도의 몸이다

예수님은 유월절 성만찬 때 "이것은 너희를 위하는 내 몸이니 이것을 행하여 나를 기념하라"(고전 11:24)고 했다. 떡을 그리스도 몸으로 비유했다. 그리고 교회는 또한 그리스도 몸(엡 1:23, 고전 12:27)이라고 했다. 그러기에 그리스도는 교회의 머리이며 교회는 그리스도의 몸이 되신다. 사실 예수님의 교회관이 가장 두드러지게 잘 설명되어진 곳은 바로 계시록 2, 3장의 말씀이다. 이 본문은 소아시아 일곱 교회를 향해서 예수께서 계시하신 내용으로서 오늘을 살아가는 우리들에게 교회의 역할과 사명에 대해서 진지하게 설명하고 있다.

교회는 세상의 빛이다

예수님은 일찍이 그의 성역초기에 "나는 세상의 빛이라"(요 8:12)고 했다. 또한 사도요한은 계시록 2장에서 예수님을 "오른손에 일곱별을 잡으시고 일곱 금 촛대사이에 다니시는 이"로 묘사했다. 그런데 일곱 별은 일곱 교회의 사자요, 일곱 촛대는 일곱 교회라고 했다(계 1:20, 2:1).

교회는 촛대와 같이 세상에 밝히 빛을 비추어야 된다는 것이다. 또한 일곱 별 되는 지도자는 빛의 사자로서 사명을 온전히 감당해야 한다고 한다. 교역자가 어두워지면 교회가 어두워지고 교회가 어두워지면 세상이 어두워진다. 그러므로 교회는 어떤 환경 어떤 박해에서라도 교회다워야 한다. 그 교회다움은 바로 세상을 향해서 진리의 빛, 말씀의 빛을 비추는 일에 전심전력해야 한다.

시편 119:105에 "주의 말씀은 내 발에 등이요 내 길에 빛이니이다"라고 했으니 교회가 빛 노릇한다는 것은 선하고 모범적인 삶을 보여줄 뿐 아니라 하나님의 말씀의 빛을 바로 들어내어야 한다는 것이다.

예수는 교회를 그의 주권 안에 두신다

계 2:1 이하에 보면 매우 흥미 있는 말이 있다. 즉 붙잡고, 다니시는 이, 안다라는 동사이다. 이런 동사들은 교회를 붙잡고 계시는 예수님의 능력에 대해서 말씀하고 있다. 예수님은 그의 교회를 그의 손 안에 두고 계신다. 이 말은 교인 중에 어느 누구도 하나님의 손길 밖에 있는 사람이 없다는 뜻이다. 또 "다니시는 이"는 예수님으로서 교회의 머리시오, 주인으로서 우리의 구체적 삶 속에 역사하시고, 은혜 주실 자에게 은혜 주시고 위로할 자에게 위로해 주시는 주님이시오, 우리의 심령의 깊은 곳을 이해하시는 주님이시다.

계시록 2장에는 "안다"라는 말이 여러 번 나온다. 예수님은 우리의 고생도 환란도 핍박도 또한 우리의 행위도 잘 아신다. 우리는 목사나 전도사가 나를 아는 것보다 주님이 나를 더 정확히 알고 계신다는 사실 앞에 주님께 무릎을 꿇어야 한다.

교회는 회개와 통회의 장소가 되어야 한다

예수님은 에베소 교회를 책망하면서 "어디서 떨어진 것을 생각하고 처음 행위를 가지라 만일 그리하지 아니하고 회개치 아니하면 내가 네게 임하여 네 촛대를 그 자리에서 옮기리라"고 했다. 교회는 그냥 교제의 장소가 아니다. 물론 교회는 부름 받은 성도들의 모임이지만 그냥 말씀을 듣고 찬송하는 것만으로는 부족하다. 우리는 하나님의 말씀을 듣고 구체적으로 회개해야 한다. 세례 요한의 첫 메시지는 회개요, 예수님의 첫 메시지도 회개였다. 회개 없는 교회는 진정한 교회가 아니고 회개를 외치지 아니하는 설교도 참 설교가 아니다.

산부인과 병원에 정적이 감도는 듯이 고요하다면 그 병원은 멀지 않아 문을 닫을 수밖에 없다. 산부인과 병원은 산모의 진통소리, 아기의 울음소리가 있어야 새로운 생명의 탄생이 있듯이 교회도 회개가 있어야 교회다운 교회가 된다. 이것이 예수님이 교회에 대한 가르침이다.

교회는 성령의 역사와 성령의 말씀을 들을 수 있어야 한다

요한계시록 2, 3장에서 예수님은 소아시아 일곱 교회를 일일이 열거하면서 칭찬과 책망을 하는 중에 마지막 부분에 가서 거의 빠지지 않는 말씀을 하신다. 그것은 "귀 있는 자는 성령이 교회들에게 하시는 말씀을 들을지어다"라는 것이다. 사도행전에는 오순절 성령강림 이후에 교회가 세워진다. 그런데 오순절 성령강림으로 시작된 교회는 항상 성령의 인도와 도우심으로 교회가 유지된다. 만에 하나 교회가 성령의 세미한 음성을 듣지 못한다면 그런 교회는 더 이상 성장할 수 없고, 또 외형적으로 성장하는 듯해도 참된 성령의 사역이 없이는 말씀을 바로 증거할 수도 없고 또한 말씀을 바로 들을 수가 없다. 그러므로 종교 개혁자 칼빈이 말한 대로 말씀과 성령이 더불어 역사할 때 은혜의 역사가 일어난다. 예수님의 교회관, 바로 그것이 오늘 우리의 교회관이 되어야 할 것이다.

〈성 다미아노 십자가〉

예수와 성경

"또 이르시되 내가 너희와 함께 있을 때에
너희에게 말한 바 곧 모세의 율법과
선지자의 글과 시편에 나를 가리켜 기록된
모든 것이 이루어져야 하리라
한 말이 이것이라 하시고"(눅 24:44)

1972년 필자가 화란 암스텔담 뿌라야 대학교에서 막 유학을 시작하던 때였다. 때마침 필자가 살던 숙소에서 불과 5분 거리에 칼빈주의 철학의 창시자이며 법 개념의 철학을 세운 위대한 학자인 헬만 도예베르트(Herman Dooyeweerd)박사의 집이 있었다. 하루는 그를 방문하여 이런저런 대화를 나누는 중에 필자는 문득 다음과 같은 질문을 그에게 했다. '도예베르트 박사님! 선생님의 기독교 철학의 중심은 어디서 출발하는 것입니까' 라고 물었다. 그 때 80세가 된 노학자는 웃으면서 내 사상의 근거를 말하라면 시편 119:105에 "주의 말씀은 내 발에 등이요 내 길에 빛이니이다"하신 데로 하나님의 말씀이 내 사상의 출발이며 종착역이라고 했다. 바로 그 하나님의 말씀이 알키메디언 포인트(알키메디스가 무한히 긴 막대기와 그것을 떠받칠 지렛목이 있다면 지구도 움직일 수 있다는 이론)가 되었다고 했다. 약 40여년이 가까워 오지만 그의 말씀이 오랫동안 필자의 가슴에 남아있다.

성경! 하나님의 말씀은 생명의 말씀이요 진리이며 하나님의 계시이다. 하나님의 말씀을 제외한 기독교는 기독교가 아니다. 성경 없는 기독교를 만드는 것이 이단이다. 이제 우리는 예수님은 과연 성경을 어떻게 이해했고 성경을 어떻게 사용했으며 예수와 성경과의 관계는 무엇인지를 함께 생각해보고자 한다.

예수님이 성경의 중심이다(눅 24:44)

성경은 하나님의 위대하신 구속의 역사이다. 인간이 죄로 타락하자 하나님은 인간이 자기 힘으로 구속함을 받을 수 없음을 아시고 하나님의 방법대로 구속을 계획하셨다. 그것은 곧 하나님께서 자기 아들을 세상에 보내어 중보자로 삼기로 하신 것이다. 중보자의 역할은 하나님의 공의와 사랑을 동시에 만족시키는 방법이었다. 그것은 유월절에 어린 양이 희생됨으로 구원을 얻는 방법이었다. 무엇보다 하나님이 중보자이신 그리스도를 세상에 보내시려면 오랜 세월동안 준비가 필요했다. 우선 메시야가 오도록 한 특별한 사람, 한 특별한 가정, 한 특별한 민족을 선택하는 것이 필요했다. 그들에게 하나님이 누구이신지 자기 자신을 계시해서 알도록 하는 과정이 필요했다. 그러기에 하나님은 이스라엘 민족을 계시의 수용자 곧 계시의 파트너(partner)로 삼아서 하나님 자신이 창조주이시며, 구속주이시며 심판주이심을 알려 주셨다. 또한 하나님은 장차 인류를 죄에서 구원하실 메시야가 오실 것을 알려주셨다.

그런 까닭에 구약의 모든 성경은 장차 오실 메시야 예수 그리스도를 계시해 주고 있다. 건축을 할 때 설계도는 아직 건물은 아니지만 전문가가 볼 때는 그 건물의 내용을 훤히 알 수 있듯이 구약은 오실 메시야에 대한 그림자요 설계도라고 할 수 있다. 그러기에 선지자의 메시지는 말할 것도 없고 이스라엘의 흥망성쇠의 역사와 제사제도까지도 메시야 곧 그리스도를 대망하는 사상으로 가득 차 있다. 성경을 바로 볼 줄 아는 사람은 이러한 메시지를 발견하게 된다. 이것을 가르쳐서 하나님의 구속사(Redemptive History)라고 말한다.

예수님은 구약의 전부가 자기 자신에 관한 것이라고 힘주어 말씀했다. "모세의 율법과 선지자의 글과 시편에 나를 가리켜 기록된 모든 것이 이루어져야 하리라 한 말이 이것이라"(눅 24:44)고 했다. 사실 이 말씀의 뜻은 구약 전부가 예수님께 대한 기록이라고 말한다. 예수님은 다른 곳에서도 아주 확신 있게 말하고 있다. "너희가 성경에 영생을 얻는 줄 생각하고 성경을 상고하거니와 이 성경이 곧 내게 대하여 증거하는 것이로다"(요 5:39)라고 했다. 또 같은 장에서 "모세를 믿었더면 또 나를 믿었으리니 이는 그가 내게 대하여 기록하였음이라"(요 5:46)고 했다. 만약 우리가 예수님께서 선언했던 대로의 성경관을 갖고 읽는다면 성경을 보는 눈이 새롭게 열려질 것이요 하나님의 위대하고 웅장한 구속의 계획을 깨닫고 감격할 수 있을 것이다.

성경은 절대로 명심보감이나 사서삼경처럼 단순히 우리의 인생의 삶에 유익한 윤리적 도덕적 가르침 정도를 주는 책이 아니다. 성경은 하나님의 말씀이며 하나님의 계시이다. 하나님께서는 우리를 구속하기 위한 위대한 계획을 세우셨다. 그것은 바로 우리의 구주이신 예수 그리스도를 통한 인류 구원이었다. 그러므로 성경을 믿는 것은 곧 예수 그리스도를 믿는 것이고 예수 그리스도를 믿는 것은 곧 하나님의 말씀인 성경을 믿는 것이다. 예수님 자신이 이것에 관하여 정확한 대답을 주셨다.

그런데 신약 시대 사는 사람 중에도 복음을 바로 깨달은 사람은 역시 예수 그리스도와 같은 말을 했다. 우선 빌립이 나다나엘에게 전도하는 내용을 보면 이렇다. "모세가 율법에 기록하였고 여러 선지자가 기록한 그 이를 우리가 만났으니 요셉의 아들 예수니라"(요 1:45)고 했다. 빌립의 핵심적 메시지는 예수님이 성경의 중심이라는 뜻이다. 즉 구약 성경 전부가 예수를 가르친다는 말이다.

초대교회의 사람들의 입장도 다르지 않다. 예컨대 예루살렘 교회의 일곱 집사 가운데 한 분인 빌립이 주의 명령을 따라서 가사로 내려가는 길까지 가서 구스 내시를 만나 전도를 했다. 마침 구스 내시는 이사야 53장 7절 이하를 읽고 있었고 빌립이 그 말씀의 본 뜻을 깨달을 수 있느냐고 물었을 때 지도하는 사람이 없어서 깨달을 수 없다고 했다. 그 때 빌립은 이사야 53장을 해석하기를 "이 글에서 시작하여 예수를 가르쳐 복음을 전하니…"(행 8:35)라고 했다. 성경과 예수, 예수와 성경 그것은 따로 떼어서 생각할 수 없는 하나이다.

예수 그리스도 안에서 성경이 성취되었다(마 1:14)

사복음서 중에서 마태복음은 구약의 약속성취에 대해서 매우 큰 관심을 갖고 기술했다. 왜냐하면 마태는 구약의 약속이 신약에서 성취되었다고 보았기 때문이다. 구약의 성도들은 앞으로 메시야가 오셔서 그 모든 말씀이 이루어질 것을 바라보며 살았다. 그런데 신약의 성도들은 구약의 성도들이 그토록 갈망했던 메시야를 직접 보고 직접 듣는 복을 누렸다. 그래서 마태는 예수님을 약속의 성취자로 구약의 말씀이 그를 통해 이루어졌음을 자신의 글에서 계속 증거했다. 마태는 그가 골수 유대인이었기에 자기 동족이 이미 잘 알고 있던 모세오경과 선지서들과 시편 등에 기록된 모든 것이 예수 그리스도 안에서 이루어졌다는 것을 알았다. 마태는 예수 그리스도는 바로 예언의 성취였음을 강조한다. 마태는 예수 그리스도는 그들의 조상이 그토록 고대하던 그 분이라는 것을 강조하고 있다. 그 이유는 그들이 믿음을 갖도록 하기 위함이었다. 그래서 첫 번부터 족보를 써가며 축복의 통로가 결국은 예수 그리스도임을 증거하고 있다.

　그는 "아브라함과 다윗의 자손 예수 그리스도의 세계"(마 1:1)라고 함으로서 이미 아브라함을 선택하신 목적이 그리스도를 나타내기 위한 것임을 명쾌히 밝히고 있다. 그리고 마태는 보다 구체적으로 말하기를 "그런즉 모든 대수가 아브라함부터 다윗까지 열네 대요 다윗부터 바벨론으로 이거할 때까지 열네 대요 바벨론으로 이거한 후부터 그리스도까지 열네 대러라"(마 1:14)고 했다. 마태복음의 기록의 핵심은 구약의 기록이 지금 실제로 이루어지고 성취되었음을 증거하는데 있다.

　또한 마태는 예수 그리스도가 율법의 성취자임을 증거하고 있다. 당시 사람들은 예수를 비판하면서 반 율법주의자로 몰아붙였다. 그러나 예수님은 실제로 율법을 무시한 것이 아니다. 예수님은 말하기를 "내가 율법이나 선지자나 폐하러 온 줄로 생각지 말라 폐하러 온 것이 아니요 완전케 하려 함이로다… 내가 너희에게 이르노니 너희 의가 서기관과 바리새인보다 더 낫지 못하면 결단코 천국에 들어가지 못하리라"(마 5:17, 20)고 했다.

예수님은 율법을 성취하기 위해 오셨다. 예수님은 율법을 서기관과 바리새인처럼 외식적이고 껍데기로 이해하는 것을 넘어서 율법의 본질인 마음의 의를 요구했다. 곧 행동과 동기를 동일하게 보셨다. 그러므로 예수는 정말로 율법의 완성자가 되었다. 뿐만 아니라 예수 그리스도는 이스라엘의 성취이기도 하다. 예수님은 먼저 이스라엘에게 진도가 이루어진 후에야 땅 끝까지 선교하기를 원했다. 그 이유는 자기 동족에게 기회를 주기 위한 연민의 정이 있었기 때문이다. 예수님은 자신을 "이스라엘의 잃어버린 양"에게 보냄을 받은 분으로 소개했다. 그러기에 그분은 "이스라엘집의 잃어버린 양"에게 가야한다고 했다(마 15:24, 11:6).

예수의 말씀이 곧 성경이다(요 6:68)

구약성경은 예수의 오심을 예언한 것이다. 예수의 오심을 기다리며, 예수의 오심을 바라보고 믿음으로 살아온 것이 이스라엘의 역사이다. 그렇다면 신약은 이미 오신 예수 그리스도의 삶과 교훈을 기록한 것이다. 그러므로 성경은 곧 예수 그리스도의 말씀이다. 예수님은 항상 하나님의 말씀을 자기와 동일시했음을 신약 성경 도처에서 찾을 수 있다. 즉 "천지는 없어지겠으나 내 말은 없어지지 아니하리라"(막 13:31)했는데 예수 그리스도의 말씀 자체가 영원불변하며 권세가 있음을 예수님 자신이 증명했다. "저희가 그 가르침에 놀라니 이는 그 말씀이 권세가 있음이러라"(눅 4:32)고 했다. 그래서인가 베드로가 이해한 예수님의 말씀은 곧 성경 그 자체였다. "시몬 베드로가 대답하되 주여 '영생의 말씀'이 계시매 우리가 뉘게로 가오리까"(요 6:68)라고 대답했다.

예수님은 태초부터 말씀으로 계셨고 그의 말씀은 영생을 주는 생명의 말씀이란 것이다. 예수는 곧 말씀이고 말씀이 곧 예수 그리스도란 논리는 사도 요한이 또한 즐겨 쓰는 말이었다. 예수님의 말씀은 곧 하나님의 말씀이므로 그의 말씀을 순종하면 복을 받지만 불순종하면 심판을 받게 된다. 그래서 예수님은 "너희 듣는 말은 '내 말'이 아니요 나를 보내신 '아버지의 말씀'이니라"(요 14:24)고 했을 뿐 아니라 "나의 한 그 말이 마지막 날에 저를 심판하리라"(요 12:48)고 했다.

그러므로 예수는 성경의 중심이며 성경의 내용이다. 성경은 예수를 위해서 있고 성경은 또한 예수를 증거하기 위해서 있다. 성경을 믿는 것은 곧 예수 그리스도를 믿는다는 말과 같은 뜻이다.

예수의 구원

"인자의 온 것은 잃어버린 자를 찾아 구원하려 함이니라" (눅 19:10)

　　　　　　　　기독교 신앙의 핵심은 영혼구원에 있다. 또한 구원은 하나님의 나라에 들어가는 것을 의미한다. 허물과 죄로 죽었던 우리가 예수 그리스도로 말미암아 새 생명을 얻어서 하나님의 자녀가 되는 것을 구원이라고 한다.

　그런데 구원은 인간의 노력이나 공로의 결과가 아니라 전적으로 하나님의 주권적인 사역에 속한다고 볼 수 있다. 우리는 그 하나님의 은혜를 믿음으로 말미암아 구원에 이른다. 그 은혜라는 말은 하나님께서 예수 그리스도를 속죄의 제물과 중보자로 주셨는데 누구든지 저를 믿으면 구원을 얻고 영생에 이른다는 것이다. 예수를 믿으면 구원에 이르고 영생을 소유할 수 있다. 이것은 바로 기독교의 복음의 내용이다.

　그러므로 구원을 말하지 않거나 구원의 진리를 복음으로 선포하지 않는 기독교는 모두가 옳은 기독교가 아니다. 더구나 종교다원주의자들의 발상처럼 아무 종교나 하나만 믿으면 된다거나, 모든 종교에는 꼭 같이 구원이 있다는 식의 생각은 가장 거짓된 사상의 하나라는 사실을 잊지 말자. 베드로가 관원들과 장로들과 서기관들 앞에서 변증하기를 "다른 이로서는 구원을 얻을 수 없나니 천하 인간에 구원을 얻을만한 다른 이름을 우리에게 주신 일이 없음이니라"(행 4:12)고 했다. 이는 기독교의 복음만이 유일한 구원의 방법임을 제시한 것이다.

논리적이며 교리적인 구원의 순서는 이렇다. 즉 효과적 소명, 중생, 믿음, 칭의, 성화, 영화의 순서를 밟는다는 것이 일반적인 이해이다. 그러면 예수님은 구원을 어떻게 말씀하시는지를 살펴보기로 하자.

예수님은 구원의 주로 오셨다(눅 19:10)

예수님은 삭개오에게 찾아오시고 그의 집에 머물면서 삭개오의 회개와 신앙고백을 들었다. 그 후에 예수님은 다음과 같이 선언하셨다. "오늘 구원이 이 집에 이르렀으니 이 사람도 아브라함의 자손임이로다. 인자의 온 것은 잃어버린 자를 찾아 구원하려 함이니라"(눅 19:10). 사도 요한은 구원을 다른 말로 표현하기를 "하나님이 세상을 이처럼 사랑하사 독생자를 주셨으니 누구든지 저를 믿는 자마다 멸망치 않고 영생을 얻게 하려 함이라"고 썼다(요 3:16). 예수님이 출생한 후 난지 8일 만에 할례를 받는다. 그런데 성전에서 시므온은 메시야를 고대하면서 평생을 기다리고 있었다.

마침 예수님의 부모가 아기를 안고 예루살렘 성전에 올라갔을 때, 성령께서 시므온의 영안을 열고 예수님이 우리의 중보자요, 메시야인 것을 알게 했다. 시므온은 아기 예수를 안고 찬송을 불렀다. 그는 "주

재여 이제는 말씀하신대로 종을 평안이 놓아주시는도다 내 눈이 주의 구원을 보았사오니 이는 만민 앞에 예비하신 것이요 이방을 비추는 빛이요 주의 백성, 이스라엘의 영광이니라"(눅 2:29-32)고 했다. 시므온의 가슴을 저토록 흥분하게 하고 감동을 받아 찬양했던 이유는 예수님이 구원의 주로 세상에 왔기 때문이다.

예수님의 구원은 이미 구약에 예언된 것이다(눅 3:6)(사 35:4)

이사야 선지자는 장차 오실 메시야는 우리의 구원주 곧 구주로 오실 것을 예언했다. "보라 너희 하나님이 오사 보수하시며 보복하여 주실 것이라 그가 오사 너희를 구하시리라"(사 35:4)고 했다. 하나님 곧 메시야가 세상에 오실 터인데 그가 와서 보수하시며 보복한다는 뜻은 구약 적인 표현으로는 구원이란 뜻이다.

하나님은 멀리 떨어져 있는 것이 아니라, 역사의 현장에 택자들의 구체적인 삶을 지키시고 간섭하시고 구원을 주신다는 것이다.

그래서 요한의 부친 사가랴도 성령의 충만함을 받아 찬송하며 예언하기를 "우리를 위하여 구원의 뿔을 그 종 다윗의 집에 일으키셨으니"(눅 1:69)라고 했다. 또 세례 요한도 요단강 부근 각처에 와서 죄 사함을 얻게 하는 회개의 세례를 전파하면서 이사야 40:3을 인용했다. 즉 "모든 육체가 하나님의 구원을 보리라"(눅 3:6)고 했다. 예수 그리스도는 우리를 구원하기 위해 이땅에 오셨다. 또한 예수의 이름 자체가 히브리 발음으로 "예수아" 인데 이는 그 이름의 뜻이 "구원" 이다.

예수님은 믿음으로 구원에 이른다고 가르치셨다(마 9:22)(눅 18:42)

우리는 흔히 믿음으로 말미암아 구원에 이르는 진리가 사도 바울에게서 시작되었고 그것이 바울 신학의 핵심이라고 말한다. 그러나 믿음으로 말미암아 의롭게 되고 구원에 이르는 진리는 예수님의 말씀과 교훈 중에 너무나도 많다. 마태는 혈루증으로 열두 해를 앓는 여자가 예수의 뒤로 와서 그 겉옷을 만지니 이는 그 마음속에 예수의 겉옷만 만져도 구원을 받을 줄 생각했다. 그 때 예수님은 말씀하시기를 "딸아 안심하라 네 믿음이 너를 구원하였다 하시니 여자가 그 시로 구원을 받으니라"(마 9:22)하였다.

인간이 구원을 받는 것은 자기의 의나 행위가 아니라 믿음으로 의롭게 된다. 무엇보다 영혼 구원만 아니고 전인적으로 구원을 받게 된다. 또 예수님은 향유를 예수님의 머리에 바르고 발에 입 맞추는 죄 많은 여인에게도 그녀의 신앙의 진실함을 보시고 "네 믿음이 너를 구원하였으니 평안이 가라"(눅 7:50)고 하였다.

기독교는 은총의 복음이다. 그것은 곧 거저주시는 은총의 진리이다. 우리는 하나님께 내어 놓을만한 아무런 의도 자격도 없지만 예수 그리스도께서 우리의 구원의 주이심과 하나님의 아들이심을 믿으면 값없이 의롭게 된다. 예수님은 맹인을 고친 후에도 "보아라 네 믿음이 너를 구원하였느니라"(눅 18:42)고 했다. 그리고 믿는다는 말은 바울의 표현대로 "누구든지 주의 이름을 부르는 자는 구원을 얻으리라"고 한 바울의 메시지와도 일맥상통한다(롬 10:13). 그리고 믿음으로 구원 얻는다는 표현은 "예수로 말미암은 구원" 얻는다는 표현과도 결국 같은 뜻이다.

예컨대 예수님께서 양의 우리의 비유에서 "내가 문이니 누구든지 나로 말미암아 들어가면 구원을 얻고"(요 10:9)라고 했다. 또한 예수께서 탄생할 때 주의 사자가 현몽하면서 "아들을 낳으리니 이름을 예수라 하라 이는 그가 자기 백성을 저희 죄에서 구원할 자이심이라"(마 1:21)고 했다.

예수님의 구원은 우리가 죄 용서함을 받음으로 이루어진다(눅 1:77)

죄의 용서를 받지 않고는 구원에 이를 수 없다. 죄의 용서는 죄를 회개하고 구주이신 예수님을 생명의 주로 영접할 때 이루어진다. 영접하는 자 곧 그 이름을 믿는 자들에게 하나님의 자녀가 되는 권세를 주셨다고 했다(요 1:14).

오늘날 한국교회에서는 회개를 선포하지 않고, 회개의 뜻을 가르치지도 않는다. 다만 긍정적인 삶, 행복한 삶의 방법을 가르치고 있다. 그러니 죄를 심각하게 생각하지 않고 회개하지도 않는다. 그 결과 죄의 용서도 없고 죄의 용서가 없으니 사죄의 감격도 기쁨도 없다. 결국 회개 없는 구원을 가르치고 있는 형편이다. 그러나 성경은 "주의 백성에게 그 죄 사함으로 말미암아 구원을 알게 하리니"(눅 1:77)라고 했다. 하지만 죄의 용서는 예수의 피 공로를 믿음으로 말미암아 은혜로 구원을 얻는다. 그래서 사도 바울은 말하기를 "허물로 죽은 우리를 그리스도와 함께 살리셨고 너희가 은혜로 구원을 얻은 것이라"(엡 2:5)하였다.

그리스도와 함께 살려면 그리스도와 함께 죽는 것이 선행되어야 한다. 우리의 정과 욕심을 십자가에 못 박고 죄를 회개하는 과정이 있어야 구원의 은총을 체험할 수 있다는 것이다.

예수님의 십자가의 진리가 구원을 얻는 우리에게는 하나님의 능력이 된다(고전 1:18)

사도 바울은 그가 다메섹에서 예수 그리스도의 은총의 포로가 된 후, 오직 예수 그리스도의 십자가만 자랑하기로 했다. 십자가의 도 곧 십자가의 진리는 불신자에게는 참으로 어리석고 바보같이 보이지만 구원을 얻는 성도들에게는 예수님의 십자가가 바로 구원의 능력이 되는 것이다(고전 1:18).

왜 십자가의 도가 구원의 능력이 되는 걸까? 인생을 죄 가운데 구원할 수 있는 유일한 길이 예수께서 고난 받으시고 십자가에 죽으시는 길 외에는 다른 길이 없기 때문이다.

구원은 인간의 이상이나 지혜로 되어진 것이 아니라 하나님께서 만세 전에 설계한 대로의 구원의 방법 곧 십자가의 속죄의 방법을 믿음으로만 가능하다.

그러므로 예수는 구원의 주이시며, 유월절의 어린 양이시다. 이 단순한 복음을 믿음으로 받아드리는 것이 구원이다. 하지만 이러한 단순한 구원의 진리를 받아들이는 것이 쉽지 않다. 오직 믿음도 성령의 도움으로만 가능하다. 그래서 바울은 "예수 그리스도의 성령의 도우심으로 내 구원에 이르게 할 줄 아는 고로…" (빌 1:19)라 했다.

　우리는 지금도 예수 그리스도의 생명의 복음을 믿는 것이 내 자의로 되어지는 것이 아니라 성령의 도우심으로 되는 것을 확신한다.

예수와 예배

"하나님은 영이시니 예배하는 자가
신령과 진정으로 예배할찌니라"(요 4:24)

요즈음 교회들은 대부분 이른 바 열린 예배를 많이 한다. 형식의 틀에 메이지도 않고 아주 융통성 있게 실컷 가스펠송을 함께 부르다가 적절한 때 기도하고 설교를 하고 마친다. 전에는 주로 청년들의 집회 때 하던 예배방식을 요즈음은 도시나 농촌 할 것 없고, 교파를 막론하고 열린 예배가 유행이다. 어떤 교회들은 주일 낮 예배 시에도 열린 예배 형식을 취한다. 사람들은 정통적인 예배 즉 경건하고 엄숙한 예배에 싫증이 났던지 오히려 열린 예배가 예배의 본래 모습인 것처럼 보편화되고 있다. 그래서 이른바 교회마다 찬양사역자라는 직함도 생기고, 이런 지도자를 키우는 찬양신학교도 있다.

하기는 우리 시대의 정신이 모든 분야에서 이른 바 포스트 모던시대 (Post Modernism age)에 살고 있음으로 그러한 영향에 교회까지 들어온 듯 싶다. KBS에서도 열린 음악회란 프로가 있고, 교육계에서도 열린 교육이니 열린 학부모회의, 심지어는 정당 이름도 열린 우리당이라는 정당이 있었다. 열린 자가 붙은 모든 것은 절대적 진리를 인정치 않고 상대적 진리만을 생각하고 있고, 모든 삶에 권위주의를 없애버리는 것이다. 하여간 열린 예배도 그런 범주에서 이해할 수가 있을 듯 하다. 어쨌든 예배의 형태가 많이 변화하고 있는 것은 사실이다.

그러면 예수님은 예배를 어떻게 이해했는지를 살펴보기로 하자.

예수님은 예배를 받으시는 분이다(마 4:10)

예수님은 삼위 하나님 중에 성자 하나님이시므로 영광과 존귀와 찬양을 받으셔야 한다. 예수님은 비록 유대 땅 베들레헴 말구유에 나셨지만, 동방박사들이 예루살렘에 도착한 후 한 첫 마디는 "유대인의 왕으로 나신 이가 어디 계시뇨 우리가 동방에서 그의 별을 보고 그에게 경배하러 왔노라"(마 2:2)고 했다. 동방박사들의 이런 충격적인 도착 성명에 왕가는 소동이 일어났고 수도 예루살렘의 분위기는 한 순간에 긴장감이 감돌았다. 하지만 동방박사의 말은 가장 정확했다. 왜냐하면 예수는 하나님이요, 만왕의 왕으로서 예배와 찬양을 받으셔야 할 분임을 명백히 제시했기 때문이다.

또 예수님께서 공적 사역에 임하기 전에 광야 40일 동안 금식했고 금식 후에 마귀에게 시험을 받았다. 마귀는 예수님께 세 가지 시험을 했으나 예수님은 하나님의 말씀으로 단호히 물리치셨다. 그런데 마귀의 셋째 시험 내용은 만약 예수가 마귀에게 엎드려 경배하면 천하 모든 것을 다 주겠다고 제안을 했다. 그 때 예수님께서는 확고하게 하나님의 말씀을 인용해서 한 마디로 거절했다. "사단아 물러가라 기록되었으되 주 너의 하나님께 경배하고 다만 그를 섬기라 하였느니라"(마 4:10)고 했다. 경배를 받으실 분은 하나님이시다. 곧 예수님 자신도 하나님이시므로 예수님은 예배와 찬양을 받으셔야 하는 것이다. 실은 예수님이 예배를 받아야 할 주인공이다. 물론 예수는 우리의 대제사장이며 어린 양으로 제물이 되신다. 그가 우리의 속죄제물이 되시면서 대제사장이 되신 것도 구원 받은 택한 백성들의 예배를 받으시기 위함이다.

예수님은 예배를 신령으로 드리라고 했다(요 4:24)

사실 하나님이 천지와 그 가운데 있는 만물을 만드시고 인생을 창조하신 이유가 바로 예배와 찬송을 받으시기 위함이었다. 그러므로 성도의 최고 최대의 임무와 사명은 예배에 있다. 예배는 바로 우리가 복 받는 길이며 우리의 삶의 본질에 속한다. 그러나 예배는 올바르게 드리는 것이 중요하다. 예수님은 수가성 사마리아 여인과 대화를 나누는 중에 메시야의 풍모와 인품이 자연스럽게 들어났다. 그 때 사마리아 여인은 예수를 선지자로 받아드리고 예배를 화제 삼았다.

예수님은 예배가 영으로 드려야 참된 예배임을 말했다. 영이란 말은 곧 성령이란 말이며 성령으로 드리는 예배여야 참된 예배가 된다는 것이다. 오늘날의 예배는 인본주의적 예배가 판을 친다. 감성적인 예배, 즐기는 예배, 하나님께 대한 신전의식이 없이 드리는 예배가 문제이다. 예수님 당시에도 예배의 진정성도 없었다. 유대인들은 의식주의, 형식주의, 율법주의에 사로잡힌 예배를 드렸다. 그래서 예수님은 성령께서 함께 하시고 영적으로 깨어있는 거룩한 예배여야 참된 예배임을 말했다.

예수님은 예배를 진정으로 드리라고 하셨다(요 4:23,24)

예배는 언제라도 진정성이 있어야 참된 예배이다. 진정이란 여기서는 진리를 의미하는 것으로서 진리에 맞는 예배여야 한다. 진리로 예배한다니 그 말은 무엇일까? 그것은 진리 되신 예수 그리스도께서 중보자가 되시고 십자가에서 구속을 완성하신 예수 이름으로 드리는 예배여야 진정한 예배일 수 있다.

그런데 진정이란 진리일 뿐 아니라 우리말 표현 그대로 하면 "마음을 다하는 것"이다. "너희는 여호와께서 너희를 위하여 행하신 그 큰 일을 행하여 오직 그를 경외하며 너희 마음을 다하여 진실히 섬기라"(삼상 12:24)하신 말씀에서 보듯이 모든 정성을 다해서 하나님께 예배해야 한다.

그리고 진정의 또 다른 용례는 "진실한 것"을 의미하는데 "중심에 진실함을 주께서 원하시오니 내 속에 지혜를 알게 하시리이다"(시 51:6)라 했다. 하나님이 원하시는 예배는 상한 마음으로 주께 나올 뿐 아니라 마음의 중심에 진실을 원하시는 것이다.

진정의 또 다른 표현은 "간사가 없는 것"을 의미한다. 두 마음을 품어서 간사스럽게 앞뒤가 안 맞는 말이나 행동으로는 하나님을 예배할 수가 없다. 이런 용례는 "마음에 간사가 없고 여호와께 정죄를 당치 않는 자는 복이 있도다"(시 32:2)라고 했는데 순정하고 진실한 마음을 가진자만이 참 예배를 드릴 수 있다는 것이다.

진정이란 말의 또 다른 의미는 우상을 버리고 하나님을 성실과 진정으로 섬김을 의미한다. 한편으로 우상을 섬기면서 하나님께 예배하는 이중적 삶으로는 진정한 예배를 드릴 수가 없다.

이를 뒷받침할 수 있는 말씀은 "그러므로 이제는 여호와를 경외하며 성실과 진정으로 그를 섬길 것이라 너희 열조가 강 저편과 애굽에서 섬기던 신들을 제하여 버리고 여호와만 섬기라"(수 24:14)이다. 위의 다섯 가지 용례를 통해서 신령과 진정으로 예배하라는 주님의 말씀을 더욱 깊이 이해할 수 있다.

예수님은 예배의 개혁자이시다(요 4:19-22)

예수님은 수가성 사마리아 여인에게 참예배의 윤리에 대해서 설명하면서, 이제 예배를 받으시는 구주이신 예수가 세상에 오셨기 때문에 어떤 장소가 중요한 것이 아니라고 했다. 당시 사마리아인은 산에서 예배하고 이스라엘 사람들은 예루살렘 성전에서 예배했다. 그들은 전통적으로 내려오는 예배 장소가 중요했다. 그러나 이제 메시야 시대가 옴으로서 산에도 아니고 예루살렘도 아닌 어디든지 주의 이름으로 예배할 수 있는 새 시대가 도래했음을 선포하신 것이다. 즉 예수님은 의식적, 형식적, 제사적 예배 형식을 변화시켜 어디든지 참 마음으로 진리를 따라 예배하는 때가 왔다고 가르치셨다.

뿐만 아니라 이방인들은 알지 못하는 것을 예배하지만 이제 새 시대의 참된 예배는 말씀이 육신이 되어 우리 가운데 거하시는 독생자의 이름으로 담대히 나갈 수 있다.

요즈음은 종교다원주의(Religious pluralism)가 판을 치는 세상이다. 무슨 종교든지 하나만 믿으면 되고 무슨 형태이든지 예배만 드리면 된다는 생각이 팽배해져 있다. 그러나 알지 못하는 신에게, 인간의 자기 식대로 드리는 예배는 다 헛된 예배임을 알아야 한다.

그리고 예수님께서 제시한 예배 개혁은 또 있다. 예배가 아무리 중요하다 해도 형제에게 원망들을 만한 일이 있거나 서로 미워하고 용서치 못한 것이 있다면 그런 예배는 하나님이 받지 않으신다는 것이다. 그래서 예수님은 말씀하시기를 "예물을 제단에 드리다가 거기서 네 형제에게 원망 들을 만한 일이 있는 줄 생각나거든 예물을 제단 앞에 두고 먼저 가서 형제와 화목하고 그 후에 와서 예물을 드리라"(마 5:23-24)고 했다.

예배는 두말 할 필요 없이 하나님과 인간과 관계이다. 하지만 형제의 죄를 용서치 않으면 하나님은 그 예배를 받지 않는다는 것이다. 수직관계도 중요하지만 수평관계의 해결이 되어야 참된 예배를 드릴 수 있다는 것이다.

예수님은 삶의 예배도 강조하셨다(빌 2:1-11)

예배는 보통 의식적 예배, 예전적 예배도 중요하지만 하나님 앞에서 구체적인 삶을 통해서 하나님께 영광과 찬양을 돌리는 것이 매우 중요하다. 칼빈은 일찍이 이 세상은 하나님께 영광을 돌리는 극장의 무대라고 했다. 우리의 학교, 직장, 일터는 모두가 하나님께 영광을 돌려드리는 극장의 무대이다. 앞서 예수님은 예물을 드리다가 형제와 해결되지 않은 문제가 있다면 그것부터 해결하라는 말은 예배와 우리의 삶은 서로 연결되어 있다는 뜻이다.

사도 바울은 "모든 무릎을 예수의 이름에 꿇게" 하기 위해서는 "마음을 같이 하여 같은 사랑을 가지고 뜻을 합하여 한 마음을 품어 아무 일에든지 다툼과 허영으로 하지 말고 오직 겸손한 마음으로 각각 자기보다 남을 낫게 여기라"(빌 2:2-3)고 했다.

예수님은 예배의 대상이며, 예배의 개혁자이자 참 예배의 방법을 가르쳐 주셨다.

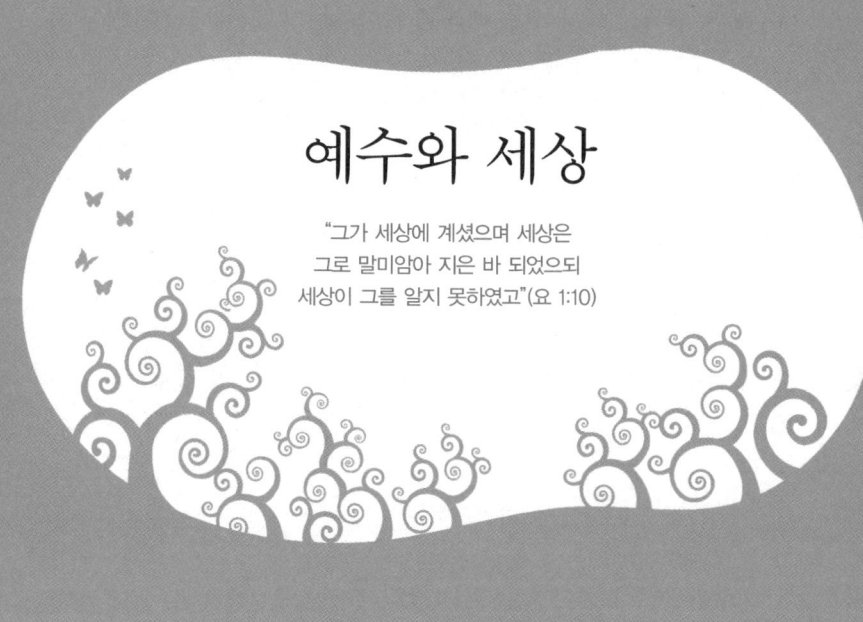

예수와 세상

"그가 세상에 계셨으며 세상은 그로 말미암아 지은 바 되었으되 세상이 그를 알지 못하였고"(요 1:10)

　　세상을 어떻게 볼 것인가는 그리스도인들에게 퍽 중요하다. 왜냐하면 어떤 사람은 세상을 썩어질 장망성으로 보기 때문에 세상에 대해서 관심을 갖지 말아야 한다고 한다. 그러나 어떤 사람은 세상은 전도와 선교의 현장으로 보고 세상을 변화시키는 주체는 곧 그리스도인이라고 한다. 성경에는 세상과 짝하지 말라는 말씀이 있지만 또한 하나님이 세상을 이처럼 사랑하사 독생자를 주셨다고 했다. 그러므로 우리는 세상을 이해하는데 혼란을 겪을 때가 있다. 그도 그럴 것이 우리말로 번역된 "세상"이란 말에는 6가지 정도 서로 다른 뜻이 있기 때문이다.

　　첫째로 세상(世上; Cosmos)은 하나님의 창조한 모든 것을 의미한다. 둘째는 사람의 거주지로서 세상을 의미한다. 셋째는 전 인류를 가리킬 때 세상이라고 한다. 넷째는 유대인 이외의 이방인을 가리킬 때 세상이라고 한다. 다섯째는 타락한 인간을 가리킬 때 세상이라고 한다. 여섯째는 인간이 죄악에 빠져서 하나님의 심판을 받고 있으나 예수 그리스도로 말미암아 정복된 세상 전부를 가리킬 때 사용한다.

그러므로 우리가 세상이란 말을 쓸 때는 협소한 어느 한 가지만 주장하다보면 성경전체의 의미를 놓칠 수가 있다. 칼빈주의자들처럼 "우리는 세상에 살고 있으나 세상에 속한 자가 아니다"라고 말하면서 주님의 나라 건설에 적극적으로 일해야 한다. 세상이란 의미의 정확성에 대해서 우리는 예수의 세상 이해에서 그 해답을 찾아야 할 것이다.

예수님은 세상을 창조하셨다(요 1:10)

성경은 예수님이 우리의 구속주이실 뿐 아니라 세상의 창조주이심을 계시한다. 예수님은 태초부터 계셨고 성부 하나님과 함께 천지만물 곧 세상을 창조하셨다. "태초에 말씀이 계시니라 이 말씀이 하나님과 함께 계셨으니 이 말씀은 곧 하나님이시니라 그가 태초에 하나님과 함께 계셨고 만물이 그로 말미암아 지은바 되었으니 지은 것이 하나도 그가 없이는 된 것이 없느니라"(요 1:1-3)고 한 요한의 증거는 예수 그리스도가 창조주이심을 잘 증명하고 있다. 이 세상은 우연에서 나서 우연으로 가는 것이 아니다. 주인이 계시며 그 주인이 세상을 설계한 대로 움직여간다.

예수님이 창조주로서 천지 만물을 창조했다는 창조론은 예수님이 우리를 위해서 십자가를 지시고 죽었다가 삼일 만에 부활하셔서 우리의 구속을 완성하신 구원론 못지않게 소중한 것이다. 그러므로 사도 요한은 예수님이 세상을 만드신 것에 대해서 아주 명쾌하게 증거했다. 즉 "그가 '세상'에 계셨으며 '세상'은 그로 말미암아 지은바 되었으니 '세상'이 그를 알지 못하였고"라 하였다.

예수님은 세상을 구원하러 오셨다(요 3:17)(요 12:47)

사도 요한은 예수님과 세상과의 관계를 아주 명쾌하게 기술하고 있다. 세상은 장망성이나 버려진 곳이 아니라 하나님의 구원의 대상이며, 예수 그리스도께서 육신의 몸을 입으시고 이 땅에 오신 이유가 세상을 구원하기 위함이라고 밝히고 있다. 특히 우리나라가 일제 강점기와 6.25 전란을 거치면서, 성도들은 이원론적(Dualistic) 생각을 많이 가졌다. 즉 교회는 거룩한 반면 세상은 멸망의 앞잡이요, 사탄이 지배하는 곳이니 성도는 이 세상에 관심을 갖는 것이 곧 타락한 생활이라고 생각했다.

그래서 성도들은 비관적인 허사가를 곧잘 불렀다. 또 그러한 헛된 세상에는 관심을 갖지 말고 영원한 하나님의 은혜와 축복을 소망하자고 했다. 예컨대 '세상만사 살피니 참 헛되구나 부귀공명 장수인들 무엇하리요' 등의 허사가는 이 세상을 부정하고 저주의 대상으로만 이해하였다. 하기는 존 번연(John Bunyun)이 쓴 천로역정(Pilgrims Progress)에도 세상을 썩어질 장망성이라 하고 주인공인 기독도는 영원한 하나님의 나라를 향해가는 순례자로만 묘사되고 있다.

그러나 예수님은 이 세상을 저주의 땅으로 보신 것이 아니라, 구원의 땅이요, 전도와 선교의 땅으로서 희망의 빛을 제시해 주고 있다. 하나님은 세상을 사랑하셨다. 그래서 독생자이신 예수 그리스도를 세상에 보내셨다. 왜냐하면 아들 예수 그리스도를 중보자로 삼아서 우리를 구원하기 원하셨기 때문이다(요 3:16). 이것이 기독교 복음의 핵심이다. 그래서 "하나님이 그 아들을 세상에 보내신 것은 세상을 심판하려 하심이 아니요 저로 말미암아 세상이 구원을 얻게 하려 하심이라"(요 3:17)고 했다. 세례요한도 예수님을 가리켜 "보라 세상 죄를 지고 가는 하나님의 어린 양"(요 1:29)이라고 했다. 예수님이 오병이어의 이적을 행했을 때도 사람들의 반응은 "세상에 오실 그 선지자"(요 6:14)라고 평했다.

기독교는 결코 허무주의(Nihilism)에 근거할 수도 없고 염세주의에 기초해서도 안 된다. 예수님은 이 어둡고 죄악이 많은 세상을 구원하시기 위해서 세상에 오셨다. 그러므로 우리도 이 세상에 대한 분명한 선교적 소명을 가지고 힘차게 걸어가야 할 것이다. 왜냐하면 주님께서는 세상 끝날까지 우리와 함께 하시기 때문이다.

예수님은 세상의 빛이시다(요 1:9)(요 8:12)

세상은 본래 어두움이었다. 왜냐하면 세상은 죄로 말미암아 어두워졌기 때문이다. 그래서 불의와 부정이 판을 치고 시기와 질투와 비진리와 불법이 성행하여 희망이 없었다. 그런데 하나님은 어두움의 세상에 외아들 예수 그리스도를 빛으로 보내주셨다. 빛이 없을 때는 어두움이 세상을 지배했으나 빛이 옴으로 이제는 빛이 세상을 지배하도록 했다. 그러므로 이 세상은 예수 그리스도로 말미암아 새 소망을 갖게 되었다.

요한복음은 예수님께서 세상에 빛으로 오셨다는 것을 여러 번 여러 번 강조하고 있다. 빛과 어두움의 극명한 대조는 생명과 사망과의 대조와 같다. 예수님은 빛이시며, 생명이시며, 진리이시며, 소망이시다. 그러므로 예수님만이 세상에 유일한 소망이며 빛이 되신다.

사도 요한은 이 사실을 구체적으로 설명하면서 "참 빛 곧 세상에 와서 각 사람에게 비취는 빛이 있었나니…"(요 1:9)라고 썼다. 또 예수님 자신이 말씀하시면서 "나는 세상의 빛이니 나를 따르는 자는 어두움에 다니지 아니하고 생명의 빛을 얻으리라"(요 8:12)하였다. 예수님이 세상의 빛이라면 우리도 이 세상에서 빛의 사명을 감당해야 한다는 것이다. 그러기에 예수님은 다시 우리에게 "너희는 세상의 빛이라"(마 5:14)고 했다. 우리는 빛의 근원은 아니지만 예수의 생명의 빛을 받아서 우리가 처한 이 세상의 구체적은 삶의 현장에서 빛 노릇을 감당함으로써 어두움을 밝혀야 한다.

예수님은 우리를 세상으로 보내셨다

예수님은 우리에게 세상을 변화시키는 책임을 맡기셨다. 세상을 변화시켜 주님의 나라 건설의 소명을 맡기신 것이다. 그러므로 세상에 대해서 염세적인 생각을 갖고 세상을 도피하거나 방종하는 것은 그리스도인의 사명이 아니다. 예수님은 이 세상이 아무리 어둡고 척박해도 우리에게 일감을 맡기셨다. 예수님께서 말씀하시기를 "아버지께서 나를 보내신 것 같이 나도 너희를 세상에 보내었고…"(요 17:18)라고 했다. 또한 부활하신 후 예수님은 이른바 선교의 대명을 주시면서 "그러므로 너희는 가서 모든 사람으로 제자를 삼고… 세상 끝날까지 너희와 항상 함께 있으리라"(마 28:19,20)고 했다. 예수님은 우리가 발붙이고 사는 이 세상을 도피의 장소가 아니라 전도와 선교의 현장이며 하나님의 뜻을 이루어 드리는 장소임을 말씀하셨다.

예수님은 세상에 속하지 않고 세상을 이기셨다(요 17:16, 요 18:36, 요 16:33)

예수님은 세상에 빛으로 오셨고, 세상을 구원하러 오셨다. 그러나 예수님은 세상에 속한 자는 아니고 세상을 이기시며 또한 세상을 심판하러 오셨다. 예수님은 "내가 세상에 속하지 아니함 같이 저희도 세상에 속하지 아니하였삼나이다"(요 17:16)라고 했다. 또한 "내 나라는 이 세상에 속한 것이 아니라"(요 18:36)고도 했다.

예수님은 역사 속에 오셔서 갈릴리 해변에서, 회당에서, 성전에서 천국 복음을 증거하시며 우는 자와 함께 울고, 병든 자와 세리와 죄인의 친구로 사셨다. 그렇지만 예수님은 세상에 속하지는 아니했다.

그러므로 우리도 이 세상에서 발붙이고 생활하며 살기는 해도 이 세상에 속한 자가 아니라 하나님의 나라에 속한 자이기에 세상을 이기고 거룩하게 살아야 한다. 무엇보다 세상을 살아가는 우리에게 예수님은 더 큰 용기와 확신을 덧입혀 주셨다. 예수님은 "세상에서는 너희가 환난을 당하나 담대하라 내가 세상을 이기었노라"(요 16:33)고 했다.

구스타브 도레 作 〈물 위를 걸으시는 예수 그리스도〉

예수와 영생

"영생은 곧 유일하신 참 하나님과 그의 보내신 자 예수 그리스도를 아는 것이니이다"(요 17:3)

영생(永生)이란 곧 영원한 생명이란 말이다. 이 말의 개념은 삶이 끝난 후에 시간이 연장된다는 뜻이 아니고, 구원받은 성도가 영원하신 하나님과의 영원한 교제에 들어감으로 끝없이 누릴 영원한 생명이다. 영생이란 하나님의 아들 예수 그리스도 안에서 계시된 하나님의 생명과 질적으로 동일하다는 말이다. 영생은 예수님께서 세상에 오셔서 비로소 잘 알게 되었다.

특별히 요한복음에서 예수님은 영생의 시작과 영생의 계속을 가르쳐 주셨고, 예수 안에서 참된 영생이 있음을 강조했다. 영생은 구원받았다는 말과 같은 뜻으로 볼 수 있고, 구원 받은 자 곧 중생의 체험을 가진 자에게 주시는 하나님의 은혜요, 축복이다.

모든 사람은 영생에 대한 소망을 갖고 있다. 그런 까닭에 땅 위에 모든 인생들은 영원한 생명을 갖기를 소원한다. 왜 그럴까? 그 이유는 하나님이 인간을 창조하실 때 하나님의 형상(Imago Dei)대로 창조하셨기 때문이다. 그래서 하나님께서는 "사람에게 영원을 사모하는 마음을 주셨다"(전 3:11)고 했다. 영원을 만드시고 영원한 생명을 주시는 분은 하나님이시다. 그런데 죄로 말미암아 어두워진 인간에게 하나님께로부터 오신 하나님의 아들인 예수님이 영생에 대해서 그의 삶과 말씀을 통해서 자세하게 증거해주셨다. 그러므로 예수 없이는 구원도 영생도 말할 수 없다.

예수님은 영생을 주시는 분이시다(요 10:28)

영원에서부터 오신 분만이 영생을 말할 수 있다. 또 영원한 생명을 가지신 분만이 영생을 논할 수 있을 것이다. 예수님은 하나님의 아들이며 우리의 구주이며 중보자로서 하나님의 특별한 방법으로 세상에 오셨다. 그러기에 그는 영원한 하나님의 나라와 영원한 생명 곧 영생을 가르쳐 주셨다. 즉 다시말하면 이 세상에 있는 사람은 아무도 영생을 체험하지도 못했고 또 영생에 대해서 아는 바가 없었으나 태초에 하나님과 함께하신 그 분 메시야이신 예수님이 영생에 관하여 올바르게 가르쳐 주셨다.

2008년 4월 8일 한국 최초의 우주인이었던 이소연씨가 로켓을 타고 우주에 갔다. 그는 우주 정거장에서 무중력 상태에서 많은 실험과 색다른 체험을 하고 아름다운 지구를 바라볼 수 있었다고 한다. 그가 귀환해서 우주에서의 생생한 소식을 우리에게 전해 주었다.

적절한 비유일는지 모르지만 예수님은 하나님의 나라, 영적인 세계에서 우리 인간들의 죄를 구원할 목적으로 이 세상에 오셔서 하나님의 창조와 구속을 말하고 영생을 선포했다. 그러므로 예수님 없이는 영생을 알 수도 없었을 뿐 아니라 예수님 없이는 영생에 들어갈 수도 없다. 즉 "내가 너희에게 영생을 주노니 영원히 멸망치 아니할 터이요, 또 저희를 내 손에서 빼앗을 자가 없느니라"(요 10:28)고 예수님은 분명히 말씀하셨다.

예수님을 믿는 자마다 영생을 얻는다(요 3:16)(요 6:40)

히브리서 기자는 믿음은 바라는 것들의 실상이요, 보지 못하는 것들의 증거니라고 했다(히 11:1). 이 말의 뜻은 믿음은 시간과 공간을 뛰어넘어 둘을 이어주는 끈이 된다는 것이다. 하나님은 창조주이시고 우리는 피조물이다. 하나님은 거룩한 분이고 우리 인간은 모두가 죄인이다. 그런데 우리가 하나님께 나아갈 수 있는 방법 하나가 있는데 그것은 하나님이 우리를 위해서 만들어주신 예수 그리스도의 십자가의 공로를 믿음으로만 가능하다. 하나님은 이 길을 통해서만 하나님을 만나고 하나님과 교제할 수 있는 방도를 만드셨다. 그러니 예수 그리스도를 믿으면 하나님의 자녀가 되는 권세를 얻을 뿐 아니라 또한 영생을 얻게 된다.

어째서 믿음이란 그렇게 소중한 걸까? 박형룡 박사님의 책에서 믿음은 하나님의 은혜를 받는 손과 같다고 했다. 우리는 믿음 때문에 구원을 받는 것은 아니지만 하나님이 이미 다 만들어 놓으신 구원의 축복을 믿음이란 손으로 받아드리는 것이다. 하나님은 우리에게 단순히 중보자이신 예수 그리스도를 믿는 것만으로 우리에게 구원의 은혜 뿐아니라 영생의 복락까지 주신다.

그러므로 복음의 핵심인 요한복음 3:16에서 "하나님이 세상을 이처럼 사랑하사 독생자를 주셨으니 이는 저를 믿는 자마다 멸망치 않고 영생을 얻게 하려 하심이라"고 했다. 이와 같이 하나님께서는 단순한 복음을 믿음으로 구원과 영생을 얻도록 했으니 얼마나 감사한 일인가? 정말 감사 감격 아니 할 수 없다. 그런데 이것이 본래부터 하나님의 깊고 오묘한 뜻이었다. 즉 "내 아버지의 뜻은 아들을 보고 믿는 자마다 영생을 얻는 이것이니 마지막 날에 내가 이를 다시 살리리라"(요 6:40)고 했다.

그런데 한 가지 생각할 것은 언제부터 영생을 가지는가이다. 성경은 믿는 순간에 벌써 영생을 가졌고(요 6:47) 또 장차 영생을 얻을 것이다(요 6:51)라고 했다. 예수 그리스도를 믿음으로 영접하는 순간부터 이미 영생 곧 영원한 생명은 시작되는 것이다.

예수님을 아는 것이 영생이다(요 17:15)

예수님은 요한복음 17:3에서 "영생은 곧 유일하신 참 하나님과 그의 보내신 자 예수 그리스도를 아는 것이니이다"라고 했다. 이 말씀은 예수께서 잡히시기 전에 긴 중보의 기도를 드리는 내용 중에 하신 말씀이다. 영생이 무엇인지에 대해서 예수님 자신이 아주 명확한 대답을 주셨다. 즉 영생은 하나님이 파송하신 유일하신 구주이며 중보자인 예수 그리스도를 아는 것이라고 했다.

그러면 왜 오직 예수만인가? 그 이유는 예수님은 하나님이 보내신 인류 구원의 유일한 대안이며 중보자이기 때문이다. 하나님이 예수 그리스도를 세상에 보내신 이유는 "저로 말미암아 세상이 구원을 받게"하기 위함이다(요 3:17). 또 하나님은 예수 그리스도를 통해서 하나님이 누구인지를 알려주었다. 그래서 요한은 증거하기를 "본래 하나님을 본 사람이 없으되 아버지의 품속에 있는 독생하신 하나님이 나타내셨느니라"(요 1:18)고 했다.

그래서 예수님은 기도하기를 영생은 곧 유일하신 참 하나님과 그의 보내신 자 예수 그리스도를 아는 것이라고 했다. 물론 여기서 안다는 표현은 믿음이란 말과 거의 같은 뜻이지만 우리가 예수 그리스도를 믿을 때 그가 누군지를 정확하게 알게 된다. 예수가 우리 안에, 우리가 예수 안에 있는 것과 같은 상태를 의미한다. 예수와 접붙임 되는 것이 바로 영생이란 의미이다.

예수님의 십자가의 속죄를 믿는 자에게 영생이 있다(요 6:51, 54)

예수님은 보리떡 다섯 덩어리와 물고기 두 마리를 가지고 오천 명을 먹이셨다. 그런데 예수님은 이 사건 후에 군중들이 육신의 양식 곧 떡 문제를 생각하고 있을 무렵 예수님은 자기 자신이 곧 영생의 떡이라고 했다. 그리고는 매우 의미심장한 말씀을 했다. 즉 "인자의 살을 먹지 아니하고 인자의 피를 마시지 아니하면 너희 속에 생명이 없느니라 내 살을 먹고 내 피를 마시는 자는 영생을 가졌고…"(요 6:53,54)라고 했다. 액면 그대로 보면 오늘의 독자 특히 불신자들에게는 이 말씀이 매우 이상하게 들릴 것이다.

그러나 예수님의 이 말씀은 예수님 자신이 십자가에 못 박히시고 살을 찢고 피를 쏟아 우리들의 죄를 속량하실 사건을 상징적으로 표현한 것이다. 즉 먹는다는 표현은 믿는다는 의미이다. 말하자면 예수님은 우리가 그의 십자가의 죽음의 내용과 뜻을 믿음으로 받을 때 영생을 얻을 수 있다는 것이다.

예수님은 성경을 통해서 영생의 비밀을 알 수 있다고 하셨다(요 5:39)

우리가 성경을 연구하는 이유가 여러 가지 있다. 성경은 하나님의 말씀이므로 신앙의 모든 내용들은 결국 성경에서 발견한다. 칼빈은 일찍이 성경 없이 신앙에 이르는 것은 미친 짓이라고 말한 적이 있다. 그러므로 사도 바울은 모든 성경은 하나님의 감동으로 된 것으로 교훈과 책망과 바르게 함과 의로 교육하기에 유익하다(딤후 3:16)고 했다.

성경은 곧 예수 그리스도를 증거하는 것이다. 구약도 신약도 성경의 핵심은 주 예수 그리스도이다. 그러므로 우리가 성경을 상고하고 연구하는 것은 기도의 능력을 얻고, 믿음의 성장을 위해서, 또는 시험을 이기고 하나님의 사람으로 온전케 되기 위함이다.

Andrea Mantegna 作 〈Agony in the Gaeden, 1455〉

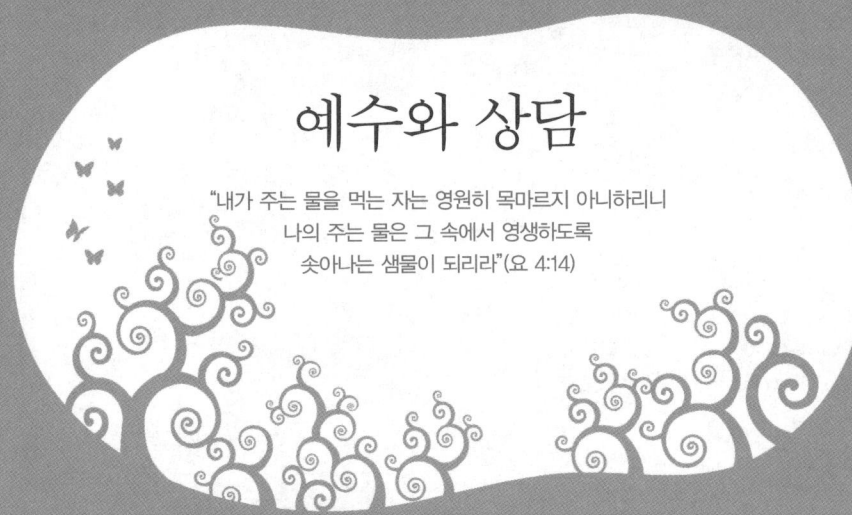

예수와 상담

"내가 주는 물을 먹는 자는 영원히 목마르지 아니하리니
나의 주는 물은 그 속에서 영생하도록
솟아나는 샘물이 되리라"(요 4:14)

예수님은 위대한 설교자이며 교육자일 뿐 아니라 또한 상담가이시다. 최근에 목회에서 상담이 차지하는 비중이 점점 높아지고 그 중요성이 어느 때보다 크게 부각되고 있다.

상담에 대한 성경적 근거로는 구약 성경 중에서 상담(Counsel)을 의미하는 것이 약 100여회 나오고 있다. 이는 조언(advice)을 주고 받는 것으로서 메시야의 예언 중에 "모략과 재능의 신"(The Spirit of Counsel and might) 또는 모사(謀士; Wonderful Counslor)로 표현했다. 특히 예수님은 그의 공생애 중에 그를 찾아오는 수많은 사람들에게 상담가로서 영육간의 질병을 고치기도 하였다.

그런데 최근의 상담학은 대부분 프로이드(S. Fruid)의 영향을 받은 학자들이다. 예컨대 안톤 보이슨(A. Boisen)이나 로져스(Corl Rogers), 힐트너(Hiltner) 같은 사람들이 정신분석학과 임상심리학을 상담학에 적용한다. 그래서 인간의 자율적인 것을 예찬하고 이른바 내담자가 자기가 하고 싶은 대로 원하는 대로 하도록 도와주는 것 즉 비지시적 상담방법이 주로 사용되고 있다. 그러나 성경의 방법 곧 성경적인 상담원리는 그것들과는 엄청난 차이가 있다. 이제 우리는 예수님께서 상담자로 우리에게 보여주신 모범적인 상담원리를 생각해 보고자 한다.

예수님은 수가성 사마리아 여인에게 상담자로 다가 가셨다(요 4:1-26)

요한복음 4장은 상담가로서의 예수님을 설명할 때 사용되는 대표적인 성경구절이다. 그런데 우리가 알아야 할 것은 예수님이 사마리아로 가시게 된 것도 의도적이고, 우물가의 사마리아 여인에게 물을 좀 달라는 것도 의도적이었다. 즉 예수님은 이 여인이 복음을 받아드리도록 계획적이고 의도적으로 접근하셨다.

사실 예수님이 여자에게 물을 좀 달라는 그 자체가 파격적이고 생소한 것이다. 더욱이 예수님 당시 유대인들이 혼혈족인 사마리아인을 멸시천대하고 이방인으로 대하는 그 때에 낮 12시에 홀로 우물의 물을 길어 올리는 낯선 여인에게 물 좀 달라는 것은 유대관습에는 어울리지 않는다. 그러나 예수님은 이 장면에서 두 가지를 이미 염두에 두고 계셨다. 먼저 예수님은 물을 좀 달라는 말로 유대인과 이방인과 벽을 허물었다.

또한 사마리아 여인과는 복음 전도를 위하여 또는 상담을 위해서 이른바 접촉점(Point of Contact)을 찾으신 것이다. 상담의 일 단계는 서로 간에 벽을 허물어 경계심을 없애고 접촉점을 찾는 것이 순서이다. 그런 면에서 본다면 예수님의 상담의 접근은 탁월한 것이다. 그리고 예수님은 이미 사마리아 여인의 과거와 현재를 그의 신성으로 꿰뚫어 보고 계셨다. 예수님은 그녀의 병든 영혼을 이미 잘 알고 있었음으로 그녀의 눈높이로 낮추시고 공감대를 형성하고 접근하기 시작했다.

예수님이 상담자라면 사마리아 여인은 내담자로 볼 수 있다. 우선 상담자인 예수님은 사마리아 여인의 마음속에 희망의 씨앗을 심어주었다. 예수님은 그녀에게 하나님의 선물 곧 생수의 소망과 기대를 갖게 하셨다. 사마리아 여인은 다섯 번 결혼에 지금 남편도 정식 결혼이 아니었기에, 그를 향한 주변의 따가운 눈초리와 멸시로 완전히 스스로는 헤어 나올 수 없는 절망 그 자체에 빠져 있었다. 하지만 아무리 칠흑 같은 어두움이라고 해도 빛이 오면 어두움은 자동적으로 사라지게 되어 있다. 그녀는 절망의 시각에서 예수님이 주시는 생수의 소망을 갖게 되었다. 그래서 그 여인의 관심은 "이런 물을 내게 주사 목마르지도 않고 또 여기 물 길러 오지도 않게 하소서"(요 4:15)라고 절망의 늪에서 소망의 빛을 발견하고 소리쳤다.

그런데 예수님은 느닷없이 그녀의 감추었던 죄와 아픔과 비리를 들추어냈다. 즉 "가서 네 남편을 불러오라"고 했다. 너무나 직설적인 듯이 보인다. 만약 이 때 예수님께서 아무 일이 없는 듯이 적절히 위로하고 격려하면서 희망의 메시지만 줄 수는 없었을까? 만약 현대 심리학자나 상담학자라면 그리했을 것이다. 그러나 예수님은 그녀의 깊은 죄를 회개해야 할 것을 요구했다. 회개 없이는 참된 영적 치유는 없다. 신비주의나 기복주의 신앙을 가진 자는 회개 없는 치유와 회개 없는 축복을 기대할 것이다. 그러나 예수님은 한 영혼의 구원을 위한 상담자로서 궁극적으로 영혼 구원에 이르도록 했다. 현대의 상담이론으로 말한다면 예수님의 상담이론은 이른바 지시적 방법(directive method)이다.

예수님은 니고데모와 상담하셨다(요 3:1-15)

이 상황은 밤중에 이루어진 상담이었다. 내담자는 바리새인이며 유대의 관원인 니고데모였다. 아마 그는 신분상의 불이익이나 다른 사람의 눈을 피하기 위하여 밤에 예수님을 방문했을 것으로 추정된다. 내담자인 니고데모는 관리이므로 예수님께 격식과 예를 갖추어서 접근했다. 즉 예수님은 하나님께로서 오신 선생이라고 추켜세우고 하나님이 함께 하지 않으면 이런 큰 이적을 행할 수 없다고 했다. 이 경우도 예수님은 이미 니고데모의 속셈과 의도를 훤히 읽고 계셨다. 그래서 예수님은 먼저 "거듭나지 아니하면 하나님의 나라를 볼 수 없다"고 중생의 문제를 끄집어냈다. 기독교의 복음은 그냥 도덕이나 윤리나 상식이 아니고 새롭게 되는 것 즉 거듭나야 된다는 말씀이다.

그러나 니고데모는 그가 학식이 많았지만 거듭남의 진리를 알 턱이 없었다. 그래서 그의 대답은 유치한 발상을 했다. 사람이 어떻게 어머니 모태에 다시 들어갔다가 나올 수 있느냐고 동문서답을 했다. 그 때 예수님은 "물과 성령으로 나지 아니하면 하나님 나라에 들어갈 수 없느니라"(요 3:6)고 말해주었다. 그리고 영적인 일은 영적으로 이해할 수 있을 뿐 아니라, 결국 믿음의 시각에서만 이해할 수 있음을 가르쳐 주셨다. 예수님의 상담은 심리치료가 아니라 하나님을 발견하고 복음을 깨닫도록 하신다. 그것은 믿음으로라야 알 수 있다는 것이다.

예수님은 부자청년과 상담하셨다(마 19:16-26)

예수님께 상담하러 찾아온 내담자는 부자 청년이었다. 그의 관심은 영생이었다. 그래서 "무슨 선한 일을 하여야 영생을 얻으리까"하면서 제법 진지한 질문을 했다. 이 질문은 매우 율법적 질문이고 구약적 질문이었다. 이미 예수님은 그 부자 청년의 마음을 꿰뚫어 보셨다. 그래서 "네가 생명에 들어가려면 계명들을 지키라"고 했다. 예수님의 말씀이 너무 쉬운 듯이 생각한 부자청년은 어느 계명이냐고 자신 있게 말했다. 그 때 부자 청년은 자기가 지금까지 모든 율법을 다 준행했는데 무엇이 부족하며 영생 얻을 자격이 없느냐고 반문했다. 그 때 예수님은 "가서 네 소유를 팔아 가난한 자들에게 주라"고 했다. 그러나 그 청년은 부자이므로 이 말씀을 듣고 가버렸다.

여기서 상담자 예수님과 내담자인 부자 청년과의 대화는 단절되었다. 왜냐하면 부자 청년의 관심은 돈에 있었고 율법을 지키므로 의에 이르고 영생의 축복을 받을 수 있다고 생각했기 때문이다. 그러나 예수님은 가난한 이웃을 향한 적극적인 사랑과 나눔이 있어야 할 것을 말했다. 제자들이 예수님의 말씀을 듣고 매우 당황하여 "그런즉 누가 구원을 얻을 수 있으리이까"라고 반문하자 예수님은 "사람으로는 할 수 없으되 하나님으로는 할 수 있느니라"고 결론지었다. 인간은 율법으로 구원받을 수 없고 오직 하나님의 은혜로만 가능함을 시사하고 있다.

예수님과의 집단 상담(요 6:24-40)(요 14:5-24)

예수님은 개인과 개인으로 상담도 많이 했지만 집단 상담 또는 그룹 상담도 여러 번 하셨다. 우선 요한복음 14장에는 참으로 특이하게 세 명의 제자들이 예수님께 공개 질문을 하고 예수님은 그들에게 대답을 해주는 형식이 등장한다. 그들 제자들은 도마와 빌립 그리고 가룟 유다였다. 이들 제자들은 항상 특이한 질문과 엉뚱한 발상으로 주위를 끌었던 인물이었다.

도마는 "주여 어디로 가시는지 우리가 알지 못하거늘 그 길을 어찌 알겠삽나이까"라고 했다. 도마의 발상은 항상 실증주의자의 발상이었다. 이에 대해서 예수께서는 "내가 곧 길이요 진리요 생명이니 나로 말미암지 않고는 아버지께로 올 자가 없느니라"고 대답하셨다.

빌립도 "주여 아버지를 우리에게 보여 주옵소서"라고 다소 엉뚱한 질문을 했다. 그러나 예수님의 대답은 "나를 본 자는 아버지를 보았거늘"이라고 대답하셨다. 즉 예수를 본 것이 하나님을 본 것과 같다고 대답하셨다. 또 가룟유다는 "주여 어찌하여 자기를 우리에게는 나타내시고 세상에는 아니하시나이까"라고 세속적인 질문을 했다. 그러나 예수님은 "사람이 나를 사랑하면 내 말을 지키리니"라고 했다.

제자들의 관심은 육체적이고 물질적이고 세속적인 발상의 질문이었으나 예수님의 대답은 그들의 심령을 꿰뚫어 보시고 그들에게 진리이신 예수님 자신을 계시하여 주셨다.

예수님은 상담에서 성경의 원리와 성령의 역할을 강조하셨다 (요 14:6)(요 3:5)(요 14:17)

예수님의 상담원리는 언제라도 중보자이신 자신을 계시하심으로 사람들에게 믿음과 사랑을 주셨다. 예수님은 자신을 길, 진리, 생명, 부활, 빛, 구원 등으로 제시하였다. 뿐만 아니라 인간의 변화는 단순히 사람의 결심이나 각오로 되어지는 것이 아니라 성령의 감동이 있어야 할 것을 말씀하셨다. 즉 진리의 영 곧 성령의 역사 없이는 인간은 거듭날 수 없다는 것이다. 성령은 내담자 곧 성도들의 마음을 열어주어 성경을 해석하고 하나님의 뜻을 따라 살 수 있도록 이해를 도우시며 그런 지혜를 주신다. 성령은 진리의 영(요 14:17)이며 지혜의 영으로 성도를 도우신다. 그러기에 성령은 성도가 신앙으로 성경의 교훈대로 살려고 할 때는 하나님의 뜻을 행할 의사와 능력까지 주신다. 결국 성령은 알 수 있는 힘과 행할 수 있는 힘을 동시에 주시는 것이다.

성경적 상담이란 성령께서 말씀을 통해서 상담자나 내담자 즉 이쪽 저쪽을 함께 역사하신다. 성경중심의 사상과 성령의 내적 조명이 상담의 기본 요소로 본다면 바로 예수 그리스도가 당연히 모범이며 기준이 된다.

예수와 복지

"너희 중에는 그렇지 아니하니 너희 중에 누구든지 크고자 하는 자는 너희를 섬기는 자가 되고 너희 중에 누구든지 으뜸이 되고자 하는 자는 모든 사람의 종이 되어야 하리라 인자의 온 것은 섬김을 받으려 함이 아니라 도리어 섬기려 하고 자기 목숨을 많은 사람의 대속물로 주려 함이니라"(막 10:43-45)

　　오늘날 한국 사회의 화두는 복지 곧 사회복지이다. 가난하고 병들고 신체적으로 부자유한 사회적 약자들이 모든 사람들과 더불어 살며, 사회의 일원으로서 당당하게 의무와 권리를 행하는 사회가 바로 건강한 사회이다. 그러고 보면 서양의 모든 사회복지제도는 모두가 기독교의 사랑 실천때문에 세워지고 발전된 것이다. 또한 한국교회에서도 그동안 많은 복지기관을 세워서 크게 일한 것도 사실이다.

　그러나 실제로는 한국교회가 그동안 사회복지 전반에 걸쳐서 적극적으로 일 했다기보다는 개인이나 독지가에 의해서 복지시설이 세워진 경우가 많다. 그러니 복지에 대한 성경적 이해도 부족하고 분명한 철학이 없어서 세상으로부터 칭찬보다 욕을 먹는 경우가 더러 있었다. 그러기에 앞으로는 교회가 복음운동과 사랑의 실천을 동시에 하려고 노력해야 한다. 사회복지에 구체적 관심이 없다면 교회의 사명을 감당할 수 없을 뿐 아니라, 교회의 성장이 멈추어질 것이다.

　다시 말하자면 21세기의 교회는 나눔과 섬김의 교회여야 하고 이웃의 아픔에 동참하는 교회여야 세상의 빛과 소금 노릇을 제대로 할 수 있을 것이다.

예수님은 나눔과 섬김을 삶으로 실천하셨다(막 10:43-45)

예수님은 섬기기 위해서 세상에 오셨다. 예수님이 우리의 중보자로서 또는 메시야로서 활동이 절정에 달했을 때 제자들의 관심은 다른 데로 쏠려 있었다. 즉 예수님이 정권을 잡게 되면 자기들도 높은 자리에 앉아서 권력을 휘두르고 지배하고 싶은 마음이 있었다. 그 중에 야고보와 요한이 예수님께 인사 청탁을 하면서 좌우의 중요 요직에 앉게 해달라고 했다. 이러한 인사 청탁을 보다 못한 다른 열 명의 제자들도 흥분하여 분하게 생각했다. 한심하게도 열두 명의 제자들은 한결같이 으뜸이 되고 높아지려고만 했다.

그 때 예수님께서는 제자들에게 자기가 세상에 오신 목적을 다시 한 번 일러주고 권력과 지배욕에 사로잡힌 제자들을 나무랐다. 즉 "너희 중에 누구든지 으뜸이 되고자 하는 자는 모든 사람의 종이 되어야 하리라 인자의 온 것은 섬김을 받으려 함이 아니라 도리어 섬기려하고 자기 목숨을 많은 사람의 대속물로 주려 함이라"고 했다. 예수님의 이 말씀은 교회의 사명이 섬기는 것이고, 성도의 삶도 섬기는 것이며 사회복지도 곧 섬김의 삶이란 것이다.

섬김의 삶은 종의 자리에 있는 것이고, 섬김을 통해서 자기 이름을 드러내거나 자기 영광을 취한다면 이는 도리어 하나님의 영광을 가리우는 것이 된다. 물론 예수님의 이 말씀은 구속사적으로 이해되어야 한다. 예수님이 세상을 섬긴다는 것은 곧 그의 십자가의 죽으심을 통해서 죄인들을 구속하는 모든 과정을 섬김으로 이해하였다. 그러므로 예수님이 던진 메시지 곧 섬김의 도는 오늘 교회의 복지 정책에 근간이 되어야 할 것이다.

예수님이 세상에 오신 목적은 가난한 자, 마음이 상한 자, 병든 자를 구원하기 위함이다(눅 4:18-19)

어느날 예수님이 나사렛 회당에서 안식일에 가르치실 때 이사야 61:1을 읽었다. 이것은 바로 장차 메시야가 오셔서 행할 일을 아주 구체적으로 예언하고 있다. 이 본문은 사실 복음 곧 복된 소식이다. 마치 망원경으로 멀리 있는 산을 줌으로 당기어 바로 눈앞에 있는 듯이 보여주는 내용이다. 그런데 예수님 자신이 이사야 61:1을 바로 자기 자신에게 이루어졌다고 했다. 특히 예수님은 가난한 자, 병든 자, 약자들에게 대한 관심은 남달랐다. 그래서 가난하고 병들고 약한 나사로, 마리아와 마르다의 집을 특별히 사랑하신 것도 그런 이유에서이다. 물론 당시는 대개가 다 가난한 것도 사실이었다. 그러나 그 중에는 종교적 기득권을 이용해서 부를 축적하거나 또는 로마의 식민지 정책에 아부해서 저들의 수족노릇을 하면서 재산을 모은 자도 많이 있었다. 그러나 자기 힘으로 도저히 일어날 수 없는 절대 빈곤층에 대해서 예수님은 한없는 동정과 관심을 가지셨다.

예수님이 읽으신 성경 곧 "주의 성령이 내게 임하셨으니 이는 가난한 자에게 복음을 전하게 하시려고 내게 기름을 부으시고 나를 보내서 포로 된 자에게 자유를, 눈 먼 자에게 다시 보게 함을 전파하며 눌린 자를 자유케 하고 주의 은혜의 해를 전파하게 하려 하심이라" (눅 4:18-19)고 했다. 예수님은 이 말씀대로 가난한 자에게 관심을 갖고 병든 자를 고치시며 자유를 주셨다. 그러므로 예수님은 바로 그 선지자이며 그 메시야란 뜻이다.

그런데 여기서 하나 명심할 것은 가난한 자(the poor)에 대해서 민중신학자들은 오직 물질적으로 가난한 자만을 주장하나, 여기서 가난은 영적인 것과 육적인 것을 함께 아우르는 말이라고 할 수 있다. 그래서 예수님은 "심령이 가난한 자는 복이 있나니 천국이 저희 것이라"고 했다. 그러기에 가난하거나 병든 것 때문에 하나님의 은혜를 자동으로 받고 구원을 자동으로 받는 것은 아니다. 우리는 가난해도 병들어도 자기의 연약과 부족을 깨닫고 죄를 회개하는 자에게 구원의 은혜를 주신다는 사실을 잊지 말아야 할 것이다. 하여간 예수님이 가난한 자와 병든 자에게 두신 관심은 오늘날의 복지 정신의 근간이 된다.

예수님은 소외된 자 곧 "잃어버린 자"를 찾아 구원하신다(눅 19: 1-10)

어느 시대나 빈부와 귀천이 있다. 예수님 당시에 유대나라는 식민지 치하에 있었기에 빈부와 귀천이 엇갈리고 다양한 계층이 있었다. 그 중에서도 사회의 지탄 대상이 되는 두 그룹이 있었는데 하나는 창녀이고 다른 하나는 세리였다. 창녀는 완전히 바닥 인생인데다 보호망이 없었다. 그리고 세리는 부정축제로 돈을 모았으나 실제로는 사회에서 왕따 당하고 저주와 미움의 대상이 되었다.

그러나 예수님은 간음하다 잡힌 여자의 인권을 보호했다. 그 여자는 현장에서 사살될 위기였으나 예수님은 흥분한 군중들을 향해 "죄 없는 자가 먼저 돌로 치라" 함으로써 그녀의 생명을 살리고 인권을 보호했다. 당시는 여성과 아이들의 인권이 하찮게 인식되는 사회였다. 하지만 예수님은 아무리 창녀로 바닥 인생을 살았지만 그녀의 영혼을 긍휼히 여기셨다.

한편 삭개오는 지탄의 대상이었으나 예수님은 그마져도 구원의 대상으로 보았다. 이는 예수님이 부정축재를 옹호하는 것이 아니라 철저한 회개와 재산을 사회에 환원할 때 그도 구원의 대상임을 보여주셨다.

오늘날 사회복지도 결국은 소외되고 낙오된 사람을 보살피는 것이라면 예수님께서 말씀하신 대로 "인자의 온 것은 잃어버린 자를 찾아 구원하려 함이라"(눅 19:10)하신 말씀을 통해 그리스도인은 누구나 이 말씀을 사회복지에 눈을 뜨게 하는 메시지로 받아야 할 것이다.

예수님은 어린이에 대한 관심이 남달랐다(마 18:1-14)

한국은 오늘처럼 발전되고 밝은 사회이지만 어린이 유괴, 어린이 성폭행에 대한 사건이 끊이지 않고 있다. 예수님 당시에는 어린이의 인권이 없었다. 심지어 숫자에 넣지도 않는 시대였다.

그러나 예수님은 어린이에 대한 관심과 희망이 남달랐다. 예수님은 어린이의 외모나 나이를 보는 것이 아니고 어린이의 영혼은 어른의 영혼과 다르지 않다는 것이다. 그러므로 어린이는 보호받을 정도가 아니라 도리어 어른이 본받아야 할 모델로 제시하였다. 특히 어린이에 대한 예수님의 기사는 4복음서에 모두 대서특필하고 있다. 그 만큼 예수님이 어린이에 대한 이해와 사랑의 메시지는 당시로서도 특종 기사였다. 제자들이 서로 논쟁을 하면서 천국에서는 누가 크냐고 다투었을 때 예수님은 말씀하시기를 "누구든지 이 어린 아이와 같이 자기를 낮추는 그 이가 천국에서 큰 자니라 또 누구든지 내 이름으로 이런 어린 아이 하나를 영접하면 곧 나를 영접함이니 누구든지 나를 믿는 이 소자 중 하나를 실족케 하면 차라리 연자 맷돌을 그 목에 달리우고 깊은 바다에 빠뜨리우는 것이 나으니라"(마 18:4-6)고 했다.

이 말씀은 당시 사람들에게 크나큰 충격이었다. 그러므로 우리는 어린이의 인권을 소중히 여기고 버려진 아이들도 우리 아이라고 생각하면서 돌보아야 할 것이다.

필자의 경험으로 보면 1972년 화란 유학을 갈 때 비행기 표가 없어서 홀트 양자회에 에스코트가 되어서 고아 15명을 벨기에까지 인솔하는데 도우미가 됐다. 우리의 고아를 우리가 돌보지 못하고 낯설고 물설은 타국에 양부모님들에게 넘겨줄 때 그 비통함이 말로 다할 수 없었다. 전쟁이 끝난 지 반세기가 넘었는데도 아직도 고아수출국 1위로 남아있다니, 우리 교회가 정말 기독교복지를 말할 수 있을까 싶다.

예수님은 여성과 장애자들에 대해서 남다른 관심을 가지셨다 (막 5:25-34)(마 15:30-31)(눅 17:11-19)

예수님은 여성들에 대한 배려와 관심이 남달랐다. 특히 막달라 마리아, 그리고 야이로의 딸, 마리아와 마르다 자매, 열두 해를 혈루증으로 앓는 병든 여인 등 예수님은 여성의 필요에 관심을 가지셨다. 그리고 그들의 소원을 들어주셨다. 예수님은 열두 해를 혈루증으로 앓던 그 희망 없던 여인을 고쳐주시고 그에게 평안의 복음으로 위로하셨다. 즉 "딸아 네 믿음이 너를 구원하였으니 평안히 가라 네 병에서 놓여 건강할찌어다" (막 5:34)라고 했다.

뿐만 아니라 예수님은 장애우에 대한 아주 특별히 관심을 가지고 저들을 긍휼히 여기시고 병을 고치시며 구원의 복음을 증거하셨다. 예수님은 나병환자 10명이 간곡히 소리칠 때 그들의 병을 고쳐 주셨다. 예수님은 귀신 들린 자를 고쳤을 뿐 아니라 모든 질병들을 고치셨다. "큰 무리가 절뚝발이와 불구자와 소경과 벙어리와 기타 여럿을 데리고 와서 예수의 발 앞에 두매 고쳐주시니, 벙어리가 말하고 불구자가 건전하고 절뚝발이가 걸으며 소경이 보는 것을 무리가 보고 기이히 여겨 이스라엘의 하나님께 영광을 돌리니라" (마 15:30-31)고 했다.

물론 예수님의 관심이 소외되고 불행하고 병든 자에 대해서 긍휼히 여기신 것은 사실이지만 이것은 단순히 그들의 육신의 병을 치유하는 데 있지 않고, 영적인 질병을 고쳐서 구원에 이르게 하고, 궁극적으로는 하나님께 영광을 돌리기 위함이다. 그래서 예수님의 교훈과 삶은 오늘은 기독교 복지의 기초이며 원리가 되는 것이다.

예수의 성육신(成肉身)

"곧 물에서 올라오실쌔 하늘이 갈라짐과
성령이 비둘기같이 자기에게 내려오심을
보시더니 하늘로서 소리가 나기를
너는 내 사랑하는 아들이라 내가 너를
기뻐하노라 하시니라 "(막 1:10-11)

　　예수님은 우리 인생들을 구원하시려고, 우리와 같은 육신의 몸을 입으시고 이 세상에 오셨다. 이것을 우리는 예수 그리스도의 성육신(成肉身)이라고도 하고 화육(化肉)이라고도 한다. 이것은 참으로 신비 중의 신비이고 오묘 중의 오묘이다. 이것은 기독교 교리의 기초이자 구원론의 바탕이 된다. 필자는 예수님의 성육신을 좀 더 쉬운 말로 설명할 수 없을까 여러 번 고민해 봤지만, 성경이 말씀한 그 이상으로 설명이 불가능했다. 사도 요한은 예수님을 가리켜 "말씀이 육신이 되어 우리 가운데 거하시매 우리가 그 영광을 보니 아버지의 독생자의 영광이요 은혜와 진리가 충만하더라"(요 1:14)고 하였다.

　　세상에 어떤 종교도 이렇게 명백하게 하나님이 사람의 몸을 입고 성육신 했다는 진리는 없다. 이것은 하나님께서 인생들을 구원하시기 위한 하나님의 계획으로서 특단의 조치, 특별한 방법으로 하나님의 아들이 사람의 몸을 입고 세상에 오신 것이다. 성경에는 직접적으로 "성육신" 또는 "화육"이란 단어는 없지만 이 진리는 성경 곳곳에 많이 나온다. 예수님의 성육신을 믿는가의 여부가 우리의 신앙의 기초가 된다.

만약 예수 그리스도가 육체로 오셨다는 성육신의 진리를 믿지 않는다면 진정한 그리스도인이라고 할 수 없을 것이다. 그래서 사도 요한은 힘주어 말하기를 "예수 그리스도께서 육체로 오신 것을 시인하는 영마다 하나님께 속한 것이요"(요한일서 4:2)라고 했다.

예수님의 성육신은 하나님의 구속의 계획 속에 있었다(사 7:14)(사 9:6)(사 11:1)

성경은 하나님의 구속사의 대 드라마이다. 성경은 하나님께서 죄인들을 구속하시기 위해서 위대한 설계를 하셨음을 보여주신다. 하나님은 인간이 자기 힘으로 죄 문제를 해결할 수 없음을 아시고 하나님과 인간 사이에 중보자를 세우시려고 작정하셨다. 그런데 그 중보자는 참 하나님이시면서도 참 사람이어야 한다. 그렇게되려면 하나님이 우리와 같은 인간의 모습으로 오실 수밖에 없었다. 그래서 예수님의 성육신은 하나님께서 설계하신 구원운동의 가장 적절한 방법이자 유일한 대안이기도 했다. 이런 것이 구약 성경 곳곳에 감지되고 있지만 특히 이사야서 여러 곳에서 아주 구체적으로 이미 예언되고 있었다.

이사야는 "보라 처녀가 잉태하여 아들을 낳을 것이요 그 이름을 임마누엘이라 하리라"(사 7:14)고 했는데 마태는 이것을 그대로 예수의 탄생이 동정녀의 몸에서 나신 것을 증명하는데 사용하고 있다. 예수님은 우리의 중보자요, 구주이시기에 죄가 없어야 한다. 그러므로 동정녀의 몸에서 태어나는 성육신의 절차를 밟은 것이다.

또한 이사야는 예수 그리스도의 성육신은 다윗의 혈통에서 나실 것을 아주 구체적으로 언급했다. 즉 "이새의 줄기에서 한 싹이 나며 그 뿌리에서 한 가지가 나서 결실할 것이요, 여호와의 신 곧 지혜와 총명의 신이요 모략과 재능의 신이요 지식과 여호와를 경외하는 신이 그 위에 강림하리니"(사 11:1-2)라고 했다.

설계자는 장차 세워질 실제적 건물을 머리 속에 그려넣고 있다. 그렇듯이 예수님이 동정녀 마리아의 몸에서 나신 것은 그냥 이야기가 아니고 하나님의 예언과 약속을 따라 되어진 일이다. 그리고 예수님의 성육신 사건은 바로 구속운동의 계획자요, 설계자이신 하나님의 완벽한 작품이었다.

예수님의 성육신은 아버지 하나님을 보여 주신 것이다(요 14:8-11)

예수님께서 장차 고난 받으시고 십자가의 죽으심을 예견하시고 제자들을 가르치고 있었다. 그 가르침은 위로와 격려의 말씀이었다. "너희는 마음에 근심하지 말라 하나님을 믿으니 또 나를 믿으라"(요 14:1)고 했다. 그런데 도마가 엉뚱한 질문을 하면서 예수님이 가시는 길을 어찌 알겠는가라고 했다. 그 때 예수님은 "내가 곧 길이요 진리요 생명이니 나로 말미암지 않고는 아버지께로 올 자가 없느니라"(요 14:6)고 하셨다.

그런데 이 말을 들은 빌립은 더욱 엉뚱하고 유치한 질문을 던졌다. "주여 아버지를 우리에게 보여 주옵소서"(요 14:8)라고 했는데, 흡사 유년주일학교 수준의 질문이었다. 그에 대하여 예수님은 어찌하여 말씀이 육신이 됐는지를 다음과 같이 설명하였다. 즉 "나를 본 자는 아버지를 보았거늘 어찌하여 아버지를 보이라 하느냐"(요 14:9)고 반문했다. 그러면서 나는 아버지 안에 있고 또 아버지는 내 안에 있다고 부연설명을 했다. 이 말의 뜻은 예수님의 성육신은 하나님이 누구신가를 보여주기 위함이라는 것이다. 다시말하면 예수님은 눈으로 볼 수 있는 하나님이란 말이다. 그 증거로서 하나님과 예수님은 곧 하나인 동시에 서로 늘 교통하고 있다는 것이다.

예수님의 성육신의 목적은 우리의 죄를 위해서 대속의 죽음을 죽기 위함이었다(벧전 3:18)(마 20:28)

예수님이 하나님으로 인간의 몸을 입고 성육신하신 것은 아주 특별한 목적 때문이다. 예수님이 이 세상에 하나님으로서 인간의 몸을 입고 성육신 하신 것은 바로 유월절의 어린 양처럼 속죄를 위해서 희생되기 위해서 오셨다. 만에 하나 예수님이 흠도 티도 없는 어린 양처럼 제물이 되지 않아도 인간이 구원 받을 수 있는 길이 있다면 굳이 그가 성육신할 이유가 없을 것이다. 기독교의 기본이 예수 그리스도의 십자가의 죽으심과 부활이라면 예수님의 성육신의 목적과 의미도 결국은 우리의 구원과 연결된다고 본다.

그래서 예수님은 야고보와 요한의 어머니가 예수님께 인사 청탁을 했을 때 "나의 마시려는 잔을 너희가 마실 수 있느냐"고 우회적으로 나무라면서 예수님이 이 세상에 성육신한 이유를 아주 명백히 밝히고 있다. 즉 "인자가 온 것은 섬김을 받으려 함이 아니라 도리어 섬기려

하고 자기 목숨을 많은 사람의 대속물로 주려 함이라"(마 20:28)고 설명하셨다.

이 말씀으로 예수님은 제자들의 오해를 잠재웠다. 예수님이 하나님으로서 육신의 몸을 입고 성육신 하신 것은 "섬기려"하고 "자신의 목숨을 대속물로 주려" 했다는 것이다. 이것이 바로 하나님의 구속사의 목적인 것이다.

사도 베드로 역시 예수 그리스도의 성육신의 목적을 잘 지적했다. 베드로는 거칠고 나서기를 좋아하는 기질이었으나 예수님을 가장 가까이서 따르면서 가장 예수님의 속내를 잘 이해했다고 볼 수 있다. 그는 말하기를 "그리스도께서도 한 번 죄를 위하여 죽으사 의인으로서 불의한 자를 대신 하였으니 이는 우리를 하나님 앞으로 인도하려 하심이라 육체로는 죽임을 당하시고 영으로는 살리심을 받으셨으니…"(벧전 3:18)라고 했다.

예수님의 성육신은 세상을 하나님과 화목하게 하기 위함이었다 (고후 5:18-21)

왜 인간은 하나님과 화목하지 않으면 안 되는가? 그 이유는 이렇다. 하나님은 우리 인생들을 창조하시고 영광을 받으시고 찬양을 받으시기를 원했다. 그러나 인간은 허물과 죄로 타락했고 그래서 하나님과의 친밀한 관계가 끊어졌다. 더 이상 인간은 하나님과 가까이 할 수 없었다. 그래서 하나님은 하나님과 인간 사이에 중보자로서 속죄의 제물인 예수님을 세웠다. 그러기에 하나님은 수천 년 동안 하나님의 계시의 수용자인 이스라엘 백성에게 상징적으로 어린 양 또 소를 잡아 번제를 드리면서 인간의 죄를 그 짐승에게 의탁하고 회개하는 방법을 가르쳐 주셨다. 그런데 이것은 모두가 그림자와 같고 상징적인 의미여서 끊임없이 매번 어린 양의 피를 쏟아 제사를 지내야만 했다. 그것은 장차 오실 예수 그리스도의 십자가의 대속의 죽음을 위한 것이다. 예수님은 "많은 사람의 죄를 담당하시려고 단번에 드리신바 되셨" 기에(히 9:28) 이제 우리는 더 이상 양을 잡을 필요가 없고, 예수 그리스도를 믿음으로 구원에 이르게 된 것이다.

예수 그리스도께서 하나님께 드리는 단 한번의 제물 곧 십자가의 죽으심으로 하나님의 공의와 하나님의 사랑을 만족시키는 결과를 가져왔다. 그러기에 이제는 예수께서 성육신하신 목적이 이루어졌음으로 하나님과 관계가 새로이 정립됐다. 하나님과 우리 사이에 원수 됐던 관계가 그리스도의 속죄의 죽음을 통해서 화목 곧 화해(Reconciliation)가 이루어졌다.

그래서 사도 바울은 이 문제를 아주 절묘하게 해설하고 있다. "이는 하나님께서 그리스도 안에 계시사 세상을 자기와 화목하게 하시며 저희의 죄를 저희에게 돌리지 아니하시고 화목하게 하는 말씀을 우리에게 부탁하셨느니라"(고후 5:19)고 했다.

예수님이 성육신하심은 우리의 대제사장이 되시기 위함이다(히 7:24-28)

앞에서 예수님의 성육신은 유월절 어린 양으로서 우리의 제물이 되기 위함이라고 했다. 그런데 예수님이 세상에 육신의 몸을 입으신 것은 그가 제물이 되시는 동시에 대제사장이 되기 위함이었다. 예수님은 대제사장으로서 우리의 중보자가 되신다. 그리고 제물로서 하나님께 드린바 되었다. 그러니 이제는 더 이상 제물도 필요 없게 됐을 뿐 아니라 더 이상 제사장이 필요 없게 되었다. 이제 우리는 예수의 십자가의 공로를 믿음으로 받기만 하면 구원에 이르게 되었다. 이것이 바로 복음이다.

예수님의 제사장 직분은 아주 특별하다. 본래 제사장직은 세습제였다. 그러나 예수님은 "멜기세덱의 반차를 좇아 영원히 대제사장 되어 우리를 위해 들어 가셨느니라"(히 6:20)고 성경은 증언하고 있다. 따라서 히브리서 기자는 좀더 부연 설명을 하면서 "예수는 영원히 계시므로 그 제사 직분도 갈리지 아니하나니… 그가 항상 살아서 저희를 위하여 간구하심이라"(히 7:24, 25)고 했다.

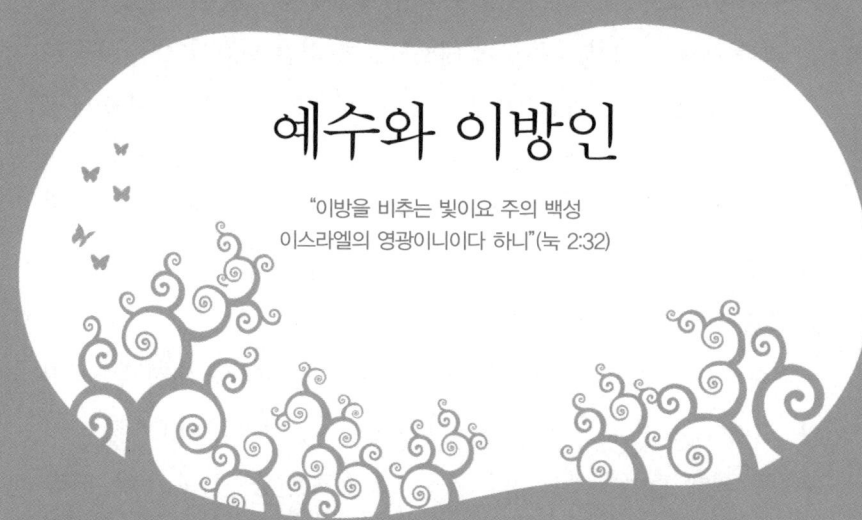

예수와 이방인

"이방을 비추는 빛이요 주의 백성
이스라엘의 영광이니이다 하니"(눅 2:32)

　　최근 한국에는 동남아시아를 비롯해서 세계 여러 나라 사람들이 많이 살고 있다. 그들 중에는 유학을 위해서 또는 일자리를 찾아서 힘들고 어려운 일을 감당하는 사람들이 많다. 또는 많은 동남아시아 여성들이 국제결혼을 통해서 한국에 살고 있다. 그래서 우리나라는 서서히 다민족 사회가 되어가고 있다.

　그런데 외국인에게 대한 태도는 피부와 출신나라에 따라서 대하는 태도가 달라지는 것을 볼 수 있다. 대게 미국이나 유럽 출신 외국인에 대해서는 매우 호감적이지만 아시아나 아프리카에서 온 사람들을 이방인 취급을 하거나 무심한 경우가 많다. 말하자면 아직도 강한 민족주의 잣대로 외국의 근로자를 이해하는 듯 하다. 그래서 민족적 담이 높이 있어 서로간의 소통이 어렵고 그들의 존재를 받아주지 않는 것이 현실이다.

　예수께서 사시던 이스라엘에도 많은 이방인들이 함께 섞여 살고 있었다. 그런데 이스라엘 민족도 철저한 선민의식을 갖고 있었기에 이방인들을 멸시하고 상종하지 않았다. 유대인들은 이방인과는 대화를 해서도 안되고 음식을 먹을 수도 없고 결혼도 할 수 없었다. 그들은 철저한 분리주의자들이었다. 바로 이런 환경 속에서 예수님께서는 유대인과 이방인 사이에 놓인 담을 허무시고, 하나님 앞에는 유대인이나 이방인이나 차이가 없음을 만천하에 공포하셨다.

예수님은 이방인의 빛이시다

누가복음 2:30-32에 "내 눈이 주의 구원을 보았사오니 이는 만민 앞에 예비하신 것이요 이방을 비추는 빛이요 주의 백성 이스라엘의 영광이니이다"라고 했다. 이 찬송을 부른 늙은 시므온은 일평생의 소원이 메시야를 자기의 눈으로 보고 확인하고 주의 부르심을 받는 것이었다. 그런데 어느 날 가난하고 초라한 한 젊은 부부가 비둘기 두 마리를 갖고 아이를 안고 성전 안으로 들어서는 것을 보았다. 바로 그 순간에 성령께서 시므온에게 이 아이가 메시야임을 알게 해 주었다. 그 때 시므온의 눈빛이 빛났고 너무 감격한 나머지 아기 예수를 안고 하나님께 이 찬송을 불렀다. 당시 시므온은 메시야를 찬양하면서 예수님은 이방인들을 포함한 온 세상의 구주이심을 선언했다. 시므온의 찬송에는 평화, 구원, 빛이 있었다. 그에 의하면 이제 예수 그리스도로 말미암아 평화와 구원과 빛이 이스라엘 뿐 아니라 이방인에게도 활짝 열릴 것이라고 했다.

그런데 어찌하여 예수는 이방인의 빛이 되는 것일까? 사실 하나님이 이스라엘 민족을 선택하신 것은 이스라엘 민족이 하나님의 은혜와 축복을 받을 만한 자격이 있어서 선택한 것은 아니었다. 그들에게는 하나님의 사랑과 은혜를 받을 만한 아무런 의도 없었다. 하지만 이 지구상에서 가장 가난하고 연약한 민족을 택한 것은 하나님의 거저 주시는 은혜였다. 하나님이 그들을 선택하신 이유는 그들을 통해서 하나님은 창조주이시며 구속주이심을 땅 위에 있는 모든 민족들에게 전하도록 이스라엘에게 소명을 주시고 선택하신 것이다. 그러나 이스라엘 백성은 하나님의 선택과 사랑을 도리어 기득권으로 생각하고 이방인을 배척하고 늘 교만에 빠졌다. 결국 하나님께서 이스라엘을 택하신 본래의 목적이 흐려진 것이다.

이제 예수님이 메시야로 오신 것은 유대인만 구원을 주시기 위함이 아니다. 이방인들도 구원하시기 위해 오셨다. 즉 누구든지 영접하는 자, 그 이름을 믿는 자들에게는 하나님의 자녀가 되는 권세를 주신 것이다. 그런데 메시야가 이방인의 빛이 될 것이라는 것은 이미 선지자 이사야를 통해서 예언된 바 있다. 즉 사 42:6-7에 이미 "나 여호와가 의로 너를 불렀은즉 내가 네 손을 잡아 너를 보호하며 너를 세워 백성의 언약과 '이방의 빛' 이 되게 하리니 네가 소경의 눈을 밝히며 갇힌 자를 옥에서 이끌어내며 흑암에 처한 자를 간에서 나오게 하리라"라고 예언되어 있었다. 이 예언은 메시야에 대한 것으로 메시야이신 예수는 장차 유대인과 이방인의 담을 허시고 생명과 구원을 증거하실 분이라는 것이다.

그러므로 마태도 갈릴리에서 전도를 시작하는 예수님을 가리켜 이사야 9:1-2이 이루어졌다고 했다. "흑암에 앉은 백성이 큰 빛을 보았고 사망의 땅과 그늘에 앉은 자들에게 빛이 비취었도다"고 했는데 예수님은 이방인의 빛으로서 민족과 피부색깔의 장벽을 무너뜨리는 구원의 주이심을 선언한 것이다.

예수는 이방인 백부장의 믿음을 인정하셨다(마 8:5-13)

예수님은 로마군인 백부장을 만났다. 이 사건이 얼마나 중요했던지 마태, 누가, 요한, 세 복음서 모두에 기록되어 있다. 로마의 주둔군 지휘관인 백부장이 선한 사람이기는 하지만 이스라엘 사람들의 입장에서 보면 별로 호감이 가지 않고 달갑지 않는 사람이었다. 그런 그가 자기 하인이 병든 것을 보고 예수님께 와서 고쳐달라고 한 것 자체가 참으로 기이하다. 예수님께서 고쳐주겠다고 선뜻 대답하자 그는 말하기를 "…주여 내 집에 들어오심을 나는 감당치 못하겠사오니 다만 말씀으로만 하옵소서 그러면 내 하인이 낫겠삽나이다. 나도 남의 수하에 있는 사람이요 내 아래도 군사가 있으니 이더러 가라 하면 가고 저더러 오라 하면 오고 내 종더러 이것을 하라하면 하나이다" (마 8:8-9)라고 했다. 그는 로마의 장교로서 명령체계가 얼마나 철저한 것임을 잘 알고 있기에 예수님의 말씀 한 마디면 질병을 물리칠 수 있다는 고백을 했다. 그의 믿음은 탁월하다고 할 수 있다. 그래서 예수님은 이스라엘 백성 중에도 이만한 믿음의 소유자가 없다고 하시면서 그 백부장을 극구 칭찬했다. 이 본문의 말씀은 이스라엘 공동체 속에 만연했던 유대인과 이방인의 철저한 분리 정책을 철폐하고 예수 그리스도는 만민의 구주라는 사실을 만천하에 선포하신 것이다.

예수는 가난한 여인의 믿음을 축복하셨다(마 15:21-28)(막 7:24-30)

예수님이 말씀을 증거하시고 병을 고치시는 일이 점점 늘어가자, 소문이 사방에 퍼졌고 많은 사람들이 몰려왔다. 그러니 예수님은 조용히 쉴 틈도 없었다. 그러던 중에 예수께서 두로와 시돈 지방에 갔을 때 이방인 가나안 여자가 찾아 무례하게 딸이 흉악한 귀신이 들렸으니 고쳐달라고 애원했다. 마가복음에는 이 여자에 대해서 말하기를 이 여자는 헬라인이요 수로보니게 족속이라고 밝혔다. 이 여자의 간청에 대해서 예수님의 태도는 냉담했고, 분명히 거부의사를 말했다. 즉 "나는 이스라엘의 잃어버린 양외에는 다른 데로 보내심을 받지 아니하였노라"(마 15:24)고 했다. 그러나 여자는 끈질기게 간청했다. 그러나 예수님은 한 계단 높여 "자녀들의 떡을 개들에게 던짐이 마땅치 않다"고 했다(마 15:26). 당시 이 말은 멸시의 말이요, 욕이었다. 그러나 여자는 끝까지 굽히지 않고 "주여 옳소이다 개들도 제 주인의 상에서 떨어지는 부스러기를 먹나이다"라고 했다. 드디어 예수님은 그 여자의 끈질긴 용기와 믿음에 감동하여 "여자야 네 믿음이 크도다 네 소원대로 되리라"(마 15:28)고 했다.

예수님은 그 여자에게 모욕을 주어서 떠나게 하려는 의도로 그런 모진 말을 한 것은 아니다. 예수님은 그 여인을 시험하기 위한 것이었고 동시에 제자들과 유대인들에게 따끔한 충고의 메시지를 주려고 하신 것이다. 즉 너희들이 개처럼 여기는 이 여인의 믿음을 보고 있는가? 내가 아무리 사랑하고 감싸 안으려 해도 나를 배척하는 지도자들, 이 적을 행하는 것을 눈으로 보면서도 그 뜻을 모르고 오직 병이나 낫고 물질의 복이나 받으려고 덤비는 유대인들아, 그러면서도 언제나 자신을 하나님의 자녀라고 우쭐대는 자들아 정말 누가 개이고 누가 진정한 하나님의 자녀인가를 생각해 보라고 말씀하셨다. 주님은 이 사건을 통해 매우 역설적으로 교훈하고 있다. 이방인도 예수의 생명의 복음을 믿으면 유대인과 차별이 없음을 만천하에 공포하신 것이다.

예수와 사마리아 사람들

신약시대에 이스라엘 나라는 북쪽 갈릴리 남쪽 유대 그리고 그 중간 지역을 사마리아라고 했다. 유대지역 사람들은 사마리아 사람을 기피해서 상종을 하지 않았다. 그런 까닭에 유대에서 갈릴리로, 갈릴리에서 유대로 여행을 해도 의도적으로 사마리아를 거치지 않고 멀리 돌아가곤 했다. 그 이유는 부정한 땅을 밟지도 않고 사마리아 사람을 만나지 않겠다는 생각에서였다. 유대인들이 사마리아 사람들과 어울리지 않으려는 것은 그들의 피가 다른 민족의 피와 섞여 있다는 것 때문이다. 혼혈족인 사마리아 사람들에게, 유대인은 그들이 예루살렘 성전에 들어오는 것을 금지했다. 그 결과 사마리아 사람들은 B. C. 4세기경 그리심 산에 자신들의 성전을 세웠다. 이에 격분한 유대인들은 B. C. 128년 사마리아에 쳐들어가 성전을 파괴해 버렸다. 그로 말미암아 복수의 기회를 찾던 사마리아 사람들은 A. D. 8년에 예루살렘 성전에 죽은 사람들의 유골을 뿌려 유대인의 자랑거리인 성전을 더럽혔다. 이로 인해서 서로가 원수가 되었고 유대인들은 사마리아 사람을 더러운 돼지처럼 취급하고 회당 예배 때마다 저주를 퍼부었다.

이러한 시대의 환경을 잘 아시는 예수님은 갈릴리에서 유대로 가실 때 의도적으로 사마리아를 통과했다. 그뿐 아니라 사마리아 우물가에서 철저히 망가지고 고달프게 살아온 여인을 만나 그녀의 영혼의 깊은 문제를 해결해 주었다. 사실 당시 유대사회의 정서로 볼 때 예수님이 사마리아 여인과 대화를 나눈 것은 삶의 규범을 어기는 행위였다. 그러나 예수님은 그 여자에게 생수 되신 자신을 보여 주셨다. 우물가에 생수를 길러 왔던 사마리아 여인에게 "영생하도록 솟아나는 샘물"(요 4:14)이신 예수 자신을 계시하셨다. 예수님이 이땅에 오심으로 이제 인종의 갈등과 아픔이 사라졌고 민족간의 벽이 허물어졌다.

또 예수님께서 사마리아로 가시다가 열 명의 나환자들이 고쳐달라고 애원했을 때 깨끗이 낫게 해주었다. 그런데 아홉은 온데간데없고 오직 사마리아 한 사람만이 큰 소리로 하나님께 영광을 돌리며 예수의 발 앞에 엎드려 감사했다. 이에 예수님은 "이 이방인 외에는 하나님께 영광을 돌리러 돌아온 자가 없느냐"라고 반응함으로써 명목상의 유대인보다 주님의 은혜와 사랑을 감사할 줄 아는 사마리아인을 칭찬했다 (눅 17:11-17).

뿐만 아니라 이른바 예수님이 설교하신 선한 사마리아비유를 통해서 강도 만난 자를 피해간 제사장과 레위인보다 강도 만난 자를 긍휼히 여겨서 기름과 포도주를 상처에 붓고 싸매어 주고 치료비까지 담당을 했던 이방인의 믿음이 더 낮다고 하셨다.

이 비유는 경직화되고 의식화된 유대사회에 대해서 선을 행한 진정한 이웃이 이방인이었음을 선언하신 것이다. 예수님은 이방인의 빛으로 오셨고, 그래서 유대인과 이방인을 하나로 아우르고 구원과 평화와 희망의 메시지를 주셨다.

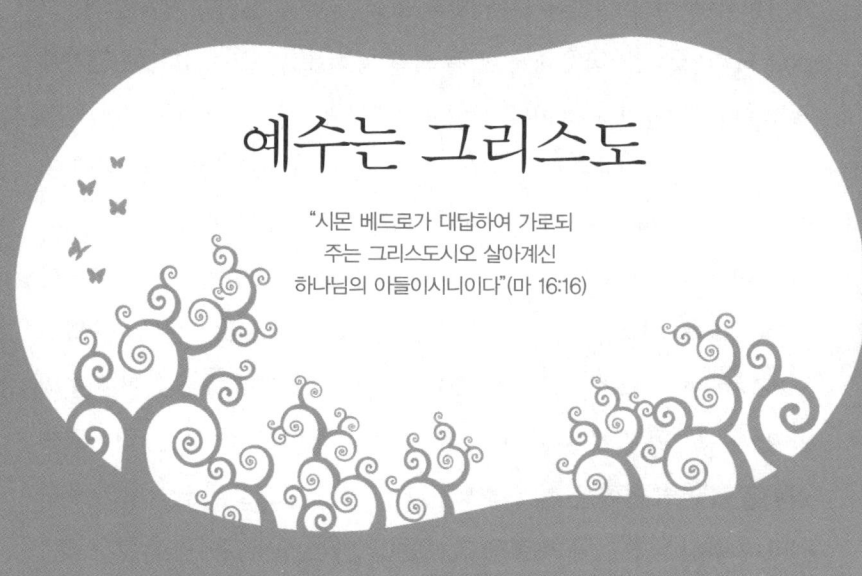

예수는 그리스도

"시몬 베드로가 대답하여 가로되 주는 그리스도시오 살아계신 하나님의 아들이시니이다"(마 16:16)

예수는 메시야이다. 구약에서 메시야는 히브리어로 기름부음을 받은 자란 뜻이다. 신약에서는 메시야를 그리스도라고 부른다. 그러므로 예수님을 공식적으로 부를 때 예수 그리스도라고 한다. 즉 하나님의 기름 부은바 된 예수란 말이다. 예수란 말은 "구원"이란 뜻이지만 예수 그리스도라고 함으로써 예수는 누구인가에 대한 보다 확실한 의미가 부여되었다. 예수는 곧 선지자와 제사장과 왕의 직분을 가진 메시야이며 하나님과 인간 사이에 유일한 중보자요 구원자라는 뜻이다.

구약사람들은 오랜 세월동안 이스라엘 백성을 구원할 하나님의 기름부음 받은 사람 곧 메시야를 간절히 고대하고 있었다. 그런데 드디어 때가 됨에 그토록 고대하던 메시야 곧 그리스도가 베들레헴에서 탄생했으니 그 분이 바로 예수 그리스도이다.

예수님은 다윗의 자손으로 온 그리스도이시다(요 7:42)(마 12:35)

예수님의 성역 초기에 기적을 행하시고 병자를 고쳤을 때 예수님께 대한 평가가 다양했다. 어떤 이는 예수를 메시야 곧 그리스도라고 하고 또 어떤 이는 메시야가 어떻게 갈릴리 촌에서 나올 수 있는가라고 수군거렸다. 그 때 예수님께서 말씀하시기를 "성경에 이르기를 그리스도는 다윗의 씨로 또 다윗의 살던 촌 베들레헴에서 나오리라 하지 아니하였느냐"(요 7:42)라고 했다. 이 말씀의 뜻은 메시야 곧 그리스도 예수님은 이미 구약 성경에 예언된 그대로 다윗의 후손으로 오시고 다윗의 고향에 태어날 것이란 예언대로 되었다는 것이다. 예수님의 메시지는 하나님의 놀랍고 위대한 구원 역사의 계획에 의해서 메시야로 오셨다는 것이다. 뿐만 아니라 당시 모든 종교지도자들이 갖고 있던 일반적 이해도 동일했다. 즉 그들은 그리스도가 다윗의 자손이라는 것이다. 그뿐 아니라 일반 평민들도 메시야 곧 그리스도는 다윗의 자손으로 올 것이라는 생각이 상식이 되어 있었다.

그러나 예수님은 자신이 다윗의 자손으로서 메시야로 오신 것도 사실이지만, 예수님은 정치적이고 지상의 나라 건설을 위해 오신 메시야가 아니라 하나님의 나라 건설을 위한 메시야임을 밝히셨다. 그래서 예수님은 시편 110:1을 인용하면서 서기관들의 고정된 관념을 깨었다. 이미 다윗이 장차 올 메시야를 바라보면서 장차 오실 메시야 곧 그리스도를 주(主)로 불렀다고 말씀했다. 백성들은 서기관의 생각과 달리 해석한 예수님의 말씀을 듣고 통쾌하게 생각했다.(마 12:35-37)

예수님은 하나님이 보내신 메시야 곧 그리스도이시다(요 7:27-28)(막 14:61)

예수님 당시의 사람들은 예수가 정말 메시야라면 왜 드러내놓고 말하지 않는가? 또는 당국자들은 공식적으로 예수를 메시야로 인정하는가? 우리는 그 사람의 출신지를 다 알고 있는가? 등등의 숙덕 거리는 말들이 있었다. 그때 예수님은 자기의 정체성을 아주 확실하게 말했다. "너희가 나를 알고 내가 어디서 온 것도 알거니와 내가 스스로 온 것이 아니로다 나를 보내신 이는 참이시니 너희는 그를 알지 못하나 나는 아노니 이는 내가 그에게서 났고 그가 나를 보내셨음이라"(요 7:28,29)고 했다. 즉 예수님은 하나님이 보내신 하나님의 아들이심을 확실히 증거했다.

또한 예수님께서 체포되어 공회 앞에서 심문을 당할 때였다. 대제사장들과 공회가 예수를 멸시하는 태도로 "네가 찬송 받을 자의 아들 그리스도냐"(막 14:61)라고 질문하니 예수님은 "내가 그니라"고 하였다. 그러고는 예수님께서 전능하신 하나님 우편에 앉을 것과 구름 타고 재림할 것을 말씀하니, 대제사장은 옷을 찢고 분히 여겼다. 하지만 예수가 그리스도인 것은 예수님 자신의 증거로 확인됐음으로 더 이상의 논의는 어리석은 것이다.

예수님은 그리스도이시다(마 16:16)

역사적으로 보면 예수를 믿는다는 사람이 많이 있지만, 단지 예수님의 산상보훈만을 믿겠다는 사람이 있다. 또 어떤 사람은 예수님의 삶을 통한 그의 교훈만을 받아드리겠다는 사람도 있다. 지난 이천년 동안 예수님의 삶은 소설, 시, 미술, 음악, 연주, 영화의 소재로 많이 이용되었다. 그렇지만 이들이 바라본 예수는 대개는 인본주의 곧 휴머니즘을 예찬하는 수준이었다. 역사적 예수를 모델로 사용해서 좋은 교훈을 얻고자 함이었다.

예수님 당시에도 예수 그분은 과연 누구신가에 대해서 많은 논의가 있었다. 더러는 선지자로, 어떤 이는 죽은 엘리야나 예레미야나 요한이 환생했다고 생각하는 사람도 있고, 혹자는 훌륭한 랍비 정도로 알고 있었다. 그러나 중요한 것은 참으로 예수를 옳게 믿고 옳게 아는 것이다. 그 때 가장 명확한 대답을 한 사람은 수제자인 베드로였다. 그는 말하기를 "주는 그리스도시요, 살아계신 하나님의 아들이니이다"(마 16:16)고 했다. 그 때 예수님은 베드로를 축복하시고 이런 진리를 알게 된 것은 혈육이 아니라 하늘에 계신 하나님 아버지의 은혜로 깨닫게 되었다고 했다.

예수님은 하나님의 아들 그리스도이시다(요 20:31)(마 26:63)

이미 베드로가 고백한 대로 예수님은 그리스도이며 하나님의 아들이시다. 그런데 사도 요한은 요한복음을 마감하면서, 예수님의 전기를 체계로 정리해서 요한복음을 쓴 이유를 다음과 같이 해설했다. 즉 "오직 이것을 기록함은 너희로 예수께서 하나님의 아들 그리스도이심을 믿게 하려 함이요 또 너희로 믿고 그 이름을 힘입어 생명을 얻게 하려 함이니라"(요 20:31)고 하였다.

사도 요한은 하나님의 아들로서의 예수와 그리스도로서 예수를 같이 보고 있다. 우리가 예수를 나의 생명의 주로 영접한다는 말의 의미는 그가 바로 하나님의 아들인 것과 하나님께서 보내신 메시야 곧 그리스도임을 믿음으로 받고 고백하는 것을 말한다.

예수님께서 대제사장 가야바 앞에서 심문받을 때 가야바는 "네가 하나님의 아들 그리스도인지 우리에게 말하라"고 다그쳤다(마 26:63). 그가 예수를 로마의 정권에 사형선교를 하도록 고발하려면 예수께서 하나님의 아들이라고 그 입으로 시인하는 증거를 받아내야 했다. 그런데 이 질문을 받고 예수님은 확실하게 "네가 말하였느니라"(마 26:64)고 대답했다. 예수님이 하나님의 아들이요, 그리스도라는 것은 예수님 자신의 증거였으니만큼, 그것은 또한 우리의 신앙고백이 되어야 한다.

예수님이 그리스도로 세상에 오신 것은 하나님의 구속사의 계획에 의한 것이다(마 1:1, 17)(마 22:45)

마태는 마태복음을 시작하는 첫 문장을 예수 그리스도로 시작한다. 그런데 이 예수 그리스도는 아브라함과 다윗의 계보를 따라오셨다는 것이다. 즉 하나님께 아브라함을 택하실 때 벌써 예수 그리스도를 오게 하기 위한 초석을 놓았다는 말이다. 그리고 하나님께서 다윗 왕을 세우신 것도 결국은 다윗 왕통을 이을 메시야 곧 예수 그리스도가 오게 하기 위한 길을 닦은 것이라고 했다. 마치 큰 집을 지으면서 큰 대들보나 기둥감을 제단 할 때, 대목수가 양켠에 못을 고정하고 팽팽한

먹줄을 당겨 먹줄을 긋듯이 이미 하나님께서 아브라함과 다윗을 통해서 예수 그리스도가 오시도록 역사를 관리하시며 섭리하셨다는 것이다. 마태는 이 메시지를 책의 첫머리에 넣으므로 유대인들이 하나님의 깊고 오묘한 뜻을 알도록 했다(마 1:17).

또 하나 참으로 신비한 사실은 예수 그리스도가 오시기 전 천년 전에 이미 다윗은 성령의 감동을 받아 그리스도를 주(主)라고 칭한 사실이다. "다윗이 그리스도를 주로 칭한 것"은 이미 예수 그리스도가 우리의 중보자요 구주가 되시며 하나님의 아들이심을 바라보는 내용이다. 이는 베드로의 오순절 설교에서, 다윗이 벌써 예수 그리스도의 부활하심을 예언했다고 한 말씀과 연결된다. 베드로는 설교하기를 "형제들아 내가 조상 다윗에 대하여 담대히 말할 수 있노니 다윗이 죽어 장사되어 그 묘가 오늘까지 우리 중에 있도다. 그는 선지자라 하나님이 맹세하사 그 자손 중에 한 사람을 그 위에 앉게 하리라 하심을 알고 이미 보는 고로 그리스도의 부활하심을 말하되 저가 음부에 버림이 되지 않고 육신이 썩음을 당하지 아니하리라 하시더니 이 예수를 하나님이 살리신지라"(행 2:29-31)

이런 예는 또 있다. 히브리서 기자는 모세가 애굽의 금은보화를 마다하고 그리스도를 위해 받는 능욕을 더 좋아한 이유는 상 주시는 이인 그리스도를 바라봄이라는 것이다(히 11:24-26).

성경의 흐름은 아브라함이나 다윗이나 모세나 할 것 없이 모두 예수 그리스도를 향해 움직이고 있다는 내용이다. 이것이 성경이고 이것이 성경의 구속사의 흐름이다. 그러므로 예수님이 그리스도로 오신 것은 구약 예언의 성취이며 하나님의 구속운동의 클라이막스이다.

〈예수 그리스도〉

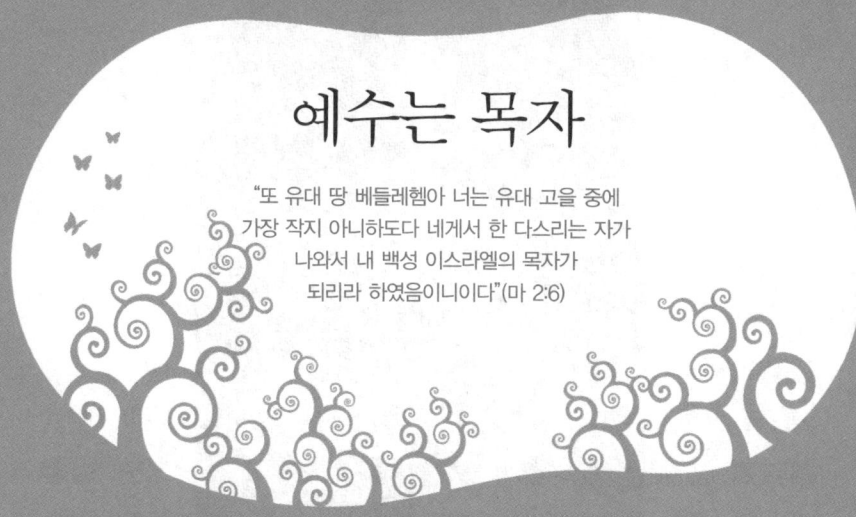

예수는 목자

"또 유대 땅 베들레헴아 너는 유대 고을 중에 가장 작지 아니하도다 네게서 한 다스리는 자가 나와서 내 백성 이스라엘의 목자가 되리라 하였음이니이다"(마 2:6)

　　　　　　　　이어령 교수는 그의 글에서 "목동은 양을 치는 것이 아니라 꿈을 치는 것"이라고 말한 적이 있다. 그는 목자가 매우 목가적이고 꿈과 낭만이 있는 것으로 생각한 모양이다. 그러나 그것은 한국 사람의 문학적인 표현일 뿐이고 실제로 목자는 양들을 위해서 사나운 맹수들과 겨누는 희생과 사랑이 없이는 할 수 없는 직업이라고 한다. 하나님께서 이 지구상에 가장 가난한 약소민족이며 유목민인 이스라엘 백성을 하나님의 계시의 파트너로 삼으시고 그들을 택하시어 사랑하시고 섭리하신 것은 하나님의 특별한 은혜이다. 그런데 하나님과 그의 백성 사이의 관계를 그들의 삶 그 자체인 목자와 양과의 관계로 설정했다. 이는 가장 완벽하고 알기 쉽게 하나님의 사랑과 은혜를 표현한 것이었다.

　그런데 우리 한국 사람으로서는 성경에 나타난 목자와 양과의 관계를 읽으면서도 당시 이스라엘 백성이 이해했던 만큼 살 깊게 그 진리를 깨닫기는 어려울 것이다. 이스라엘과 한국은 지리적, 역사적, 문화적, 언어적으로 서로 다르기 때문에 목자니 양이니 하는 비유나 개념을 정확히 이해하는 데는 다소 간격이 있을 수 있다. 성경에는 하나님을 목자로 표현하기도 하고 모세나 다윗 같은 대 지도자들도 목자로 표현되었고 심지어 선지자들도 목자로 비유되기도 했다. 더욱이 예수님은 바로 이스라엘 백성이 그토록 고대하던 목자라는 것이다. 그러면 이스라엘 백성에게 있어서 목자는 무엇이길래 이 개념을 예수님 자신이 즐겨 쓰셨을까?

구약에 있어서 목자 이해(창 49:24)

이스라엘은 목축업을 해서 사는 나라이다. 그래서 목자와 양은 삶 그 자체이다. 그리고 양은 생계의 수단이고, 재산이었다. 그래서 자기 양 떼를 치는 목자도 있었지만 삯군으로 고용돼서 목자로 일하는 사람도 많았다. 그러니 아무래도 자기 양을 치는 목자와 삯군 목자 사이에는 애착도 다르고 일의 태도가 서로 다를 수밖에 없었다.

자기 양떼를 치는 목자는 선한 목자라 하여 성실(삼상 31:38-40), 용맹(삼상 17:34-36), 자기를 돌보지 않고(눅 15:3-6), 사려 깊고(창 33:13-14), 믿음(눅 2:8-)의 사람이라고 할 수 있다. 그러나 삯군 목자는 악한 목자로 낙인찍히기 쉽고 자기 양이 아니므로 일하는 방법으로 봐서 불성실한 목자(겔 34:2-3), 겁이 많고(요 10:12-23), 이기적 목자(사 56:11), 무정한 목자(출 2:17-19), 불신앙의 목자(렘 50:6), 서로 다투는 목자(창 13:7-8)의 모습으로 나타난다. 선한 목자는 자기 자신의 양떼는 생명을 바쳐 보호하고 악한 짐승이 덮치면 생사를 겨루면서 싸우고 물불을 가리지 않고 자신의 양들을 보호했다. 하지만 고용된 삯군은 자기 양이 아니므로 건성으로 시간만 때우고 양들에게 무심한 경우가 많았다. 그러나 하나님, 선지자,

이스라엘의 지도자 그리고 장차 오실 메시야는 모두가 선한 목자상의 모습을 보였다.

특히 창세기 49:24에는 "요셉의 활이 도리어 건강하여 그의 팔이 힘이 있으니 야곱의 전능자의 손을 힘입음이라 그로부터 이스라엘의 반석인 '목자'가 나도다"라고 했다. 이 뜻은 전능하신 하나님의 도우심으로 요셉이 이스라엘의 반석인 목자로서 수행할 것을 가르친다. 그러나 요셉은 예수 그리스도의 예표로서 결국 장차 오실 메시야이신 예수 그리스도가 이스라엘의 목자가 될 것이라는데 모든 성경학자들은 일치된 해석을 갖는다. 그리고 좀 더 적극적으로 장차 오실 메시야가 우리의 목자가 될 것이라는 예언이 있다.

즉 이사야 40:11에 "그는 '목자' 같이 양 무리를 먹이시며 어린 양을 그 팔로 모아 품에 안으시며 젖먹이는 암컷들을 온순히 인도하시로다" 했다. 또 에스겔 34:23에 "내가 한 '목자'를 그들의 위에 세워 먹이게 하리니 그는 내 종 다윗이라 그가 그들을 먹이고 그들의 목자가 될지라"는 말씀이다. 이 본문의 해석도 다윗 뿐 아니고 다윗의 위로 오실 메시야이신 예수 그리스도를 가리키는 것이라고 할 수 있다. 그러므로 예수 그리스도가 우리 영혼의 목자라는 사실은 구약성경에 이미 명백히 예언되어 있다. 이는 마치 건물이 지어지기 전에 설계도가 있듯이 또한 그림을 그릴 때 밑그림인 댓상이 있듯이 하나님께서 준비하신 우리의 중보자요, 메시야는 우리의 목자로 오실 것이라는 것이다. 이것이 바로 구약이 선포한 하나님의 계시이다.

여호와는 나의 목자(시 23)

다윗 자신은 목자였다. 그는 양들이 무엇을 원하고 양들이 무엇이 필요한지를 잘 알고 있다. 다윗의 이 시는 모든 성도들이 애송하는 시이다. 다윗이 그토록 어려운 환란과 핍박 중에서도 여호와 하나님은 자신의 목자라는 것이다. 모든 성도들이 이 시를 좋아하는 것은 다윗의 삶과 깊은 체험에서 나온 신앙 고백의 시이기 때문이다. 이 시편의 전체적인 시적 분위기는 매우 낭만적이고 목가적인 것이나 결코 감상이나 도피적인 평안함에 머물지 않는다. 오히려 칠흑 같은 어두움과 다가올 무서운 공격을 견딜 수 있는 침착함과 용기를 볼 수 있다. 이 시의 흐름은 자아도취적이 아니고, 영원하신 하나님, 천지와 그 가운데 만물을 창조하신 하나님, 그리고 구원의 하나님을 나의 목자로 모심에 대한 평화가 넘치고 있다. 왜냐하면 그는 하나님의 보호하심 가운데 있기 때문이다.

"여호와는 나의 목자"란 첫 구절에서 하나님을 나의 개인의 하나님, 인격적 하나님으로 모심으로써 굳은 결속과 합일의 뜻을 가지고 있다. 마치 예수님께서 내가 너희 안에 너희가 내 안에 있으면 무엇이든지 원하는 대로 되리라고 하신 말씀을 기억나게 한다.

다윗이 여호와 하나님을 목자로 부른 것은 하나님만이 유일한 방패와 손방패가 되고, 산성이 되며 구원의 주가 되신다는 것을 그가 확실히 알기에 은유적 표현을 한 것이다. 자신은 하나님의 양으로서 그에게만 순종하고 그만을 의지하면 소망이 있는 줄 확실히 알았다. 그는 자기 자신이 목자로서 살았던 경험을 살려 그의 시어는 모두가 목양의 현장에서 나온 것이었다. 다윗의 이 시편에서 "여호와는 나의 목자"라는 믿음은 또한 이스라엘의 믿음의 고백이었다. 그러기에 그들은 장차 오실 메시야는 이스라엘의 영적인 목자가 될 것이라는 기대로 가득 찼다.

예수는 선한 목자(요 10:1-21)

예수님은 "나는 선한 목자"라고 했다(요 10:11). 이는 시편 23편 다윗의 시에서 "여호와는 나의 목자"라는 말씀의 메아리(echo)라고 볼 수 있다. 즉 예수님 자신이 하나님이시며, 이스라엘 백성이 고대하던 그 메시야가 자신임을 내외에 천명하신 것이다. 특히 요한복음 10:30에서 "나와 아버지는 하나이니라"라고 선언했다. 그렇다. 예수님과 하나님은 본래 하나이다. 예수님은 삼위일체 하나님이시며, 천지와 그 가운데 있는 만물의 창조주이시다. 요한복음 1:1-3에서 사도 요한은 예수를 가리켜 "태초에 말씀이 계시니라 이 말씀이 하나님과 함께 계셨고 만물이 그로 말미암아 지은바 되었으니 지은 것이 하나도 그가 없이는 된 것이 없느니라"고 했다. 그러므로 예수님은 선한 목자이고 여호와는 목자시니, 예수님은 곧 하나님이시다. 그러므로 우리는 요한복음 10장을 그냥 목가적으로 낭만적으로 봐서는 안 된다.

예수님은 요한복음 9장에서 유대종교지도자들이 모두가 영적 소경이었음을 질책했다. 그래서 10장에서 예수님은 유대의 종교 지도자들은 목자가 아니라 절도며 강도요, 삯군이라고 했다. 왜냐하면 그들은 하나님의 은혜와 축복을 기득권으로 치부하고 하나님의 이름을 이용한 종교전문가들이 되어서 명예와 돈을 탐하는 철저한 율법주의자가 되어 형식과 의식에 매인 자들이었기 때문이다. 그들은 백성들의 고단한 삶과 영적 갈등에는 관심이 없었다. 그러나 우리의 구주로 오신 예수 그리스도는 "선한 목자"로 세상에 오셨다. 그러므로 예수님을 나의 구주로 영접하는 사람은 영혼의 목자이신 주님을 모시는 것이다. 그래서 베드로는 말하기를 "너희가 전에는 양과 같이 길을 잃었더니 이제는 너희 '영혼의 목자'와 감독 되신 이에게 돌아왔느니라" (벧전 2:25)고 했다.

선한 목자는 양들을 위해 목숨을 버린다(요 10:11)

예수님은 선한 목자로서 양들을 구원하기 위해서 자신이 십자가에서 죽으실 것을 예언했다. 목자는 지평선 위에 뭉게구름을 바라보며 한가한 양떼들 틈에서 피리 부는 목동처럼 목가적이고 낭만적인 것이 아니다. 양들을 구하기 위해서는 마지막에는 생명까지 내어 놓아야 하는 것이다. 그런데 우리를 위해서 십자가에 죽기 위해서 오신 분이 바로 예수님이시다. 그는 마치 유월절의 어린 양처럼 희생되어 제물이 되기 위해서 오셨다. 그러므로 기독교는 그냥 도덕적, 윤리적 종교가 아니라 생명을 살리기 위해서 생명을 대신 지불해서 죄인을 구원하신 구속의 종교이다. 이러한 내용은 이미 구약 성경에서 선지자들이 예언한 것이다. 즉 장차 오실 메시야는 어린 양으로 희생의 제물이 되기 위해서 세상에 오신다고 했다. 특히 이사야 53장의 모든 내용은 메시야의 고난과 죽음을 마치 곁에서 촬영을 하듯이 그려내고 있다.

사실 예수님은 목자이기도 하시고 어린 양이 되시기도 하신다. 우리를 위해서 구속의 제물이 되는 쪽에서 보면 유월절의 어린 양이지만,

당신의 택한 백성을 안으시고 인도해 주시는 측면에서 보면 그는 우리의 목자가 되신다. 그래서 선한 목자는 양들을 위해서 목숨을 버린다는 말에는 이중적인 의미가 포함되어 있다고 할 수 있다. 그러므로 요한계시록 7:17에는 이를 아주 절묘하게 표현했다. "이는 보좌 가운데 계시는 '어린 양'이 저희의 '목자'가 되사 생명수 샘으로 인도하시고 하나님께서 저희 눈에서 모든 눈물을 씻어주실 것이라"고 했다. 예수님은 목자이면서도 동시에 유월절 어린양의 역할을 감당하신 것이다. 삯군은 자기 양이 아니므로 비겁하게 양들을 버리고 도망가고 이리가 양을 공격할 때 제 목숨이 아까워 방치하고 숨어 버린다. 특히 유대나라는 황무지가 많고 거친 바위가 많아서 양들이 다치기가 쉽다. 그런데 삯군은 이런 것들을 무심하게 방치하고, 게을러서 삯이나 챙기는 양심불량자들이었다. 그러나 참 목자, 선한 목자는 자기 생명을 담보로 양들을 보살폈다. 바로 그것이 선한 목자이신 예수 그리스도의 모습이었다. 그래서 그는 우리를 위해서 생명을 주셨다.

그러므로 히브리서 기자는 이렇게 해설했다. "양의 큰 '목자'이신 우리 주 예수를 영원한 언약의 피로 죽은 자 가운데 이끌어 내신 평강의 하나님이 모든 선한 일에 너희를 온전케 하사 자기 뜻을 행하게 하시고 그 앞에 즐거운 것을 예수 그리스도로 말미암아 우리 속에 이루시기를 원하노라…(히 13:20-21)고 했다. 예수는 우리의 선한 목자이므로 양된 우리들의 영적 고뇌와 아픔을 훤히 아시고 위로할 자에게 위로하시고 은혜 주실 자에게 은혜를 주신다. 물론 신실한 그리스도인들은 우리의 목자이신 주님의 심정을 잘 알고 있다. 아흔 아홉 마리의 양을 우리에 두시고 잃어버린 한 마리 양을 끝까지 찾으시는 우리의 선한 목자이신 예수님은 오늘도 우리를 찾고 계신다.

책을 닫으며

epilogue

      필자는 많은 책을 집필해 보았지만, 이 책만큼 쓰는 중에 마음에 기쁨과 은혜가 넘치기는 처음이었다. 왜냐하면 지금까지 저술한 책들은 모두가 신학에 관한 것들이어서 대개는 학자들의 사상을 인용하거나 변증해서 개혁주의 신학과 신앙을 지키는데 일조를 했기 때문이었다. 또 어떤 책은 설교집들이었는데 성도들에게 영적 양식을 공급하기 위한 목적으로 쓰여졌다.

  그러나 이번 경우는 필자 자신이 예수 그리스도의 생애와 사상을 성경 그 자체만을 통해 깨닫고, 감격하고, 또 은혜를 받으며 쓰여졌기에 글 쓰는 것이 그렇게 재미있고 감사하고 기쁨이 충만할 수 없었다. 그래서 100일간 이 책을 단 숨에 써내려갔다.

  히브리서 기자는 "예수를 깊이 생각하라"(히 3:1)고 했고 "예수를 바라보자"(히 12:2)라고 썼다. 이번에 쓴 이 책도 결국 히브리서 기자의 메시지를 늘 마음에 두고 말씀을 읽으며, 묵상하며 예수를 좀 더 가까이 알기를 원했다. 사실 우리가 예수를 안다고 하며 예수를 믿는다고 하나, 경험의 예수나 신학의 예수만 지나치게 부각되고 복음서에 나타난 예수님의 참 모습과 말씀을 깊이 이해하고 깨닫는 데는 부족했다.

실은 40년을 목사로서 또는 교수로서 살아온 필자마저도 돌이켜보면 학문적으로 신학적으로 정리된 예수만을 알아왔다. 말하자면 예수를 알되 늘 간접화법을 통해서 예수를 아는 것이었다. 즉 바울을 통해서 예수를 알고 신학자들을 통해서 예수를 알면서 매우 논리적, 합리적으로 싸늘하게 예수를 만나는 경우가 많았다.

그래서 이 책은 신학자의 의견이나 어느 신학적 논리는 말하지 않았다. 오직 성경이 말하는 예수의 모습을 있는 그대로, 그리고 섬세하게 그리면서 아무 군더더기를 붙이지 않았다. 말하자면 "오직 예수"를 복음서에서 발견하려고 했다. 이 책은 굳이 말한다면 평신도를 위한 "예수 신학"이라고 할 수 있을 것이다. 그러기에 필자는 유초등부, 중고등부, 청년부 교사들이 이 책을 사용해서 예수 그리스도를 잘 이해하고 바로 믿고 바로 가르쳤으면 한다. 뿐만 아니라 구역장들이나 속회 지도자들이 회원들과 함께 읽으면서 예수 그리스도를 바로 배울 수 있는 도구가 되었으면 한다. 이 책은 어느 특정한 교파나 교단의 사람을 위한 것이 아니라 예수 그리스도를 생명의 구주로 영접하는 모든 사람들이 예수님을 그리스도로, 중보자로, 구원의 주로 받아 드리고 예수님의 삶과 사상과 교훈이 무엇인지 바로 알아 삶의 현장에서 주님의 삶의 모범을 따라 실천하는 그리스도인이 많아지는 모습을 보고자 집필했다. 그러기에 이 책은 무슨 신학이나 학문적 성찰이 아님을 밝혀 둔다.

특히 이 책을 읽는 여러 목사님들은 매주일 오후 또는 수요일 밤에 52회에 걸쳐서 이런 제목들을 가지고 설교할 경우에 이 책에서부터 약간의 보완이나 적용을 곁들이면 좋은 설교가 될 것이라고 생각되어 일선 목회자에게 도움을 주고자 썼다.

아무쪼록 이 책을 읽는 독자들께서 필자가 이 책을 쓰면서 가졌던 성령의 은혜와 예수 그리스도를 통한 기쁨, 감사, 감격이 넘치시기를 기도한다.